普通高等教育"十四五"国际经济与贸易专业系列教材
西安交通大学"十四五"规划教材
"双导师制"创新教材

国际市场营销学（第二版）

主　编　袁晓玲
副主编　杨万平　赵　锴　江永洪　杨　蕾　祁蔚茹
实务导师　刘耀文

西安交通大学出版社
XI'AN JIAOTONG UNIVERSITY PRESS

图书在版编目(CIP)数据

国际市场营销学 / 袁晓玲主编. —2版. —西安：
西安交通大学出版社, 2023.7(2025.7 重印)
普通高等教育"十四五"国际经济与贸易专业系列教材
西安交通大学"十四五"规划教材 "双导师制"创新教材
ISBN 978-7-5693-2641-3

Ⅰ.①国… Ⅱ.①袁… Ⅲ.①国际营销-高等学校-教材 Ⅳ.①F740.2

中国版本图书馆 CIP 数据核字(2022)第 102836 号

书　　名	国际市场营销学(第二版)
	GUOJI SHICHANG YINGXIAOXUE
主　　编	袁晓玲
责任编辑	魏照民
责任校对	雒海宁
封面设计	任加盟
出版发行	西安交通大学出版社
	(西安市兴庆南路1号　邮政编码 710048)
网　　址	http://www.xjtupress.com
电　　话	(029)82668357　82667874(市场营销中心)
	(029)82668315(总编办)
传　　真	(029)82668280
印　　刷	陕西奇彩印务有限责任公司
开　　本	787mm×1092mm　1/16　印张 25.75　字数 639 千字
版次印次	2023 年 7 月第 2 版　2025 年 7 月第 2 次印刷(累计第 7 次印刷)
书　　号	ISBN 978-7-5693-2641-3
定　　价	59.90 元

如发现印装质量问题,请与本社市场营销中心联系调换。
订购热线：(029)82665248　(029)82667874
投稿热线：(029)82668133
读者信箱：897899804@qq.com

版权所有　侵权必究

内容提要

本书共分五篇。第一篇是国际市场营销环境篇,主要介绍了国际文化环境、国际经济环境、国际政治法律环境、国际技术环境和国际物质自然环境;第二篇是国际市场营销调查与预测篇,主要介绍了国际市场营销调研、国际市场营销信息系统、国际市场分析与预测;第三篇是进入国际市场战略篇,主要介绍国际目标市场战略、进入国际市场的战略和国际竞争战略;第四篇是国际市场营销策略篇,主要内容包括国际市场产品策略、国际市场定价策略、国际市场分销策略、国际促销策略、国际服务营销、跨界营销和体验营销;第五篇是国际市场营销管理篇,主要介绍了国际市场营销组织、计划与控制。

本书适合高等院校国际经济与贸易、商务贸易、市场营销、企业管理等专业教学使用,也可作为 MBA 及相关培训教材,还可作为从事国际市场营销实务工作的人员以及希望了解国际市场营销及相关创业知识的社会在职人员的参考读物。

总　序

随着经济全球化和信息技术的发展,国际经济与贸易活动的环境、内容和方式都发生了重大变化。国际经济与贸易活动的内容不仅包括商品的跨国流动,还包括服务、技术以及知识的跨国流动,这些跨国流动比过去任何时候都规模更大、程度更高,同时也伴随着大量的劳动和资本的国际流动。对于国际经济与贸易方式,电子商务、电子结算等新的技术手段的出现和发展大大地减少了国际贸易的交易成本,提高了国际经济与贸易活动的效率,也使许多非贸易产品和服务变得可贸易。国际贸易产品提供者不仅要考虑东道国经济、政治和法律的影响,也必须考虑社会的、环境的,甚至伦理因素的影响。今天的跨国企业比过去任何时候都需要承担更多的社会责任,也比过去任何时候都将受到国际组织和贸易伙伴国相关规则的约束。

随着我国经济发展和对外开放规模的不断扩大,国际经济与贸易人才成为我国经济建设和社会发展需求量较大的人才,其人才培养模式多样化已成为必然的趋势。为了及时反映经济全球化和我国经济发展、对外开放的变化,促进国际经济与贸易领域人才的培养,发挥院校之间相互合作的优势,使国际经济与贸易专业的学生能尽快适应快速变化的国际经贸环境,西安交通大学出版社邀请了部分国内学有所长的专家教授编撰了这套普通高等教育"十一五"国际经济与贸易专业系列教材。为使这套教材的编撰有序地进行,还专门成立了教材编写委员会,由总主编、分主编和有关委员组成。各分册主编分别由具有一定实力的本学科学术带头人担任,组织编写人员时注意老中青结合、教学人员与科研人员结合。同时还建立了规范的编、审制度,每一分册的编写组拟出大纲,其框架和内容经过编委会详细讨论,最后由总主编和分主编审订。

这套教材具有如下特点:第一,涵盖了新环境下国际经济与贸易学科的主要领域和前沿课题,力图准确、全面、系统地阐述国际经济与贸易专业学生所应掌握的主要领域的最新知识和技能。第二,遵循规范化、国际化和本土化的要求。各教材尽量用现代主流经济学和管理学的规范化理论和研究方法阐述问题,也尽量与国际接轨,同时也特别注重理论和政策的中国化。不照搬西方理论,语言风格和具体案例尽量适合中国学生的学习兴趣,避免了一些翻译教材的语言晦涩和外国教材的距离感等问题。此外,特别对中国遇到的国际经济和贸易问题给予重点关注。第三,结构安排上最大限度地方便读者。各教科书每章的内容阐述前都明确列出了本章的重点问题,在章节内容讲述完毕后,都附有本章小结和思考练习题。

这套教材的作者们都来自教学和科研第一线,对国际经济与贸易的教材建设都有一些切身的感受和见解。教材经反复讨论、几易其稿,吸纳了各合作院校的独特风格,必将更加适合于学生的学习。

衷心感谢参加这套教材编写的教师们,正是由于他们的辛勤劳动,这套系列教材的编写工作才得以顺利完成。我还要真诚感谢西安交通大学出版社的领导和有关编辑,正是由于他们的支持和认真督促,这套教材才能够如期与读者见面。当然,也应看到,由于院校之间、编写者之间的差异性,教材中还是难免会出现一些问题和不足,欢迎选用本系列教材的教师、学生提出批评和建议,也希望参加这套教材编写的教师在今后的教学和科研实践中能够百尺竿头,更进一步,实事求是,不断改进,以使这套教材能够日臻完善。

王洛林
2008 年 8 月于北京

第二版前言

当今国际环境和国际局势变化非常快,国内环境变化也很大,比如逆全球化、英国脱欧、独角兽企业估值的指数级增长、新冠疫情全球蔓延等,很多传统思维已不能很好地解释和理解这些变化,并难以适应。内外部环境的改变对我国企业的国际市场营销活动也带来新的机遇和挑战。在新时代、新常态下,我国也在努力为企业创造良好的内外部环境,如"一带一路"倡议、供给侧结构性改革、内部外部双循环等一系列战略举措。

环境变化使得企业的营销活动被赋予了更新的时代背景。2017年11月28日,习近平总书记在人民大会堂接见回国参加2017年度驻外使节工作会议的全体使节时强调:"放眼世界,我们面对的是百年未有之大变局。"在2018年6月中央外事工作会议上,习近平总书记明确指出:"当前,我国处于近代以来最好的发展时期,世界处于百年未有之大变局,两者同步交织、相互激荡。"2020年9月22日,习近平主席在第七十五届联合国大会一般性辩论上郑重宣布:"中国将提高国家自主贡献力度,采取更加有力的政策和措施,二氧化碳排放力争于2030年前达到峰值,努力争取2060年前实现碳中和。"这些都将对企业的国际市场营销活动产生直接的影响。

在"互联网+"时代下,国际经济合作与贸易联系越来越便利,越来越依靠现代通信技术。习近平总书记在中共中央政治局就二十国集团领导人峰会和全球治理体系进行第三十五次集体学习时强调:"参与全球治理需要一大批熟悉党和国家方针政策、了解我国国情、具有全球视野、熟练运用外语、通晓国际规则、精通国际谈判的专业人才。"到了2020年的二十国集团领导人特别峰会,习近平主席指出:"疫情对全球生产和需求造成全面冲击,各国应该联手加大宏观政策对冲力度,防止世界经济陷入衰退。""中国将继续实施积极的财政政策和稳健的货币政策,坚定不移扩大改革开放,放宽市场准入,持续优化营商环境,积极扩大进口,扩大对外投资,为世界经济稳定作出贡献。""我呼吁二十国集团成员采取共同举措,减免关税、取消壁垒、畅通贸易,发出有力信号,提振世界经济复苏士气。"由此可以看到,随着经济全球化和信息技术的发展,国际经济与贸易的环境、内容和方式变化飞快。

在"十四五"期间,我国人均国民总收入(GNI)将跨过12700美元的门槛,我国必将成功跨越"中等收入陷阱",从中等收入国家进入高收入国家的行列。这意味着我国经济和市场将肩负起更大的提振全球经济的责任。作为目前全球第二大经济体,我国越来越多的自主品牌昂首迈进国际市场,越来越多的企业通过持续创新,深度融入全球价值链。另外,由我国发起的亚洲基础设施投资银行和"一带一路"倡议等一系列举措助推我国企业走出去,推进国际双边、多边合作,加速我国经济深度融入世界经济。

经济一体化已经成为世界经济发展的大趋势,企业走向国际化是世界经济一体化的必然结果。随着我国经济的蓬勃发展和我国企业的日益壮大,我国企业跨出国门加入国际化行列是参与国际竞争和争取更大发展空间的重要战略之一。因此,进一步研究和学习国际市场营销对于培养熟练运用外语、通晓国际规则、精通国际市场营销的专业人才具有十分重要的现实意义。

既然我国市场已经成为全球最有吸引力的超级市场,我国也必将成为全球最耀眼的经济体。国际市场营销学教材理应更加关注我国企业的成长,讲更多的中国故事,让"培养从中国出发、具有国际格局和全球视野、坚定四个自信的社会主义建设人才"的思想扎根于教材中。

随着我国经济深度融入国际经济和对外开放规模的不断扩大,加强对国际经济与贸易类人才的培养成为我国经济建设和社会发展的必然选择。为加强经济与贸易、管理类专业人才培养,使学生尽快适应快速变化的国际经贸环境,亟须对《国际市场营销学》进行修订。本次修订,吸纳了西安交通大学出版社和一些专家学者的意见和建议,保留了第一版的主体框架,调整了知识体系和部分章节体例,增加了"体验营销"一章,更新了部分内容、数据和案例。案例更新方面更加关注中国市场和中国企业,数据更新方面特别注重数据的权威出处。同时,为了适应时代的发展,达到我国高等教育"双导师制"改革的要求,此次修订团队吸纳了从事国际市场营销实务的专家——西安赛格国际集团刘耀文总裁,刘总裁对书稿的修订提出了很多有价值的建议,尤其对实操性方面的内容和案例进行了认真指导。另外,对于篇幅较大而又非常必要的数据资料尽量以二维码形式呈现。附录部分的推荐阅读和术语表为读者进一步拓展知识面提供了学习资源。以上修订举措力求新版教材能紧跟新时代步伐,更适合师生使用。

本教材由西安交通大学经济与金融学院袁晓玲教授、杨万平教授、赵错副教授,陕西国际商贸学院江永洪副教授,西安思源学院杨蕾副教授,西安交通大学城市学院祁蔚茹副教授,西安赛格国际集团刘耀文总裁编著,同时参编的还有西安交通大学经济与金融学院的白津卉、康丽、邵世伟、吴琪、谢彤、黄涛、杨宏钰、郭润浩。具体编写分工如下:袁晓玲负责拟定大纲和统稿,并编写第一章;杨万平、白津卉编写第二、三章;祁蔚茹、杨宏钰编写第四、二十章;赵错、杨蕾编写第五、十六章;杨蕾、康丽编写第六章;袁晓玲、吴琪编写第七、八章;杨万平、谢彤编写第九、十五章;江永洪编写第十、十一、十二章;杨蕾编写第十三、十四、十八章;袁晓玲、邵世伟编写第十七章;赵错、黄涛、郭润浩编写第十九章;刘耀文负责审定全书的实务性内容和案例。

  感谢参加本次修订的全体教师和专家。因为他们的辛勤付出，保障了再版教材的修订工作能在 2022 年底前完成。当然，作为教材本身，院校之间、编者之间、知识点研究视角与内容呈现等方面肯定存在差异和值得探讨之处，因而其中难免存在一些问题与不足。欢迎选用该教材的教师、学生提出批评和建议，以便我们在今后的教学实践中不断改进，并对该教材再次进行认真修订。

袁晓玲
2022 年于西安交通大学

第一版前言

进入21世纪以来,全球经济一体化、企业生存数字化、商业竞争国际化的趋势进一步加强,在以互联网、知识经济和商业技术为代表,以满足消费者需求为核心的"互联网+"时代下,世界越发联系成一个整体,任何国家和地区都不可能独立于世界而生存,作为现代化的企业更不可能置身于经济全球化浪潮之外。对于进入国际市场的企业来说,只有掌握国际市场营销理论与技能,才能抓住经济全球化带来的机遇,在全球化竞争中掌握主动权。目前,在西方许多大企业中,国际市场营销已成为维持企业生存和发展的第一大支柱。它们在世界范围内组织生产和销售,成为多国性的跨国企业,其主要的经营管理活动就是国际市场营销。例如,可口可乐、福特、杜邦、吉列等公司50%的利润来自国外。大公司如此,中小企业也日益重视国际市场营销,尤其是互联网正成为小企业从事国际市场营销、获取利润的重要途径。在国内,随着改革开放政策的实行,我国经济飞速发展,但同时物价上涨使得原材料成本、劳动力成本不断增加。时至今日,我国劳动力最便宜的时代已经逐渐远去,越南、泰国、印度等发展中国家逐渐成为国际市场中重要的资源东道国。为了获得大于在国内市场的利润,中国企业"走出去"的步伐正在加快。这就要求"走出去"的中国企业必须懂得国际市场营销相关知识。鉴于此,我们编写和出版了这本全面而又实用的教材,旨在为高等院校培养国际市场营销类专业人才提供一种优质素材。该教材也是普通高等教育"十三五"国际经济与贸易专业系列教材之一。

本教材以能力为本位,注重理论与实践相结合,坚持国际化与时代化原则,深入浅出,全面、系统地介绍了开展国际市场营销所涉及的相关知识和技能。其特色主要体现在以下几个方面:(1)案例新。在经典案例基础上加入了大量近两年的最新案例。(2)实践性强。很多与国际市场营销相关的教材侧重对概念、理论的阐述,虽然理论体系很完整,但操作性和实践性不强。本教材在完整地论述理论的同时,更注重实践性,定位于培养应用型人才,精心设计了课后实战案例,并配有"讨论和在线学习问题",旨在引导读者发挥主观能动性,提高其分析问题和解决问题的能力。(3)内容新。随着国际市场竞争的日益加剧和移动互联网的发展,跨界思维的引入和跨界营销模式的构建,成了一种新的营销趋势。本教材加入了跨界营销的最新理论及实践案例。(4)本地化。本教材贴近我国境内的市场环境,大量结合了我国境内的市场案例,研究并探讨了我国境内企业的国际化营销和国际企业的中国化营销。

本教材由西安交通大学经济与金融学院国际贸易系主任袁晓玲教授,西安交通大学经济与金融学院国际贸易系杨万平教授、赵锴博士,西安思源学院杨蕾副教授,陕西国际商贸学院江永洪副教授,西安交通大学城市学院祁蔚茹博士编著,同时参编的还有西安交通大学经济与金融学院的白津卉、康丽、邵世伟、吴琪、谢彤。具体编写分工如下:袁晓玲负责拟定大纲和统稿,并编写第一章;杨万平、白津卉编写第二、三章;祁蔚茹编写第四、十九章;赵锴、杨蕾编写第五、十六章;杨蕾、康丽编写第六章;袁晓玲、吴琪编写第七、八章;杨万平、谢彤编写第九、十五章;江永洪编写第十、十一、十二章;杨蕾编写第十三、十四、十八章;袁晓玲、邵世伟编写第十七章。

本教材在编写过程中,参考和借鉴了国内外大量经典著作、教材及相关报纸和网站,在此对我们所参考的资料的所有作者表示衷心的感谢,对我们在书中脚注和参考文献中漏录的作者深表歉意,并希望能同我们取得联系。

在本教材的编写过程中,我们虽尽心尽力,精益求精,但限于时间仓促,水平有限,书中难免有不当之处,恳请业界专家、同仁及广大读者批评指正。

编者
2018 年 1 月

目 录

1	**第一章　国际市场营销导论**
2	第一节　企业走向国际市场的动因
4	第二节　市场营销学与国际市场营销学
7	第三节　国际市场营销与国际贸易
8	第四节　企业跨国营销的演进及其经营哲学的演变
13	第五节　国际市场营销任务

第一篇　国际市场营销环境

18	**第二章　国际文化环境**
19	第一节　文化概论
24	第二节　文化的变化
26	第三节　国际营销中的商业习惯
31	**第三章　国际经济环境**
32	第一节　本地经济环境
34	第二节　区域经济环境
38	第三节　全球经济环境
43	第四节　全球市场环境
51	第五节　国际金融与外汇环境
61	**第四章　国际政治法律环境**
62	第一节　国际营销政治环境
65	第二节　国际营销法律环境
73	**第五章　国际技术环境**
74	第一节　知识经济与技术革命
81	第二节　知识经济时代的技术革命对国际营销的影响
84	第三节　互联网与国际营销
87	第四节　技术革命发展趋势

91	**第六章　国际物质自然环境**
92	第一节　各国自然环境与基础设施
99	第二节　自然环境的恶化与环保运动的兴起
102	第三节　可持续发展战略与绿色营销

第二篇　国际市场营销调查与预测

110	**第七章　国际市场营销调研**
112	第一节　国际市场营销调研的内容
115	第二节　国际市场营销调研方案
119	第三节　国际市场调研方法
124	第四节　国际市场调研组织
130	**第八章　国际市场营销信息系统**
131	第一节　国际市场信息概述
136	第二节　国际市场营销信息系统的内容与建立
146	**第九章　国际市场分析与预测**
147	第一节　国际市场概述
152	第二节　主要国际区域市场特点分析
159	第三节　国际市场消费者行为分析
165	第四节　国际市场预测

第三篇　进入国际市场战略

172	**第十章　国际目标市场战略**
173	第一节　国际市场细分
179	第二节　国际目标市场
183	第三节　国际市场定位
190	**第十一章　进入国际市场的战略**
191	第一节　国际市场进入的战略要素
194	第二节　国际市场的进入模式
199	第三节　影响国际市场进入模式选择的因素
204	**第十二章　国际竞争战略**
205	第一节　经济全球化与国际市场竞争特点
208	第二节　行业竞争分析

| 219 | 第三节　国际战略联盟 |

第四篇　国际市场营销策略

228	**第十三章　国际市场产品策略**
229	第一节　产品及相关概念
234	第二节　国际产品决策
238	第三节　国际市场新产品开发
242	第四节　国际市场产品品牌策略
249	第五节　国际市场产品包装策略
253	**第十四章　国际市场定价策略**
254	第一节　国际市场产品定价的影响因素
257	第二节　国际市场产品定价方法
261	第三节　国际市场营销的定价策略
267	第四节　国际市场产品价格调整策略
270	第五节　国际定价遭遇的问题
273	**第十五章　国际市场分销策略**
275	第一节　国际分销系统
279	第二节　国际分销渠道的选择
283	第三节　国际分销渠道管理
289	第四节　国际物质分销
296	**第十六章　国际促销策略**
297	第一节　国际广告策略
310	第二节　国际市场人员推销策略
314	第三节　国际销售推广
319	第四节　国际营销公共关系
328	**第十七章　国际服务营销**
329	第一节　服务与服务营销
333	第二节　国际服务营销概述
335	第三节　国际服务营销战略
337	第四节　国际服务营销组合策略
342	**第十八章　跨界营销**
343	第一节　跨界营销概述

347	第二节	跨界营销策略
350	第三节	跨界营销的运营
354	**第十九章**	**体验营销**
355	第一节	体验营销概述
359	第二节	体验营销战略分析工具
363	第三节	体验营销策略与实施步骤

第五篇　国际市场营销管理

370	**第二十章**	**国际市场营销组织、计划与控制**
371	第一节	国际营销计划
374	第二节	国际市场营销组织
380	第三节	国际市场营销控制
386	**术语表**	
391	**参考文献**	

第一章 国际市场营销导论

> **学习目标**
> 1. 了解企业进入国际市场的动因
> 2. 理解市场营销和国际市场营销的内涵与关系
> 3. 掌握市场营销组合
> 4. 掌握企业跨国营销的演进及其经营哲学的演变

导入案例

整合资源推进国际市场营销,提升中国企业话语权

作为世界第二大经济体以及第一大贸易国,中国的全球影响力正在稳步提升,中国企业"走出去"参与国际市场竞争的步伐持续加速。制定科学合理的国际市场规则,倡导维护公平正当的国际市场秩序,更多地传递中国主张、贡献中国智慧已经成为重要课题。

"虽然不少中国企业已经'走出去',但能够通过良好的品牌运营'走上去'的企业并不多。"北京工商大学商学院教授张景云表示,在对制约我国企业国际经营因素的一项调查中发现,超过半数的企业受制于法律与贸易壁垒,不适应当地的法律与规则,这成为制约企业国际化的最大阻碍;品牌的影响力是第二大制约因素;其他因素还包括人力、语言文化等。

伊利集团董事长潘刚表示,"一带一路"倡议的推进,让越来越多的中国企业感到了"市场走出去、营销走出去、品牌走出去"的紧迫性,也感到了在国际广告与营销领域拥有话语权的重要性。

在中国品牌"营销走出去"上,伊利积极实施"全球织网"战略,在国际市场营销和广告方面进行了有益的探索,取得了可供国内企业借鉴的经验。

国际化和创新是伊利打造中国品牌的两个"轮子"之一。在国际化进程中,伊利通过一系列国际平台迅速积累了全球知名度和美誉度:先后牵手2008年北京奥运会和2010年上海世博会,成为国内唯一一家提供乳制品的企业;2012年,伊利成为中国体育代表团征战伦敦奥运会的营养源动力;2015意大利米兰世博会上,金典有机奶和培兰应邀亮相世博会官方乳制品日,成为唯一的中国乳制品品牌。

市场和品牌的全球化缩短了伊利和国际消费者的距离,让越来越多的世界级合作伙伴与伊利牵手。伊利多次成功携手《变形金刚》《复仇者联盟》《美国队长》等好莱坞大片,在国际上创造了若干次"现象级"市场营销,成为中国企业"营销走出去"的引领者。

资料来源:http://news.xinhuanet.com/2016-05/18/c_128993725.htm.

第一节　企业走向国际市场的动因

伴随着经济全球化及国内市场经济的发展,各国经济、技术及文化日益交融,企业经营活动已纳入全球经济范围。企业走向国际市场的动因,即企业开展国际市场营销的动机与原因。对于国际企业而言,开展国际市场营销的动因主要有市场动因、竞争动因、资源动因、利润动因、政策动因等。

一、市场动因

(一)顺利进入国际市场

各国政府为了保护本国市场,扶持本国企业的生产和经营,往往采取一系列贸易保护措施,如关税和非关税壁垒,限制外国产品进入本国市场。因此,企业一方面将产品生产转移到市场国或不受贸易壁垒限制的第三国,以避开关税和非关税壁垒;一方面通过国际市场营销方式,使产品顺利进入贸易壁垒高的市场。

知识阅读

我国棉纺织品出口受到欧美等国的配额限制,而发达国家对那些比较落后的生产同类产品的国家,往往无配额限制,如欧洲国家对毛里求斯出口的棉纺织品就没有配额限制。我国在毛里求斯投资兴办针织公司,就绕过了欧洲国家对我国棉纺织品的贸易壁垒。

(二)有效开发国际市场

一个国家的市场容量和潜力总是有限的,任何一个国家的国内市场都远远小于国际市场,为了扩大市场,获得更大的生存与发展空间,企业需要通过国际市场营销活动有效开发新市场。中国自改革开放以来,企业不断融入国际市场,参与国际分工,中国经济获得长足进步(见表1-1)。

表1-1　2001—2019年中美经济增长与世界占比变化

年份	中国			美国		
	国内生产总值/万亿美元	年均增速/%	世界占比/%	国内生产总值/万亿美元	年均增速/%	世界占比/%
2019	14.36	6.11	16.60	21.43	2.33	24.80
2018	13.61	6.75	15.84	20.54	3.18	23.91
2017	12.14	6.95	15.00	19.49	2.22	24.07
2016	11.14	6.85	14.62	18.71	1.57	24.56
2015	11.02	7.04	14.68	18.22	2.88	24.28
2014	10.44	7.42	13.16	17.52	2.45	22.09
2013	9.57	7.77	12.39	16.78	1.84	21.73
2012	8.53	7.86	11.36	16.2	2.25	21.57

续表

年份	中国			美国		
	国内生产总值/万亿美元	年均增速/%	世界占比/%	国内生产总值/万亿美元	年均增速/%	世界占比/%
2011	7.55	9.55	10.29	15.54	1.55	21.18
2010	6.09	10.64	9.22	14.99	2.56	22.70
2009	5.1	9.40	8.46	14.45	−2.54	23.95
2008	4.59	9.65	7.22	14.71	−0.14	23.13
2007	3.55	14.23	6.12	14.45	1.88	24.93
2006	2.75	12.72	5.35	13.81	2.85	26.85
2005	2.29	11.40	4.82	13.04	3.51	27.47
2004	1.96	10.11	4.46	12.21	3.80	27.87
2003	1.66	10.04	4.27	11.46	2.86	29.45
2002	1.47	9.13	4.24	10.94	1.74	31.54
2001	1.34	8.34	4.01	10.58	1.00	31.69

在当今的国际市场,跨国公司扮演越来越重要的角色。跨国公司通过有效的国际市场开发,能有效地实现其国际化战略或全球战略。通用汽车、三菱、微软、埃克森美孚等跨国公司的利润高于许多低收入国家的国内生产总值(GDP),其总市值是其利润的数倍。即使是成功的小企业也可以将其生存和成功归功于国际市场。

(三)实现市场多元化

由于各种原因,国际市场经常会出现供求不平衡的波动现象,如果将国内市场已经饱和的产品销往尚未饱和的国外市场,就可以维持经营稳定,减少销售波动带来的经营风险。同时,企业在全球设有分支机构从事国际市场营销活动时,多元化的市场战略就可以有效分散经营风险,大大提高企业的市场适应性。

(四)市场内部化

通过国际市场营销,特别是跨国公司分散在世界各国市场的分支机构之间的交易活动,可以将原来外部化的市场交易尽可能地内部化,实现对市场的支配与控制。

二、竞争动因

(一)避开竞争锋芒

在某些市场领域中,国内市场需求日趋饱和,竞争十分激烈,为了避开竞争锋芒,企业开始走出国门,寻找更大的市场空间。

(二)追随竞争对手

如果企业的竞争对手已经进入国际市场,而自己不及时追随竞争对手也进入国际市场,就会失去控制国际市场、争取国际市场的机会,从而培养壮大了竞争对手。因此,追随带头企业进入国际市场,虽然有利润诱人的原因,但更重要的是为了保持竞争关系的平衡。

(三)锻炼竞争能力

由于国际市场的竞争水平一般超过国内市场,企业进入国际市场,就有机会参与较高水平的市场竞争,从而可以借助竞争的动力和压力来推动企业技术创新和提高管理效率。

(四)延长产品生命周期

由于各国的经济发展阶段和技术水平不同,同一产品在不同国家处于生命周期的不同阶段,在一个国家市场上已不具备优势的产品,可能在另一个国家的市场上仍具有显著的竞争优势。因此,企业可以将国内市场已不具备优势的产品转移到国外市场,延长产品生命周期,发挥其竞争优势。

三、资源动因

各国都有各自的资源优势,国际企业可以通过国际市场营销充分利用东道国的资源优势,包括自然资源、劳动力资源、技术资源及信息资源等,通过降低成本、提高经营效率,赢得全球利益最大化。

四、利润动因

如果在某些领域,国际市场上有较高的利润率,企业可以实行高价撇脂策略,获取更高的利润;如果国际市场上利润率不高,但市场规模较大,企业可以通过"薄利多销"实现规模经济效益,获取更多的总利润。

五、政策动因

各国政府为了鼓励本国企业走向海外,往往实施鼓励与支持政策以驱动企业走向国际市场。一般来说,政府主要通过税收政策(如减税、退税)、金融货币政策(如低息贷款、担保贷款)为企业提供诸多服务,如提供海外营销咨询、国际市场信息等,所有这些支持均有利于提升企业的国际市场竞争力。

第二节 市场营销学与国际市场营销学

一、市场营销与国际市场营销

(一)市场营销

什么是市场营销?很多人会回答,市场营销就是卖东西,或者说市场营销就是推销和做广告。之所以会这样,是因为在当今社会里,人们每天都接触到大量的广告,每天都有人通过各种手段和媒体向我们推销各种各样的商品。然而,推销和广告仅仅是市场营销的一部分内容,而且不是最重要的内容。

美国市场营销协会将市场营销定义为:营销是计划和执行关于商品、服务和创意的构想、定价、促销和分销,以创造符合个人和组织目标的交换的一种过程。

世界著名营销专家菲利普·科特勒在他的《营销管理》第十一版中对营销的定义是:"营销是个人和集体通过创造,提供出售,并同别人自由交换产品和价值,以获得其所需所获之物的一种社会过程。"

在新的市场竞争环境下,市场营销是指一个组织在与市场的相互作用中,通过发现和保留其服务对象的价值,充分满足服务对象的需要并推动服务对象关系以及管理活动的总称。

市场营销定义可归纳为以下几个要点:

(1)市场营销的主体具有普遍性,可以是以营利为目标的公司、企业,也可以是不为了营利而是使其营销对象接受一种观点的非营利性组织,如政府、学校等。

(2)市场营销的主体(服务对象)范围也拓展了,服务对象不只是传统顾客意义上的消费者,还包括商业公司、非营利性组织、政府机构甚至别的国家。

(3)市场营销的起点是市场,即在与市场的作用中从了解顾客的需要和欲望开始。

(4)传统认为市场营销的核心是交换,那是对企业而言的,对一些非营利性组织来讲,也许根本不是为了追求交换,所以交换不应体现市场营销的本质。这里认为市场营销的本质是通过作用于市场,追求其服务对象作出符合组织目标的反应。

(5)以前认为市场营销的终点是顾客满意。在今天市场竞争和顾客善变的环境中,低度满意的顾客仍可能会流失,只有忠诚的顾客才构成企业重要的资产。因此市场营销的目的是与顾客建立良好的关系。

(6)市场营销不是简单推销、广告或销售,而是一系列的管理活动过程,包括市场调研、产品、价格、促销、分销、推动顾客关系和环境适应等售前、售中和售后活动过程。

(二)国际市场营销

国际市场营销是国内市场营销的延伸与扩展,是企业超越本国国境进行的一切市场营销活动。美国著名营销学家菲利普·R.凯特奥拉(Philip R. Cateora)在《国际市场营销学》一书中指出:"国际市场营销是指把企业生产的商品或劳务引导到一国以上的消费者或用户去的经营活动。"

二、市场营销和市场营销学

市场营销学是建立在社会学、广告学、经济学、行为科学、现代管理理论基础上的应用性、综合性的管理学科。其主要研究企业营销活动及其规律,即研究企业如何从满足消费者的需求与欲望出发,有计划地组织企业的整体活动,通过交换将产品或服务从生产者传递到消费者,以实现企业的营销目标。

市场营销学的产生与发展是与企业营销实践、企业经营哲学的发展相适应的。从20世纪50年代开始,市场营销学从应用于流通领域扩展到生产领域及售后服务领域,从而使市场营销学从传统的市场营销学演变为现代市场营销学。20世纪70年代,市场营销理论扩展应用于社会领域、政治领域、服务行业,从而出现了社会营销学、政治营销学及服务营销学等。

三、国际市场营销和国际市场营销学

国际市场营销学是系统地研究国际市场营销活动规律性的一门科学。具体来说,是研究企业如何从国际市场顾客需求出发,依据国内外不可控制的环境因素(人口、经济、政治法律、社会文化及竞争环境等),运用企业可控因素(产品、定价、分销及促销),制订、执行及控制国际营销计划,实现企业国际市场营销目标。

四、市场营销学与国际市场营销学的联系和区别

(一)联系

1. 理论基础相同

二者理论基础都是经济学,并吸收了哲学、数学、管理学、组织行为学、生物学、社会学、统计学、心理学等学科内容,属于管理学范畴。

2. 经营理念相同

二者都是以市场理念为指导原则,把满足消费者的需求作为企业的中心任务。消费者需要什么产品和服务,企业就生产、提供什么产品和服务,并给消费者以最大的满足。

3. 市场边界的扩大

市场营销学是国际市场营销学的先导,国际市场营销学是市场营销学的延伸和扩大。

(二)区别

国际市场营销学和市场营销学相比,研究范围有跨国界、异国性、多国性的特点。区别主要表现为环境复杂性、风险性高、容量大、难度更大、竞争激烈性。

1. 国际市场营销面临的市场环境更加复杂

企业在进入国际市场之前,需要考虑以下问题:

(1)要不要进入国际市场开展国际营销活动;

(2)要进入哪些国际市场、哪个行业、销售什么产品,也就是要进行市场选择;

(3)采取什么方式进入目标市场;

(4)市场营销组合的规划和选择;

(5)进行哪些市场调研及其相应的决策;

(6)设立国际市场营销组织机构,选派合格的营销人员。

2. 国际市场营销面临的不确定因素更多

与国内市场营销相比,国际市场营销面临的不确定因素更多,主要表现如下。

(1)国际市场对本公司产品的总需求与国内市场相比,更难以预测,不容易确定。

(2)企业不容易深入了解国际市场谁是购买者,一般只能通过中间商进行间接了解。因此,对于本企业生产产品的市场需求变化趋势以及消费者的购买动机、消费心理、对产品的评价等方面,企业难以确定。

(3)在国际市场上竞争对手众多,当本企业的产品进入国际市场时,难以及时、准确地了解竞争对手的反应。

(4)本企业产品进入某国市场,很难确定一个合理的价格。

(5)在国际市场上,难以选择比较适当的广告媒体和广告工具。

(6)不同国家市场的批发环节、零售结构、消费者购买习惯、竞争者对渠道的垄断、有关法规对渠道的种种限制等因素各不相同,使得国际市场销售渠道的选择与控制也比较难以确定。

3. 国际市场营销面临的营销方案选择更加多样

不同国别市场的差异远远大于国内市场不同地区之间的差异,企业在不同国别市场上销售自己的产品不可能采用统一的营销方案,必须为所在国市场分别制订不同方案。国际市场又受国际政治局势、不同国家经济政策的调整等多方面复杂因素影响,这使得国际市场营销方

案的选择与确定具有更大的挑战性。

4. 国际市场营销面临的营销难度更大

(1) 风险更高。国际市场营销面临政治风险(政局突变)、汇率风险(汇率波动)、交易风险(国际诈骗)、运输风险等风险。

(2) 竞争激烈。买方市场的市场格局更激烈,竞争对手的竞争策略更高明,市场的竞争空间相对更狭窄,突破所在国的种种贸易保护措施更困难。

第三节　国际市场营销与国际贸易

一、国际贸易

国际贸易是指国与国之间进行的有形商品、无形商品及其服务的交换活动,是国家之间分工的具体表现形式,反映了世界各国通过世界市场所开展的有关商品、资金、技术、服务等方面的相互联系与合作。

国际贸易理论研究的范围不仅包括商品和服务的国际流动,也包括生产要素的国际流动和技术知识的国际传递,还包括各国政府针对国际贸易所采取的限制性或鼓励性的政策、制度以及多边贸易体制和区域经济组织形成的国际贸易体系。

二、国际市场营销与国际贸易的比较

(一) 相同点

国际市场营销与国际贸易都是跨国界的商品生产与交换活动,都是在国际市场上从事交易活动,从总体上看都属于国际贸易范畴,从企业运作看则属于国际市场营销范畴。

(二) 不同点

1. 经营主体不同

国际市场营销的经营主体是企业,是从微观角度研究企业跨越国界的产品营销问题,如营销环境分析、营销战略的制定等。而国际贸易的经营主体往往是一个国家的政府或对外贸易部门,研究的是国与国之间的贸易关系,如对外贸易理论与政策、国际贸易惯例与法规以及国际贸易实务等。

2. 经营动力不同

作为国际市场营销经营主体的企业,是自主经营、自负盈亏的经济实体,从事国际市场营销活动的动力是追求利润的最大化。而国际贸易的动力则是追求比较利益,由于各国资源条件不同,所以不同国家在生产同一种产品的成本上存在很大的差异。通过国际贸易,一国以较少的资源换取别国一定数量的商品,或以一定资源从别国换取更多的商品就成为可能。这种贸易比较利益是国际贸易得以进行的源动力。

3. 信息来源不同

国际市场营销信息的主要来源是企业的账户、企业营销方面的记录和客户情况调查表等。国际贸易信息的主要来源则是国际收支平衡状况,政府从进出口两方面了解国际贸易的经营状况和效果。

4. 交易是否跨越国界

国际市场营销不需要在国与国之间进行商品运输就可以开展业务活动。因为国际市场营销既可以是本国生产、国外销售,也可以是在国外某一国生产、在另一国销售,还可以是在国外生产、当地销售。而在国际贸易中,商品在国与国之间的运输是不可避免的。

5. 业务范围不同

国际市场营销主要是开拓国外市场,开发和销售国外市场需要的产品与服务。它的业务范围很广泛,既可以在独立的企业之间进行交易,也可以在跨国公司之间、跨国公司的母公司与子公司之间以及各子公司之间进行交易。因此,企业的国际性交易即便是跨国界的,仍然可能是在一个公司的范围内进行的。而国际贸易则是在国与国之间,至少是独立的个体之间进行的交易。

国际市场营销与国际贸易的比较如表1-2所示。

表1-2 国际市场营销与国际贸易的比较

内容	国际市场营销	国际贸易
1.行为主体	企业	国家
2.经营动力	利润最大化	比较利益
3.信息来源	公司营销记录	国际收支表
4.交易是否跨越国界	不一定	是
5.市场活动		
(1)买与卖	有	有
(2)定价	有	有
(3)仓储和运输	有	有
(4)市场研究	有	一般没有
(5)产品开发	有	一般没有
(6)促销	有	一般没有
(7)渠道管理	有	没有

资料来源:张燕.国际市场营销[M].3版.大连:大连理工大学出版社,2014.

第四节 企业跨国营销的演进及其经营哲学的演变

一、企业跨国营销的演进

企业跨国营销的发展同世界经济一体化及本国市场经济的发展紧密相连,其发展演进经历了一个过程,即国内营销—出口营销—国际市场营销—多国营销—全球营销。从目前现实看,众多国家仍处于国际市场营销阶段,少数经济发达国家的跨国公司已进入全球营销阶段。

(一)国内营销

在第二次世界大战以前,即使是产品具有出口潜力的企业,也会在其成长过程中经历一段"纯国内营销"时期。国内营销是指国内市场为企业唯一的经营范围,企业经营的目光、焦点、导向及经营活动集中于国内消费者、国内供应商、国内竞争者。企业在国内从事营销活动可能是有意识的、自觉的战略选择,但是却无意识地、不自觉地想躲避国外竞争者的挑战,有时甚至由于对外界环境的无知而造成"出口恐惧症",对出口销售持消极态度。

(二)出口营销

出口营销时期一般指第二次世界大战后至20世纪60年代,这是企业进入国际市场的第一阶段。在此阶段,企业的目标市场是国外市场。企业通过在国内生产产品,运到国外销售来满足国外市场需求。虽然在该阶段企业已经以出口产品为主组织国际市场营销活动,但是对国际市场调研、产品开发的自觉意识还不够。

(三)国际市场营销

国际市场营销阶段是企业进入国际市场的第二阶段。在该阶段,企业把国内营销策略和计划扩大到了世界范围,并且开始有意识地把国内市场与国外市场作为统一市场来考虑营销战略。由于企业重点仍集中于国内市场,所以公司不自觉地会把本国的方法、途径、人员、实践和价值运用于国际市场。国外经营所采取的策略与国内基本相同。随着企业从事国际市场营销的经验日益丰富,国际市场营销者日益重视研究国际市场,实行产品从国内发展到国外的战略。但由于受到资金实力的限制,企业在此阶段基本只锁定一个最主要的国外市场。

(四)多国营销

多国营销时期是企业进入国际市场的第三阶段。在这一阶段,企业的导向是多中心主义,即企业开始以不同的国家作为中心营销产品。多中心主义假设世界市场是如此的不同和独特,企业要获得营销的成功,必须对不同的国家实行差异化和独特化的市场战略。因此,这一阶段产品的战略是适应各国市场的战略。

(五)全球营销

全球营销时期一般指20世纪80年代以后。这一时期,科技革命使产业结构发生深刻变化。这是企业跨国经营的最高阶段。它以全球为目标市场,将公司的资产、经验及产品集中于全球市场。全球营销是以全球文化的共同性及差异性为前提的,主要侧重于文化的共同性,实行统一的营销战略,同时也注意各国需求的差异性而实行地方化营销策略。全球营销以地理为中心导向,其产品战略是扩展、适应及创新的混合体。

二、国际企业经营哲学的演变

企业经营哲学也叫市场营销观念,是企业在开展市场营销活动的过程中,在处理企业、顾客和社会三者利益方面所持的态度、思想和观念。了解企业经营哲学的演变,对于企业更新观念,自觉适应快速变化的市场新形势,加强市场营销管理,具有十分重要的意义。

(一) 以企业为中心的传统市场营销观念

1. 生产观念(production concept)

生产观念盛行于19世纪末20世纪初。该观念认为,消费者喜欢那些可以随处买到和价格低廉的商品,企业应当组织和利用所有资源,集中一切力量提高生产效率和扩大分销范围,增加产量,降低成本。显然,生产观念是一种重生产、轻营销的指导思想,其典型表现就是"我们生产什么,就卖什么"。以生产观念指导营销活动的企业,称为生产导向企业。20世纪初,美国福特汽车公司制造的汽车供不应求,亨利·福特曾傲慢地宣称:"不管顾客需要什么颜色的汽车,我只有一种黑色的。"福特公司1914年开始生产的T型车,就是在"生产导向"经营哲学的指导下创造出的奇迹。

2. 产品观念(product concept)

产品观念是与生产观念并存的一种市场营销观念,都是重生产轻营销。产品观念认为,消费者喜欢高质量、多功能和具有某些特色的产品。因此,企业管理的中心是致力于生产优质产品,并不断精益求精,日趋完善。在这种观念的指导下,公司经理人常常迷恋自己的产品,以至于没有意识到产品可能并不迎合时尚,甚至市场正朝着不同的方向发展。他们在设计产品时只依赖工程技术人员而极少让消费者介入。杜邦公司在1972年发明了一种具有钢的硬度,而重量只是钢的1/5的新型纤维。杜邦公司的经理们设想了大量的用途和一个10亿美元的大市场。然而这一刻的到来比杜邦公司所预料的要长得多。因此,只致力于大量生产或精工制造而忽视市场需求的最终结果是其产品被市场冷落,使经营者陷入困境。

3. 推销观念(selling concept)

这种观念产生于资本主义经济由"卖方市场"向"买方市场"的过渡阶段,盛行于20世纪30—40年代。推销观念认为,消费者通常有一种购买惰性或抗衡心理,若听其自然,消费者就不会自觉地购买大量本企业的产品,因此企业管理的中心任务是积极推销和大力促销,以诱导消费者购买产品。其具体表现是:"我卖什么,就设法让人们买什么。"执行推销观念的企业称为推销导向企业。在推销观念的指导下,企业相信产品是"卖出去的",而不是"被买去的"。他们致力于产品的推广和广告活动,以求说服甚至强制消费者购买。他们收罗了大批推销专家,做大量广告,对消费者进行无孔不入的促销信息"轰炸"。但是,推销观念与前两种观念一样,也是建立在以企业为中心的"以产定销",而不是满足消费者真正需要的基础上。

(二) 以消费者为中心的市场营销观念

1. 市场营销观念(marketing concept)

市场营销观念是作为对上述诸观念的挑战而出现的一种新型的企业经营哲学。尽管这种思想由来已久,但其核心原则直到20世纪50年代中期才基本定型。市场营销观念认为,实现企业各项目标的关键在于正确确定目标市场的需要和欲望,并且比竞争者更有效地传送目标市场所期望的物品或服务,进而比竞争者更有效地满足目标市场的需要和欲望。其口号是:"顾客需要什么,我们就生产什么。""哪里有消费者需要,哪里就有我们的机会。"执行市场营销观念的企业称为市场导向企业。

2. 社会市场营销观念(societal marketing concept)

从20世纪70年代起,随着全球环境破坏、资源短缺、人口爆炸、通货膨胀和忽视社会服务等问题日益严重,企业生产经营不仅要考虑消费者需要,而且要考虑消费者和整个社会的长远利益。这类观念可统称为社会营销观念。社会营销观念要求营销管理者在制定营销决策时,要统筹兼顾三方面的利益,即企业利润、消费者需要和社会利益。该观念是以社会长远利益为中心的市场营销观念,是对市场营销观念的补充和修正。

沃尔玛中国发布新年CSR战略

近日,以"公益社会,你'沃'共担"为主题的2017沃尔玛(中国)企业社会责任(CSR)论坛在北京举行。沃尔玛中国发布的2017企业社会责任战略与目标显示,其将重点关注女性经济自立、儿童食品安全与营养、可持续发展与社区服务三大领域。同时,沃尔玛宣布将通过2016年10月"你'沃'一起,为爱加餐"公益活动筹集到的265万元善款捐给中国扶贫基金会,用于改善贫困地区学生营养状况。

沃尔玛中国公司事务高级副总裁付小明表示,沃尔玛中国2017企业社会责任战略是根据沃尔玛全球企业社会责任的重点领域,并结合中国经济和社会发展现状制定的,将更有助于发挥沃尔玛自身优势。沃尔玛期待与志同道合的公益机构和伙伴携手推动社会责任共担,以期产生更多协同效应。

资料来源:何芬兰.沃尔玛中国发布新年CSR战略[N].国际商报,2017-01-17.

3. 大市场营销观念(mega marketing concept)

大市场营销观念是20世纪80年代以来市场营销观念的新发展。其核心内容是强调企业的市场营销既要有效地适应外部环境,又要能够在某些方面发挥主观能动作用,使外部环境朝着有利于企业的方向发展。它是在4P市场营销组合基础上加上了2P,即政治力量(political power)和公共关系(public relations)。菲利普·科特勒认为,一个公司可能有精湛的优质产品、完美的营销方案,但要进入某个特定的地理区域时,可能面临各种政治壁垒和公众舆论方面的障碍。当代的营销者要想有效地开展营销工作,需要借助政治技巧和公共关系技巧。

(三)现代市场营销观念的新发展

1. 关系营销观念(relationship marketing concept)

关系营销观念是较之交易市场营销观念而形成的,是市场竞争激化的结果。传统的交易市场营销观念的实质是卖方提供一种商品或服务以向买方换取货币,实现商品价值,是买卖双方价值的交换,双方是一种纯粹的交易关系,交易结束后不再保持其他关系和往来。在这种交易关系中,企业认为卖出商品赚到钱就是胜利,顾客是否满意并不重要。而事实上,顾客的满意度直接影响到重复购买率,关系到企业的长远利益。由此,从20世纪80年代起美国理论界开始重视关系市场营销,即为了建立、发展、保持长期的、成功的交易关系进行的所有市场营销活动。它的着眼点是与和企业发生关系的供货方、购买方、其他组织等建立良好稳定的伙伴关系,最终建立起一个由这些牢固、可靠的业务关系所组成的"市场营销网",以追求各方面关系利益最大化。这种从追求每笔交易利润最大化转化为追求同各方面关系利益最大化是关系市场营销的特征,也是当今市场营销发展的新趋势。达成"承诺—信任",然后着手发展双方关系是关系市场营销的核心。关系营销和交易营销的区别如表1-3所示。

表 1-3 交易营销和关系营销的区别

项目	交易营销	关系营销
适合的顾客	眼光短浅、低转换成本的顾客	眼光长远、高转换成本的顾客
核心概念	交易、你买我卖	与顾客之间建立长期关系
企业的着眼点	近期利益	长远利益
企业与顾客的关系	不牢固,如果竞争者用较低的价格、较高的技术解决顾客问题,关系可能会中止	比较牢固,竞争者很难破坏企业与顾客的关系
对价格的看法	是主要的竞争手段	不是主要的竞争手段
企业强调的重点	市场占有率	顾客回头率和忠诚度
营销管理追求的目标	单纯交易的利润最大化	追求与对方互利最佳化
市场风险	大	小
了解对方的文化背景	没有必要	非常必要
最终结果	未超出"营销渠道"的范畴	超出"营销渠道"的范畴,可能成为战略伙伴,发展成为营销网络

资料来源:于雁翎.市场营销理论与实务[M].北京:现代教育出版社,2012.

2. 绿色营销观念(green marketing concept)

绿色营销观念是在当今社会环境破坏、污染加剧、生态失衡、自然灾害威胁人类生存和发展的背景下提出来的新观念。20世纪80年代以来,伴随着各国消费者环保意识的日益增强,世界范围内掀起了一股绿色浪潮,绿色工程、绿色工厂、绿色商店、绿色商品、绿色消费等新概念应运而生。绿色营销观念主要强调把消费者需求与企业利益和环保利益三者有机地统一起来,它最突出的特点就是充分顾及资源利用与环境保护问题,要求企业从产品设计、生产、销售到使用的整个过程都要考虑到资源的节约利用和环保利益,做到安全、卫生、无公害等,其目标是实现人类的共同愿望和需要——资源的永续利用与保护和生态环境的改善。为此,开发绿色产品,发展绿色产业是绿色营销的基础,也是企业在绿色营销观念下从事营销活动成功的关键。

3. 文化营销观念(cultural marketing concept)

文化营销观念是指企业成员共同默认并在行动上付诸实施,从而使企业营销活动形成文化氛围的一种营销观念,它反映的是现代企业营销活动中,经济与文化的不可分割性。企业的营销活动不可避免地包含着文化因素,企业应善于运用文化因素来实现市场制胜。在企业的整个营销活动过程中,文化渗透于其始终。一是商品中蕴含着文化。商品不仅仅是有某种使用价值的物品,还凝聚着审美价值、知识价值、社会价值等文化价值的内容。日本学者本村尚三郎曾说过,"企业不能像过去那样,光是生产东西,而要出售生活的智慧和欢乐","现在是通过商品去出售智慧、欢乐和乡土生活方式的时代了"。二是经营中凝聚着文化。日本企业经营的成功得益于其企业内部全体职工共同信奉和遵从的价值观、思维方式和行为准则,即所谓的企业文化。营销活动中尊重人的价值、重视文化建设、重视管理哲学及求新、求变精神,已成为当今企业经营发展的趋势。美国IBM公司"尊重个人,顾客至上,追求卓越"三位一体的价值观体系,瑞士劳力士手表"仁心待人,严格待事"的座右铭,等等,充分说明了企业文化是把企业各类人员凝集在一起的精神支柱,是企业在市场竞争中赢得优势的源泉和保证。

4. 整体营销观念(total marketing concept)

1992年美国市场营销学界的权威菲利普·科特勒提出了跨世纪的营销新观念——整体营销,其核心是从长远利益出发,公司的营销活动应囊括构成其内、外部环境的所有重要行为者,它们是供应商、分销商、最终顾客、职员、财务公司、政府、同盟者、竞争者、传媒和一般大众。前四者构成微观环境,后六者体现宏观环境。公司的营销活动,就要从这十个方面进行。

5. 全球营销观念(global marketing concept)

经济全球化是当今世界经济发展的最重要趋势,在这一经济规律的驱动下,各国企业和产品纷纷走出国门,在世界范围内寻求发展机会,许多产品都已成为全球产品,许多支柱产业已成为国际支柱产业,而不是某一国的产品或产业。特别是实力雄厚的跨国公司,早已把全球市场置于自己的营销范围内,以一种全球营销观念来指导公司的营销活动。互联网在市场营销领域的应用将企业带入了一个全新的电子商务(electronic commerce,EC)时代。

EC环境下的市场营销观念从根本上改变了传统的4P营销观念,网络经济下产生的虚拟组织不再需要地理上的营销渠道,也不需要存储清单,不需要大而固定的营销场所,就可以实现全球化业务,网络使企业失去地理疆界。市场营销行为不受时空限制,全球化、全天候的服务使交易更加便利;商户在电脑网络上开设自己的主页,在主页开设"虚拟商店",陈列其商品,顾客通过网络可以进入虚拟商店,挑选商品,下订单、支付都可以在网上完成,商户接到订单就送货上门。EC可以更快捷、更准确地捕捉顾客光临网站的各项信息,以此来了解顾客的偏好,预期新产品概念和广告效果,最终使顾客参与产品的设计,从而使接单后生产的一对一的、高质量的、个性化的"定制产品(customized products)"和"定制服务(customized services)"不再是富人的专利。比如通用汽车公司别克汽车制造厂,让客户自己设计所喜欢的车型,并且可以由客户自己选择车身、车轴、发动机、轮胎、颜色及车内结构。客户通过网络可以看到自己选择的部件组装出来的汽车的样子,并可继续更换部件,直到满意为止。这种营销方式在现代市场条件下运作得越来越普遍。

遵循着菲利普·科特勒的探求轨迹,我们可以清晰地看到市场营销观念始终处在变化之中,这也充分说明企业的营销活动始终是在动态地发展着的。而市场营销观念无论如何变化,关注消费者、尊重消费者、关注整个社会福利的提高与改善,则始终是一条主线。围绕着这一条主线开展营销活动并持之以恒,企业才能健康而长久发展。

第五节 国际市场营销任务

国际市场营销的基本任务是让企业的决策者在综合考虑分析国内外市场营销环境的基础上,捕捉营销机会,避免营销风险,制定进入国际市场的营销战略、策略,以实现企业的基本目标。具体来说,国际市场营销的任务一般要解决以下几个问题。

一、评估国际营销环境

国际营销环境包括政治环境、经济环境、文化环境、科技环境等,所有环境的变化都可能给企业的国际营销带来新的挑战和发展机会。所以,企业在进入国际市场之前,必须透彻地评估和理解国际市场。

二、决定是否进入国际市场

并不是每个企业都有必要进入国际市场,也不是每个企业都有条件进入国际市场。企业应根据环境分析和自身的资源条件以及生产能力、营销能力和产品特点做出正确的选择。因此,企业必须进行充分的调研和分析,制定自己的国际营销目标和策略。

三、决定所进入的市场

在决定进入国际市场后,进一步的决策应该是进入哪一个或哪些目标市场。在选择时要利用一些科学的分析方法,对目标市场进行评估和财务分析,估计目前的市场潜力和风险,预测成本、利润及未来的投资回报率等。

四、决定如何进入国际市场

企业选择好了目标市场,如何进入有许多可选择的方式,如间接出口、直接出口、许可贸易、合资经营、直接投资等。企业必须综合考虑环境因素和自身的实际情况,做出适当的选择。

五、决定营销组合

营销组合,就是企业对自己可控制的各种市场手段,优化组合和综合运用,以便更好地实现营销目标。美国营销学家 E.J. 麦卡锡把它分为四大类,即产品(product)、价格(price)、分销(place)、促销(promotion),简称 4P 营销组合。由于国际营销环境与国内营销环境不同,在进行国际营销组合决策时,除要以一般的市场营销组合为基础外,还要根据具体情况,在产品、价格、分销和促销等方面进行一些与国内营销不同的决策。

六、决定营销组织形式,并进行计划和控制

营销战略的实现需要组织保证,因此,企业要设置合理的组织机构,并进行合理的计划、协调和控制,以实现企业的国际市场营销目标。

本章小结

1. 企业开展国际市场营销的动因主要有市场动因、竞争动因、资源动因、利润动因、政策动因。
2. 市场营销学是国际市场营销学的先导,国际市场营销学是市场营销学的延伸和扩大。国际市场营销学和市场营销学相比,研究范围有跨国界、异国性、多国性的特点。区别主要表现为环境复杂性、风险性高、容量大、难度更大、竞争激烈性。
3. 企业跨国营销经历了五个阶段,即国内营销—出口营销—国际市场营销—多国营销—全球营销。
4. 企业经营哲学也叫市场营销观念,是企业在开展市场营销活动的过程中,在处理企业、顾客和社会三者利益方面所持的态度、思想和观念。现代市场营销观念主要有关系营销观念、绿色营销观念、文化营销观念、整体营销观念和全球营销观念。
5. 国际市场营销的基本任务是让企业的决策者在综合考虑分析国内外市场营销环境的基础上,捕捉营销机会,避免营销风险,制定进入国际市场的营销战略、策略,以实现企业的基本目标。

思维导图

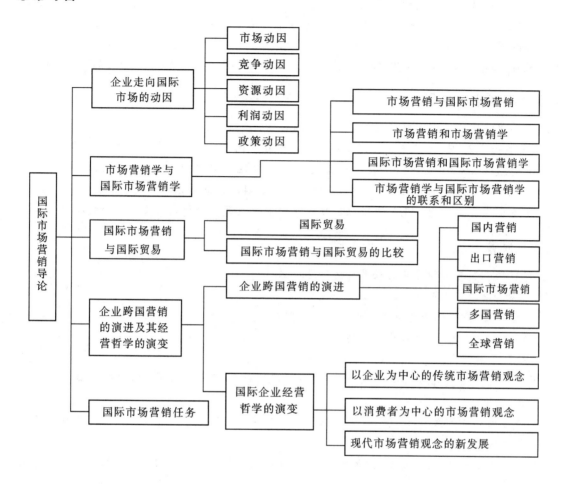

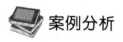 **案例分析**

波音公司的政治营销

波音公司作为美国工业化的象征,美国人一直引以为豪。1992年,波音销售额为303亿美元,是美国最大的出口商之一。但后来,其产量猛跌,领导地位开始动摇,而得到政府支持的欧洲空中客车公司已经在客机市场上抢占了30%的地盘。1993年,波音公司只接到两架波音747的订货合同,两条波音747生产线中的一条不得不停止运转,公司陷入困境。在短短的一年中,公司解雇了1.6万名员工。

为了走出困境,波音公司及时调整了市场营销战略计划,它运用市场营销组合策略开展了空前的政治公关活动,并获得成功,使波音公司昂首飞往世界,最后兼并了麦道公司,成为世界上最大的飞机公司。首先,它利用波音公司在美国的特殊地位,对当时的美国总统克林顿开展公关活动。波音公司总裁富兰克·雪朗兹多次指出:"假如我们有一定的订货,就可稳定生产,并向社会提供更多的就业机会。"而就业问题一直是政府关心、公众注目的热点问题,也是影响国内经济发展的重要因素之一。再则,波音公司是美国现代工业的象征,也是美国人的骄傲,它已构成美国文化的重要组成部分,波音公司的处境引起全美国的极大关注。克林顿总统亲自出马帮助波音公司寻找新市场,扩大订货量。最为明显的例子是经过克林顿总统的政治努力,波音公司得以和沙特阿拉伯签订了一笔价值60亿美元的订货,并把它的主要竞争对手——欧洲空中客车公司挤出了沙特阿拉伯。

资料来源:逯宇铎,陈双喜.国际市场营销学:经典案例分析与练习[M].北京:清华大学出版社,2012.

讨论和在线学习问题

1. 波音公司在国际市场上取得巨大成功的原因是什么?
2. 2015年9月22日,波音与中国商飞签署了关于在中国建立737飞机完工中心的合作文件,这也是波音公司首次将其总装生产系统的一部分延伸到海外。通过登录波音中国网站(www.boeing.cn)和上网搜集资料,了解波音在中国的最新动态,并与同学讨论以下问题:波音首个海外工厂为何花落中国?在此过程中是否也有政治和公共关系方面的原因?

思考与问答

1. 国际市场营销与国际贸易的联系与区别是什么?
2. 企业跨国营销可以划分为几个发展阶段?
3. 有4家企业,它们的经营决策的指导思想分别是:
   (1) 公司生产手表,认为只要集中精力生产走时准确、造型优美、价格适中的名牌产品,就能使经营获得成功。
   (2) 公司生产汽车,致力于扩大生产规模,追求规模效益,加强企业管理,力图降低成本扩大销售。
   (3) 公司生产电子仪器,认为产品不会主动变成现金,于是从社会上网罗了一大批能说会道的推销员。
   (4) 公司生产面包,其宗旨是:顾客就是上帝,要尽最大努力使顾客的每一元钱都能买到十足价值和质量满意的面包。
   请问:这4家企业的营销观念分别是什么?
4. 选择一家目前已经走向国际市场的中国企业,分析其在国际市场营销方面存在的问题。

第一篇

国际市场营销环境

第二章　国际文化环境

> **学习目标**
> 1. 理解文化的含义
> 2. 了解文化的构成要素
> 3. 掌握文化的变化对企业国际营销的影响
> 4. 掌握国际营销中的商业习惯

导入案例

美印政府——华为不得入内

　　华为,这个由任正非在1987年创办的民营企业,在短短20年的时间内成为中国最大、全球第二大通信设备制造商。不可否认,"狼性精神"是华为成功的一个要素,但任正非在华为成立初期就定下的国际化策略却是华为成功打破世界电信市场格局的核心战略。然而,就在华为准备将自己的旗帜插遍全球时,美国政府和印度政府却总是以"国家安全"为由阻挠华为的进入,他们认为华为是一家具有中国军方背景的通信设备制造商,如果美印运营商使用它们的设备将会给美印的国家安全带来威胁。面对此种困难,华为方面积极与当地政府进行磋商,力求在所谓"安全问题"上与对方达成一致。

　　2010年5月16日,华为表示愿意向印度政府提供其网络系统的源代码,以打消印度政府的安全顾虑。华为一名代表表示:"按照普遍认可的国际行业惯例,在共同认可的前提下,销售商可以向当局提供源代码。我们已对印度政府表态,对此持开放态度。"英国《金融时报》将华为在印度的种种努力定性为"魅力攻势"。报道称,华为派驻印度的工作人员都流行取印度名,华为副总裁姚卫民给自己取了"拉杰夫(Rajeev)"作为印度名字。华为表示,在印度节日期间,员工会尽全力参加庆祝活动,女士们会身着纱丽,放鞭炮,员工也在学习印度语,努力让员工融入印度当地文化。

　　华为主要通过以下策略来进行跨文化的管理:

　　1. 本地化策略

　　目前华为在海外共设有80多个服务分支机构,除了中国员工外,还招纳了大量当地员工,包括技术、销售、财务等人才。在海外最大的研究所——印度研究所,80%以上的员工都是印度人。华为在美国的硅谷、达拉斯,瑞典的斯德哥尔摩,俄罗斯的莫斯科以及印度都设有研发中心,这些研发中心可24小时在华为强大的数据平台上进行同步研发。在这样一个文化背景、生活习惯、价值观念有着较大差异的多元化工作环境中,华为的文化也逐渐地国际化。

据华为内部人士介绍，一次，华为印度所的一个项目组在讨论技术方案时，国内去的员工就方案争执不下，场面激烈，大家都在拼命叫嚷，想让别人接受自己的意见。就在难分难解之际，一位印度经理悄悄地把争吵的一方拉到一边，说："你不要那么大声，如果你很愤怒，就使劲握着拳头，等平静下来再去讨论。"中国人在讨论问题时，总是先入为主，认为自己是最正确的，自己的任务不是讨论问题本身，而是要驳倒对方，印度员工更习惯于平和的讨论氛围。

2. 文化规避策略

每个国家或民族都有自己的禁忌。禁忌标志着一种文化与另一种文化差异的界限，它是文化差异中最为敏感的因素。禁忌对国际营销的作用已为众多的国际营销实例所证实。一些公司在国际营销中失败的主要原因往往是触犯或违背了某个地区或民族的禁忌。

3. 借助第三方文化策略

华为人力资源管理中最重要的一个特点就是它的人员轮换制度，大部分员工不会在一个岗位上待太长的时间，尤其在开辟国际市场时，调动在相似国家或地区的负责人开拓新的市场，往往达到很好的效果。

华为因"安全问题"所遭遇的傲慢与偏见或许代表了中国优秀企业在国际化过程中最直接的问题和困难。但美、印两国政府的"地方保护主义"则从另外一个侧面反映出以华为为代表的优秀中国企业已经开始被国外政府和企业所重视并认可。正如华为印度销售主管维卡斯·迪万曾所说，"我们发展得越来越大，已足够困扰一些最大的竞争对手，因此我们在印度和美国的正当商业行为受到了一些阻碍。"出于中印两国的经贸竞争、文化和政治等因素，华为所遭遇到的傲慢与偏见或许并不能完全依靠自己解决，华为还需要相关政府和管理机构的协调和帮助。

资料来源：http://tech.ifeng.com/telecom/special/huaweiyindushouzu.

第一节 文化概论

一、文化的含义

(一)定义

许多学者从不同的视角出发，对文化(culture)予以界定。这些定义有一个共同点，即文化可以学习，可以分享，也可以世代相传。文化作为共同的思想和行为方式，在社会力量作用下得到发展和加强。文化是多层面的，包含互相依赖的因素，一个因素的变化会影响其他因素的变化。在层出不穷的文化概念下，文化可以归纳成几个具有特征性的关键词：群体、共享、学习、准则和价值。

本书沿用钦科陶和龙凯宁(Czinkota & Ronkainen)对文化的定义：文化是指给定社会中人们可识别的行为方式特征整合而成的体系。它包括给定社会群体想、说、做、行的方式，即这个社会群体的习惯、语言、物质成就、共同的态度和感情体系等。这个定义包括了从物质到精神诸多方面的要素。

从这个定义可以看出，文化是保守、抵制变革和鼓励延续的。每一个人都在某一种文化的熏陶下学习做事的"正确方法"，当一个深受某种文化影响的人遭遇另一种文化时，往往会出现问题。进行国际市场营销时需要适应当地文化，防止失误。当前的国际市场营销非常注重文化渗透(调整自己以使自己适应另一种文化)，文化渗透通常被认为是国际经营成功的关键之一。但是文化渗透并不是在所有的场合都可以应用,在一些保守的文化中,比如在伊斯兰国家,人们对酒精饮料的态度和对一个社会中女性角色的看法根深蒂固,很难改变。在这些场合中,文化渗透可能派不上用场,这就需要学会变通和适应。

(二)特征

任何一个群体或社会都拥有文化,文化是人类的全部社会遗产,是人类社会环境中由人类自身形成并流传下来的那一部分,它涉及人类生活的一切方面。总之,文化是作为社会成员的个体所获得的全部行为和准则的集合体,其基本特征如下。

1.后天习得

文化是通过后天学习获得的,而不是与生俱来的。这就是说,文化具有继承性,但这种继承不同于遗传,需要学习、实践和领悟。长期的共同生活是文化形成的基础。

2.成员共有

文化是某个社会中的成员所共有的。社会中的每个成员都理解该社会文化的意旨并受其影响,即不同社会的文化具有明显的差异性。由于现代社会的地理界线以国界为主,正规的教育和经营活动也都采用主导文化的语言,因此,文化的差异也就主要反映在国与国之间。但这容易给我们造成一种误解,即政治边界就反映了文化边界,事实上这并不必然。很多国家诸如加拿大、新加坡等,在其政治边界内拥有一个以上的文化群体。进一步讲,即使是文化相对单一的国家也存在各种各样的亚文化,它们代表着影响商业交易的地区文化差异和城乡文化差异。

3.分部分或要素

文化是分部分或要素的。文化的各个不同部分或要素相互关联,触动文化的某一方面往往会影响到其他方面。尽管人类学家至今对于文化分为哪些部分或要素还存在着分歧,但基本都同意文化的内涵包括物质文化、社会组织、语言教育和宗教信仰等部分。

4.不断演进

文化是不断演进的。文化在世代相传的过程中,总是随着经济技术环境的变化和不同国家之间文化的交流而变化的。它总是在不断吸收其他社会文化中的有效部分,从而推动本国文化的变迁。

二、文化因素在国际市场营销中的重要性

(一)文化成为影响国际市场营销的核心因素

国际市场营销的受挫或失败,十之八九是由文化因素造成的。大量案例显示,在众多环境因素中,文化环境正逐渐成为影响国际市场营销的核心因素。

文化渗透于营销活动的各个方面。诸如产品要根据各国文化特点与要求设计,价格要根据各国消费者不同价值观念及支付能力定价,分销要根据各国不同文化与习惯选择分销渠道,促销则要根据各国文化特点与要求设计广告,等等。

1.影响广泛

文化因素对国际市场营销的影响有:文化差异决定着企业对国际目标市场的选择,文化差异影响着企业国际市场营销的效率和效益,文化差异很大程度上影响着国际市场营销的管理。

2.相互作用

国际营销者的活动又构成文化的一个组成部分,推动着文化的发展。它既适应了现有文化,又创造出新文化,诸如创造新需求、新的生活方式等。

3.差异多样

文化差异不仅仅存在于国与国之间,更多地体现在组织、机构和公司内部。跨国企业就像

一个大熔炉,其面对的客户、合作者或者内部员工可能来自世界各地,有着不同的文化背景。因此,文化在其中扮演着不同的角色,影响的方面也不容忽视。

(二)国际市场营销成果的好坏受文化的裁判

消费者对产品接受与否,均是其文化意识的反映。因此,文化因素对国际市场营销至关重要。但真要适应一国文化,却是知易行难。这是因为文化环境能在根本上影响人们对世界的看法和相关社会行为,即人们的行为无时不存在一种自我参照标准。自我参照标准(self-reference criterion,SRC),是指国际市场营销人员在决策时,往往会忽略各国社会文化环境的差异,无意识地参照本国的文化价值观、经验和知识去感知国际消费者的需求。

当我们进入异域文化时,自我参照标准就会发生作用,从而人们在接触国外消费者时,往往会感到惊奇:"为什么这些人和我们不一样?为什么他们要做出一些令人完全无法理解的行为?"尤其需要注意的是,种族优越、种族歧视和种族隔离等种族中心主义是阻碍文化联系的内在根源。每一种文化都是独一无二的,如果断定本民族的文化要优于外国文化,必然引起纠纷。因此在国际市场营销中需要记住一句话:"文化只有差异,没有对错与好坏之分。"

三、文化的构成要素

国际市场营销者需要对文化有一个全面深入的研究。人类学家对文化范畴的界定可以作为文化分析的一个基本框架。人类学家认为,文化包括生活的各个部分,可以通过诸多要素加以说明,即物质文化、社会制度、宗教、美学和语言。由于这些因素与国际市场营销活动相互影响,并对了解每一社会的市场体系特征至关重要,因此,在研究某一具体外国市场时,必须认真研究每种文化因素的含义。

(一)物质文化

物质文化由技术和经济构成。前者指物质产品生产过程中使用的技能;后者则是人们运用工具、知识、技术、方法创造和分配财富的方式,包括产品和产品的分配、消费方式等内容。

物质文化不仅影响产品的生产手段和分配方法,而且影响需求水平,影响产品的质量、种类和功能。物质文化的差别还导致各国的需求和商业习俗表现出不同的特点,物质文化质量的高低和完善程度直接影响了国际营销的方式和规模。

(二)社会制度

社会制度包括社会组织、教育和政治结构。社会制度影响人与人之间的相互关系,影响人们如何组织自己的活动以便和睦相处,影响人们如何把行为准则传授给下一代以及如何管理人类自身。

1. 社会组织

社会中人与人之间联系的方式就是社会组织,而具有类似的价值观、兴趣爱好、行为方式乃至产品偏好、品牌偏好、经济收入和购买力相似的人,可以称作社会阶层。社会中因职业、政治、宗教、爱好等特点而形成的不同特殊利益集团,则称为利益集团。相似的社会组织、阶层和利益集团对产品及服务会有一些共同性的要求,而在不同的文化体系中他们又呈现出不同的消费特点。

家庭是最普遍的一个社会组织,大多数东西方文化传统的家庭都是核心小家庭,即夫妻两个人和一两个未成年的子女组成的家庭,这种结构直接导致家用电器和汽车的需求成倍增长。而在沙特阿拉伯则多是大家庭结构,很多如冰箱、彩电等耐用消费品的销量相对减少。在对社会组织的考察中,分析社会阶层、家庭规模和特点、妇女的角色和地位、群体行为等对国际市场营销活动的开展很有意义。

2. 教育

教育是技能、思想、态度的传授,是专业知识的学习和培训,对人们的价值观和行为方式有很大的影响。它会影响人们的消费行为,制约国际市场营销活动,影响当地市场的商品构成和人力资源状况。各国的教育普及程度差别很大。识字率是一个国家经济发展的一种潜力指标。识字率不足50%的国家经济增长从未获得过成功。相反,增加教育投入的国家都曾获得显著的经济回报。识字率对市场营销有直接的影响,在识字率高的市场进行交流会降低成本。教育状况决定了国际营销的促销方式、包装说明、产品功能的简易程度等方面。进入东道国之前必须要了解其教育普及程度和国民的受教育水平。

3. 政治结构

政治结构又称政治的上层建筑,是建立在经济结构之上的政治法律设施、政治法律制度及其相互关联的方式。它包括政党、政权机构、军队、警察、法庭、监狱等实体性要素以及政权的组织形式、立法、司法、宪法和规章等制度性要素。

(三)宗教

宗教是文化中最敏感的要素。宗教信仰影响人们的价值观念、生活方式、消费行为、社交方式、经商风格,以及人们对时间、财富、变化、风险的态度。营销者如果对宗教知之甚少或一窍不通,则可能在无意中冒犯他人。正如其他文化因素一样,人们不能从自己的宗教信仰出发来看待他人的宗教信仰。在宗教派别较多而且容易产生交锋的国度,营销活动应当小心谨慎、仔细考察,注意防范时时发生的宗教冲突甚至动乱给经营活动带来的风险。企业要在国际营销活动中充分认识到宗教信仰对企业营销的影响,尊重目标市场各方的宗教信仰和观念,充分利用营销契机,巧妙规避风险。

(四)美学

美学包括书画及造型艺术、民间故事、音乐戏剧和舞蹈,是一种文化的审美观念。美是一种高层次的人类心理需求,是关于美、审美认识的观念,是文化的重要组成部分。由于各国历史和文化的差异,艺术表现手段、色彩的选择和美的标准因国而异,不同国度、不同区域甚至不同民族间的审美观念可能差异很大。

审美观念在诠释其象征意义时起着特殊作用,因此往往会引起营销者的兴趣。无论身处何地,消费者都会对意象、神话及暗喻做出反应。正是因为这些意象、神话及暗喻帮助他们明确了在文化和产品利益之间的个人特征和民族特征,以及这两种特征间的关系。

如果不了解异国的文化,不了解其审美价值观,就会遇到许多营销方面的问题。审美观对产品设计和营销有很大影响,国际营销者对自己的产品、包装、广告、工厂布置应当适应当地的审美偏好,依据营销环境的审美观来设计产品、包装和广告,进行工厂和店铺布置。这些都会因审美观的差异而影响消费者的购买行为。

(五)语言

语言是文化的核心组成部分,反映了文化的本质特性,也是沟通的桥梁和工具。世界各国的语言文化都是经过历史传统承袭而来的,有着深厚的国家和民族文化背景。如果营销人员对目标国的语言文化不了解,很可能带来很多问题和麻烦,而精准把握一国语言文化,则有利于产品的深入人心,从而拓展目标市场。成功的国际市场营销者必须善于交流,不仅要会说这种语言,而且要能够透彻理解。

四、文化知识

文化知识有事实性知识和解释性知识两种。事实性知识是营销者能够预见和学习,关于固有文化无可争议的事实。它是事实性、概念性知识,属于"是什么"的知识。解释性知识则是明白和欣赏不同文化特点和模式之间细微差别的知识。它是事实性知识在某一文化环境中所衍生的附加含义,是理解性、论证性知识,属于"为什么"的知识。

(一)事实性知识

事实性知识通过研读书刊就能够明白和掌握,但解释性知识却需要长时间地在某一文化中生活,通过一定的洞察力进行了解。虽然事实性知识是关于某一文化无可争议的现实,但是在特定的文化环境中进行解释往往会产生附加含义,即解释性知识,如果不能正确理解和把握,很容易造成文化冲突。

(二)解释性知识

解释性知识需要具有一定的洞察力,这种洞察力可以说是一种情感。解释性知识更加依赖个人的以往经历,如果完全使用本国作为参照,就很可能招致误解。在国际营销中,为了更好把握这两种文化知识,一方面需要通过书面学习,另一方面与目标国家的人深入接触也是必要的,同时与当地咨询机构等进行合作也是不错的办法,以间接的方式更好地了解本地文化,产生更多共鸣。

在把握事实性知识和解释性知识时,可以借助两个工具对外国消费者行为及其文化进行分析:恩格尔及其同事提出的"消费者行为的文化交叉分析"(见表 2-1)和爱德华·霍尔(Edward Hall)的文化图(见表 2-2)。

表 2-1 消费者行为的文化交叉分析

序号	目标	问题
1	确定购买动机	在某成员的文化意识中,该产品能够满足他们的什么需求?这些需求现在是如何被满足的?他们是否已经意识到这些需求?
2	确定典型行为模式	哪种模式能够反映购买行为特征?家庭中,劳动是如何分配的?人们购买某种产品的频率如何?这些典型行为是否与该产品所希望的购买行为相冲突?那些与产品分销要求相冲突的行为模式有多顽固?
3	确定与该产品相关的文化价值观的宽度	有关工作、道德、宗教、家庭关系等强烈的价值观是否与该产品相关?该产品是否含有与这些文化价值观念冲突的属性?这种冲突能否通过改变产品加以避免?该文化中是否存在能突出该产品积极方面的价值观念?
4	确定典型的决策模式	该文化的成员是否具备面对革新和处理突发事件的能力?其决策过程是怎样的?依赖于何种信息来源进行决策?对待新理念的态度是否强硬?做选择时采用什么标准?
5	评价适合该文化的促销手段	广告在该文化中处于何种地位?有什么禁忌的话题、词语或说法?该文化中的成员能接受哪种类型的销售人员?这类销售人员能否找到?
6	确定该产品在消费者意识中的适当地位	存在哪些类型的零售商?能否找到与该产品联系紧密的销售机构?这些销售机构能提供哪些消费者期望的服务?有哪些替代机构能提供产品需要的而现有机构又不能提供的服务?消费者如何看待各种类型的零售商?分销结构变更能否被接受?

资料来源:贾殷.国际市场营销[M].6 版.北京:中国人民大学出版社,2004.

表 2-2　爱德华·霍尔的文化图

序号	分析维度	分析内容
1	交互作用	语言、文字等不同手段与环境之间的相互作用
2	社会团体	社会结构、组织和组成
3	生存手段	个体和群体为了生存和生活的各种活动的总称
4	两性作用	两性的不同角色和作用
5	空间领域	占有、使用和保护的土地和领域
6	时间分配	时间的分割、分配及使用
7	学习	传播知识的形式
8	娱乐	通过放松及游戏活动获得享受的过程
9	防卫	抵抗自然和人力侵害的保护行为
10	资源开发利用	使用技能和技术把自然资源变为人们所需要的东西

资料来源：贾殷.国际市场营销[M].6版.北京：中国人民大学出版社，2004.

第二节　文化的变化

文化是动态的，是一个活生生的进程。然而文化变革持续不断这一事实似乎又有些矛盾，因为文化的另一个重要特性就是它的保守性，抵制变革。尽管文化变革会遭遇阻力，但是文化变革的特性对于新市场的评估却十分重要。社会变革有多种方式，有些变革要借助天灾或战争才能实现，比如第二次世界大战后日本所经历的变革。但是更普遍的情形是，变革是社会力图解决环境变化所造成的问题的结果。有一种观点认为，文化是某一特定社会成员共同面临问题的一系列最佳解决方法的积累。换言之，文化是人类借以适应其生存需要的环境和历史因素的一种手段。

突发事件已经解决了部分问题，发明创造则解决了很多其他问题。但是，各个社会通常都借鉴其他文化的思想，寻求解决问题的办法。各种文化都存在文化借鉴的问题，尽管每个社会都有一些独特的问题，但是各个社会所面临的绝大多数问题在本质上都相差无几。

一、文化借鉴

文化借鉴是一种负责任的行为，其目的是在其他文化中寻求更好地解决自身问题的方法。因此，独特的文化至少在一定程度上是模仿多种不同文化的结果。

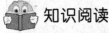
知识阅读

在美国文化中，典型的美国人生活是这样的：早餐吃的是东地中海橘子，或是波斯甜瓜，或是非洲西瓜。吃完水果，喝完一天中第一杯咖啡，然后就是做鸡蛋饼，用的是亚洲小麦，做的则是斯堪的纳维亚风味。饼上浇上一点由生活在美国东部丛林中的印第安人发明的槭糖浆。作为辅食，他还可能吃点鸡蛋或几片火腿，而下蛋的鸡当初是中南半岛驯化的，腌制火腿用的猪则是当年在东亚驯化的，然而火腿的腌、熏技术却是在北欧发展起来的。他一边吃饭，一边看当天的报纸，而报纸上的新闻则是用古代闪米特人发明的字符，通过德国人发明的印刷方法印刷在中国人发明的纸上的。倘若他是一位保守的好公民,他在阅读其他国家的麻烦时,一定会庆幸自己是一位百分之百的美国人,而用印欧语系的某种语言向希伯来神祇致谢。

此人的确可以称自己是百分之百的美国人,因为他所借鉴的每一个文化要素都被用来满足他的需求,融入独特的美国习俗、美式食物和美国传统。美国人的行为方式也受文化的支配。不论被借鉴的文化来自何方,以何种方式被借鉴,一旦某种行为方式被社会接受,那么这种行为方式就成为标准的行为方式,并作为社会文化遗产的一部分而世代相传。

文化遗产也是人类与动物之间的根本区别之一。文化是习得的,社会把解决问题的方法传给下一代,不断地丰富和充实文化,从而使得社会成员形成众多不同的行为方式。关键是,尽管许多行为都是向其他文化借鉴得来的,但是它们以独特的方式结合在一起,成为某一社会的典型行为。对国际营销者来说,了解文化的这种既相似又相异的特性对于引起文化共鸣具有十分重要的意义。

二、文化变化的阻力

文化是不断变革的,人们的习惯、价值观、偏好、行为、语言等随着经济、社会、政治的进步而不断变化发展,但发展并不是没有阻力的。一般来说,新事物能不能被接受及被接受的程度,取决于人们对这一事物感兴趣的程度以及新事物对旧事物的改变方式。按照美国人类学家爱德华·霍尔的观点,文化的三个范畴中,正式规范由于属于人的基本价值观,所以更能抵制外来力量而不易改变;非正式规范是生活习俗,可以经长期的文化摩擦而改变;技术规范则可以通过人们对技术知识的学习而获得,很容易改变。

文化变革的阻力有大有小。有时,新文化要素很快被全面接受,而有时则因阻力太大被拒之门外。研究表明,决定何种创新以及一种创新会在何种程度上被接受的重要因素是人们对创新的兴趣程度以及创新对旧事物的革新程度,还有创新对现存价值观和行为模式的破坏程度。文化变革的阻力因素有很多,主要有以下几个方面。

(一)民族中心主义倾向

世界各国的文化都有着一定的民族主义倾向,个体对本民族文化的强烈认同使得他们对其他文化具有抵制和贬低的趋势,这给文化的吸收和借鉴带来了难度。尤其当两种文化国度间曾经或正在处于摩擦状态,或是外来文化威胁到原有文化的神圣性、与传统文化发生巨大冲突时,文化阻力就更加明显。

(二)个体障碍

文化变革涉及精神、思想、价值观念的变化,它的核心是价值观的变革,对人们现有的习惯思维、价值判断标准、做人处事的风格和习惯都可能产生影响。价值观变化所带来的不确定性和未知性,让人们一时难以适应和调整,并且新的价值观和价值判断标准对过去思维模式的否定,也会让人们觉得难以接受,或者担心自己不能适应,从而产生抵制情绪。

(三)文化惰性和维模

文化形成后,组织会囿于如何行事的共同期望中。随着组织年龄的增长和成功,文化惰性产生。对过去文化的认可使得认同感愈加习惯化,也就越发根深蒂固,一旦面临变革,它会迅速成为变革的障碍。文化维模功能则是某种文化对外来文化的选择作用和自我保护,当外来文化有利于原有文化时,外来文化容易被接受,否则就会受到排斥和拒绝。

尽管文化变革会受到各种因素的抵制和排斥,但是有时是可以克服的。文化不是一成不变的,当排斥的原因变得无足轻重或者被忘却时,排斥就会消失,文化变革就会发生。一旦人们认识到文化变革的重要性,或者有更多的了解,变革就会很容易推行。对国际市场营销者而言,理解创新被接受的过程是很重要的。

第三节 国际营销中的商业习惯

国际市场营销者在向外国市场销售产品和服务时,需要借助国际市场营销渠道。了解东道国商业文化、经营态度以及做生意的方法有助于排除通路上的障碍。如果不以灵活的态度去接受或容忍异国的商业习惯,那么身在异邦的商人将很难取得满意的经营成果。

一、商业习俗与文化的关系

一个国家的商业习惯与该国的文化是密切相关的,犹如语言一样,商业习惯也是文化环境的组成部分。文化与商业习惯的关系应该这样理解:一方面,东道国的商业习俗和惯例受该国或地区文化的影响,这是基础部分;另一方面,在当今以商业为基本活动内容的世界中,商业活动及商业习惯又在很大程度上丰富着各国的文化内涵。在这种情况下,国际营销人员最为重要的是学会调整自己,以适应东道国的文化。就文化的要素而言,下面几方面是影响商业习惯的重要组成部分。

(一)价值观

文化不仅形成日常行为准则,而且构成态度和动机的一般模式。例如,在美国这种个人主义盛行的国家里,个人财富和公司利润是衡量成功的准则。日本由于疆域小,自然资源缺乏,所以,一致性、服从组织作为衡量个人和公司成功的准则。

(二)礼仪、交往方式

在不同的文化传统背景下,人们的礼仪、商务交往的方式也是不同的。例如,见面礼节,有的国家习惯于握手,有的国家习惯于鞠躬,而有的国家却喜欢行吻礼。日本人在生意洽谈中很少当面拒绝或否定,使得谈判对方感到很困惑。美国人则很喜欢开门见山,而且交往时不拘小节。与沙特阿拉伯人交往,决不能问及对方的妻子,而与墨西哥人做生意时,问候对方的夫人却是必要的礼貌。

(三)图案和颜色

审美观由于文化的不同而有较大的变化,并且这种变化并非是国与国之间的,而是区域化的变化。例如,在亚太地区,对于多数产品的审美表达有以下四个重要的原则:一是精密复杂(要有多重组合的效果);二是装饰精美(形状和颜色要有极强的表现力);三是和谐;四是自然的展现(对于山水、花草的偏爱)。民族认同感、历史与政治因素、神话故事、宗教信仰对色彩和图案的文化属性影响极为重要。此外,人的性格、语言等也是影响商业习惯的重要因素。

知识阅读

在世界各国颜色代表着不同的含义。中国人用红色代表喜庆,以白色代表丧事;但在美国人看来红色则意味着刺激、激越和廉价,把白色作为女士婚服色彩。在泰国,黄色代表吉祥;西方文化中的黄色,除了代表低级趣味的报刊、毫无文学价值的书籍外,主要表示卑鄙和胆怯。在图案方面,罗马尼亚用三角形和环形图案吸引消费者,在柏林方形图案受到欢迎,中国人用荷花表示"和合",而日本人则以荷花表示丧气。中国人以赏菊为乐事,意大利人却忌用菊花图案。

二、企业经营结构

商业习惯的差异和变动明显地反映在各国企业结构上。企业的经营结构模式影响企业的决策和权力构成,即影响企业决策与企业市场行为,其主要内容包括以下方面。

(一)企业规模

我们可以把企业简单归类为大、中、小型企业。将各国企业放在同一规模水平上进行比较,可以发现其经营特征。一般来说,大型企业由于向外扩张,在管理方式上更易有国际化色彩,它们的行为一般比较规范,讲信誉、讲道德,特别重视长远利益。相反,小型企业则很少受到国外企业管理方式的影响,它们缺乏国际经营的经验,更多地考虑自身的利益,在某些活动中还会有一些不规范的行为。国际企业的规模大小会对合作伙伴的销售额、目标市场的选择、代理机构的类型、营销口岸的数量、分销体系的确定、广告支出的预算产生影响。

(二)企业所有制

不同所有制的企业,其经营观念、管理方式也有所不同。不同的国家有不同的所有制形式,一般有三种模式:政府所有制、家庭(家族)所有制和合作制。

1. 政府所有制企业

它们更多地考虑政府的利益,且具有一定的垄断性。在某些国家里,整个产业已经国有化,并由政府直接拥有。

2. 家族制企业

它们更多地考虑家庭利益,且带有家族式管理的特点。在一些国家还有三四个家族支配一个企业的情况。家族支配形式的根源,有的是封建时代的残余,有的则是家族财富对较小企业扩张的结果。

3. 合作制企业

欧洲许多大的企业采用这种形式。合作制为职业经理的管理模式提供了机会。由于这种模式可能聘用专业管理人员,因此管理更具有科学性。

(三)企业权力结构

为了进行国际贸易谈判,了解企业的权力结构对于国际营销人员是非常重要的。权力结构一般分为三种:

(1)最高层人员决策,即企业首脑决策一切事务。一般集权国家和家庭式企业多使用这种结构。

(2)分权决策,即各级管理人员在自己的职能范围内有一定的决策权,是一种非集权的决策。

(3)委员会决策,即企业的决策是由一群人共同做出的。这群人大多是企业内部各部门的主要负责人。

了解上述三种权力结构对于国际营销人员是非常重要的。在最高权力决策体系中,人员比较单一,首要的问题是判断个人权力。但在委员会决策体系中,有必要弄清每个委员在企业中的作用或与产品的关系。总而言之,权力结构不同,营销方式也会不同。

(四)企业的各种公众

企业行为会受到各种公众——政府、消费者、劳工和股东的影响。在当今的社会中,企业已从狭隘地追逐私利转向了对广大公众负责的经营意识上。例如,美国企业的态度是对股票持有人基本忠诚,更多地重视消费者,认为市场是企业活动的主要调节因素。在有些国家,企业对政府唯命是从,而在另一些国家,金融界支配着企业的活动。在许多国家里,企业非常重视劳工的反映,并赋予劳工团体重要的权力。例如,法国、意大利和比利时传统上就比德国和荷兰更重视工人的福利并注意保护工人的自主权利。在市场经济国家,消费者是企业最重要的公众,企业的一切活动都必须围绕着消费者进行。总之,企业与其各个公众之间的关系,会对经营者的态度和行为产生重大影响,国际营销人员应该理解和运用这种关系。

三、做生意的方式

国际营销人员在理解了各种企业经营结构后,真正开始做生意时仍会遇到一些始料不及的问题,例如谈判的接触层次、谈判重点、商业理解和道德标准等。

(一)接触层次

各个国家的商业习俗不同,接触的级别也不同。例如,在欧洲和阿拉伯国家,经理人员的权力很大,因此谈判往往由较高层次经理人员进行。美国则不同,许多企业给中下层管理人员授权较多,因此营销人员有可能接触到中下层经理。远东地区文化强调合作与集体决策。在这些国家里,与营销人员打交道的不是个人而是集体。此时头衔或职位很重要,许多公司不允许以个人名义签发信函。在地中海地区,情况正好相反,可以直接与负责事情的本人联系,而不是与一个官员或与一个有头衔的人接洽。

(二)交流方式

语言是市场营销人员交流的基本工具。然而有些人连一种语言的粗浅含义都没法理解,更谈不上对态度和倾向型意图的理解。大概没有任何语言能够轻而易举地被翻译成另一种语言,而且不同语言词义概念又相差甚远。日本人不愿意用日语写合同,喜欢用英语写合同,除了其他原因外,是因为日语在语意上有些含混,不太具体。语言交流,无论多么不准确,它还是能表达出一定的意思的。但是,商业中大部分交流信息不是用语言表达的,而是隐含在其他交流信息中,如无声语言、肢体语言等。

(三)礼节与效率

为人随和、不拘小节似乎是美国人的行为习惯,但这种表面上的随随便便并不等于工作上的马马虎虎。一名英国经理这样评价过:"在鸡尾酒会或晚宴上,美国人还在上班。当他们发现某人的谈吐和想法很重要时,会很快记录下来,以备后用。"急于想成功的营销人员必须学会控制自己的心理。拉丁美洲的商人很讲究友谊,即使如此,他们也不愿意把经营同个人生活扯在一起。相反,日本人喜欢把工作与个人生活结合起来。他们很有礼节,时而谈工作时而谈生活,慢条斯理,常常使美国人和欧洲人失去耐心和冷静。

(四)谈判重点

同样是汽车这个产品,各个国家由于环境的不同,追求和谈判的重点也就不一样。有些商人注重质量,有些注重式样,而有些注重价格。要注意商业谈判会受到政府直接或间接的影响和干预。因此,诸如通货的有效性、商品进出的审批、产品性能及包装、广告、雇员条件、利润补偿和其他因素都可能成为谈判的重点。

(五)商业道德

显然,道德随着社会环境的变化而有所不同,即使在同一国家内,也没有明确的道德标准和共同的参考依据。商业道德在国际市场上更为复杂,在一个国家被认为是正当的事情,在另一个国家可能完全不被接受。例如,馈赠礼品在世界上大多数国家被认可,而在美国就不流行,甚至还会遭到谴责。礼品变为贿赂又是另外一种问题。世界各国都在试图区分礼品与贿赂之间的关系,简单的办法是规定一个金额范围,但这也难以界定。

本章小结

1. 文化因素是影响国际营销的核心因素,在国际市场营销中具有重要的地位。文化分析有利于国际市场营销者更好地认识文化差异。
2. 文化包括各种各样的要素,主要包括物质文化、社会制度、宗教、美学、语言等多个要素。
3. 文化是运动变化的。文化变革的阻力因素主要有民族中心主义倾向、个体障碍、文化惰性和维模。
4. 了解东道国商业文化、经营态度以及做生意的方法有助于排除国际营销道路上的障碍。

思维导图

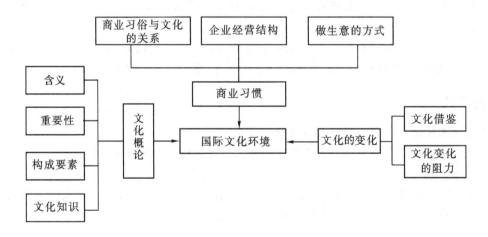

 案例分析

肯德基在中国的跨文化经营

中美之间在物质文化、政治制度、文化传统、信仰习惯等方面差距很大,然而肯德基却在中国获得了巨大成功。

早在 1985 年,肯德基决策者就对人口最多、市场潜力无限的中国市场产生了浓厚的兴趣,为此,首先选择新加坡作为进军中国市场的试点,因为新加坡人的饮食文化和生活习惯与中国很接近。在新加坡经营了一年并积累了跨文化管理经验后,1987 年 11 月,肯德基才正式启动进入中国的步伐,在北京前门设立了第一家餐厅。根据中国的文化,肯德基在以下方面进行了探索。

首先,从文化上寻找与中国消费者的结合点。肯德基把青少年作为主要消费群体。一方面,青少年更喜欢尝鲜,饮食习惯不固定,更容易接受"洋快餐";另一方面,锁定青少年这一消费群体后,使之从小就能接受认可"洋快餐",则多年之后,"洋快餐"的消费群体将延伸到中年以至老年,肯德基也会自然融入中国消费人群中,可保其根基深固。

其次,在保持业态、管理规范等不变的前提下,加快原料、品种的本土化进程。据透露,肯德基在中国本地原料采购比例已达95%以上,其中面包、鸡肉和蔬菜全部来自中国,青岛正大集团等就是山东肯德基的重要原料供应商。原料的本土化一方面降低了经营成本,提高了利润空间,一方面也支持了本地企业的发展,增加了就业岗位,能够得到政府部门的大力支持。

再次,在菜品上的本土化。对原先具有异国风味的品种进行中式改良,如对墨西哥鸡肉卷、新奥尔良烤翅和葡式蛋挞等,在口味上进行了中式改造;推出符合中国消费者饮食习惯的中式快餐,如寒稻香蘑饭、芙蓉蔬菜汤、榨菜肉丝汤、皮蛋瘦肉粥,带有川味色彩的川香辣子鸡,以及粤味浓厚的粤味咕唠肉等。

最后,推出了迎合中国消费者饮食习惯和饮食观念的理念。肯德基提出"推动均衡饮食、倡导健康生活"的理念,更好地化解了长期以来人们对于"垃圾食品"的指责,适应了中国饮食文化理念。

资料来源:http://www.365jmw.com。

讨论和在线学习问题

1. 肯德基是如何在中国市场获得成功的?这种"跨文化营销策略"对我国餐饮企业跨国发展有哪些启示?
2. 访问中国肯德基官方网站(http://www.kfc.com.cn/kfccda/index.aspx),并通过互联网相关资料,了解肯德基在中国的主要产品与营销理念,并与麦当劳作对比进行阐述。

思考与问答

1. 为什么说文化因素是影响国际营销的核心因素?
2. 国际营销应当如何尽量减少新产品引进国外市场时可能遭受到的文化阻力?
3. 试述商业习惯与文化的关系。
4. 结合"一带一路"背景下中国企业"走出去"的情况,选择一家正在或已经走向海外市场的企业,对其面临的国际文化环境进行分析。

第三章　国际经济环境

> **学习目标**
>
> 1. 理解国际营销经济环境的多个层次
> 2. 理解区域一体化的内涵及其对国际营销的影响
> 3. 掌握全球经济发展的四个特征
> 4. 了解全球市场发展阶段的划分标准
> 5. 了解国际金融与外汇环境影响国际营销的路径

导入案例

MTN：Streamserve 使得多国电信能够作出经济更有效的计费解决方案

在南非，有三大移动运营商：Vodacom、MTN 和 Cell C。从用户数量来看，MTN 是第二大运营商，但从获得收入来看，MTN 是第一大运营商。它还在其他包括博茨瓦纳、喀麦隆、尼日利亚、卢旺达、斯威士兰和乌干达等国家运营。该公司在南非拥有全球最大的移动交流系统，覆盖面甚至达到了法国和德国。它每个月会将列出的付费清单提供给 56500 个用户。MTN 每个月也会处理 10000 份电子邮件。

新产品和新市场

MTN 从以前的外包交易中继承了 Streamserve 这一产品。Streamserve 提供有弹性的、功能化的和经济有效的计费解决方案。将新产品整合进入公司的 IT 环境进展顺利，并且是经济有效的。这个产品使得 MTN 有能力根据个人信息提供个性化的服务，从而提供营销和商业运作优势，使运用这个系统的风险能够得到补偿，MTN 甚至设想将此产品引入其在国外的多国电信行业中，为国际用户提供同样的产品。

非洲的扩张

Investcom 是由 MTN 所作出的一项新型投资，价值 5530 亿美元。这项投资将把 MTN 带向一个新的高度，并使它成为非洲和中东地区最大的移动电信运营商。这样，MTN 的业务范围将会从现有的 11 个国家扩展到 21 个国家，并增加 500 万用户，使用户总数达到 2300 万。

新兴市场

南非被认为是一个新兴市场，而最近几年电信行业在新兴市场发展最快。非洲地区的区域领导者是 MTN 和 Vodacom。对 Investcom 的并购会增加其在市场中 9% 的份额，并会提供增加利润的机会，因此并购会造成更低的成本。

Investcom

Investcom 进入苏丹和其他五个西非国家市场,并在这些地方进行连锁经营。这不仅会增加现有 MTN 的运营,还会打开新的市场。但是,通过这次扩张,MTN 将进入伊朗这一较有风险的市场,这一风险来自当地的政治因素,而 MTN 也有一些保护其投资的策略。Investcom 在叙利亚、阿富汗、也门、苏丹、西非和塞浦路斯都进行了连锁经营。

环境因素

MTN 有一些策略来保证运营的可持续性,即注重对生态、土地、空气和水的影响。MTN 使其程序标准化以确保运营对自然环境的影响能够在可控的范围内,并是以可持续发展为基础的。

社会因素

MTN 看到社会提示和新兴市场的发展能够为商业运营增加价值。通过对运营区域的员工进行投资和为其提供教育、培训,来维持一个更稳定的社会环境。MTN 也参与到许多筹款活动和慈善活动中来,为当地的社会发展作出贡献。

资料来源:甘碧群,曾伏娥.国际市场营销学[M].3 版.北京:高等教育出版社,2014.

经济环境是国际营销者面临的重要营销环境之一,它给国际营销带来威胁,提供机会,影响企业对国际目标市场的选择。在市场营销管理中,经济环境被定义为企业营销活动的外部社会经济条件,它会直接或间接影响到市场的规模、市场的吸引力及企业的营销活动。本章主要从本地经济环境、区域经济环境及全球经济环境的视角阐述国际经济环境对企业国际营销的影响。分析经济环境,对企业决定以何种产品进入市场、在哪个市场销售这些产品、如何进行产品定价、如何促销及分销产品,具有重要意义。

第一节 本地经济环境

本地经济环境是国际营销者所面临的国际经济环境的起点。本地经济环境是指企业所在国的经济环境,它对企业的行为及消费者的消费行为产生直接的影响。本地经济环境处于国际经济环境的中心,区域经济环境处于第二层,全球经济环境处于外层,如图 3-1 所示。

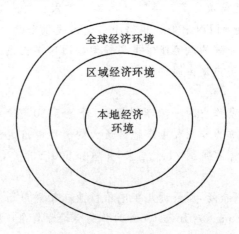

图 3-1 经济环境

(资料来源:甘碧群,曾伏娥.国际市场营销学[M].3 版.北京:高等教育出版社,2014.)

一、消费者的经济环境

国际营销者应当了解并掌握本地消费者的收入状况及其购买决策。国际营销者要了解本地消费者收入多少,尤其是可任意支配的收入多少,因为这是影响消费者购买决策的最重要因素;还要掌握消费者的购买决策,以及购买什么,何处、何时及如何购买;此外,要了解不同消费者集团可支配收入的差异性,从而制定出适合国内目标市场需求的营销策略。企业往往首先满足国内消费者的需求,在此基础上才扩展国际营销。可见,国内消费者需求状况即满足消费者需求的程度,会对企业跨国营销产生直接的影响。

二、本国经济形势

国内经济发展状况影响国内消费者的购买力,尤其是消费者的实际购买力。如果国内经济状况好,消费者的实际购买力上升,国内需求旺盛,国内产品销售量大,进口产品增多,对外投资增强;反之,如果国内经济衰退,消费者购买力下降,国内市场饱和,出口量提高,进口能力下降。

知识阅读

经济晴雨表

2005年,泰国出现了一项奇特的衡量国民经济发展状况的指标——"妈妈"牌方便面指数。"妈妈"牌方便面在泰国销量最大。当经济不景气时,人们会缩减食物开支,这种5泰铢一包的低价方便面就成了广大消费者的首选,于是其销量就急剧上升。经济复苏,该方便面销量稳定。一旦经济增长放缓,销量就明显增加。有趣的是,研究发现,口红销量、女士裙子的长度、女士发型长短也都可以考察经济景气水平。

决定一国经济状况的指标有以下几种:①GDP,主要包括人均GDP、GDP的增长率;②储蓄与投资;③通货膨胀率与失业率;④进口与出口;⑤资本在国内外流动,在国内经营的公司数目及产业结构;⑥中央政府的财税与货币政策等。国际营销者必须分别掌握消费者集团的行为,掌握影响国际营销的有关指标,有针对性地制定企业营销决策。

三、本国市场竞争性质

竞争性质是由市场结构决定的。市场结构一般有以下四种。

(一)完全竞争市场

完全竞争市场由众多竞争者构成,每个竞争者都是价格的接受者,由于产品无差异性,不存在买者垄断,竞争者可以自由进入或退出市场,主要竞争手段是低价和优质服务。例如,小麦市场是现实中最接近完全竞争市场的类型。

(二)垄断竞争市场

在该市场上,竞争者的产品存在着差异,因而引起一部分消费者或用户对该产品的偏爱。此时,竞争者虽仍是价格的接受者,但竞争者可根据部分消费者对自己产品的偏爱而调整价格。这种市场结构有利于企业进入国际市场参与竞争,同时对国外竞争者的进入形成了一定的障碍。多数民用商品市场属于垄断竞争市场类型。

(三)寡头垄断市场

该市场为少数几家厂商所垄断,市场价格往往由几家垄断者所决定,该市场的卖主密切关注彼此行动,并采取相应对策。这一市场结构决定了垄断者成为出口的主体,同时成为进口的重要障碍。例如,波音公司和空中客车公司基本垄断了世界商用飞机市场。

(四)完全垄断市场

该市场为一家买主或卖主所垄断,无替代产品。垄断者决定市场价格,并可随意调整价格。这种市场结构会严重地阻碍国外竞争者的进入。由于许多国家制定了反托拉斯法或反垄断法,这种市场形态很少。

第二节 区域经济环境

区域经济环境是指由一定地理区域范围而结成某一特定经济联盟的国家或地区的经济环境,它是国际营销者跨国经营所面临的重要经济环境。区域经济对企业国际营销产生直接的影响。

一、区域经济一体化的发展与形式

(一)区域经济一体化的发展

1. 概念形成

所谓"区域",是指一个能够进行多边经济合作的地理范围,这一范围往往大于一个主权国家的地理范围。根据地理经济的观点,世界可以分为许多地带,并且由具有不同经济特色的地区组成。但这些经济地区同国家地区并非总是同一区域。为了调和两种地区之间的关系,主张同一地区同其他地区不同的特殊条件,消除过境造成的经济交往中的障碍,就出现了区域经济一体化的设想。区域经济一体化是指两个或两个以上的国家或地区,通过相互协商制定经济贸易政策和措施,并缔结经济条约或协定,在经济上结合起来形成一个区域性经济贸易联合体的过程。经济一体化是一体化组织的基础,一体化组织则是在契约上和组织上把一体化的成就固定下来。从20世纪90年代至今,区域经济一体化组织如雨后春笋般地在全球涌现,形成了一股强劲的新浪潮。这股新浪潮推进之迅速,合作之深入,内容之广泛,机制之灵活,形式之多样,都是前所未有的。

2. 内容完善

区域经济一体化内容广泛深入。新一轮的区域协议涵盖的范围大大扩展,不仅包括货物贸易自由化,而且包括服务贸易自由化、农产品贸易自由化、投资自由化、贸易争端解决机制、统一的竞争政策、知识产权保护标准、共同的环境标准和劳工标准,甚至提出要具备共同的民主理念等。比如,北美、欧盟、南南以及其他一些区域一体化协议中,很多都涉及标准、物流、海关合作、服务、知识产权、投资、争端解决机制、劳工权益和竞争政策等条款。

(二)区域经济一体化的形式

区域经济一体化的形式根据不同标准可分为不同类型。美国著名经济学家巴拉萨把经济一体化的进程分为四个阶段:第一,贸易一体化,即取消对商品流动的限制;第二,要素一体化,即实现生产要素的自由流动;第三,政策一体化,即在集团内达到国家经济政策的协调一致;第四,完全一体化,即所有政策的全面统一。与这四个阶段性相对应,区域经济一体化组织可以根据市场融合程度,大致分为自由贸易区、关税同盟、共同市场及经济同盟四类。

1. 自由贸易区(free trade area)

自由贸易区指签订有自由贸易协定的国家组成的贸易区,如欧洲自由贸易联盟与北美自由贸易区。在成员国之间废除关税与数量限制,使区域内各成员国的商品可以完全自由流动,但每个成员国仍保持对非成员国的贸易壁垒。

2. 关税同盟(customs union)

关税同盟指两个或两个以上的国家完全取消关税或其他壁垒,而且对非同盟国家采取统一的关税率。它在一体化程度上比自由贸易区进了一步。结盟的目的在于使参加国的商品在统一的市场上处于有利地位,排除非同盟国商品的竞争,它开始带有超国家性质。

3. 共同市场(common market)

共同市场是指成员国在关税同盟基础上进一步消除对生产要素流动的限制,使成员国间不仅实现贸易自由化,完全废除关税与数量限制,建立对非成员国的共同关税,而且实现技术、资本、劳动力等生产要素的自由流动。

4. 经济同盟(economic union)

经济同盟在共同市场的基础上又进了一步,成员国之间不但商品和生产要素可以完全自由流动,建立共同的关税,而且成员国制定和执行某些共同的经济政策和社会政策,逐步废除政策的差异。目前的欧洲联盟属此类型。

自由贸易区、关税联盟、共同市场及经济同盟的特点如表3-1所示。

表 3-1 区域经济一体化的特征

类型	成员国间自由贸易	共同对外关税	生产要素自由流动	各种经济政策协调
自由贸易区	√			
关税同盟	√	√		
共同市场	√	√	√	
经济同盟	√	√	√	√

二、区域经济一体化的组织形式

第二次世界大战后,随着世界政治与经济发展的不平衡及发展中国家的出现,地区经济一体化组织开始出现,从而构成了国际营销重要区域经济环境。区域经济一体化覆盖大多数国家和地区。据世界银行统计,全球只有12个岛国和公国没有参与任何区域贸易协议(RTA)。174个国家和地区至少参加了一个(最多达29个)区域贸易协议,平均每个国家或地区参加了5个。

(一)欧洲联盟

欧洲联盟(European Union,EU),简称欧盟,是由欧洲共同体发展而来的,是一个集政治实体和经济实体于一身,在世界上具有重要影响的区域经济一体化组织。1991年12月,欧洲共同体马斯特里赫特首脑会议通过《欧洲联盟条约》,通称《马斯特里赫特条约》(以下简称《马约》)。1993年11月1日,《马约》正式生效,欧盟正式诞生。欧盟创始成员国有6个,分别为德国、法国、意大利、荷兰、比利时和卢森堡,现拥有27个成员国(2020年1月31日英国正式脱离欧盟),正式官方语言有24种。

欧盟的宗旨是"通过建立无内部边界的空间,加强经济、社会的协调发展和建立最终实行统一货币的经济货币联盟,促进成员国经济和社会的均衡发展","通过实行共同外交和安全政策,在国际舞台上弘扬联盟的个性"。欧盟市场的特点是:打通了成员国间的贸易障碍;联盟国家经济一体化,立法相互靠拢,公民定居谋职自由,人、资金自由流动,在实现商品自由流通的同时,欧盟也注意统一质量标准,保障消费安全。欧盟单一的市场建设给中国企业开展国际营销带来机会的同时,也带来威胁。

1. 欧盟统一标准

欧盟统一的大市场、统一标准,能使中国企业开展有针对性的营销活动,从而降低营销成本。

2. 欧盟壁垒的存在

欧盟由 27 个成员组成,各自的利益与共同的"欧盟利益"未必完全重合,加之内部决策机制固有的缺陷(如重大事务需一致通过的表决原则),往往导致有关的中欧关系提案容易一致通过,而事关具体成员国利益的议题则难以形成共识,更谈不上一致通过。

(二)亚太自由贸易区

亚太是亚洲与太平洋一词的简称。亚太地区是指太平洋沿岸各国,包括南北美洲濒临太平洋的国家、太平洋内岛国、大洋洲及亚洲东部各国和地区。亚太地区经济的迅速崛起和世界经济发展中心的逐渐东移,以及世界经济区域集团化趋势的日益明显,加快了实现亚太经济区域合作的步伐。

亚太自由贸易区(Free Trade Area of the Asia-Pacific)全称为亚洲及太平洋自由贸易区,是现今亚洲及太平洋经济合作组织(APEC,简称亚太经合组织)所预先确立的一项总目标。1989 年 11 月,在澳大利亚总理霍克的提议下,美国、日本、加拿大、澳大利亚、韩国、新西兰、东盟六国在堪培拉举行了亚太经合组织首届部长级会议,标志着亚太经合组织问世。亚太经合组织的产生,使得亚太地区经济合作发展很快。表 3-2 列出了亚太经合组织成员。

表 3-2 亚太经合组织成员

序号	名称	加入时间
1	澳大利亚	1989.11
2	文莱	1989.11
3	加拿大	1989.11
4	智利	1994.11
5	中国香港	1991.11
6	印尼	1989.11
7	日本	1989.11
8	韩国	1989.11
9	马来西亚	1989.11
10	墨西哥	1993.11
11	新西兰	1989.11
12	秘鲁	1998.11
13	巴布亚新几内亚	1993.11
14	中国	1991.11
15	菲律宾	1989.11
16	俄罗斯	1998.11

续表

序号	名称	加入时间
17	新加坡	1989.11
18	中国台北	1991.11
19	泰国	1989.11
20	美国	1989.11
21	越南	1998.11

(三)北美自由贸易区

北美自由贸易区(North American Free Trade Area)是在区域经济集团化进程中,由发达国家和发展中国家在美洲组成的。美国、加拿大和墨西哥三国于 1992 年 8 月 12 日就《北美自由贸易协定》达成一致意见,并于同年 12 月 17 日由三国领导人分别在各自国家正式签署。1994 年 1 月 1 日,协定正式生效,北美自由贸易区宣布成立。三个会员国彼此必须遵守协定规定的原则和规则,如国民待遇、最惠国待遇及程序上的透明化等来实现其宗旨,借以消除贸易障碍。自由贸易区内的国家货物可以互相流通并减免关税,而贸易区以外的国家则仍然维持原关税及壁垒。

北美自由贸易区由两个属于七国集团成员的发达国家和一个典型的发展中国家组成,它们之间在政治、经济、文化等方面差距很大。因此,北美自由贸易区通过垂直分工来体现美、加、墨三国之间的经济互补关系,促进各方经济发展。

(四)东南亚国家联盟

东南亚国家联盟(Association of Southeast Asian Nations),简称东盟(ASEAN)。成员国有马来西亚、印度尼西亚、泰国、菲律宾、新加坡、文莱、越南、老挝、缅甸和柬埔寨。其前身是马来亚(现马来西亚)、菲律宾和泰国于 1961 年 7 月 31 日在曼谷成立的东南亚联盟。1967 年 8 月 7—8 日,印度尼西亚、泰国、新加坡、菲律宾四国外长和马来西亚副总理在曼谷举行会议,发表了《曼谷宣言》(《东南亚国家联盟成立宣言》),正式宣告东南亚国家联盟成立。

东盟成为东南亚地区以经济合作为基础的政治、经济、安全一体化合作组织,并建立起一系列合作机制。东盟的宗旨和目标是本着平等与合作精神,共同促进本地区的经济增长、社会进步和文化发展,为建立一个繁荣、和平的东南亚国家共同体奠定基础,以促进本地区的和平与稳定。

(五)南方共同市场

南方共同市场(South American Common Market),简称南共市,是南美地区最大的经济一体化组织,也是世界上第一个完全由发展中国家组成的共同市场。1991 年 3 月 26 日,阿根廷、巴西、乌拉圭和巴拉圭四国总统在巴拉圭首都亚松森签署《亚松森条约》(条约于同年 11 月 29 日生效),宣布建立南方共同市场。此后,南共市先后接纳智利(1996 年)、玻利维亚(1997 年)、秘鲁(2003 年)、厄瓜多尔(2004 年)和哥伦比亚(2004 年)等国为其联系国。该组织宗旨是通过有效利用资源、保护环境、协调宏观经济政策、加强经济互补,促进成员国科技进步和实现经济现代化,进而改善人民生活条件,推动拉美地区经济一体化进程。

南方共同市场是拉美地区举足轻重的区域性经济合作组织,共有 2.2 亿人口,年产值超过 1 万亿美元,贸易额达 2000 亿美元。成立以来,南共市取得了令人瞩目的成绩,2014 年已成为世界第四大经济集团。而且,该组织的合作范围还在向其他领域,特别是政治、外交领域拓展。南共市成员国间绝大部分商品实行无关税自由贸易,共同对外关税则为 23%。

三、区域经济一体化对国际营销的影响

区域经济一体化对企业开展国际营销会产生正反两方面的影响。

(一)区内自由有利于成员国企业间开展国际营销活动

区域经济一体化促进了集团内部的贸易自由化,从而为各个成员国企业间国际营销提供了宽松的经济环境。它们通过签订优惠贸易协定等形式,在不同程度上扩大了各成员国的对外贸易自由化。例如《欧洲联盟条约》规定,对成员国之间分阶段削减直到全部取消内部关税和统一农产品价格,实现农产品的自由流通,从而为各成员国企业间国际营销提供了宽松的经济环境。《北美自由贸易协定》规定三国间工业品贸易取消关税、非关税壁垒,如取消进口许可证,实行统一的关税秩序和税则。

(二)区外保护不利于非成员国企业进入区内开展国际营销活动

地区经济一体化具有不同程度的保护性与排他性,对非成员国企业的国际营销构筑起环境障碍。地区经济贸易集团在内部所施行的贸易政策并非非成员国所能享受的,因而造成了成员国与非成员国企业之间营销的不平等竞争。

第三节 全球经济环境

一、全球经济发展概况

当今,全球经济发展表现出四个主要特征:国际投资与国际贸易的迅速发展,各国经济相互依赖性的加强,市场竞争程度的提高,各国关系的复杂性提高。这些环境特点深刻地影响全球公司的结构、行为和绩效,从而影响国际营销者的行为和绩效。

(一)国际贸易与国际投资迅速发展

过去 20 年,全球投资增长明显,其增长率超过其他主要经济指标,成为推动全球经济发展和全球化的主要动力之一。

国际直接投资产生的贸易创造效应大于贸易替代效应,成为贸易与经济增长的助推器。世界贸易进出口总额不断增长。囿于诸多因素的影响,国际贸易增长速度会发生上升或下降格局,但其总的发展趋势不会受到影响。世界主要经济体 2011—2021 年的经济增速如表 3-3 所示。

表 3-3　2011—2021 年主要经济体的经济增速（实际 GDP 增长率）　　　单位：%

国家和地区	2011	2012	2013	2014	2015	2016	2017	2018	2019	2020	2021
阿根廷	6	−1	2.4	−2.5	2.7	−2.1	2.7	−2.5	−2.2	−5.7	4.4
巴西	4	1.9	3	0.5	−3.6	−3.3	1.3	1.3	1.1	−5.3	2.9
中国	9.5	7.9	7.8	7.3	6.9	6.8	6.9	6.7	6.1	1.2	9.2
法国	2.2	0.3	0.6	1	1.1	1.1	2.3	1.7	1.3	−7.2	4.5
德国	3.9	0.4	0.4	2.2	1.7	2.2	2.5	1.5	0.6	−7	5.2
印度	6.6	5.5	6.4	7.4	8	8.3	7	6.1	4.2	1.9	7.4
意大利	0.7	−3	−1.8	0	0.8	1.3	1.7	0.8	0.3	−9.1	4.8
澳大利亚	2.8	3.8	2.1	2.6	2.3	2.8	2.5	2.7	1.8	−6.7	6.1
日本	−0.1	1.5	2	0.4	1.2	0.5	2.2	0.3	0.7	−5.2	3
韩国	3.7	2.4	3.2	3.2	2.8	2.9	3.2	2.7	2	−1.2	3.4
俄罗斯	5.1	3.7	1.8	0.7	−2	0.3	1.8	2.5	1.3	−5.5	3.5
南非	3.3	2.2	2.5	1.8	1.2	0.4	1.4	0.8	0.2	−5.8	4
英国	1.5	1.5	2.1	2.6	2.4	1.9	1.9	1.3	1.4	−6.5	4
美国	1.6	2.2	1.8	2.5	2.9	1.6	2.2	2.4	2.2	−5.9	4.7
非洲	2.9	6.8	3.7	4	3.3	2.1	3.6	3.5	3.2	−1.7	4.6
亚太	6.4	5.7	5.9	5.6	5.6	5.5	5.8	5.3	4.5	−0.2	7.4
东亚	6.7	5.8	6	5.5	5.3	5.2	5.7	5.3	4.8	−0.1	7.7
中东	6.4	2.6	3	1.9	6.3	0.7	−0.1	−0.8	−4	3.7	
南美	1.9	2.3	1.8	2.6	2.8	1.7	2.4	2.7	2	−6	4.5
西欧	1.6	−0.5	0.2	1.7	2.3	1.9	2.4	1.8	1.3	−7.3	4.5
欧盟	1.9	−0.7	0	1.7	2.5	2.2	2.9	2.3	1.7	−7.1	4.8
拉丁美洲和加勒比	4.6	2.9	2.9	1.3	0.3	−0.6	1.3	1.1	0.1	−5.2	3.4
发达经济体	1.7	1.2	1.4	2.1	2.3	1.7	2.5	2.2	1.7	−6.1	4.5
新兴市场和发展中经济体	6.4	5.3	5.1	4.7	4.3	4.6	4.8	4.5	3.7	−1	6.6
世界	4.3	3.5	3.5	3.6	3.5	3.4	3.9	3.6	2.9	−3	5.8

数据来源：国际货币基金组织。

国际贸易迅速发展的原因很多，主要有：一是企业努力从国内营销向国外营销扩展，通过提高规模经济效益来提高企业核心竞争力；二是政府实施进一步对外开放政策，支持对外贸易的发展。

第二次世界大战以来，国际资本流动的规模迅速扩大，资本国际化的趋势不断加强，资本要素在全球范围内的流动，带动了全球贸易，从而促进全球经济的发展。同国际贸易相比，国际投资更是迅速发展。从20世纪90年代初的2000亿美元,达到2000年创纪录的1.4万亿美元。外国直接投资流量在2015年攀升至1.7万亿美元,是2007年以来的最高水平。联合国贸发会议提出,随着宏观经济状况改善以及投资者在中期恢复信心,跨国公司会将其创纪录的现金持有量转化为新的投资。2020年全球外国直接投资大幅下降,仅为8590亿美元,与2019年的1.5万亿美元相比下降了42%,比2009年全球金融危机后的低谷还低30%。降幅集中在发达国家,流入发达国家的外国直接投资下降了69%,仅为2290亿美元,是过去25年的最低水平。流入发展中经济体的外资下降仅12%,约为6160亿美元,占全球外国直接投资的比重已高达72%,达到历史最高水平。

(二)各国经济之间相互依赖性提高

各国之间、各跨国公司之间在产品、服务及资本之间的贸易,创造了相互依赖的全球经济。而由国际贸易与国际投资的增长以及信息产业发展等多因素推动的经济全球化的发展,以及互联网的出现,使各国经济彼此之间相互依赖性日益加强。任何一个国家或地区均不能脱离世界而孤立地发展。当今一国经济的高速发展同其他国家紧密联系在一起。例如,当某一国家经济不景气时,不仅限制本国经济进一步发展,而且影响该国的对外贸易及国际投资。又如当某一个国家发生通货膨胀或汇率变动时,必然影响对外贸易效益及企业的竞争力,进而影响他国的贸易。再如一国的环境污染会涉及邻国,甚至导致全球环境的恶化。国际营销者必须认识到这一特点,并采取相应的对策。

(三)全球竞争提高

由于各国实施或扩大对外开放政策,越来越多的企业跨越国界从事全球经营和销售,因而提高了国际市场的竞争程度。全球竞争的提高驱使企业寻求更好的方法去满足国际目标客户的需求,企业必须巧妙运用产品、价格、分销、促销及售后服务等营销策略,提高企业的竞争优势。否则,企业在市场竞争中将处于不利地位。如曾经称霸全球的日本电子三大巨头索尼、夏普、松下在2011日本财年的总亏损额达到1.6万亿日元(1283亿元人民币)。日本也在2009年从家电出口国变成进口国。

(四)全球经济更加复杂

由于国际贸易与国际投资的进一步发展,各国经济相互依赖的加强以及全球竞争的加剧,全球经济变得更加复杂,并相互交错在一起。最典型的事例是2008年由美国次贷危机引发的金融流动性危机,已经转化为欧美日等发达经济体内部日益严重的财政债务风险。对于不同的经济体,风险的表现方式有所区别。在欧洲,2009年年末以后,希腊、葡萄牙、西班牙、爱尔兰、意大利等国接连曝出主权债务问题。这些国家的政府债务负担远远超出其承受范围,引起了国家违约风险。2020年,由于英国脱欧和全球疫情等带来的不确定性,世界经济出现深度衰退,除中国以外,主要经济体均为负增长。这些充分说明了全球各个经济体之间紧密的联系。

二、各国经济制度

每个国家的经济体制是国际营销者必须考虑的另一个重要经济因素。经济体制是指国家经济组织的形式。经济体制制定了国家与企业、企业与企业、企业与各经济部门的关系,并通过一定的管理手段和方法,调控或影响社会经济流动的范围、内容和方式等。

经济体制的要素包括产权组织形式、经济运行机制、收入分配方式、经济决策结构、经济管理组织和政府调控手段等。依据以上要素,可将现代市场经济制度国家分为以下四种主要类型:

(1)自由市场经济。如美国,是消费导向型市场经济,崇向市场竞争,强调市场效率,批评和反对政府干预。

(2)社会市场经济。如德国,注重社会福利,具有比较完善的社保体系,以市场竞争为基础,凡是市场能解决的都让市场去解决,政府只为市场的正常运行制定规则。

(3)政府导向市场经济。如日本,政府干预具有举足轻重作用,以市场竞争为基础,通过各级经济审议会制定经济计划和产业政策,将企业发展纳入国家发展的轨道。

(4)社会主义市场经济。如中国,以市场竞争为基础,以社会主义为导向,坚持公有制为主体的多种所有制形式,坚持按劳分配为主体的多种分配方式,坚持国家宏观调控,以市场经济求效率,以社会主义保公平。

三、国际收支概况

(一)国际收支及国际收支平衡表

1. 国际收支

国际收支是由一个国家对外经济、政治、文化等各方面往来活动而引起的。生产社会化与国际分工的发展,使得各国之间的贸易日益增多,国际交往日益密切,从而在国家间产生了货币债权债务关系,这种关系必须在一定日期内进行清算与结算,从而产生了国际货币收支。国际货币收支及其他以货币记录的经济交易共同构成了国际收支的主要内容。

国际收支分为狭义的国际收支和广义的国际收支。狭义的国际收支指一国在一定时期(通常为一年)内对外收入和支出的总额。广义的国际收支不仅包括外汇收支,还包括一定时期的经济交易。国际货币基金组织对国际收支的定义为:国际收支是一种统计报表,系统地记载了在一定时期内经济主体与世界其他地方的交易。大部分交易在居民与非居民之间进行。它是一国制定对外经济政策的主要依据,亦是国际营销者制定营销决策必须考虑的经济环境。

2. 国际收支平衡表

国际收支平衡表由三大部分构成,即由经常项目、资本项目和平衡项目构成。

(1)经常项目。经常项目(current account)是一国国际收支平衡表中最基本、最重要的项目,它包括三个重要的收支项目。

①贸易收支。贸易收支是指具有一定物质存在形式,看得见摸得着的商品进出口收支。

②劳务收支。劳务收支由于主要涉及的是看不见实物的"服务",所以劳务收支又称为无形贸易(invisible trade)收支。

③单方转移收支。单方转移收支是指无偿取得或无偿提供财富,即实物资产或金融资产的所有权在国际的不需要偿还的转移。

(2)资本项目。资本项目(capital account)反映的是金融资产在一国与他国之间的移动,它包括资本输出和资本输入。

①长期资本。长期资本是指期限在一年以上或未规定期限的资本输入和资本输出。

②短期资本。短期资本是指期限在一年以内的资本输入和资本输出。

(3)平衡项目。为了在技术上调查弥补这一收支的不相抵所产生的净差额(即所谓"缺口"),一国官方当局需要一种与自主性交易相辅的平衡项目。平衡项目包括官方储备资产、错误与遗漏。

①官方储备资产。官方储备资产(official reserve assets)是指一国金融当局用以满足国际收支平衡和稳定汇率所需要的一切资产,包括货币用黄金、外汇储备和特别提款权等。

②错误与遗漏。由于错误和遗漏(errors and omissions account)的存在,缺口数与使用官方储备的实际增减并不相同,因而设立了这个"错误与遗漏"项目来人为加以平衡。

(二)一国国际收支对企业国际营销的影响

一国国际收支概况会通过影响以下三个方面对企业国际营销产生影响。

1. 汇率变化

国际收支概况是影响该国的汇率变化,进而影响该国国际贸易的直接因素。当国际收支出现逆差时,外国货币的需求量随之增加,该国货币对外价值相应下降,汇率随之下跌,从而影响进出口商品的价格变动。由于汇率下降,以本国资本货币计价的外国商品的价格立即提高,进口商品减少,而以外币计价的本国商品的价格也会立即降低,出口商品增加;反之亦然。因汇率升降对商品进出口的直接影响,必然直接影响企业进出口产品价格的增减,从而影响企业营销的增减。如果一国长期处于国际收支逆差状态,不仅会严重消耗一国的储备资产,影响其金融实力,而且还会使该国的偿债能力降低。如果陷入债务困境不能自拔,又会进一步影响本国的经济和金融实力,并失去在国际上的信誉。

2. 货币金融政策

国际收支概况对本国的货币金融政策措施产生直接的影响。当国际收支处于逆差状态时,该国会动用外债或对外举债以弥补逆差,同时还争取其他的货币金融政策来弥补逆差,诸如调整利率、鼓励外国投资、加强政府对金融市场的干预、稳定汇率、加强外汇管制等。这些举措也直接影响国际营销的货币结算及营销效益。

3. 整体经济

持续的、大规模的国际收支顺差也会给一国经济带来不利的影响,具体表现在:①持续性顺差会使一国所持有的外国货币资金增加,或者在国际金融市场上发生抢购本国货币的情况,这就必然产生对本国货币需求量的增加。由于市场法则的作用,本国货币对外国货币的汇率就会上涨,不利于本国商品的出口,对本国经济的增长产生不良影响。②持续性贸易顺差会导致一国通货膨胀压力加大。如果国际贸易出现顺差,就意味着国内大量商品被用于出口,可能导致国内市场商品供应短缺,带来通货膨胀的压力。另外,出口国将会出售大量外汇兑换本币收购出口产品,从而增加了国内市场货币投放量,带来通货膨胀压力。③一国国际收支出现顺差也就意味着世界其他一些国家因其顺差而国际收支出现逆差,从而影响这些国家的经济发展,它们会要求顺差国调整国内政策,以调节过大的顺差,这就必然导致国际贸易摩擦。

第四节 全球市场环境

一、全球市场发展阶段

企业的国际市场营销活动会受到目标市场国家或地区的整个经济发展水平的制约。世界各国的经济大体上可以区分为发展中国家和发达国家。不同经济发展阶段的国家其市场特点不同，企业营销方法也不同。在消费品市场方面，经济发展阶段高的国家是中高档消费品、民族工艺品、旅游娱乐体育用品的广阔市场；而经济发展阶段低的国家则对物美价廉、经久耐用的中档家用电器和食品等需求广阔。在生产资料市场方面，发达国家重视投资大而且能节省劳动力的生产设备，对劳动力的教育水平和技术水平也要求较高，是高技术产品，先进、精密、自动化程度高的设备的主要市场；而在发展中国家，生产设备偏重于多用劳动力而节省资金，对技术、自动化程度要求相对较弱。在商品推销方面，发达国家比较强调产品款式、性能及特点，大量进行广告宣传以及销售推广活动，非价格竞争比价格竞争更具优势；发展中国家则侧重于商品基本功能以及实用性，价格竞争占据一定优势。

世界银行运用另一种方式，即基于人均国民总收入来划分全球市场发展的不同阶段。按照其公布的数据，2015年收入分组标准为：人均国民总收入低于1045美元的为低收入国家，在1045至4125美元之间的为中等偏下收入国家，在4126至12735美元之间的为中等偏上收入国家，高于12736美元的为高收入国家。2015年世界银行所统计的215个经济体中，高收入经济体80个，中等偏上收入经济体53个，中等偏下收入经济体51个，低收入经济体31个。

(一) 低收入国家

低收入国家属于第三世界国家，或称为前工业化国家。在这一阶段的国家有如下特点：①有限的工业化，有高比例人口从事农业。它们消费自己生产的大部分产品，并将剩余的产品进行交换，取得简单的货物和服务，几乎没有出口的机会。②高出生率。③识字率很低，换句话说，文盲率很高。④严重地依赖外援。⑤政治不稳定和经常发生动乱。⑥这些国家集中分布在撒哈拉的非洲南部。这些国家对于产品或服务都是有限的市场，市场竞争不形成威胁。

(二) 中等偏下收入国家

中等偏下收入国家属于不发达国家，处于工业化早期阶段，它们生产的主要产品如衣服、电池、轮胎、建筑材料及包装食品等专供国内增长的市场需求。这些国家同样进行标准化生产并把成熟的产品(如服装)出口到国外市场；同时，将相对廉价的产品及劳动力推向国外市场。由于这些产品是标准的劳动密集型产品，因此在国际市场上具有较强的竞争优势。

(三) 中等偏上收入国家

中等偏上收入国家又被称为工业化国家。在这些国家中，制造业在人均国民收入中所占的比重为10%~20%。当制造业日益发展时，国民经济越来越依靠进口。新的富裕阶层和正在发展的中产阶级希望进口新的商品以满足需求。

(四) 高收入国家

高收入国家是发达国家，亦称为后工业社会，或称为第一世界，美国、瑞典、日本等国属于此类型。除少量富有的石油国外，其他国家都必须经历长期的经济发展过程才能达到这一阶段。后工业社会由哈佛大学学者丹尼尔·贝尔(Daniel Bell)首次提出,他阐释了后工业社会与工业社会的主要区别在于:后工业社会革新的源泉在于理论知识的应用而不是来自偶然的发明。其特点是:后工业社会的服务业占国民收入的比重在50%以上,信息处理与交换作用日益重要,在关键的战略资源中知识比资本占据更重要的地位,智能技术超过机械技术,科学家及专业人员比半熟练工人更重要,理论与模型比经验更重要。

后工业社会比工业社会更多地依赖于新产品和革新,因为这些国家的家庭收入很高,许多产品已得到满足,市场已呈现饱和状态,产品打入这些国家不容易。国际营销者要提高其市场占有率,必须不断地进行产品创新和市场创新。

(五)新兴国家

中欧、拉丁美洲和亚洲的一些国家在20世纪90年代经历了快速增长,被认为是大型的新兴市场,拥有最主要的营销机会。这样的新兴市场有10个国家,分别是中国、印度、印度尼西亚、韩国、巴西、墨西哥、阿根廷、南非、波兰和土耳其。这些国家穿越了经济发展的不同阶段。中国拥有超过14亿人口,而波兰人口最少,只有3800万人口。另外一个新出现的团体是"金砖五国",包括巴西、俄罗斯、印度、中国和南非。这些都是举足轻重的经济大国。除了俄罗斯外,另外四个国家在21世纪前10年的经济衰退中都比其他国家获得了更高的增长。在这段时期,中国成为世界最大的出口国。从外汇储备量上我们也能够看到这五个国家的重要性。仅2009年它们的外汇储备量就占全世界的40%。但是,"金砖五国"和其他经济团体相比,比如说欧盟,其凝聚力不够,它们之间也存在相互竞争。

这种对各国经济发展的划分不该成为营销者决定是否进入某外国市场以及如何在该国开展营销活动的唯一标准。该划分依靠系统中的交易因素做出,因此那些有很大差异的国家可能会被分到一个类别。很多分类方法认为,同一类别的市场具有同质性,而这往往不是事实。即便是最为传统的国家也有一部分人会因为他们的收入而对高端产品和服务感兴趣,而在一些发达国家也有一部分人处在货币经济之外。如果能够在经济划分的基础上,再考虑社会经济、文化、人口统计特征和结构数据的影响,这样就能更全面地考虑某产品是否适合进入某国市场。

二、各国的人口和收入

企业要考察一国市场时,首先要考虑市场规模。市场是由持有货币的而且有购买欲望的人组成的。因此,要研究国际市场规模必须先分析国际市场的人口和收入。

(一)人口

吃、穿、住、行是人类生存和发展的根本需求。在市场经济条件下,人们的各种需求通过市场得以实现。因此,人口是市场的基础。尽管只有具备一定支付能力的人才能形成有效市场,但人口状况本身仍然对市场规模和构成产生决定性的影响,是测量该国市场容量必不可少的依据。考察对象国的人口状况,主要包括该国的人口规模、人口增长、人口结构及人口分布等。

1. 人口规模

大量的消费品,尤其是快速消费品,如食品、药品、保健用品、文化教育用品、服装鞋帽、自行车等的需求量都是和人口规模密切相关的。在某种程度上,人口越多,市场也就越大。我国有14亿的人口,尽管目前人均国民总收入与发达国家相比,存在很大差距,但对很多跨国公司而言,拥有庞大人口规模的中国仍然是一个十分有吸引力的市场。

知识阅读

以保险市场为例,人寿保险具有很强的储蓄理财功能,但受传统观点影响,中国人宁愿将钱存在银行以备养老或防灾,也不愿意购买保险。中国保险市场在20世纪90年代初对外开放,尽管中国人对保险产品还不够熟悉,购买热情也普遍不高,但是外资保险公司算过一笔账,只要平均每个中国人每年拿1元钱购买保险,那么至少有12亿元保费的市场规模。自1992年美国友邦保险入驻上海,开辟了外资保险公司进入中国市场的先河以后,相继有日本东京海上日动火灾保险株式会社、德国安联保险集团、美国恒康相互人寿保险公司、英国保诚集团、加拿大永明人寿保险公司抢滩中国。外资保险公司对中国市场的信心源自中国巨大的人口基数。相比较而言,在一些人口规模小的发达国家,尽管人均收入比较高,但人口规模很小,其市场规模也是很有限的。

企业在选择进入国际市场时,首先要了解世界总人口及其分布和各国的人口总量,才能从总体上把握国际市场和各国的市场潜在容量。当前世界上人口最多的国家有60%集中在亚洲,如中国、印度、印度尼西亚、巴基斯坦、日本等,非洲、中东、拉丁美洲的人口相对稀少。

2. 人口增长

人口增长与市场需求息息相关。一般而言,人口增长快的国家或地区对住房、食品、服装等的需求增长也快,从而市场规模扩容迅速。但是如果人口增长过快,或是超过了经济增长速度,则会成为经济发展的沉重负担。世界银行的研究结果表明,经济发展水平与人口增长率具有很大的相关性。富国人口保持稳定,穷国人口增长较快。

目前,世界人口总量的增长率有所减慢,但人口总量仍会继续增长。发达国家的人口增长低于发展中国家的增长。世界银行的研究报告显示,自1970年以来,世界人口增长率呈快速下降趋势,直到2019年,年增长率已降至1.075%。目前至少有29个国家的人口是负增长状态,包括日本、意大利、希腊等。而中国的人口增长率则从1966年的2.787%骤降至有记录以来2019年的0.357%(除了1961年)。

值得注意的是,自20世纪70年代以来,西欧部分发达国家的人口呈现负增长趋势,人口老龄化十分严重。面对这一情况,很多西欧企业加大拓展海外市场的步伐和力度。家乐福在20世纪70年代中期开始向欧洲以外的国际市场扩展。2000年,家乐福的海外销售额达到40%,是国际化程度最高的大型零售集团之一。相比之下,随着发展中国家经济的发展,生活水平的提高,医疗条件的改善,人口死亡率大幅下降,而出生率仍保持较高水平,结果人口增长率持续上升。发展中国家人口的增长可能会促使其国内市场规模有所扩大,但由于有效市场是由人口与购买力两个基本因素组成的,因而其市场质量仍然难以确定。

3. 人口结构

分析人口结构一般从年龄维度加以把握。人口的年龄结构是市场细分和选择目标市场的主要依据。不同年龄的人群有不同的消费需求和不同的购买习惯,据此常常会形成儿童市场、青年市场和老年市场等。从世界范围来看,各国人口年龄结构呈现两种主要模式:一是发展中国家模式;二是发达国家模式。发展中国家人口增长较快,其中约有40%是0~14岁的需要供养的人口(见表3-4),一半多一点是15~64岁具有劳动能力的人口;发达国家人口增长缓慢,只有约20%是0~14岁的人口,2/3是15~64岁具有劳动能力的人口,1/8的人口年龄在65岁以上。

表3-4 0~14岁人口占总人口的百分比　　单位:%

国家	1970	1980	1990	2000	2010	2019
中国	40.41	35.94	28.59	24.79	18.66	17.80
美国	28.10	22.67	21.67	21.70	20.20	18.55
澳大利亚	29.16	25.30	22.10	20.88	19.03	19.26
德国	23.32	18.57	15.95	15.67	13.57	13.80
西班牙	28.11	25.95	19.99	14.74	14.79	14.58
芬兰	24.62	20.30	19.31	18.14	16.52	16.02
法国	24.82	22.42	20.08	18.91	18.48	17.80
英国	24.17	21.02	18.97	19.03	17.50	17.70
印尼	43.24	41.09	36.45	30.69	28.83	26.22
印度	40.91	39.25	37.97	34.73	30.81	26.62
意大利	24.65	21.98	16.47	14.32	14.08	13.17
日本	24.11	23.58	18.48	14.78	13.35	12.57
韩国	41.87	33.87	25.44	20.61	16.10	12.75
卢森堡	22.20	18.76	17.36	18.94	17.64	15.71
荷兰	27.43	22.33	18.21	18.47	17.52	15.88
波兰	27.23	24.03	25.12	19.56	15.22	15.19
俄罗斯	26.22	21.56	22.90	18.24	14.93	18.15
瑞典	20.84	19.59	17.92	18.42	16.51	17.63
低收入国家	44.17	44.80	45.09	44.85	43.94	41.81
中低收入国家	40.76	38.51	35.70	32.55	29.00	27.42
中等收入国家	40.52	38.05	34.98	31.48	27.48	25.75
中上收入国家	39.75	36.22	31.35	27.13	22.22	21.03
高收入国家	27.20	23.80	21.11	19.27	17.35	16.44
世界	37.54	35.33	32.86	30.16	27.02	25.65

数据来源:世界银行。

自20世纪70年代欧洲首次出现人口负增长以来,进入人口老龄化社会的国家不断增加。联合国国际人口学会编著的《人口学词典》对人口老龄化的定义是:当一个国家或地区60岁以上人口所占比例达到或超过总人口数的10%,或者65岁以上人口达到或超过总人口数的7%时,其人口即称为"老年型"人口,这样的社会即称为"老龄社会"。20世纪80年代初,东德有15.6%的人超过65岁,在奥地利、瑞典、西德和法国,这个比率为13.4%,英格兰和威尔士有13.3%,苏格兰有12.3%,北爱尔兰有10.8%,美国有9.9%。中国在20世纪90年代末也进入老龄化社会。尤其在中国经济发达地区,经济发展使人们生活富足和医疗大幅改善,人口老龄化的情况日渐显现。以上海为例,截至2015年底,上海60岁以上的老年人口占上海总人口的30.2%以上。如此庞大的老年人群体,给社会保障、经济发展带来很多挑战,同时,也带来了许多新的商机。部分国家65岁及以上人口占总人口的比重如表3-5所示。

表3-5 65岁及以上人口占总人口的比重　　　　　　　　单位:%

国家	1970	1980	1990	2000	2010	2019
中国	3.75	4.67	5.63	6.81	8.07	11.47
美国	10.05	11.56	12.63	12.33	12.98	16.21
澳大利亚	8.24	9.62	11.06	12.32	13.38	15.92
德国	13.60	15.65	14.91	16.49	20.55	21.56
西班牙	9.64	11.09	13.39	16.67	17.05	19.65
芬兰	9.18	12.02	13.44	14.99	17.23	22.14
法国	12.85	13.92	14.04	16.06	16.85	20.39
英国	13.03	14.95	15.75	15.89	16.57	18.51
印尼	3.30	3.57	3.77	4.70	4.96	6.05
印度	3.30	3.61	3.80	4.37	5.08	6.38
意大利	11.13	13.36	14.87	18.28	20.43	23.01
日本	6.88	8.91	11.87	16.98	22.50	28.00
韩国	3.44	4.12	5.23	7.19	10.69	15.06
卢森堡	12.56	13.64	13.40	14.07	13.99	14.27
荷兰	10.08	11.38	12.73	13.58	15.44	19.61
波兰	8.21	10.21	9.95	12.02	13.47	18.12
俄罗斯	7.72	10.29	10.31	12.44	13.11	15.09
瑞典	13.70	16.32	17.82	17.30	18.22	20.20
低收入国家	3.00	3.10	3.12	3.16	3.18	3.28
中低收入国家	3.90	4.41	4.71	5.38	5.98	7.34
中等收入国家爱	3.97	4.51	4.83	5.57	6.26	7.81
中上收入国家	4.19	4.97	5.52	6.62	7.62	10.03
高收入国家	9.80	11.27	12.16	13.67	15.32	18.26
世界	5.30	5.89	6.16	6.87	7.57	9.10

数据来源:世界银行。

适应老龄化、针对老年人自身需要的产品与服务需求急剧增加,如老年服装、老年食品、老年保健用品、老年休闲旅游、养生娱乐等的消费需求正形成一个巨大的"银色市场"。这种消费结构的变化会自觉和不自觉地吸引更多的人员从事老年产业研究,开放老年消费市场,从而引发整个产业结构的调整与变迁。因此,国际营销者必须注意不同年龄市场的比例及特点,根据人口结构的变化调整营销策略,积极开发老年产品,研究老年人的消费需求和购物习惯等。

4. 人口分布

分析人口分布情况对国际营销者确定分销渠道和促销策略至关重要。世界各国和各地区人口分布存在很大的差异。以区域为基础进行比较，亚洲和欧洲的人口密度较高，大洋洲和非洲的人口相对稀疏。在人口稠密的地区市场，企业可以利用较短的分销渠道，或者直接与消费者沟通。而在人口居住分散的地区市场，企业不得不依靠多层级的中间商和选择当地广告代理商进行沟通，因而分销渠道相对较长。由于分销渠道的结构直接影响产品的运输成本、产品定价、渠道管理策略，企业在进入一个新的目标市场时，有必要全面细致地把握当地的人口分布情况，从而建立成本效率最佳的渠道结构。例如，美国幅员辽阔，地广人稀，人口密度仅为荷兰人口密度的1/5，尽管其交通网络非常发达，并且物流网络也十分现代化，但由于人口分布太广，美国的运输成本仍高于荷兰。

（二）收入

收入是支付力的保障，是居民消费者购买的前提。各国的国民收入不同，决定了各国的市场容量、消费水平和消费结构存在差异。分析一国（或地区）的国民收入水平要综合考察国民总收入和人均国民收入两个指标。

1. 国民总收入

国民总收入（gross national income）是反映初次分配收入总和的指标，它是一国或地区常住单位在一定时期内获得的原始收入的总和，它等于国内生产总值加上来自国外的净要素收入。国民总收入反映一国或地区的经济规模和发展水平，是了解该国或地区市场潜在容量的一个基本指标。通过分析和比较世界各国的国民收入总值，可以对各国的市场潜在容量有一个轮廓性的了解，帮助跨国公司在各国市场有效配置营销资源。

一方面，不同地区的国民收入通常会以本地货币计算，需要以当期的汇率先做转换，另外亦有一些做法是以购买力平价做转换，以避免可能的汇率扭曲。另一方面，同一地区不同时期的国民收入亦会经常被比较，通常不会直接比较，而是在扣除价格变动后，计算出固定价格或实际国民收入，才做比较。至于未扣除价格变动的国民收入则称为当时价格或名义国民收入。

表3-6为世界银行公布的2019年全球排名前15位的各经济体国民总收入，美国以215844.12亿美元排在第一位，中国、日本、德国等国紧随其后。

表3-6　2019年部分国家国民总收入　　　　　　　　　　单位：百万美元

国家	国民总收入（GNI）	国家	国民总收入（GNI）
美国	21584412	巴西	1926332
中国	14554340	韩国	1743709
日本	5263515	加拿大	1742831
德国	4033546	俄罗斯	1651559
印度	2910839	西班牙	1430848
法国	2843037	澳大利亚	1392773
英国	2831800	墨西哥	1203618
意大利	2077674		

资料来源：根据 World Bank development 相关数据整理得出。

2.人均国民总收入

国民总收入从总体上描述了一个国家的整体经济实力,却并不能准确地反映该国居民的支付能力。由于各国人口规模不同,人均国民总收入就表现出很大差异。很多欧洲国家,国民总收入并不高,但由于人口基数小,人均国民总收入就很高。挪威就是一个典型代表。跨国营销尤其是开展跨国消费品营销的企业,需要细致地分析该国的人均国民总收入,才能为进入该国市场以及产品、定价和促销策略获得必要的决策信息。

纵观各国人均收入水平,传统的发达国家依然占据高收入行列(见表3-7),这些国家的产业结构呈现高度服务化趋势。服务业占国民生产总值的比重基本超过50%,家庭收入很高,许多产品尤其是有形产品已得到满足,市场已呈现饱和状态,要想将产品导入这些国家并不容易。同时,这些国家的人口增长普遍缓慢,市场增长潜力不足。国际营销者要寻求扩大市场及提高市场占有率,必须不断地进行产品创新和市场创新。相比之下,东亚、东欧以及南美的部分国家或地区,潜在市场容量和增长空间都十分巨大,新兴市场正成为当前跨国公司竞相抢占的市场。但是,在非洲、西亚的部分国家或地区,由于政治冲突、战争等因素,经济发展一直缺乏良好的环境,经济发展十分缓慢,战乱、贫穷和疾病仍然是当局急需解决的难题。在这些国家开展经营活动,企业可能要面对消费能力有限、政治波动较大等风险。

表3-7 2020年世界人均GDP排名

排名	国家或地区	人均GDP/美元	排名	国家或地区	人均GDP/美元
1	卢森堡	116921.11	25	中国澳门	36350.16
2	瑞士	86849.47	27	韩国	33367.91
3	爱尔兰	83849.81	28	意大利	31496.77
4	挪威	67176.43	33	西班牙	27132.32
5	美国	63415.99	31	中国台湾	28305.92
6	丹麦	60494.20	65	俄罗斯	10037.24
7	冰岛	59633.72	63	中国	10438.88
9	澳大利亚	52824.82	148	印度	1964.88
11	卡塔尔	52144.16	184	阿富汗	580.82
15	中国香港	46753.46	190	莫桑比克	449.63
16	德国	45732.80	191	马拉维	406.65
22	英国	40406.28	192	索马里	326.98
23	日本	40146.07	193	南苏丹	295.66
24	法国	39907.14	194	布隆迪	253.59

数据来源:国际货币基金组织。

三、各国的消费结构

(一)消费结构的定义

消费结构(consumption structure)是在一定的社会经济条件下,人们(包括各种不同类型的消费者和社会集团)在消费过程中所消费的各种不同类型的消费资料(包括劳务)的比例关系。消费结构有实物和价值两种表现形式。实物形式指人们在消费中,消费了一些什么样的消费资料,以及它们各自的数量。价值形式指以货币表示的人们在消费过程中消费的各种不同类型的消费资料的比例关系。其在现实生活中具体表现为各项生活支出。

(二)消费结构变动的影响因素

消费结构的变动受到多种因素影响,主要有社会生产力发展水平、社会经济制度、产业结构、消费者的收入水平、消费品价格与消费决策(引导)、人口的社会结构和自然结构所决定的需求结构、消费者心理和消费行为、自然环境。

居民收入水平是影响消费结构最重要、最基本的因素。收入水平提高意味着购买力的提高,使消费可能在外延上和内涵上扩大,过去只能满足最基本的消费需要,现在可以满足高层次的需要。这样必然使消费结构发生变化。部分国家最低20%收入的群体所占总人口的百分比如表3-8所示。

表3-8 部分国家最低20%收入的群体所占总人口的百分比　　　　单位:%

国家	2000	2010	2017
阿根廷	3.2	4.1	5.1
巴西	2.5	3.2	3.2
中国	5.6	5.1	6.5
德国	8.8	8.4	7.6
西班牙	7.1	6.3	6.2
芬兰	9.6	9.2	9.4
法国	8.2	7.7	8.1
英国	—	7.3	7.1
卢森堡	8.4	8.2	6.5
挪威	9.7	9.5	8.9
俄罗斯	6.4	6.4	7.1
瑞典	9.3	8.6	8.3
美国	5.4	5.1	5.1

数据来源:世界银行。

产业结构会直接影响消费结构。比如,农业内部种植业、畜牧业、水产业的结构是否合理,对人们消费结构中粮食、肉、禽、蛋、奶、水产品的消费会产生直接的影响。新兴产业部门的出现,也对消费结构的变化产生影响。高科技的发展,新产业、新产品的不断出现,从而不断开拓新的消费领域,就会促进消费结构的优化、升级。

从食品开支在家庭总支出中所占的比例，可以大致推知家庭生活水平的高低。这是由 19 世纪中叶德国统计学家恩斯特·恩格尔提出的。食品支出占家庭总支出的比重，被称为恩格尔系数。恩格尔系数过大，必然影响其他消费支出，特别是影响发展资料、享受资料的增加，限制消费层次和消费质量的提高。恩格尔系数减小，通常表明人民生活水平提高，消费结构改善。

四、国际市场竞争者分析

国际市场竞争是国际市场环境重要的因素，是影响出口商营销策略的强有力的环境力量。每一家公司都必须寻找一种方式在市场中维持自己，而每一家公司所拥有的地位在某种层面上都是独一无二的。

一家公司若要进入外国市场，不能忽视当地企业的竞争。星巴克进入澳大利亚是一个典型案例。星巴克是世界上最大的咖啡连锁店。该公司于 2000 年在澳大利亚开张了它的第一家门店。到 2007 年底，其在该国一共有了 87 家门店。而到 2008 年，3/4 的门店都被关闭了。这说明星巴克不仅误判了澳大利亚的咖啡文化而且低估了竞争程度，也没能根据当地市场的情况适时地进行调整。

企业能否成功地进入国际市场，竞争者状况是决定因素之一。该从哪些方面分析国际市场竞争者呢？

（一）国际竞争者的来源

从竞争角度分析国际市场竞争者，任何企业进入国际市场均面临着三种不同的竞争者，即当地企业的竞争者、本国其他公司的竞争者、其他外国公司的竞争者。

从产品特点分析竞争，可以将其分为三种类型产品的竞争，即革新型产品的竞争、竞争型产品的竞争、改进型产品的竞争。

企业进入国际市场面临三种类型竞争者及三种类型产品的竞争，如何确定目标市场？企业可以采用产品或市场进行分析。

（二）竞争优势分析

国际营销者一方面要分析及掌握国际市场竞争者状况，竞争者具有哪些优势和劣势；另一方面要分析企业自身的竞争实力，具有哪些较竞争者更大的优势，存在哪些劣势，从而有针对性地制定国际营销策略。

第五节　国际金融与外汇环境

金融与外汇本质上属于经济环境。企业在国际市场开展营销活动，其资金流动不可避免地面临国际金融市场的影响，企业在国际市场上经营会面临汇率变化、通货膨胀、货币转换等影响而产生风险。因此，企业必须了解国际金融市场的运行规律，分析国际市场上的金融与外汇风险。

一、国际金融环境

（一）国际金融市场

国际金融市场是指居民与非居民之间，或者非居民与非居民之间进行国际性金融业务活动的场所及关系总和。在国际领域中,国际金融市场显得十分重要,商品与劳务的国际性转移、资本的国际性转移、黄金输出输入、外汇的买卖以至于国际货币体系运转等方面的国际经济交往都离不开国际金融市场。国际金融市场上新的融资手段、投资机会和投资方式层出不穷,金融活动成为推动世界经济发展的主导因素。

目前,国际货币体系并不稳定,企业面临的国际金融风险增加。因此,了解当地国际金融环境的特征,选择合理手段规避风险是企业国际营销活动中必不可少的内容。

1. 汇率制度多样化

现在的汇率制度主要有两类:发展中国家的钉住汇率机制和发达国家的浮动汇率机制。在具体选择上,可有多种多样的安排。例如,钉住汇率机制是钉住单一货币还是钉住"一篮子"货币,浮动汇率机制是有限浮动还是滑动平价等。此外,还有像中国香港等实行的固定汇率制度,即货币局制度。

2. 国际储备货币多元化

除了美元,可以充当国际储备货币的还有欧元、英镑、日元、人民币等。尤其是欧元的面世,对美元构成强有力的挑战。美元、欧元、日元三种货币之间的汇率关系和变动趋势将对国际贸易和投资以及国际金融市场的稳定产生至关重要的影响。

3. 金融全球化

金融全球化是全球金融活动和风险发生机制联系日益紧密的一个过程,它主要是由无数微观经济组织基于谋取利益的自发活动,是通过全球金融市场的逐步一体化而推动的,如对外直接投资额的增长或跨国公司数量的增加。

4. 金融市场相对脆弱

近年来,国际金融危机频繁发生,如亚洲金融危机、美国次贷危机等,主要原因在于各国自由化的步伐太快,而监管水平又滞后,再加上经济政策的偏差与失误,很容易受到国际巨额投机资本的冲击,进而导致金融危机的发生。许多发展中国家由于借取外债过多而陷入债务危机当中,进一步加深了国际金融体系的动荡。

(二)国际金融制度及风险

1. 国际金融制度

(1)国际金融制度的概念。国际金融制度是国际货币关系的集中反映。它构成国际金融活动总的框架,各国之间的货币金融交往,在各个方面都要受到国际货币制度的约束。世界上没有统一的货币,主要是以主权国家的货币作为国际货币。国际金融制度的主要目的是协调各个独立国家的经济活动,促进国际贸易和国际支付活动的顺利进行。

(2)国际金融制度的主要内容。

①国际收支及其调节机制。国际收支是各国对其经济活动的系统记录。国际收支及其调节是国际货币制度的核心问题。国际收支调节机制,必须能有效地帮助和促进国际收支出现不平衡的国家进行调节,同时使各国在国际范围内公平地承担国际收支调节责任。

②汇率及汇率制度。汇率是指一国货币折算为他国货币的比率,是两国货币的相对比价。汇率制度就是围绕汇率确定、波动界限、调整、维持采取措施,制定一系列安排。各国政府一般都要颁布有关金融法令,规定本国货币能否对外兑换和对于对外支付是否进行限制等。

③国际货币资产或储备资产的确定。各国之间进行国际贸易必须确定使用什么货币作为支付货币,一国政府应持何种为世界各国普遍接受的资产作为储备资产,以维持国际支付能力和满足国际收支平衡的需要。在做这些选择时应遵循国际协调或国际的普遍可接受性原则。

④国际货币活动的协调与管理。由于各个国家都存在不同的社会经济条件和特定的政策目标,因而各国的国际收支调节、国际汇率制度、国际储备体系都不同,所以在国际货币制度中,就产生了国际货币活动协调与管理问题。其实质是协调各国的国际货币活动及与此相关的经济政策。

2. 国际金融风险

企业在国际市场上会遇上一种很直接、经常发生且无法避免的风险,即由外汇汇率波动带来的风险。外汇风险有三种类型:①交易风险,是指在经营活动中发生的风险;②折算风险,是指海外子公司以外币计价和财务报表合并到母公司的财务报表时资产和负债的价值随汇率变动而变化的风险;③经济风险,是指公司的价值由于未来经营收益受预期的汇率变动而引起的变化。

对我国绝大部分从事国际营销的企业来讲,主要表现形式仍是出口,因此,最常见的、最主要的汇率风险是交易风险。交易风险往往在以下几种情况下发生:以即期或延期付款为支付条件的商品或劳务的进出口,在货物已装运或劳务已提供,而货款或费用尚未收到这一期间,外汇汇率变化所发生的风险;以外币计价的国际信贷活动在债权债务清偿前承受的汇价变动的风险;本期外汇合同到期时,由于汇率变化,交易某一方可能要拿出更多的或较少的货币去换取另一种货币的风险。

(三)全球货币市场

货币市场是短期资金市场,是指融资期限在一年以下的金融市场。由于该市场所容纳的金融工具,主要是政府、银行及工商企业发行的短期信用工具,具有期限短、流动性强和风险小的特点,在货币供应量层次划分上被置于现金货币和存款货币之后,称为"准货币",所以将该市场称为"货币市场"。

1. 货币市场构成

一个有效率的货币市场应该是一个具有广度、深度和弹性的市场,其市场容量大,信息流动迅速,交易成本低,交易活跃且持续,能吸引众多的投资者和投机者参与。货币市场由同业拆借市场、票据贴现市场、大额定期存单市场和短期证券市场四个子市场构成。

(1)同业拆借市场。同业拆借市场(inter-bank lending market)是指金融机构之间以货币借贷方式进行短期资金融通活动的市场。同业拆借的资金主要用于弥补银行短期资金的不足、票据清算的差额以及解决临时性资金短缺需要。其亦称"同业拆放市场",是金融机构之间进行短期、临时性头寸调剂的市场。

同业拆借市场具有以下特点:①融通资金的期限一般比较短;②参与拆借的机构基本上在中央银行开立存款账户,交易资金主要是该账户上的多余资金;③同业拆借资金主要用于短期、临时性需要;④同业拆借基本上是信用拆借。同业拆借可以使商业银行在不用保持大量超额准备金的前提下,就能满足存款支付的需要。1996年1月3日,我国建立起了全国统一的同业拆借市场并开始试运行。

(2)票据贴现市场。票据贴现市场(bill discount market)是指对未到期票据,通过贴现方式进行资金融通而形成的交易市场。它是为客户提供短期资金融通,对未到期票据进行贴现的市场,是商业票据市场的重要组成部分。

票据贴现市场的主要经营者是贴现公司。贴现交易的信用票据主要有政府国库券、短期债券、银行承兑票据和部分商业票据等。贴现利率一般高于银行贷款利率。

票据贴现市场的基础是票据市场,融资性票据是票据市场的重要组成部分。目前在票据市场上流通的是以真实贸易背景为基础的商业汇票,并未放开纯粹的融资性票据。

(3)大额定期存单市场。20世纪60年代以来商业银行为吸收资金发行了一种新的金融工具,即大额可转让定期存单(negotiable certificate of deposit,简称CD或NCDs)。大额定期存单市场就是以经营定期存款单为主的市场,简称CD市场。这种存款单与普通银行存款单不同:一是不记名;二是存单上金额固定且面额大;三是可以流通和转让。存款单的到期日不能少于14天,一般都在一年以下,3~6个月的居多。CD的持有人到期可向银行提取本息;未到期时,如需现金,可以转让。这对于有闲置资金想贷出,又恐有临时需要的企业或个人具有很大的吸引力。故CD成为货币市场重要交易对象之一。

(4)短期证券市场。短期证券市场(short-term security market)是指在国际进行短期有价证券的发行和买卖活动的市场。它的交易对象是短期信用工具,包括国库券、可转让的银行定期存单、银行承兑票据和商业票据等证券。目前在各类短期金融工具中,国库券的数量是最大的。

2.货币市场的功能

货币市场产生和发展的初始动力是为了保持资金的流动性,它借助于各种短期资金融通工具将资金需求者和资金供应者联系起来,既满足了资金需求者的短期资金需要,又为资金有余者的暂时闲置资金提供了获取盈利的机会。但这只是货币市场的表面功能,将货币市场置于金融市场以至市场经济的大环境中可以发现,货币市场的功能远不止于此。货币市场既从微观上为银行、企业提供灵活的管理手段,使它们在对资金的安全性、流动性、盈利性相统一的管理上更方便、灵活,又为中央银行实施货币政策以调控宏观经济提供手段,为保证金融市场的发展发挥巨大作用。

(四)国际金融环境对国际营销的影响

国际金融作为国际经济关系的重要组成部分,对国际营销产生十分重要的影响。国际营销不同于国内营销,它是一种跨国界的经济活动,这种活动涉及国际货币资本的周转和流通,国际货币的周转与流通主要是通过外汇实现的,所以国际营销者必须了解和关注外汇、汇率、外汇交易等事项。汇率的波动对于国际营销企业的进出口贸易、海外直接投资、生产决策及财务管理等均会产生重大的影响。例如,国际营销企业母国货币汇率上浮,该企业出口产品的价格就会上涨,从而会降低产品的国际竞争力,出口就会由此而减少;企业在本国汇率有利的时候,将东道国的货币兑换成本国的货币,可以获得更大的收益。因此,企业必须了解国际金融市场运行规律,分析东道国市场的金融环境。

二、外汇环境

(一)外汇市场

外汇市场(foreign exchange markets)是国际汇兑的简称,是指经营外币和以外币计价的票据等有价证券买卖的市场,是金融市场的主要组成部分。

外汇的概念有静态和动态之分。动态外汇,是指把一国货币兑换成为另一国货币以清偿国际债务的金融活动。从这个意义上来说,动态外汇等同于国际结算。静态外汇又有广义和狭义之分。广义的外汇是一国外汇管理法令所称的外汇,它泛指一切对外金融资产。现行的《中华人民共和国外汇管理条例》第三条规定,外汇是指以外币表示的可以用作国际清偿的支付手段和资产。狭义的外汇是指以外币表示的用于国际结算的支付手段。

1. 外汇市场产生的原因

(1)贸易和投资。进出口商在进口商品时支付一种货币,而在出口商品时收取另一种货币。这意味着,他们在结清账目时,收付不同的货币。因此,他们需要将自己收到的部分货币兑换成可以用于购买商品的货币。与此相类似,一家买进外国资产的公司必须用当事国的货币支付,因此,它需要将本国货币兑换成当事国的货币。

(2)投机。两种货币之间的汇率会随着这两种货币之间的供需的变化而变化。交易员在一个汇率上买进一种货币,而在另一个更有利的汇率上抛出该货币,就可以盈利。投机大约占了外汇市场交易的绝大部分。

(3)对冲。由于两种相关货币之间汇率的波动,那些拥有国外资产(如工厂)的公司将这些资产折算成本国货币时,就可能遭受一些风险。当以外币计值的国外资产在一段时间内价值不变时,如果汇率发生变化,以国内货币折算这项资产的价值时,就会产生损益。公司可以通过对冲消除这种潜在的损益。这就是执行一项外汇交易,其交易结果刚好抵消由汇率变动而产生的外币资产的损益。

2. 外汇市场的主要参与者

外汇市场参与者主要包括中央银行、外汇银行、外汇经纪人、贴现商号、外汇交易商、跨国公司、外汇投机者、进出口商和其他外汇供求者八类。归纳起来就是中央银行、外汇银行、外汇经纪人和外汇市场的客户四大部分。这四大部分对市场的参与,构成了外汇市场全部交易的五大形式或关系,即外汇银行与外汇经纪人或客户之间的外汇交易,同一外汇市场的各外汇银行之间的外汇交易,不同外汇市场的各外汇银行之间的外汇交易,中央银行与各外汇银行之间的外汇交易,各中央银行之间的外汇交易。

3. 外汇市场的分类

按外汇市场的外部形态进行分类,外汇市场可以分为无形外汇市场和有形外汇市场。

无形外汇市场,也称为抽象的外汇市场,是指没有固定、具体场所的外汇市场。这种市场最初流行于英国和美国,故其组织形式被称为英美方式。这种组织形式不仅扩展到加拿大、日本等其他地区,而且也渗入到欧洲大陆。无形外汇市场的主要特点是:第一,没有确定的开盘与收盘时间。第二,外汇买卖双方无须进行面对面的交易,外汇供给者和需求者凭借电传、电报和电话等通信设备与外汇机构联系。第三,各主体之间有较好的信任关系,否则,这种交易难以完成。目前,除了个别欧洲大陆国家的一部分银行与顾客之间的外汇交易还在外汇交易所进行外,世界各国的外汇交易均通过现代通信网络进行。无形外汇市场已成为今日外汇市场的主导形式。

有形外汇市场,也称为具体的外汇市场,是指有具体的固定场所的外汇市场。这种市场最初流行于欧洲大陆,故其组织形式被称为大陆方式。有形外汇市场的主要特点有:第一,固定场所一般指外汇交易所,通常位于世界各国金融中心。第二,从事外汇业务经营的双方都在每个交易日的规定时间内进行外汇交易。在自由竞争时期,西方各国的外汇买卖主要集中在外汇交易所,但进入垄断阶段后,银行垄断了外汇交易,致使外汇交易所日渐衰落。

4. 外汇市场的功能

(1) 实现购买力的国际转移。国际贸易至少涉及两种货币,而不同的货币对不同的国家形成购买力,这就要求将该国货币兑换成外币来清理债权债务关系,使购买行为得以实现。而这种兑换就是在外汇市场上进行的。外汇市场所提供的就是这种购买力转移交易得以顺利进行的经济机制,它的存在使各种潜在的外汇售出者和外汇购买者的意愿能联系起来。当外汇市场汇率变动使外汇供应量正好等于外汇需求量时,所有潜在的出售和购买愿望都得到了满足,外汇市场处于平衡状态之中。这样,外汇市场提供了一种购买力国际转移机制。同时,由于发达的通信工具已将外汇市场在世界范围内联成一个整体,使得货币兑换和资金汇付能够在极短时间内完成,购买力的这种转移变得迅速和方便。

(2) 提供资金融通。外汇市场向国际交易者提供了资金融通的便利。外汇的存贷款业务集中了各国的社会闲置资金,从而能够调剂余缺,加快资本周转。外汇市场为国际贸易的顺利开展提供了保证,当进口商没有足够的现款提货时,出口商可以向进口商开出汇票,允许延期付款,同时以贴现票据的方式将汇票出售,拿回货款。外汇市场便利的资金融通功能也促进了国际借贷和国际投资活动的顺利进行。美国发行的国库券和政府债券中很大部分是由外国官方机构和企业购买并持有的,这种证券投资在脱离外汇市场的情况下是不可想象的。

(3) 提供外汇保值和投机的机制。在以外汇计价成交的国际经济交易中,交易双方都面临着外汇风险。由于市场参与者对外汇风险的判断和偏好的不同,有的参与者宁可花费一定的成本来转移风险,而有的参与者则愿意承担风险以实现预期利润,由此产生了外汇保值和外汇投机两种不同的行为。在金本位和固定汇率制下,外汇汇率基本上是平稳的,因而就不会形成外汇保值和投机的需要及可能。而浮动汇率下,外汇市场的功能得到了进一步的发展,外汇市场的存在既为套期保值者提供了规避外汇风险的场所,又为投机者提供了承担风险、获取利润的机会。

(二) 影响外汇汇率变化的因素

影响外汇汇率变化的因素主要可以归纳为以下几类。

1. 经济形势

一国经济各方面综合效应的好坏,是影响该国货币汇率最直接和最主要的因素。其中主要考虑经济增长水平、国际收支状况、通货膨胀水平、利率水平等几个方面。

2. 政府、央行政策

政府的财政政策、外汇政策和央行的货币政策对汇率起着非常重要的作用,有时是决定作用。如政府宣布将该国货币贬值或升值,央行的利率升降、市场干预,等等。

3. 市场心理

外汇市场参与者的心理预期,严重影响着汇率的走向。对于某一货币的升值或贬值,市场往往会形成自己的看法,在达成一定共识的情况下,将在一定时间内左右汇率的变化,这时可能会发生汇率的升降与基本面完全脱离或央行干预无效的情况。

4. 投机交易

随着金融全球化进程的加快,充斥在外汇市场中的国际游资越来越庞大,这些资金有时为某些投机机构所掌控,由于其交易额非常巨大,并多采用对冲方式,会对汇率走势产生深远影响。如量子基金阻击英镑、泰铢,使其汇率在短时间内大幅贬值等。

5. 政治因素

国际、国内政治局势变化对汇率有很大影响。局势稳定,则汇率稳定;局势动荡,则汇率下跌。所需要关注的方面包括国际关系、党派斗争、重要政府官员情况、动乱、暴乱等。

6. 军事动态

战争、局部冲突等将造成某一地区的不安全,对相关地区以及弱势货币的汇率将造成负面影响,而对于远离事件发生地国家的货币和传统避险货币的汇率则有利。

7. 突发事件

一些重大的突发事件,会对市场心理形成影响,从而使汇率发生变化,其造成结果的程度,也将对汇率的长期变化产生影响。如"9·11"事件使美元在短期内大幅贬值等。

(三) 外汇风险

外汇风险(foreign exchange exposure)是指金融公司、企业组织、经济实体、国家或个人在一定时期内对外经济、贸易、金融、外汇储备的管理与营运等活动中,以外币表示的资产(债权、权益)与负债(债务、义务)因未预料的外汇汇率的变动而引起的价值的增加或减少的可能性。

企业在国际营销中面临的外汇风险主要有交易风险、会计风险和经济风险三种。

1. 交易风险

交易风险(transaction risk)指在约定以外币计价成交的交易过程中,由于结算时的汇率与交易发生时,即签订合同时的汇率不同而引起收益或亏损的风险。这些风险包括:

(1) 以即期或延期付款为支付条件的商品或劳务的进出口,在货物装运和劳务提供后,而货款或劳务费用尚未收付前,外汇汇率变化所发生的风险。

(2) 以外币计价的国际信贷活动,在债权债务未清偿前所存在的汇率风险。例如:某项目借入是日元,到期归还的也应是日元。而该项目产生效益后收到的是美元。若美元对日元汇率猛跌,该项目要比原计划多花许多美元,才能兑成日元归还本息,结果造成亏损。

(3) 向外筹资中的汇率风险。借入一种外币而需要换成另一种外币使用,则筹资人将承受借入货币与使用货币之间汇率变动的风险。

(4) 待履行的远期外汇合同,约定汇率和到期即期汇率变动而产生的风险。

2. 会计风险

会计风险(accounting risk),又称折算风险或转换风险,是指由于外汇汇率的变动而引起的企业资产负债表中某些外汇资金项目金额变动可能性。当公司将其以外币计量的资产负债、收入费用等折成以本币表示的有关项目时,汇率的变动很可能给公司造成账面损失,这种风险就是由货币转换带来的。

例如:某中国企业年初进口了50万美元的设备,当时汇率为100万美元=人民币712.40万元,换算成人民币为356.2万元,在该企业资产负债表上外汇资金项目的负债记录为356.2万元。在会计期末对外币业务账户金额进行换算时汇率变化为100万美元=人民币683.80万元,这笔负债经过重新折算,仅为人民币341.9万元。同样数额的负债经过不同汇率的折算最终账面价值减少了人民币14.3万元,这就是会计风险。

3. 经济风险

经济风险(economic risk),指由于外汇汇率变动使企业在将来特定时期的收益发生变化的可能性,即企业未来现金流量折现值的损失程度。它是指因经济前景的不确定性,各经济实体在从事正常的经济活动时,蒙受经济损失的可能性。在简单商品生产条件下,商品交换范围较小,产品更新的周期较长,故生产经营者易于把握预期的收益,经济风险不太明显。随着市场经济的发展,生产规模不断扩大,产品更新加快,社会需求变化剧烈,经济风险已成为每个生产者、经营者必须正视的问题。

市场经济中的经济风险和经济利益是同时并存的,高风险往往伴随着高收益。因此,经济风险可以说是一把"双刃剑",既能激励经济主体趋利避险,加强和改善经营管理,改进技术,更新设备,降低消耗,提高经济效益,促进经济迅速发展;又能使市场主体患得患失,顾虑重重,追求盈利的冲动受到可能蒙受的经济风险制约,使市场经济主体在经济行为理性化的同时,有可能失去发展的良机,由此而使经济运行趋于稳定或停滞。企业必须正视其抑制作用,强化风险制约的功能,同时采取积极的措施,充分发挥其激励作用。

本章小结

1. 经济环境是国际营销面临的重要的营销环境。此外,国际营销还面临着复杂的金融外汇环境,企业对之更难以把握和适应。
2. 经济全球化发展的同时,出现了许多地区一体化的形式,还出现了区域经济的许多组织形式。
3. 国际营销者面临着复杂的全球经济环境。全球经济的发展表现为四个主要特征。全球经济环境包括各国不同的经济制度,它们对国际营销提供宽、严不同的经济环境,使企业所面临的国际营销环境的复杂程度不同。全球营销环境还包括国际收支状况。
4. 全球市场环境对企业国际营销产生直接的影响。金融与外汇环境本质上属于经济环境。国际金融环境分析包括对金融市场、金融制度及外汇市场的分析。

思维导图

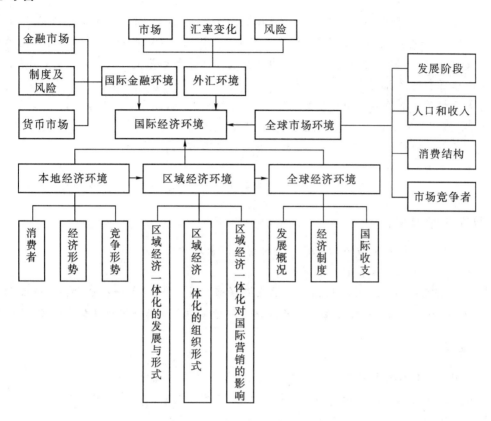

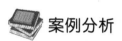 案例分析

普华永道:中国或将成为全球最大奢侈品消费国

伴随着美债、欧债危机,美国经济的寒冬还会持续,欧洲消费市场疲软的态势短期也很难扭转。实际上,很多全球的顶级品牌早就把目光转向了中国市场。2012年1月11日,德国品牌万宝龙在北京三里屯的旗舰店正式开张了,这家店也是该公司全球最大的精品概念店。万宝龙亚太地区主席兼总裁詹兆安说:"中国已经成为万宝龙全球最大的市场。所以,对我们来说,中国是一个非常重要的市场。我们2007年在上海开设了一家很大的店,占地面积超过640平方米。我们纵观市场后认为,北京作为中国的首都是我们开设概念店的绝佳选择。"美国经济复苏的疲软和欧洲经济的不景气,让越来越多的奢侈品公司开始把目光纷纷转向中国,而北京正在成为国际顶级品牌设立全球旗舰店的新的首选地。

普华永道发布的《2012年亚洲零售及消费品行业前景展望》报告中提道:2011年,中国奢侈品市场销售额增长25%,增至115亿欧元,约合人民币983亿元。中国成为全球推动市场增长率贡献最大的国家。

全球众多奢侈品牌也都十分重视中国这个巨大的、增长迅速的市场,纷纷加大在中国的扩容力度。万宝龙亚太区主席兼总裁詹兆安说:"到目前为止,万宝龙已经在52个城市开设了98家店。我们看到了二线城市的发展,二线城市的店面比例也在增加。但是,我们相信一线城市仍会持续发展。总体而言,中国市场会扩展奢侈品市场。"与此同时,全球另外一家奢侈品集团——法国巴黎春天集团,在中国的销售收入增速从2005年的5.2%增加到2010年的17.4%。2011年上半年,在中国大陆的销售额增长更是高达54%。法国巴黎春天主席兼CEO亨利·皮诺说:"很明显到2011年6月底为止,中国是法国巴黎春天集团最大的消费市场。所以,中国市场第一次超过了美国成为法国巴黎春天集团最大的消费市场,成为法国巴黎春天集团旗下9大品牌的最大消费市场。"

各大品牌不仅加快在中国开店的速度、扩大店面的规模,还开始了赴港上市的步伐。2011年6月,意大利品牌普拉达在香港上市之后,美国皮包品牌蔻驰也于2011年年底赴港上市。这次赴港吸金的奢侈品品牌表示,上市的主要目的不是筹集资金,而是要提高品牌知名度并加强与亚洲投资者的沟通。

资料来源:http://jingji.cntv.cn/20120116/116754.shtml.

讨论和在线学习问题

1. 万宝龙为什么选择北京作为它全球最大的精品概念店所在地?
2. 你对全球的奢侈品品牌有多少了解?
3. 通过万宝龙官网(www.montblanc.com)及互联网相关信息,了解该企业分公司设立的整体情况和地点选择标准,并对它在中国当前奢侈品行业的发展态势进行分析与预测。

思考与问答

1. 什么是国际营销经济环境?它由哪些因素构成?它具有哪些特征?
2. 国际营销企业对东道国的经济环境进行评估时,主要考虑哪几方面的内容?
3. 试述自由贸易区、关税同盟、共同市场及经济同盟的异同点。
4. 试述主要区域经济集团的特点及其对国际营销的影响。
5. 一国国际收支对企业国际营销有何影响?
6. 选择一家你感兴趣的跨国企业,对它面临的国际经济环境进行分析。

第四章 国际政治法律环境

> 学习目标
> 1. 了解国际政治环境的主要内容
> 2. 了解国际营销法律环境的主要内容
> 3. 理解东道国法规对企业经营决策的影响
> 4. 掌握国际贸易争端的解决途径

 导入案例

美国空袭致伊朗将军死亡,国际油价飙升4%

中东紧张局势再次升温。2020年1月3日凌晨,美军向伊拉克首都巴格达国际机场发射三枚火箭弹进行空袭,导致两部车辆被烧毁,造成至少8人死亡,其中包括两名伊朗和伊拉克的高级军官。

伊朗总统鲁哈尼在伊朗官方通讯社发表的公开声明中说:"毫无疑问,伊朗和该地区其他自由国家将为美国犯罪分子的这一可怕罪行报仇。"伊朗最高领导人哈梅内伊和伊朗外长扎里夫也纷纷表示,美国将为此付出代价。

在对巴格达展开致命空袭后,美国驻巴格达大使馆官方网站发布信息,敦促美国公民离开伊拉克。

美伊冲突,中东火药桶被点燃,引发国际油价市场剧烈震荡。美、布两油日内涨幅超过4%,WTI原油报63.63美元/桶,刷新2019年9月以来新高,布伦特石油期货报68.92美元/桶。同时段,道琼斯指数下跌270点,标普500和纳斯达克指数也走低。

据美国有线电视新闻网(CNN)报道,五角大楼于当地时间2日晚确认了苏莱马尼的死讯,并承认发动空袭是特朗普的直接命令。美国国防部长埃斯珀对媒体表示,苏莱马尼和他的"圣城旅"是造成数千美国公民和美军士兵死伤的罪魁祸首。如果有迹象表明,民兵组织正计划对该地区的美国基地和人员发动更多袭击,美国军方将采取先发制人的行动,打击伊朗支持的伊拉克和叙利亚部队以保护美国军队,保护美国人的生命。"游戏已经改变了。"埃斯珀说。

据美国消费者新闻与商业频道(CNBC)援引加拿大皇家银行全球商品策略总监赫利玛·克罗夫特(Helima Croft)的评论称:"和以往的影子战争或代理战争不同,这已经使我们陷入美国与伊朗全面爆发战争的阴影中。"

不仅如此,舆论普遍认为两位高级军官的死亡可能是中东局势的转折点。美国此次发动空袭意味着在中东持续了几个月的紧张局势之后,美国对伊朗的政策发生了巨大变化,毫无疑

问,这引发了国际市场对原油价格的高度担忧。

资料来源:https://www.sohu.com/a/364549883_237556.

当代社会,任何经济活动都不可能独立于政治因素之外。因此,国际市场营销人员必须具有敏锐的政治眼光和较强的洞察力,审时度势,以规避政治风险,减少经济损失,当然也包括抓住机遇,以创造良好的营销环境。

第一节 国际营销政治环境

国际政治环境指东道国各种直接或间接影响和制约国际市场营销的政治因素的集合,其内容主要涉及政府与政党体制、政府政策和政治风险。政府对环境的影响是通过政府政策、法令法规及其他限制性因素起作用的。政府对外商的政策和态度直接反映了其改善国家利益的根本想法。因此,企业在进入新的国际市场前必须全面评估其政治环境和法律环境。一国的政治环境主要包括政府与政党体制、政府政策、民族主义以及政治风险等。

一、政府和政党体制

(一)政府类型

政府是国家的权力机关和执行机关。世界上多数国家的政府可分为议会制政府和专制政府。在议会制度下,政府经常与公民协商,其政策在一定程度上能够反映大多数国民的意见。而在专制制度下,政府政策的制定在很大程度上带有独裁者的意愿。

国际营销人员要注意了解政府的构成及其对经营和外商的主要政策。政府是保守的、中立的,还是极"左"的。目前的商业政策是鼓励自由经营体制,还是鼓励国家所有制。要回答这些问题,还必须考虑执政党的主张。

(二)政党

政党体制是一个国家的政党行使政权或干预政治的各种形式的统称。政府内部的政党体制可以分为一党制、一党专制、两党制和多党制四种。

1. 一党制

一党制是指国家政权长期由一个政党独占的政党体制,虽然除了执政党外还有其他政党,但不得与执政党分享和争夺政权。墨西哥是一党制的典型代表。需要强调的是,中国的政党制度并非一党制,而是中国共产党领导的多党合作和政治协商制度。

2. 一党专制

一党专制是指一个国家的政权由一个政党所把握,一般以法律的形式对一党执政加以确立,也可能通过现实力量达成,不允许有反对党。一党专制与一党制不同,一党专制的执政不是通过自由竞争获取的,而通常是通过压制或镇压其他党派或政变的手段获取的。

3. 两党制

两党制是指势均力敌的两个政党轮流执政的制度。两党制17世纪产生于英国,当时英国议会中一个是代表新兴资产阶级和新贵族利益的自由党派,另一个是代表地主阶级和封建贵族利益的保守党派。两个党派交替执政,逐渐形成了两党制。执政党通过竞选后胜选而获得执政的权力,竞选失败后落选的政党称为在野党。执政党与在野党主张不同,因此营销人员要重点研究执政党的主要政策倾向。新西兰、英国、加拿大、美国、澳大利亚等均是该种政党体制。

4. 多党制

多党制是指由几个政党联合执政或轮流执政的政党制度。多党制起源于法国。1789年法国大革命后,30多个势均力敌的党派参加了当时国民议会的选举,但这些派别中没有一个能够左右政局,便组成联盟参加竞选。1875年法国正式确立了多党制的政党制度。随着该制度在整个欧洲的推广,意大利、比利时、希腊等国家也实行了多党制。

国际市场营销人员要特别注意各国政府、执政党和在野党对外商及外国政府的态度。企业常被看成一个国家的代表,因此企业不仅要研究所在国执政党的基本主张,还需要关注执政党更替对国际营销活动的影响。

二、政府政策

企业在一个政局动荡不安的国家中从事生产经营活动充满着风险,因为不断变化的政治环境可能使企业投资血本无归。所以,分析政治环境的稳定性也是营销者进入市场时须考虑的问题,因为政府政策的稳定性将直接影响企业的生产经营及销售。因此,政府政策的稳定性是外国企业进入东道国考虑的重要因素之一。

国际营销中政府政策的不稳定性主要体现在以下几个方面。

(一)政权的频繁更替

某些国家政府虽然对外来投资持积极欢迎的态度,但由于政权动荡、战争频发,许多跨国企业拒绝去该国投资。

(二)东道国频发暴力事件、治安混乱和示威游行等

东道国的社会稳定性会直接影响跨国企业的经营利润及发展前景,在混乱的治安条件下企业难以保障自身的正常运营,从而迫使企业减少或放弃在东道国的投资。

(三)文化分裂直接影响一国政治稳定

因为文化差异而造成民族矛盾和冲突是最剧烈的。除此之外,语言冲突也是文化分裂的重要表现之一。如印度国语遭抵制,非国语地区宁愿使用英语作为官方语言,并发生了一系列抵制活动和流血冲突。

(四)宗教对立也是政治动荡的根源

宗教作为人精神的产物,不仅有着漫长的历史,在人们头脑中起着根深蒂固的作用,而且分布广、种类繁多且影响力大,很多跨国企业经营都受到宗教因素的影响。例如印度教和伊斯兰教冲突直接导致印度次大陆分裂为两个国家——印度和巴基斯坦。时至今日,印度境内仍旧存在着各种宗教冲突。

三、民族主义

民族主义认为一个国家主要依靠自身的力量来发展经济,要始终坚持发展民族工业、保护民族利益与经济安全。民族主义的宗旨是保护民族经济的主权和经济利益,动员和号召本国居民积极抵制外国资本和商品的侵入。虽然民族主义的表现形式多种多样,但任何一个国家

都不会容忍外国公司对其市场和经济的无限渗透。东道国会通过削减进口、控制外资对本国企业的投资规模等方式保护本国企业。

四、政治风险

政治风险来自东道国未来政治变化的不确定性和东道国政府对外国企业未来利益损害的不确定性。它一般包括以下方面。

（一）没收

没收是指东道国政府将外国企业在本国的投资收回，占为己有并不给予任何补偿。

（二）征用

随着国际投资的迅猛发展，东道国与外国投资者之间出现了一些利益冲突。征用是指东道国为保护本国环境免受投资活动的损害而强迫外国企业交出其财产，并给予一定补偿。但这种补偿与被征用企业的财产价值并不相等，甚至有的是象征性的。没收与征用的差别是征用会给予企业一定的补偿，而没收不给予任何补偿。

（三）国有化

国有化是指东道国政府将外国企业收归国有后，给予一定补偿，由当地政府接管。一般来说，国有化是逐步实现的，而征用是突变的。征用是在没收后，将企业交给当地政府或私人企业管理，而国有化则是交由当地政府接管。

（四）本国化

本国化是指东道国政府通过各种手段，迫使外国企业在某些方面放弃控制，把权力转移到东道国国民手中的过程，同时将外国企业的营销活动纳入符合本国利益的轨道上来。

 知识阅读

可口可乐就曾两次被赶出过印度市场。1974 年，印度政府颁布了《外汇管制法》，规定外资在合资企业中所持股份额不得超过 40%，超过比例的必须限期让出股份。印度政府命令可口可乐公司在印度的分公司必须将 60% 的股权转让给印度人。1977 年，时任人民党政府要求可口可乐公司在 1978 年 4 月前公开配方秘密，转让生产技术，否则就关门停业。可口可乐公司最终放弃拥有 8 亿人口的印度市场。

（五）外汇管制

外汇管制是指一国政府通过法律等形式，授权当地有关金融部门，对境内外汇资金的收付、买卖、借贷、转移和汇率进行严格审查和批准。外汇管制对企业生产经营活动尤其是国际营销活动产生重要影响。如所在国实行外汇管制，企业生产经营所需的原材料、机器设备和燃料等不能自由地从国外市场进口，企业的经营利润也不能随意汇回母国。

（六）进口限制

进口限制是指一个国家或地区出于某种原因做出对某些外国商品进入本国的限制。进口限制通常包括进口许可证制、外汇管制、最低限价、商品包装及标签规定，其中进口配额制是较为重要的措施之一。进口限制一般是为了限制危害性产品或是出于保护本国民族工业的需要等，确保本国企业在市场上的竞争优势。

（七）税收管制

税收管制是指一国通过税收来限制或鼓励外国产品进口和外商投资的措施，可以分为限制性税收管制和鼓励性税收管制。限制性税收管制是政府迅速方便获得资金的手段，也是政府实现宏观调控目的的手段。例如，1970年，加拿大政府采取提高税率的方式，减少美国企业对其能源及其他自然资源行业的控制，达到了增强本国控制能力的目的。限制性税收管制也在一定程度上间接地表明东道国不再欢迎外国企业在本国的经营，因为税收的差别待遇会严重影响外国企业的竞争能力和在该地区经营的信心。

（八）价格管制

价格管制是指限制外国企业价格。当一个国家出现了经济问题时，如经济危机、通货膨胀等，政府就会对某些重要物资，以至所有产品采取价格管制措施。政府实行价格管制通常是为了保护公众利益，保障公众的基本生活，但这种价格管制直接干预了企业的定价决策，影响企业的营销活动。价格管制主要包括防止倾销的最低限价以及防止获得超额利润的最高限价。

（九）劳动力限制

劳动力限制是指东道国的工会组织让政府制定相应的法律限制外国企业的人事政策。欧盟曾于2012年提出取消劳动力限制，实现人力资源合理配置。

第二节 国际营销法律环境

法律是一个国家的相关法规和政策，它通过强制性手段来实施且代表着国家的意志力。国际市场营销也会受国际法律的约束和支持。国际法律环境是指主权国家颁布的各种经济法规法令，也包括各国之间缔结的贸易条约、协定和国际贸易法规等。国际市场营销法律环境由企业本国法律、国际法律和东道国法律组合而成。对跨国企业来说，要想保证其长远发展就必须要遵从进入国的法律制度和有关的国际法规、国际惯例和准则，更好地与国际接轨。

 知识阅读

日本政府曾经出台相关的政策，国外公司要想在日本境内开展商业活动，首先要寻找一个日本本土的公司作为商业合作伙伴。在美国，为了防止恶性竞争，出台了《反托拉斯法》，明文规定禁止两家以上的企业联合起来对商品进行定价，如果某一个公司的市场占有率达到20%，就不可以收购其他同类型的公司。当然，各国法律对营销组合中的各种要素往往都会有不同的规定。

国际法律要求加拿大公司生产的产品需要用英文和法文两种方式表示,而法国公司的产品只需要使用本土语言即可。很多国家政策规定不允许在电视剧中出现广告内容,还有一些国家对广告的播放时间和内容做出了严格的要求。德国政府就曾发文,禁止商家发布比较性广告,而且在制作广告时不能使用"较好""最好"等词语;同时还有一部分国家则明文规定电视广告中也能出现烟酒广告。当然有了这些法律法规,相关的企业也是受益者,一旦有侵权的行为或者是伤害公司利益的行为都可以进行相关的诉讼,保障公司能够健康向上发展。

资料来源:李海琼.国际市场营销实务[M].北京:高等教育出版社,2015.

一、国内法律

一个国家要想保障国内经济的正常健康运行发展,就必须要完善相应的法律法规。出于国际利益的考虑,各国都对产品的出口和资金的调出制定了明确的法规,或禁止,或限制,或鼓励。对于企业在国际市场运营方面有影响的国内法律集中体现在出口控制、进口控制和外汇管制三个方面。

(一)出口控制

出口控制是国家控制出口商品的一种管理制度,是一国对外经济政策在跨国贸易中的集中体现。控制的商品一般包括本国重要的技术、不可再生资源、文物和古董以及重要战略物资等。

一国进行出口控制的目的主要集中在两个方面:一方面,保护或改善本国国际收支状况,缓解本国因跨国企业竞争而受到影响的行业,提升对外竞争能力;另一方面,通过出口限制,控制进口国对核心物资的进口种类及数量,增强出口国在外交事务中的话语权。

(二)进口控制

进口控制是指一国政府在一定时期内,对特定商品的进口数量或金额加以管制的行为总称。进口限制政策旨在调节国际收支逆差,防止外国企业利用本国劳动力、原材料、技术等优势向进口国低价倾销商品,冲击民族产业。进口控制的政策手段主要为关税和非关税壁垒。非关税壁垒通常包括进口配额制、进口许可证制、外汇管制、最低限价、歧视性的政府采购、复杂苛刻的技术安全、卫生检疫、商品包装及标签规定等。

(三)外汇管制

外汇管制是指一国政府为平衡国际收支和维持本国货币汇率而对外汇的供需和使用所实行的限制性措施。外汇管制的基本内容是外汇供需和使用管制,包括限制本国出口商所能持有和获得的外汇数额,限制国外投资者所能汇出的利润数额等。

二、国际法律

国际法律是指两个或两个以上的国家共同制定或普遍认可的国际规范。国际法针对的主体主要是国家而不是企业和个人,这些条约或惯例可能适用于两国间的双边关系,也可能适用于许多国家间的多边关系。尽管国际上没有一个相当于各国立法机构的国际法制定机构,也没有一个国际性执行机构实施国际法,但国际法依然在国际商业事务中扮演了重要的角色。国际法律有两大表现形式:一是国际条约或公约;二是国际惯例。

(一)国际条约或公约

国际条约或公约是国家之间共同制定的国际规范。其中属于双边性质的称条约,多边性质的则多称公约。多边公约还有全球性和区域性之分。影响力较大的国际条约或公约有《保护工业产权巴黎公约》《联合国国际货物销售合同公约》《产品责任法律适用公约》《建立世界知识产权组织公约》《商标国际注册马德里协定》等。

(二)国际惯例

国际惯例植根于国际交往实践,是在长期反复实践中逐步形成的某一特定领域内的习惯性做法或通例。构成国际经济法律中的国际惯例必须具备三个条件:一是具有确定的内容,即确定参加国际经济活动当事人的权利和义务;二是,已经成为国际经济活动中长期、反复使用的习惯;三是,成为获得普遍承认的、具有约束力的通例。

目前,在国际货物买卖方面的国际惯例主要有:1932年《华沙-牛津规则》、1941年《美国对外贸易定义》及国际商会制定的《2020年国际贸易术语解释通则》等;在国际货物运输和保险方面,最重要的国际惯例要数《国际海事委员会海运单统一规则》和《约克-安特卫普规则》等;在托收关系方面,《托收统一规则》已得到世界各大银行的广泛采用;在凭信用证结算关系方面,国际商会的《跟单信用证统一惯例》一直得到广泛的采纳。

三、东道国法律

在宏观营销环境因素中,影响国际市场营销活动最直接的就是东道国有关外国企业在该国活动的法律规范。

(一)东道国法律分类

根据世界上各国现行的法律制度,东道国法律通常可分为两大法系,即大陆法系和英美法系。不同的法律制度对同一事物可能有不同的解释。因此,国际市场营销者在进行国际市场营销时,必须对国外市场的法律环境进行慎重而明确的分析。

1. 大陆法系

大陆法系是从19世纪初建立和发展起来的,其主要以法国民法典和德国民法典为主要形成模式,从此以后大陆法系又称为罗马法系、民法法系或者法典法系、罗马日耳曼法系等。该法系出现之后,法国、德国、意大利、荷兰、西班牙、葡萄牙等国和拉丁美洲、亚洲的许多国家都进行模仿和借鉴,建立了符合本国的法律。

欧洲的一些发达国家以及中国、日本等国家相关的法律制度都是大陆法体系的代表。它们在实践活动中都坚持以法典为第一法律渊源。在实行大陆法的国家,明确的法律条文非常重要。大陆法系国家的司法不是依据法院以前的裁决,同样的条文可能产生解释上的偏差。这样就使国际营销人员面临相对不确定的法律环境。

2. 英美法系

英美法系主要是美国、英国、澳大利亚、新西兰等国家和地区采用的法律制度,又被称为普通法系。英美法系是英国中世纪法律的传承,同时综合了其他国家的法律制度来进行完善。

英美法系有着其自身独特的属性,它非常注重现实的案例。其改进和发展也是通过已经发生的案件来进行完善的,过去案件的判决理由对以后的案件有约束力,即所谓的先例原则。近年来,英国、美国等国家制定了大量的成文法,作为对习惯法的补充和说明。

(二)东道国法律对国际市场营销的影响

东道国法律是影响国际市场健康向上发展的重要环节之一,是决定企业经营活动有效进行最直接的因素。东道国法律会对国际营销企业实施的产品策略、价格策略、渠道策略和促销策略产生重要影响。

1. 对产品策略的影响

产品的质量直接决定着企业产品在市场上的销售状况,是企业持续健康向上发展的保障。因此,各国都对相应的产品质量、安全性能、使用说明、产品包装等提出相应的要求,并制定与之相关的法律法规进行完善。例如,比利时规定只能用褐黄色玻璃瓶盛装药剂,其他容器盛装的药剂不得进入该国市场。有关标签的法律要求更严格。一般来说,标签上须注明的项目包括产品的名字、生产商或分销商的名字、产品的成分或使用说明、重量(净重或毛重)、产地等。

知识阅读

日本:印刷不能太花哨。日本《食品卫生法》明确要求,食品包装不能太花哨,而且印制食品包装时必须用醇溶油墨取代甲苯油墨。这种油墨比较稳定,不容易挥发产生有害物质。另外,儿童食品的包装颜色不能太多,这也是为了控制油墨使用量,并且包装内层要有一个隔离膜。

英国:食品流行纸袋装,食品要选纸包装,而且都是经过专门研制的,具有良好的防湿性、保鲜性、避光性,能有效防止细菌侵入和延缓食品变质。塑料包装在英国也有不少,为了安全,英国把关十分严格。以矿泉水瓶为例,每个瓶子都要分成瓶身、瓶盖、标签三个部分。

美国:奶粉多用锡罐装。在美国人眼中,食品包装安全与食品质量同样重要。凡是食品可能接触到的材料都属于食品包装,这不仅包括普通的塑料袋、纸袋,而且包括罐头内的涂层、容器盖子、开口处的密封材料等。美国对婴儿使用的产品检查尤其严格。美国的奶粉多是用锡罐装的,一来可以防止受潮、变质,二来保质时间长,不易因为环境改变产生有害物质。锡罐内还有一层专门的涂层,起到隔离和保护作用。

德国:封箱不许用胶带。德国对食品包装有着严格的规定。瓜果蔬菜在运输中都采用硬纸箱包装。外包装箱不能有蜡纸或油质锡纸;外包装箱要尽可能用脱色水封箱,不能用聚氯乙烯(PVC)或其他塑料胶带;如果不得不用塑料胶带,也不能含有聚乙烯(PE)和聚丁烯(PB)等成分;不能用塑料制成的钉子或夹板,只能用胶水粘牢纸箱的各面。食品纸箱都是可降解的,主要用淀粉制成。分别检测其铅、镉、汞、铬等化学物质的含量,有一部分超标就不能使用。

资料来源:www.cnki.com.cn/Article/CJFDTotal-ZBZZ200902022.htm。

每个国家的企业在产品销售之后会提供相应售后服务,各国对售后服务也提出了相应的法律要求。比如,保修时间段限制、产品损害程度、新旧程度等方面都有一定的要求。然而,对保修单而言,不成文法系国家要求就严格得多。在企业进行产品经济活动的同时,其品牌名称和商标也要受东道国法律的制约和限定。大陆法系国家与英美法系国家关于品牌或商标所有权的法律处理截然不同。前者实行"注册在先",而后者则实行"使用在先"。所以,企业进行产品销售活动时需要考虑东道国相关法律和法规以避免出现侵权行为和违反法律的行为。

2. 对价格策略的影响

企业在别国进行产品销售活动时,定价要符合东道国相应的产品价格规范。在定价策略中,企业定价应该在企业成本及顾客需求之间浮动。若低于成本,则企业很难维持运营再生产,但定价超过市场对产品的需求,则可能导致产品无人问津。因此,企业不能为了追求销量而盲目降价,也不能仅仅追逐利润最大化而忽视市场需求。

很多国家为了避免市场出现恶性企业竞争,而成立相关的部门来对产品的价格进行相应的控制和监督。商品的价格只有在合理的范围内才能保障社会稳定和企业的持续性发展,有些国家对所有产品都实行价格控制,而有的只对极个别产品实行价格控制。

3. 对渠道策略的影响

现阶段很多国家在这方面并没有给予特别的限制,企业在选择销售渠道时可以有更多的途径,但也不排除某些国家对特定分销渠道加以限制或禁止。比如,法国政府就禁止销售人员进入他人住宅进行推销。实际上即便是最严格的法律也不会对跨国企业在东道国的分销造成过度干扰,而分销商和代理商则需要受到东道国相关法律的限制。因此,出口企业需要了解东道国关于分销商合同的法律条文,尽可能地降低损失。

4. 对促销策略的影响

在企业产品推广中,为了扩大销量和增加企业知名度,企业会采取一系列的促销活动。在国际营销中,关于广告的争议最多,而且广告也最易受到控制。因此,很多国家对广告也制定了相应的法律法规,比如韩国不允许出现吸烟广告等。世界各国广告都有一定的约束准则,但整体上集中于以下几点:

(1)广告词的表述要符合产品的实际特点和用途,使广告词具有可信度。有的企业为了更好地推销产品,会刻意夸大产品功能,这从长远来说并不利于企业的可持续性发展。

(2)限制为某些产品做广告。例如,英国不许在电视上做烟草或酒类广告。

(3)限制特定促销方式。例如,佣金的规模、价值和种类也被许多国家明确限定,佣金只能占产品销售额的有限部分和佣金的使用只能与该项产品有关,而不能进行跨商品使用。

四、解决国际贸易争端的途径

国家之间进行贸易交流和合作时,难免会发生矛盾和争议,而产生相关的法律纠纷。其主要有下面几种情况:一是国家和国家之间;二是企业和国家之间;三是企业和企业之间。解决国际贸易争端,主要有协商、调解、仲裁和诉讼四种方式。

(一)协商

协商是指争议各方当事人在自愿的基础上,按照有关法律的规定及合同条款的约定,直接进行磋商或谈判,互谅互让,达成解决争端的协议的活动。其特点是省去司法程序,气氛友好,有利于双方合作关系的发展;解决方式灵活多变,节约时间并节省了诉讼费和相应的成本。所以,一般情况下,双方都愿意采用协商方式解决争端。因协商采取的是双方都同意的方式,所以两方都要自觉遵守。

(二)调解

调解是在与争议双方无利害关系的第三方主持下,通过劝说诱导,促使国际贸易争端的当事人在自愿的基础上互谅互让，达成协议以解决争端的一种方法。调解可依据调解人身份的不同分为民间调解、仲裁机构调解、法庭调解。

(三) 仲裁

仲裁是指纠纷当事人在自愿基础上达成协议，将纠纷提交非司法机构的仲裁庭或常设机构进行审理，并由仲裁庭做出对争议各方均有约束力的裁决的一种解决纠纷的制度和方式。仲裁具有自愿性、排他性、保密性、专业性和终局性等特点。仲裁的优势是解决矛盾的时间较短，节约了企业成本。仲裁人会对相关事情的发展进行全面的调查研究和分析，以便做出正确的决策。在大部分国家，经过正式仲裁达成的决定是有法律效应的。因此，在国际上由于仲裁者不以法官的形式出现在两者矛盾的协调过程中，从而避免了企业双方产生更大的问题和风险。基于这样的优势，仲裁在解决国际企业争端中起到了越来越大的作用。甚至，在斯德哥尔摩还成立了解决东西方贸易争端的仲裁机关。

仲裁在解决国际矛盾中的地位越来越重要。随着社会经济的发展速度加快，它已经成为解决商业矛盾采取的最主要的方式，但是仍需具体问题具体分析，并非所有的商业争端都适合此方法。但不管在什么情况下，仲裁都是解决商业问题中最先考虑的方法。

(四) 诉讼

诉讼指因涉外商事法律关系发生争端而进行的司法诉讼，即法院在诉讼当事人的参加下，对涉外商事案例的受理、审理、裁判和执行的全部活动。要解决国际商业争端，如果当事人各方没有选择协商、调解或仲裁方式予以解决，当事人任何一方都可以选择向有管辖权的法庭起诉，通过司法诉讼解决他们之间的商务争端。国际诉讼具有很强的强制性，一旦诉讼失败必须要无条件履行判决，否则就会受到法律的惩罚。跨国企业有很多原因不愿在法院打官司，除了花费大、拖延时间长和使事情更加恶化外，还有以下一些原因：害怕会影响企业声誉，对未来产品销售产生影响；害怕在国际法的执行下受到不公平的待遇；害怕泄漏商业机密。企业在发生国际商业争端时往往愿意通过较为和平的方式来进行解决，比如通过协调和仲裁等方式来处理。

本章小结

1. 国际市场营销政治法律环境会对企业的国际营销活动产生重大的影响。因此，企业在进行国际营销活动时，要充分考虑营销环境中的政治和法律环境。
2. 国际政治环境是指直接或间接影响和制约国际营销的政治因素的集合，包括政府与政党体制、政府政策、民族主义和政治风险。
3. 国际法律环境是指主权国家颁布的各种经济法规法令，也包括各国之间缔结的贸易条约、协定和国际贸易法规等。国际市场营销法律环境由企业本国法律、国际法律和东道国法律组合而成。
4. 国家之间进行贸易交流和合作时，难免会发生矛盾和争议，而产生相关的法律纠纷。解决国际贸易争端，主要有协商、调解、仲裁和诉讼四种方式。

思维导图

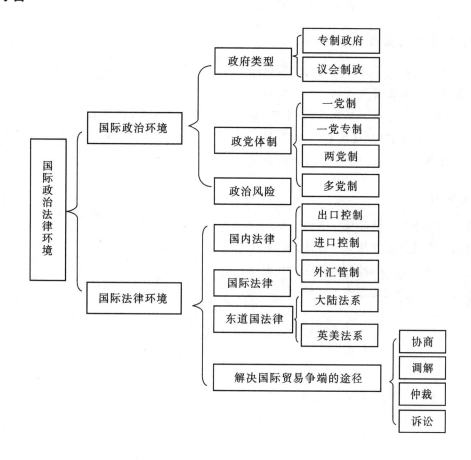

案例分析

古巴睡衣风波

1997年美国和加拿大之间围绕"古巴睡衣"问题发生了一场政治纷争,而夹在两者之间的是一家百货业的跨国公司——沃尔·马特公司。当时,争执的激烈程度可以从下面的报纸新闻标题中可见一斑:"将古巴睡衣从加拿大货架撤下:沃尔·马特公司引起纷争""古巴问题:沃尔·马特公司因撤下睡衣而陷入困境""睡衣赌局:加拿大与美国赌外交""沃尔·马特公司将古巴睡衣放回货架"。

这一争端是由美国对古巴的禁运引起的。美国禁止其公司与古巴进行贸易往来,但在加拿大的美国公司是否也应执行禁运呢?当时沃尔·马特加拿大分公司采购了一批古巴生产的睡衣,因为那样做违反了美国"赫尔姆斯-伯顿法"。这一法律禁止美国的子公司与国外的古巴通商。而加拿大则是因为美国法律对其主权的侵犯而恼怒,他们认为加拿大人有权决定是否购买古巴生产的睡衣。这样,沃尔·马特公司便成了加拿大和美国对外政策冲突的牺牲品。沃尔·马特在加拿大的公司如果继续销售那些睡衣,则会因违反美国法律而被处以100万美元的罚款,且还可能会因此而判刑。但是,如果按其母公司的要求只是将加拿大商店中的睡衣撤回,按照加拿大法律,会被处以120万美元的罚款。

讨论和在线学习问题

1. 造成沃尔·马特公司困难处境的原因是什么?
2. 结合案例说明政治环境与法律环境之间的关系。
3. 从2000年开始,华为开始在亚洲、中东、非洲等地区持续发展,在马来西亚、新加坡、泰国等国家进行国际扩张,通过登录华为官网(http://www.huawei.com)和搜集网上最新动态,分析华为在国外市场该如何规避东道国的政治和法律风险。

思考与问答

1. 什么是国际市场法律环境?它由哪些方面的法律构成?
2. 试述影响企业国际市场营销的政治环境。
3. 东道国法律对企业国际营销产生何种影响?
4. 简述进口限制产生的原因。

第五章 国际技术环境

> **学习目标**
>
> 1. 理解知识经济的特征
> 2. 掌握知识经济的产业支柱
> 3. 理解知识经济时代的技术革命及其对国际营销的影响
> 4. 理解互联网对国际营销的影响
> 5. 了解技术革命的发展趋势

 导入案例

苏宁极物首家旗舰店开业,打造一站式生活空间新样板

2019年8月8日,苏宁极物全国首家旗舰店在无锡苏宁生活广场正式开业,这一智慧零售新物种将成为无锡全新生活方式的新地标。苏宁易购集团副总裁顾伟表示,本着"致敬美好生活"的理念,苏宁极物将持续打造全新的生活方式和极致的服务体验,助力消费者品质生活的再升级。

开业现场,店内顾客络绎不绝,人气火爆,从一层的跨境海淘区、文创潮玩区、3C数码区和日用家居区,到二层与言几又合作的图书咖啡区、高端进口家电家具区,丰富全面的产品引得众多顾客驻足体验。

在IP潮玩区陪着儿子选购漫威手办的徐女士对此次购物体验赞不绝口:"在这里不知不觉逛了一个多小时了,在楼下逛逛海外大牌商品、生活家居用品,上楼还可以坐着看书、喝咖啡,极物的这些皮卡丘、阿狸的IP产品孩子也很喜欢,非常适合一家人来逛。"

据大数据显示,该店的SKU达10000余件,开业仅半天,进店客流就已爆满,广场的客流较以往周四也提升了1.5倍。门店客流量较以往其他店铺客流也成最高峰值,多个收银台前都排起了长队。到店转化率达到20%,用户的平均停留时间已达到45分钟以上,丰富的产品与业态体验,让顾客的驻足时间更长。

2019年818发烧购物节,苏宁进一步打造全场景零售,开启线上多平台、线下场景多业态互联网化、会员全面贯通的完整生态圈的大促。作为苏宁布局全场景零售的重要一环,苏宁极物旗舰店落地,在O2O双线融合的运营模式基础上,加深业态融合、提高品牌丰富度,在场景上打造全新体验,并聚焦年轻消费者,为其塑造美好生活空间。

在店内,消费者不仅可以感受到在线数字化的购物体验,从电子价签、小程序、电子货架到自助收银,消费者可以更加便捷地了解商品及价格信息的同时,也极大地提高了门店的经营效率。

智慧零售的核心就是"货到人"的便捷购物体验,通过小程序实现自助下单,现场提货;未来也将很快实现"到店自提,回家购买"。通过O2O技术的融合,苏宁极物让年轻消费者尽情享受闲暇时光、感受智慧零售的极致便捷。简约舒适的环境空间,一站式沉浸的购物体验也满足了年轻消费者对于品质生活的期待。

资料来源:https://www.guancha.cn/ChanJing/2019_08_08_512774.shtml.

第一节 知识经济与技术革命

一、知识经济的来源

知识在人类社会的发展历程中一直都扮演着十分重要的推动角色,但这一角色在劳动力资源或自然资源的决定性地位下,一直被人们所忽视。随着知识的积累和传播,它逐渐从生产力诸要素中独立出来,在经济活动中的地位和作用不断提升。特别是近代以来,知识对人类社会发展的促进作用呈现出明显的加速趋势,决定性越来越强。

(一)知识经济相关理论的提出

1. 均衡增长理论

二战结束以后,为了适应欧洲和日本重建,西方经济学家开始了对经济增长理论的新探索,哈罗德(1939)和多马(1946)在假设劳动和资本的比率固定及储蓄率固定的条件下建立了自己的均衡增长理论。这些限制性假设意味着稳定而持久的经济增长在市场经济国家是不可能的。

2. 新古典经济增长理论

1956年,索洛和斯旺在假设劳动和资本可完全替代、要素收益递减与规模收益不变的条件下建立了新古典经济增长理论。新古典经济增长理论虽然解决了哈罗德-多马模型中存在的均衡增长路径稳定性问题,并提出了技术进步的概念,但新古典经济增长理论中的增长率仍然依赖外生的劳动增长率和技术进步率,而且也没有对技术进步及其来源做出合理的解释。

3. 知识产业

世界范围内的科技革命和信息革命导致了知识和经济逐步一体化,形成知识经济化和经济知识化的双重趋势。知识的市场化、产业化和全球化,使"知识"功能日益增大,显露出它将主宰经济增长、社会发展和变革的趋势。弗里茨·马赫卢普早在1962年出版的《美国知识的生产和分配》一书中,提出了"知识产业"的概念,并对知识产业占国民生产总值中的比例进行了估算。

4. 信息与知识是经济发展的推动力

著名社会学家丹尼尔·贝尔在1973年出版的《后工业社会的来临》一书中,对未来社会进行了更理性的分析。他提出,在"后工业社会"中的经济将由制造型转向服务型,专业和科技人员将取代企业主在社会中起主导作用。他在书中用了大量篇幅研究知识在未来社会中的作用。贝尔预言在30至50年以后,这样的社会就会到来,社会经济发展的实践证实了他的预言。在此以后,许多未来学家都预言了在工业社会以后将会有一个全新的社会经济形态,其经济发展的主要推动力将是信息和知识。

5. 知识经济的本质

1990年托夫勒在其出版的著作《力量转移：临近21世纪的知识、财富和暴力》中也明确指出：当今经济方面最重要的事情是一种创造财富的新体系的崛起，这种体系不再以肌肉（体力）为基础，而以头脑（脑力）为基础。这句话道出了知识经济的本质。

（二）知识经济的正式提出

1990年联合国研究机构首次提出"知识经济"的说法。1996年初，经济合作与发展组织（OECD）在回顾80年代以后知识和技术在经济增长中所起作用的基础上，发出一份题为《以知识为基础的经济》的报告，首次使用"以知识为基础的经济"（简称"知识经济"），对"知识经济"给予明确的定义。报告指出，"以知识为基础的经济"体现了人力资本和技术中的知识是经济发展的核心。

按照OECD《以知识为基础的经济》报告中的定义，知识经济（knowledge economy）是以现代科学技术为基础，建立在知识和信息的生产、分配和使用之上的经济。这里所说的知识，是包括人类迄今为止所创造、积累的全部知识。其中，最重要的部分是科学技术、管理和行为科学等各方面的知识。而以往传统的农业经济和工业经济则是以土地、劳动力、资本和能源为主导性资源的物质型经济。

二、知识经济的含义与特征

（一）知识经济的内涵

所谓知识经济，是建立在知识和信息基础上的经济，以知识和信息生产、传播和应用为直接依据的经济，知识是提高生产率和实现经济增长的驱动器。知识经济的内涵丰富，涉及微观、中观、宏观多个层面，应从经济时代的发展中客观地把握。其中，微观层面的内容包括生产者行为和消费者行为的知识化，这是知识经济发展的微观基础和逻辑起点；中观层面主要表现为高技术产业和知识产业的崛起，这是知识经济发展的支柱；宏观层面表现为宏观经济运行的知识化、智能化，这是知识经济发展到高级阶段的重要特征。

1. 宏观层面的内涵

知识经济意味着宏观经济运行的知识化、智能化的发展趋势及其结果。宏观经济运行的知识化主要表现为产业结构变动的高级化和第四产业的崛起。所谓产业结构变动的高级化，是指高科技产业在整个国民经济中的比重越来越大，经济结构向高科技倾斜，经济增长的源泉主要来自知识的生产、传播和利用，知识成为最重要的战略资源。所谓第四产业的崛起，是指以科研、教育为主导的精神产品再生产过程中，各个行业迅速发展，成为整个现代社会的先导行业，成为推动第一、二、三产业向前发展的重要力量。宏观经济智能化是知识经济在宏观经济运行中表现出的高级形态。其主要内容有三个方面：

（1）在宏观经济发展过程中规划、决策的科学水平大为提高；
（2）对经济运行的预测、预警能力大为加强；
（3）对宏观经济的调控和引导的能力极大提高。

从这个意义上说，知识经济也可称为智能经济。信息网络化的发展和宏观经济决策部门信息搜集、处理、运用能力的提高，为宏观经济智能化的发展提供了重要的条件。

2. 中观层面的内涵

知识经济意味着高科技产业群的发达和振兴。到目前为止，支撑知识经济发展的高科技

产业主要有以下四种:

(1)信息产业。随着信息技术的飞速发展,在发达国家信息产业已经成为跃居汽车、钢铁、石油产业之上的最大的支柱产业。科学家们普遍认为,随着微电子、光电子技术及纳米技术的进步,卫星通信、遥感和全球定位系统、宽频带高速数字综合网络、信息压缩与高速传输、人工智能、多媒体技术和虚拟现实技术等前沿技术将取得突破和进展,信息产业也将在 21 世纪 20—30 年代达到最辉煌的时期,整个经济将全面实现信息化。

(2)生物产业。生物技术是 21 世纪技术的核心。目前,生物产业已成为高新技术产业领域的重要部分。基因的分离、扩增、重组以及体细胞的克隆都已实现,某些蛋白质的结构和功能已经探明。快速繁殖脱毒、组织培养、胚胎移植和切割、克隆抗体技术已进入实用阶段。生物产业的发展,将使 21 世纪 50 年代的经济变为名副其实的生物经济。届时,农业、医药业、工业将会因生物技术的应用而发生革命性的变化。

(3)新能源产业。其中,最有发展前景的是核能工业。核能是 21 世纪最有希望的能源之一,而核聚变能的研究与开发已取得重大进展。一旦受控热核聚变取得突破并实用化,人类就将拥有取之不尽、用之不竭的能源。

(4)新材料产业。新材料是高新技术发展和现代文明的基础。新材料产业的崛起正在有力地推动着世界经济的革命。人类正在研制的信息功能材料、生物材料、智能化材料以及具有复合功能的材料将使再生的物质世界具有知识化特征。

除以上四种产业外,以"太空开发"和"太空生产"为目的的空间技术产业、以保护自然界动植物的多样性以及其与人类和谐为目的的环保产业等高新技术产业,以及以海洋资源开发和利用的海洋技术产业的勃兴,都是知识经济题中应有之义。

3. 微观层面的内涵

知识经济意味着企业管理的不断创新与产品知识内涵的不断强化。进入知识经济时代,市场经济的总趋势是:市场需求的差别化、细分化、个性化不断加强;由于市场全球化、一体化,市场竞争激烈程度大为增强;科学技术的飞速发展使产品开发周期大大缩短;信息化使企业与市场的联系更为紧密。

这个总的变化趋势要求企业管理创新制度化、日常化,产品只有不断提高知识内涵才能适应知识经济时代的市场需求。企业管理创新就是不断根据市场和社会的变化,重新整合人才、资本和科技要素,以创造和适应市场,满足市场需求,同时达到自身的效益和社会责任目标相统一。

(二)知识经济的特征

1. 从范围和结构上看,知识经济具有全球性和一体化的特征

当今世界全球化的趋势和格局,使得知识作为经济系统的基本要素的流动不再有国界的限制,而电信网络、电子商务和网络经济活动,更是使得知识的生产、流通和消费过程中的中间环节被大大地削减。与此同时,全球经济相互依赖程度的空前提高和一体化格局的形成,使得一些国家可以充分利用自己知识和智力资源来巩固和提高其在高新技术领域的领先地位,并通过在知识创新和技术创新上的优势来迅速拓展其在世界市场上的竞争力和市场份额,促进本国的产业结构升级,扩大对外贸易和实现阶段经济增长,从而最终达到扩充其经济优势和社会优势的目的。

2. 从性质上看,知识经济具有可持续性的特征

以信息技术为指导的高新技术可以极大地提高资源利用的效率,使得传统产业得到有效的改造,大大提高了它们的劳动生产率,从而大量节约原材料和能源。同时,由于知识和信息成为举世共享的重要资源,而且在资源的总体构成中知识和信息的比重一直在大幅度地上升,通过对丰富而便捷的知识和信息资源的开发和利用可以弥补物质资源的不足,扩展人类在资源利用上的方向和范围,这在很大程度上把人类的经济和社会活动从对稀缺资源的依赖与限制中解放出来,从而使得未来经济发展的基础更为牢固,经济发展的机制更加具有灵活性和可持续性。

3. 从运行机制上看,知识经济具有直接性的特征

在传统经济形态中,批量生产、规模经济和标准化的需要导致生产和消费被诸多的中间环节所隔离,整个经济运行过程采取的是一种迂回曲折的方式,其相应的物质资源或资本则是这种迂回经济中各个阶段里出现的中间产物。而在知识经济中,由于知识和信息取代了物质资本而成为核心的资源,生产与消费在高度发达的高新技术尤其是信息网络技术的支撑下形成了一种供需直接面对和接触的状况。

4. 从经济活动的性质上看,知识经济具有高风险的特征

由于知识和智力资本具有可再生性和共享性,知识经济的发展具有无限的复制扩散能力和进化能力,从而可能为当今世界的经济发展和社会进步提供无限的动力和资源。但是从经济活动的性质来看,知识经济具有高风险的特征,这主要体现在以下两个方面:一是,作为知识经济的高技术产业具有极大的挥发性。一旦消费者淘汰高技术产品的速度呈现减慢的趋势,高技术产业的利润就会降低,并最终反映到支撑高技术发展的研究和开发经费的削减上。如果进入这种恶性循环之中,知识经济将会迅速跌落。二是,由于知识在社会经济与发展中越来越占据主导性的地位,而且知识的生产、复制、流通和使用又具有无限的扩展能力,一旦知识在不利于经济与社会发展的方向和范围内被积累起来,将有可能造成难以估量的灾难性后果,如网络侵犯、核技术的扩散和克隆技术的泛滥等。

5. 从社会后果上看,知识经济具有断裂性的特征

高新技术及其产业化所创造和产生出来的新的工作与生活方式开始使人们脱离各种形式的既存社会秩序的轨道,而这种"脱离"在某种程度上可以说是前所未有的,由此所导致的社会变迁的深刻性,无论就其外在的规模扩张还是内在的功能强度而言,均是历史上所没有的。就外在规模扩张而言,知识经济及其所带来的社会后果已经广泛地蔓延到了全球;而就其内在功能强度而言,知识经济及其造成的社会转变也使得人们日常的工作、生活与存在的基本个人特征和私人特征都发生了巨大的变化。

三、知识经济时代的技术革命

技术革命,指的是正在成长中的新技术(技术的理论基础、技术结构、技术活动的方式及方法、技术的规范及标准、技术应用的形式及规模等)取代旧技术的活动或过程,意味着人类实践手段或方式的飞跃。

(一)知识经济时代技术革命的发展阶段

在人类历史发展的长河中,科学技术发挥着第一生产力的作用。在历史发展的每个阶段,总会有几项集人类智慧大成的主要科学技术,牵引着历史前进,从而把人类社会引向一个新的

更高级的崭新时代。知识经济与技术革命息息相关。知识经济时代技术革命的发展可分为以下四个阶段。

1. 工业革命促成人类社会从农业经济、工业经济向知识经济过渡的阶段

从18世纪中叶英国的工业革命开始,连绵不断的技术革命促成了人类社会从农业经济、工业经济向知识经济的过渡。特别是以增强、扩展和延伸人脑功能为特征的新技术革命,直接推动了人类社会朝着知识经济社会大步迈进。而知识经济的重要特征之一,就是知识、技术等智力因素成为社会生产力的重要组成部分,并且成为推动生产力发展的决定性因素。因此,知识经济社会的到来,意味着技术进步和技术革命将在更大程度上、更大范围内推动生产力的迅猛发展。

2. 以信息化为特征的新技术革命阶段

从20世纪40年代开始的第三次科技革命,经过二三十年的发展,到了70年代进入了一个新的阶段,即以微型计算机的出现为标志,以信息化为特征的新技术革命(第四次技术革命)阶段。邓小平同志曾经指出:"现代科学技术正在经历着一场伟大的革命。近三十年来,现代科学技术在几乎各门科学技术领域都发生了深刻的变化,出现了新的飞跃,产生了并且正在继续产生一系列新兴科学技术。"这次规模更加壮阔的新技术革命主要以微电子技术、生物工程唱主角,包括新型材料、新能源、激光技术、空间技术和海洋工程等新的技术群的产生与发展,并且主导技术群落整体相关,使自然资源在经济发展中的作用和价值越来越弱化,技术与知识在经济发展中的作用越来越突出。科学技术化,技术科学化,上述一系列高新技术正是以知识的积累、发展、传播和应用为基础的。

3. "低碳化浪潮"阶段

继农业文明、工业化、信息化三次浪潮之后,世界又兴起了低碳化浪潮。这主要是因为人类对碳能源的依赖,导致二氧化碳的排放过度,带来了温室效应,对全球的环境、经济,乃至人类社会都产生巨大影响,严重危及人类生存。解决世界气候和环境问题,低碳化是一条根本途径,也是人类发展的必由之路。而知识经济是促进人与自然协调、持续发展的经济,是可持续发展的高级经济形态,其指导思想是科学、合理、综合、高效地利用现有资源,同时开发尚未利用的资源来取代已经耗尽的稀缺自然资源。

4. 科技创新阶段

全球性的经济危机往往催生着重大的科技创新与产业革命。2008年全球金融危机以来,在全球知识创造与技术创新的带动下,以新型宽带网络、智能制造、生命科学等为代表的新兴产业加快突破,科技创新与产业变革的深度融合改变着经济社会的发展形态。近年来,各国更是加大了科研投入,重点推动新能源、信息、节能环保、智能制造。新材料、纳米与海洋等技术的融合,使其逐步实现群体性突破的态势,并催生着蓬勃的产业革命,这为世界经济的再次复苏奠定了基础。下一代互联网、新一代移动通信、物联网与云计算及三网融合都在孕育着更大的突破,由信息技术打造的"数字经济"将带领世界经济走出低谷。与此同时,由新能源与环保技术培育的"绿色经济"具备着担当全球经济新引擎的重任。此外,由先进制造技术带来的再工业化将重塑全球竞争优势。

(二)知识经济时代技术革命的影响

现代科技革命广泛而深刻地影响着社会经济、社会生活、企业经营管理与消费者的购买行为及生活方式。

1. 推动社会生产力的极大化

知识经济时代技术革命引起了社会生产力的巨大变化,推动着社会生产力的极大化与许多新领域的产生,促进了各领域之间的联系。

2. 促进工业结构的高级化

技术革命促进着工业结构的高级化,主要是高新技术产业正在取代传统产业的地位,成为发展的主导部门。

3. 推进传统工业的改造

科技革命将推进传统工业的改造。不可否认,在科技革命的进程中,有一部分传统工业被淘汰,但是与人们息息相关的传统工业,如食品、服装鞋帽、代步工具仍不可缺少,与此相关的化工、纺织与机械等传统行业应当采用高新技术去改造。

此外,以电子信息技术为核心的现代科技革命从地域范围上看是一场全球性的革命。它打破了地区性与区域性,甚至不同国度的界线,使各国和各地区构成了一个"地球村"。由信息技术打造的"数字经济",已成为许多国家的战略性产业。

总之,知识经济时代的到来,知识经济的发展又推动着科技革命的发展。以数字化、网络化为主要的特征,以科技革命为基础的知识经济时代,使社会经济发展由传统的经济资源如资本、土地与劳动等变为知识、信息、人力资源等新要素来起作用。以软件及信息服务业为核心的新兴知识信息型产业的崛起与发展,将是衡量一个国家生产力水平与综合实力的重要标准,也是21世纪经济中起决定作用的支柱产业。

四、知识经济的产业支柱

(一)知识经济时代产业结构的变化

产业和产业结构是随着经济发展而不断变化的。20世纪中期以来,信息技术革命的兴起,推动人类社会进入知识经济时代,也引起了世界新的产业革命。技术革命将人类引入新的发展阶段,在社会经济各个方面都带来了巨大的变化,对于产业——人类经济活动的重要表现形式之一,更是带来了显著的影响。技术变革给产业发展带来的影响在工业化过程中已经表现得非常明显,工业化的历史就是一部技术推动下的产业发展史。在知识经济时代,信息技术革命对产业的影响甚于工业技术,在整个社会生产日益"知识化"的同时,产业构成和产业结构方面出现了很多值得关注的新现象。

1. 新型产业的出现与迅速发展

以信息、服务、技术和知识为主要投入要素的新型产业出现并迅速发展,其在整个经济生活中的比重不断上升。同时,传统产业对信息、技术和知识等生产要素的依赖程度也大大加强。

2. 传统产业得到了改造

新技术的发展和广泛应用使得传统产业得到了改造,信息、服务、技术和知识等要素向传统产业逐步渗透。

3. 社会生产的投入要素在结构上发生重大变化

新型产业的快速发展和传统产业的改造带动了社会生产的投入要素在结构上的重大变化。信息、技术、知识等生产要素在社会生产中的比重逐渐加大。

可见,在知识经济时代,产业发展出现了从硬产业向软产业的变迁,软产业开始成为新的支柱产业,而传统的硬产业出现了软化的趋势。软产业的出现、发展和传统产业的软化,不仅意味着产业的发展变迁,更代表着经济结构和经济发展方式的变迁。

(二)知识经济时代的产业支柱——高新技术产业

1.高新技术产业的概念

高新技术产业是知识经济时代的重要标志,是典型的知识密集型产业,也就是说它本身就是知识产业。因此,知识经济以高新技术产业为支柱。而当今高新技术可分为八大类。

(1)信息科学技术。信息产业是高新技术产业群的基础产业,是由信息资讯、信息物业、信息技术、信息流通等信息情报业组成的。信息是知识的载体,正是数字化和网络化这两大信息产业的趋势,使知识经济能够快速推进。

(2)生命科学技术。生命科学技术是以分子遗传学为核心的先进科学技术,是研究生命现象的科学。它既研究各种生命活动的现象与本质,又研究生物之间、生物与环境之间的相互关系。同时,将生命科学的原理与技术应用于人类经济与社会活动。

(3)新能源与可再生能源科学技术。新能源与可再生能源科学技术主要研究新能源与可再生能源的资源状况,以及其利用的原理与关键技术。它对于推动新能源与可再生资源的发展,构建资源节约型、环境友好型社会具有重大的意义。

(4)新材料科学技术。材料作为人类生存与发展的物质基础,是社会生产力的重要因素。材料的发展推动了人类物质文明的发展,是人类社会进步的重要推动力。20世纪中叶以来,世界各国对新材料的研究与开发都十分重视,出现了一个"材料革命"的新时代。

(5)空间科学技术。空间科学技术以航天技术为基础,包括空间飞行、空间探测与空间开发等几个方面。空间科学技术在实际应用方面已取得了很大进展,如在通信、导航、测地、气象观测、遥感等方面。在空间环境中,对于研制和生产高质量的单晶、多晶、合金和非晶态材料,以及高精度的电子、光学元件和特殊药品等,将产生巨大的经济效果。现代空间科学技术,已发展到有可能在地球同步轨道的高度建立太阳能卫星发电站,以获得取之不尽、用之不竭的洁净能源。空间的开发和利用已向人类展示了美好的前景。

(6)海洋科学技术。海洋科学技术也叫海洋工程,是一门以综合高效开发海洋资源为目的的高技术,包括深海挖掘、海水淡化以及对海洋中的生物资源、矿物资源、化学资源、动力资源等开发利用方面的技术。我国是沿海大国,可持续发展必然越来越多地依赖海洋,必须全面发展海洋科学技术,形成比较完整的海洋科学技术体系。

(7)有益于环境的高新技术。这种高新技术是能够经得住考验的,它不仅能满足目前的需要,而且还不会危及未来几代人的前途,以一种安全而不会耗尽的能源为基础,能带来用能量与其他资源的高效率,而且越来越有活性,是一种不同于传统灰色技术的绿色技术。

(8)管理(软科学)科学技术。管理(软科学)科学技术是一门新的综合性科学技术,它以阐明现代社会复杂的政策课题为目的,应用信息科学、行为科学、系统工程、社会工程、经营工程等各个领域的理论与方法,靠自然科学的方法对包括人和社会现象在内的广泛范围的对象进行跨学科的研究工作。从科学分类来讲,软科学主要包括管理学(科学管理与企业管理)、系统分析、科学学、预测研究及科学技术论等几个领域。

2.高新技术产业的特点

(1)以八大高新技术为资源依托的高新技术产业,共同构成知识经济的支柱。高新技术产业化是知识经济时代经济增长的核心,高新技术由于其高渗透性,在自身产业化过程中,也带动了传统产业的发展。

(2)高新技术使工业经济时代形成的三大产业披上了"知识"的新装,并延伸出许多新的经济增长点。

(3)高新技术还能将原制造业中的某些工序利用计算机模拟加以"软化",既节约了人力、物力和时间,又提高了科学性。

(4)高新技术产业对第三产业特别是服务业的影响最大,这主要可以从世界贸易额中服务贸易额的比重持续增加可以看出来。

(5)高新技术由于其高附加值支撑着知识经济时代的经济增长。据统计,全世界国民生产总值中有一半以上都与微电子技术相关。

高新技术产业的发展是推动知识经济时代技术进步的动力,并且其发展决定着知识的生产、传播及应用的能力与效率。知识经济的发展实际上就是高新技术的发展。国际上综合国力的竞争实际上就是知识产业的竞争,具体就是攻占八大高新技术"制高点"的竞争,最终表现为知识和人才的竞争。

第二节 知识经济时代的技术革命对国际营销的影响

技术革命引起技术创新,改变企业的生产经营与管理的组合模式,改变市场运行的模式与机制,改变传统的营销模式与竞争策略。因此,企业在制定营销策略的时候就必须考虑技术革命对国际营销的影响。

一、对顾客需求的影响

由于技术革命推动世界经济飞速发展,人民生活水平迅速提高,消费需求由低层次的生理需求向高层次需求转变,从对物质需求向精神需求转变,从感情消费逐渐向差别消费转变。市场营销的中心就是研究顾客的需求,技术革命带来的需求多样化给市场营销操作造成了一定的困难,但也创造了无穷的生机。技术革命对顾客需求的影响主要体现在两方面:一是消费者的需求趋于个性化;二是消费者的需求趋于理性化。

(一)消费者的需求趋于个性化

知识经济条件下,国际市场营销中一个非常明显的趋势便是消费越来越从共性消费向个性消费转变。21世纪的消费者具有良好的教育背景和日益个性化的价值观念。虽然他们总体上倾向于和大众保持同质化的产品或服务消费,但他们期望在送货、付款、功能和售后服务等方面,供货方能满足其特别的需求,满足其消费"个体"的需要,而非"群体"的需要。出现个性化需求的原因有:

1. 人们消费需求的变化

人们消费水平不断提高,价值观念日益个性化,进而要求产品的"文化色彩"或"情感色彩"浓厚,能体现主人独特的素养,因而产生了个性化需求。

2. 互联网的发展使得消费者的个性化需求成为可能

知识经济促进互联网迅速发展,从而使国外市场冲破地区界限、行为界限和时间界限,购买者可以在任何地区、任何时间通过网络搜寻及选择理想的卖者和产品,从而使购买者个性化需求得到满足成为可能。虽然传统的目标市场营销能满足不同消费群的不同需要,但它主要着重同一消费群体对某一商品属性的共同要求,而不是每个消费者与众不同的特殊要求,这就决定了它对个性化需求的满足是不充分的。因此,在消费者需求多样化的今天,营销者面临的新的要求就是企业要生存和发展,就要具备个性化的营销能力。

(二)消费者的需求趋于理性化

由于国际运输的便捷和国际通信网络的发达,各国人民特别是年轻的一代,文化水平已经普遍提高,形成了重视健康、关怀社会的全球性生活形态,相应的消费者需求在追求个性化的同时也趋于理性化。比如,知识经济的发展使可持续发展成为可能,人们对大量废弃型社会中存在的问题以及向循环型社会转变的必要性已经有了共同的认识。消费者出现理性化需求的原因有:

1.消费者文化水平的提高

在知识经济时代,由于消费者文化水平的提高,他们能够借助发达的信息网络,全面、迅速地收集与购买决策相关的信息。消费者通过网络迅速收集相关产品信息,并拟订与评估不同的方案,从中选择最佳的购买方案。

2.人们消费观念的变化与政府政策引导

随着环境的变化,可持续发展的环保意识充分体现在时尚的消费观念中,现在的消费者都很关心可持续发展及环境保护问题。同时,政府也更注重将贸易与环境问题结合起来制定相关政策。现代企业只有树立起一种全新的可持续发展营销的经营理念,努力开展绿色营销,开发绿色产品,进行绿色生产,才能和可持续发展的潮流相适应。而且,企业还可进一步引导消费者,促成可持续消费模式的全面建立和实现,承担起促进社会发展和生态环境发展的责任和义务,使企业的经济效益、社会效益和环境效益相统一。

二、对营销观念的影响

知识经济时代的技术革命对营销观念的影响主要指的是从满足顾客需求转为诱导和创造顾客需求。

(一)诱导与创造顾客需求的含义

所谓诱导和创造顾客需求,就是以不断创新的知识和技术的运用为契机,努力挖掘消费者潜意识中或者消费者根本无法意识到的消费需求,开发出符合这种消费需求的新产品去引导消费、丰富消费,从而创造出对企业品牌情有独钟的特定目标市场。诱导和创造需求的营销观念认为:在知识经济时代,知识和技术日新月异,新的信息空前膨胀,消费者不可能接受和掌握所有的新知识、新技术与新信息,企业市场营销表现为对消费者半学半教的过程。

(二)诱导与创造顾客需求的方式——半学半教

所谓"半学"指的是企业努力了解消费者现在知道些什么(比如消费者对最新科技产品等背景知识的了解程度等),其学习的状态如何(有没有兴趣,接受的能力怎么样,等等);"半教"则是指通过消费者在学习过程中施加给营销者的影响,营销者在以消费者为中心的前提下,引导消费者在学习过程中注意和识别本企业产品及其带给消费者的超出或有别于竞争者产品的价值或利益,更多地购买和使用本企业产品,从而实现企业营销目标,即顾客满意和企业资本增值的统一。

三、对产品策略的影响

知识经济时代的技术革命对产品策略的影响主要体现在以下三个方面。

(一)使得产品的价值发生变化

知识经济的技术革命使得产品的价值由传统的以物质价值为基础变为以知识含量为基础进行衡量。因此,利用技术革命对产品进行技术革新,提高产品的技术含量是企业的重要竞争策略。

(二)使得新技术不断用于产品创新

国际市场的一体化和竞争的逐渐激烈化,驱使企业必须利用新技术不断地对产品进行创新及不断地提高品质。

(三)使得产品的设计、开发和使用周期缩短

伴随着技术发展的日新月异,产品的设计、开发和使用周期在缩短,这使得时间成为产品策略成败的关键。

四、对交易方式的影响

知识经济时代的技术革命对产品交易方式的影响主要体现在以下三个方面。

(一)以实物交换转变为以数字交易为基础的无形交易

传统的交易方式是以实物交换为基础的交易方式,而知识经济的技术革命使得这种传统的交易方式逐渐地被以数字交换为基础的无形交易所替代。

(二)信息交换的成本低廉且十分便捷

知识经济的技术革命使得信息的交换变得非常容易和成本低廉,通过网络获取国际市场信息和开展国际营销变得异常便捷。

(三)降低了交易的风险

知识经济的技术革命即信息技术的发展推动了交易的全球化、交易的便捷化和直接化,开展国际营销必须充分利用世界性网络进行信息交互和沟通,降低了国际交易的费用和交易风险。

五、对营销管理的影响

知识经济时代的技术革命对营销管理的影响主要在于以下两个方面。

(一)压缩信息成本

信息技术革命带来全球的通信便捷,使得远程办公、远程会议与远程管理成为可能,信息成本不断地下降,可以大幅度压缩传统的旅行费用和额外开支。可见,国际营销的迅猛发展与信息技术革命是紧密相连的。

(二)促使企业从硬管理转向软管理

知识经济的兴起,促使企业从传统的侧重机构组织等硬管理,向教育、培训和提高员工的归属感等软管理转变,而培养国际员工的归属感和提高素质与企业国际营销战略是紧密相连的。

六、对竞争战略的影响

知识经济时代的技术革命对竞争战略的影响主要体现在两个方面。

(一)传统单纯竞争形式变成相互依赖、相互竞争的形式

知识经济的到来,使得传统的单纯竞争形式变成既是竞争对手又是合作伙伴,相互依赖、相互竞争的形式。如美国的英特尔公司为开拓存储器市场与日本的富士通公司进行了联合开发研制,然后共同享受成果。营销的重心由"产品"向"客户"转移,是市场环境变化的结果。由于网络环境的因素,在电子商务中,厂商能够向客户提供方便、快捷、个性化的产品及服务,消费者也有更多的主动权,能够参与到产品的研制、开发的过程中。而且由于市场供需具有强大的匹配能力及市场信息充分公开,竞争者之间的价格明朗化,企业之间的价格竞争激烈,对企业的价格策略提出了更高的要求。

(二)由低层次的资源竞争转变成知识竞争

国际市场的竞争由传统的对资本等低层次资源占有的竞争,转变成为对知识生产、占有和利用能力的竞争。最后,互联网还提供了新型的宣传和公关手段,在互联网上所进行的宣传将使得电视、报纸、杂志广告相形见绌,互联网广告将成为广告宣传和公关活动的趋势。

第三节　互联网与国际营销

一、互联网的商业应用

(一)互联网的商业应用与日俱增

不断发展和延伸的互联网,不仅使独立的个人向单一受众及更多受众获取或传递大量信息成为可能,而且使经过数字化处理的信息能够以前所未有的速度简便地被复制、控制和传播。因此,互联网的商业应用价值与日俱增。众多厂商都在利用互联网做广告,进行客户调查,寻找合作伙伴及分销商,发布产品信息,与客户沟通,提供服务信息以及获取市场分析的数据等。因此,互联网已经成为国际营销必不可少的工具。

1. 互联网创造了一个新的业务领域

互联网不仅为企业市场营销创造了网上交易市场,而且创造了一个庞大的、具有长期高速增长趋势的业务领域。消费者可在任何时候通过接触互联网认识产品并进而购买。利用网络营销的公司亦可节省金钱,因为不需要那么多的销售代表。大体上,网络营销可帮助当地市场扩大到全国甚至国际市场。比起传统媒体,例如出版物、广播以及电视,网络营销拥有相对低成本的进场开销。在线网络营销与实体零售的业务拓展能力差异见图 5-1。

2. 互联网改变了传统的市场调查方式

互联网改变了传统的市场调查方式,极大地提高了市场调查的及时性、便利性、准确性。利用互联网的调查方法,是利用互联网和技术手段在线收集数据信息,以区别于传统的电话访问、街头拦截等访问的调研方式。其显著特点是快速、高效、成本低,有一定的局限性。盖洛特

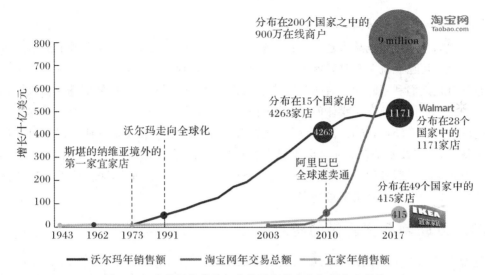

图 5-1　在线网络营销与实体零售的业务拓展能力差异

资料来源:《2019 年世界发展报告》工作组根据沃尔玛年度报告、Statista.com，IKEA.com 和 NetEase.com 的数据总结出来的。

市场研究有限公司认为互联网调研所带来的,不仅仅是调研方式的改变,它还将改变调研格局,让更多的中小企业也能使用调研,帮助更多的企业提高决策的科学性,降低风险,从而帮助这些企业快速成长,同时带动整个社会的发展。

3. 互联网改变了传统的营销传播企划格局

互联网的发展创建了新的信息环境与传播渠道,改变了企业传统的营销传播企划格局。而且,随着互联网传播平台的进一步发展,其网络传播的特性更加得以彰显:一是互动性与精准化,即受众不但具有发言的机会,而且可以得到为其定制的个性化信息,同时建立消费者信息库,使"一对一"的精准化传播成为可能。二是低成本。有研究表明,使用互联网作为媒介进行网络促销,其结果是增加十倍销售量的同时,只花费传统广告预算的 1/10。

4. 互联网提高了企业的运营效率

互联网使同步互动营销成为现实,从而提高了企业的环境应变能力和运营效率。特别是论坛及虚拟社区的出现为人们提供了交流的平台。具有相同兴趣的消费者聚集在一起,分享共同的想法与经验。在传统大众媒介中,传统广告的效果无法精确地计算,广告目标受众也无法准确地细分,导致了品牌传播的高成本与低效率。但是,目前的网络技术能够克服传统广告的这个缺点,能精确地测量出品牌传播对于受众的影响,大大提高了网络营销的效率。

5. 互联网使市场营销的若干基本概念改变与更新

互联网的商业应用导致市场营销若干基本概念的改变和更新,从而使网络营销这一新兴的营销实践形式置于更科学的理论指导之下:产品概念的改变和更新,顾客概念的改变和更新,市场营销组合概念的改变和更新。如"定制营销""网络营销""营销决策支持系统""营销工作站"等概念不断出现。

(二)互联网的移动终端也越来越普及化

互联网的移动终端也越来越普及化。数据表明,截至 2016 年 7 月,我国手机用户数已经超过了 13 亿,可见手机尤其是智能手机的发展正在迅速地改变人们的生活方式。其中一个典型的趋势就是人们利用碎片化时间与智能手机的结合促进了社会化媒体的蓬勃发展。用户众多、信息传播量巨大,社会化媒体的社会影响力进一步增强。用户参与、用户创造、用户分享是社会化媒体的内容特征,同时又具有用户作为消费者身份的平等关系特征。这种内容加关系的双重特征,彻底改变了企业在社会化媒体中的地位。社会化媒体的另一个特征是透明化,消费者针对企业产品服务的任何疑问可以通过分享获得可信服的回答,而企业发布的任何夸大其词的虚假广告宣传都会迅速被揭穿。

二、利用互联网开展营销的特点

随着互联网技术的成熟以及互联网成本的低廉,互联网好比是一种"万能胶",将企业、团体、组织及个人跨时空联结在一起,使得他们之间的信息交换变得"唾手可得"。市场营销中最重要,也最本质的是组织和个人之间进行信息传播和交换。如果没有信息交换,那么交易也就是无本之源。正因如此,互联网具有营销所要求的某些特性,使得网络营销呈现出一些特点。

(一)跨时空性

营销的最终目的是占有市场份额,由于互联网能够超越时间约束和空间限制进行信息交换,使得营销脱离时空限制进行交易变成可能。企业有了更多时间和更大的空间进行营销,可每周 7 天,每天 24 小时随时随地地提供全球性营销服务。

(二)富媒体性

互联网被设计成可以传输多种媒体的信息,如文字、声音、图像等信息,使得为达成交易进行的信息交换能以多种形式存在,可以充分发挥营销人员的创造性和能动性。

(三)交互式

互联网通过展示商品图像,通过商品信息资料库提供有关的查询,来实现供需互动与双向沟通;还可以进行产品测试与消费者满意调查等活动。互联网为产品联合设计、商品信息发布以及各项技术服务提供最佳工具。

(四)拟人化

互联网上的促销是一对一的、理性的、消费者主导的、非强迫性的、循序渐进式的,而且是一种低成本与人性化的促销,避免推销员强势推销的干扰,并通过信息提供与交互式交谈,与消费者建立长期良好的关系。

(五)成长性

互联网使用者数量快速成长并遍及全球,使用者多为年轻人,由于这部分群体购买力强而且具有很强市场影响力,因此是一项极具开发潜力的市场渠道。

(六)整合性

互联网上的营销可由商品信息至收款、售后服务一气呵成,因此也是一种全程的营销渠道。另外,企业可以借助互联网将不同的传播营销活动进行统一设计规划和协调实施,以统一的传播资讯向消费者传达信息,避免不同传播的不一致性产生的消极影响。

(七)超前性

互联网是一种功能强大的营销工具,它同时兼具渠道、促销、电子交易、顾客服务以及市场信息分析与提供等多种功能。它所具备的一对一营销能力,正符合定制营销与直复营销的未来趋势。

(八)高效性

计算机可储存大量的信息,可传送的信息数量与精确度远超过其他媒体,并能应市场需求及时更新产品或调整价格,因此能及时有效了解并满足顾客的需求。

(九)经济性

通过互联网进行信息交换,代替以前的实物交换,一方面可以减少印刷与邮递成本,可以无店面销售,免交租金,节约水电与人工成本;另一方面可以减少由于迂回多次交换带来的损耗。

第四节　技术革命发展趋势

一、知识经济时代技术革命的发展特点

从总体趋势来看,知识经济时代技术革命主要呈现出以下三方面的特点。

(一)创新速度明显加快,众多领域获得突破

从前沿科技领域看,信息、生物、纳米、新能源、先进制造等领域均取得重大突破。信息技术继续成为科技创新密集领域之一,人工智能、高性能计算机、量子通信、大数据、集成电路等都取得重大进展。遗传学、再生医学、生物制药、生物育种等方面也取得革命性的技术突破。再生能源、新材料等领域也陆续取得多项重大突破。

(二)领域需求日益多元,创新科技加速替代

人们对各领域的创新需求日渐呈现多元化,不仅体现在与人们日常生活密切相关的生物医药、交通出行、食品安全等民生领域,也体现在与人们文化生活和工作需要相关的前沿领域。多元化的需求推动着科技创新速度的不断加快,先进技术、产品和服务层出不穷,逐步实现对传统科技的替代。

(三)创新活动空前密集,创新领域纵深发展

在创新需求趋于多元化的带动下,创新方向持续向纵深方向发展,且科技创新与产业发展更加趋于一体化。民生科技作为第一轮科技革命的重要领域,解决健康、环保、安全等民生问题是重要动力,将引起人类观念、生产方式、生活方式的变革。基础研究、技术发明和产品创新之间相互促进的趋势更加明显,技术更新将与产品更新趋于同步化,科技与产业的一体化发展趋势日益明显。

二、知识经济时代技术革命的发展趋势

(一)技术变革加速

现代科技尤其是信息科学技术和生物工程技术领域,正以几何级数的态势不断加速向前发展。电子计算机从诞生到大众使用,一直在飞速增长,而电子商务时代——"E时代"——的到来,在商业领域又兴起了一场新的革命,使技术朝着更高的趋势发展。重大技术变革的频率大大加快,技术发明到应用的周期大大缩短,同类技术更新换代速度大大加快,技术的生命周期在缩短。

(二)技术构成复合化

现代科技的发展具有很强的综合性。例如,新材料技术实质上是物理、化学、数学、计算机、工程技术、测试分析技术等的综合体。油气是当前智能化材料的发展,更离不开多种学科和多门技术的支持与综合。当代科技发展有两种形式:一种是突破,一种是融合。

(1)科技发展的突破性。突破是线性的,即以研究开发的新一代科技成果取代原有的一代科技成果。

(2)科技发展的融合性。融合是组合已有的科技成果发展成为新技术。当前,以智能算法、深度学习、云计算为代表的大规模网络应用已经成为IT产业的重要发展方向。

(三)技术革新的竞争日趋激烈

由于国际市场的丰厚利润,国际市场成为各国角逐驰骋的场所,使得技术革新的竞争日趋激烈,主要有两个方面的特点。

1. 竞争的规模与范围加大

竞争的主体已经由原来的企业演变为政府,许多国家的政府已经不同程度地卷入技术革新的国际竞争中,他们制定出有益于本国企业海外竞争的法令与政策。

2. 技术革新竞争的形式多样化

21世纪是知识经济时代,技术革命成为经济发展的推动力。科学和技术的研究开发日益成为知识经济的重要基础,信息和通信技术在知识经济的发展过程中处于中心地位,服务业在知识经济中扮演了主要的角色,人力的素质和技能成为知识经济实现的先决条件。技术革新改变了企业生产、经营和管理组合模式,同时改变了市场运行模式和机制。互联网将4P和以顾客为中心的4C相结合对企业国际营销产生深刻的影响,它以顾客为中心提供产品和服务,以顾客能接受的成本进行定价,以方便顾客为主进行产品分销,将强迫式的促销转为与顾客进行直接沟通、让顾客满意的促销。

本章小结

1. 从宏观经济层面上看,知识经济意味着宏观经济运行的知识化、智能化的发展趋势及其结果;从中观经济层面上看,知识经济意味着高科技产业群的发达和振兴;从微观经济层面上看,知识经济意味着企业管理的不断创新与产品知识内涵的不断强化。
2. 从范围和结构上看,知识经济具有全球性和一体化的特征;从性质上看,知识经济具有可持续性的特征;从运行机制上看,知识经济具有直接性的特征;从经济活动的性质上看,知识经济具有高风险的特征;从社会后果上看,知识经济具有断裂性的特征。

3. 科技革命推进知识经济时代的到来,知识经济的发展又推动着科技革命的发展。
4. 高新技术产业是知识经济时代的重要标志,是典型的知识密集型产业,也就是说它本身就是知识产业。因此,知识经济以高新技术产业为支柱。
5. 知识经济时代的技术革命对国际营销的影响主要体现在六个方面,即对顾客需求的影响,对营销观念的影响,对产品策略的影响,对交易方式的影响,对营销管理的影响,对竞争战略的影响。
6. 互联网的商业应用价值与日俱增,互联网的移动终端也越来越普及化。利用互联网开展营销的特点有跨时空性、富媒体性、交互式、拟人化、成长性、整合性、超前性、高效性、经济性。
7. 技术革命的变化趋势主要有:技术变革加速,技术构成复合化,技术革新的竞争日趋激烈。

思维导图

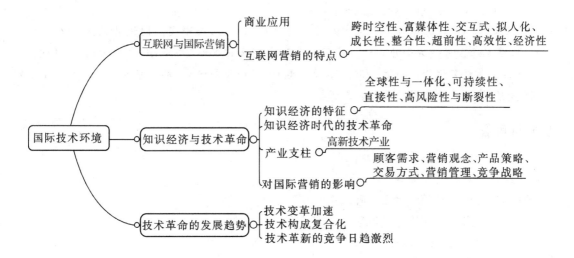

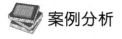 案例分析

老字号布鞋,借助网络走向全球

为了留住福泰欣老字号的宝贵精华,谭小姐带领手下的4名员工走过了一段比较挫折的路。福泰欣淘宝网店已经进入了比较健康的运营状态,而且在4年时间里获得了淘宝三钻信誉。

福泰欣公司有30多名员工的工作与网店经营业务有关,"渠道对于老字号来说,越来越重要。现在网店上每天都有30多笔交易,不仅零售、批发,还兼做加盟,各地的经销商随时通过网店看图片、下订单。公司里的4名同事长时间在线跟顾客进行沟通,目前这些布鞋通过淘宝的店铺,已经远销到英国、法国、美国和比利时等国家"。

而更重要的是,客服人员每接一笔订单都会耐心地询问,收集消费者的各种需求。这些信息被谭小姐反馈回福泰欣,成为每一季度公司开发新布鞋品种的重要根据。

根据这些一线的需求,公司不断给布鞋注入新元素,适应现代人求新求美的心理。色彩开始大胆,除了白、蓝还增添了粉红、玫瑰红等,并运用花朵、碎花、暗花、绣花、格花等装饰。为了与时装搭配,面料也多样化,不再是一色的"棉",而是发展到采用平绒、毛呢、涤纶布、牛仔布、仿皮、帆布等材料。不到两年,福泰欣自主开发的布鞋达1000多种。

在网络营销中,谭小姐还领悟出了更多的东西。除了中老年市场的"千层底",针对年轻女性市场的福泰欣女式时尚布鞋,其实已经是时尚产业的一部分了,而时尚产业在营销上也强调自己独特的方法。接下来,谭小姐决定在福泰欣布鞋的网络宣传等各方面借鉴其他时尚品牌包装推广的方法,把福泰欣这个古老又时尚的品牌形象植根到年轻一代消费者心中。

把老字号生意做到网上,是机遇也是挑战,就看企业会不会既保留古老底蕴,又引进新鲜血液了。老布鞋走上新大路——传统老字号电子商务中的扬与弃。

资料来源:www.xuexila.com/chuangye/shichangyingxiao.

讨论和在线学习问题

1. 为什么说把老字号生意做到网上是机遇也是挑战?
2. 结合案例,分析上述老字号布鞋走向世界市场的决胜因素。
3. 结合所学的知识点,谈谈对网络营销的看法。
4. 上述案例是200多万个淘宝店铺中获得成功的店铺之一,而事实上网络营销方式不仅仅在本国,更在跨国营销方面应用十分广泛。通过上网查询2009年至2020年的淘宝(天猫)双十一的销售额变化情况与近年来国际营销类网站(如亚马逊等)的销售情况,与同学讨论交流通过网络来进行跨国营销的必然性。

思考与问答

1. 从三个层面说一说知识经济的内涵。
2. 知识经济的特征包括哪些?
3. 知识经济时代技术革命的主要特点是什么?
4. 知识经济时代的技术革命对国际营销有什么影响?
5. 简述互联网的商业应用,并说明互联网营销的特点。
6. 互联网对国际营销有什么影响?
7. 试述技术革命的发展趋势。
8. 选择任意一家世界500强企业,分析其用到的网络营销策略。

第六章　国际物质自然环境

> **学习目标**
> 1. 了解各国自然环境与基础设施
> 2. 理解自然环境对国际营销的影响
> 3. 了解自然环境的现状与环保运动的兴起
> 4. 理解环保运动对国际营销的影响
> 5. 掌握绿色营销及其策略

 导入案例

美国通用汽车公司的汽车为什么在伊拉克与埃及开不动？

众所周知，美国的汽车制造业历史悠久，当今世界上，若是拼汽车制造历史的底蕴，除德国外，无一可与之媲美。美国的通用汽车，虽非世界顶级的汽车制造公司，但其产品无论是技术还是硬件方面，均可称得上是一流。但当通用公司生产的25000部雪佛兰马里汽车驶入巴格达道路时，汽车的空气滤清器被堵塞，汽车的变速器失灵。通用公司派出36位专职工程师、机械师到巴格达去装置附加滤清器，并更换离合器，在此过程中才发现伊拉克属于高温、尘土气候，因而所采取的临时措施不能排除汽车运输的困难。同样，销售到埃及的通用公司的公共汽车，因为柴油的引擎噪声太大，被起绰号为"美国之音"。所有600辆公共汽车都必须更换消音器才能在市区使用。而且这些汽车使用了不到一年，其性能就变得很糟糕，使埃及与美国官员都为之焦头烂额。

从市场营销学国际物质自然环境角度来分析，我们都知道，伊拉克与埃及所属区域的气候环境，相对于美国来讲，算是比较恶劣的。该区域终年风沙漫天，且道路等基础设施比之美国，不是很完善，在技术与质量层面也差了许多。这就造成了很多问题：①对于汽车来讲，其内部结构是相当精密的，一旦受到风沙影响，虽然只是小问题，但对汽车来讲也相当致命。诸如发动机失灵，刹车片不能良好摩擦，输油管阻塞，以及驾驶时风沙对视线的遮挡，等等。②对于道路，除了高性能越野车外，很少有别的汽车能在沙漠地形中良好地行进。美国通用汽车公司生产的汽车，主要是家居用车，越野方面就显得略有不足，因此，造成了美国通用汽车在伊拉克与埃及的用途较为狭窄，尤其是遇上沙漠地形的时候，更有可能无法行进。因此，美国通用汽车若想在伊拉克与埃及两个国家真正"开起来"，必须改变其汽车的营销策略，针对埃及与伊拉克的地形研制出适合该区域气候与地形的产品。

资料来源：https://wenku.baidu.com/view/8ba829c109a1284ac.html。

第一节　各国自然环境与基础设施

一、自然环境与国际营销

(一)自然环境

从企业市场营销的角度,自然环境主要是指影响目标市场顾客群需求特征与购买行为的地形、气候、土地面积及自然资源等。

1. 地形地貌

地形地貌指的是地表的形状特征,如盆地、平原、丘陵、高原、山地、河川、湖泊、沼泽、沙漠、森林、草原等。不言而喻的是盆地、平原与丘陵由于交通运输方便,对国际营销活动有利;河川与湖泊既可以提供水资源,又是交通运输的渠道,也对国际营销活动有利;而高原、山地、沼泽、沙漠、森林、草原等因交通运输不便阻碍交通,对营销活动不利。

2. 气候条件

世界各地的气候各种各样、大不相同,而温度适中、四季分明且气温相差不悬殊的地区不仅适宜于人类的生存,也对营销活动有利,这是因为几乎所有的产品都适宜于在温度适中、四季分明且气温相差不悬殊的温带生产制造、运输和储存,也只有在这样的气温环境才能正常使用,发挥其最大效能。而相反,若在恶劣的气候环境下,产品的生产制造、运输和储存将十分困难,使用和维护也十分困难,甚至出现不应有的故障,从而降低其效能。比如,普通汽车在寒带地区发动机就无法行驶;几乎所有的食物在过热的环境中都容易腐烂变质,失去其食用价值,甚至中毒,使得生产商、经销商与消费者都受到不应有的损失与伤害;干燥少雨的地区,农作物无法正常生长;潮湿地区电子产品不能正常使用。这说明气候环境对国际营销活动的影响十分重大,是国际企业在开展国际营销活动前必须加以重视的重要环境因素。

3. 国土面积

一般来说某国国土面积若是足够大,各种产业才有施展拳脚的空间,该国国民经济的部门才能齐全,该国的经济才能比较活跃和发达,国际企业在该国的国际营销活动才有足够的活动空间。

4. 自然资源

自然资源是人类生存、进行经济活动和国际营销活动的前提条件。地球上的自然资源可以分为三类:第一种是可永久利用的自然资源,如阳光、空气、水和土地等;第二类为可再生、可以循环使用的自然资源,如森林、草原、耕地等;第三类为不可再生的资源,如金、银、铜、铁等金属矿藏和石油、天然气、煤等非金属矿藏。这三类自然资源对国际营销活动来讲都是不可或缺的,它决定着营销活动的质与量。一般来说,这三类资源对国际营销活动都是有利的,越丰富越有利。由于这三类资源在地球上不同地区与国家的分布不均衡,所以在不同的地区与国家获取上述三类资源的成本并不相同。此外,国际企业在不同的地区和国家获取上述三类资源还要受到各地区和国家主权的诸多限制,甚至禁止。当然对于某类资源较贫乏的国家,该资源丰富的其他国家可以此将产品销往资源贫乏的国家,这也是一种积极的国际营销活动。尽管地球上一次性资源在减少,但人类也在利用自己的智慧积极主动地寻找新的替代资源。

(二)世界主要国家的自然条件

世界各国自然环境不同,造成各国地形、气候和资源状况有很大差异,以下对各洲主要国家的自然条件概况进行介绍。

1. 亚洲主要国家的自然环境

亚洲是世界上最大的洲,其长达69900千米的海岸线绵长而曲折,全洲面积中3/4的部分是山地与平原,海拔平均为950米。其地势中部高、四周较低。气候复杂多样,从北到南跨越了寒带、温带与热带,最北部属于苔原气候,东部属于温带季风气候,中部与西部均为温带大陆性气候,而南部又属于热带季风与热带雨林气候。矿藏种类繁多,储量大,主要有铁、铜、锌、锡、铅、锰、金、石油、煤、云母、石墨等。棉花、烟草、花生、甘蔗的产量占世界的1/3。但是,亚洲国家由于分布的差异,自然条件也很不相同。

(1)中国。中国位于亚洲的东部、太平洋的西岸,是一个海陆兼备的国家,拥有约960万平方千米的陆地面积,以及约473万平方千米的海域面积,是世界上面积最大的国家之一。地势西高东低,呈现出三级阶梯形,地貌复杂多样。其中,山地、高原和丘陵占全国总面积的2/3,剩下的1/3为平原和盆地。矿产资源丰富,世界上已知的150种有用矿产已经在中国找到。其中,煤、铁、锌、铜、铝、钨、锑、汞、钼等主要矿物储量都居于世界前列。气候复杂多样,大部分属于温带与亚热带。2020年底,森林覆盖率达到23.04%。

(2)日本。日本是一个群岛国家,面积为37.8万平方千米,地形崎岖,山地和丘陵占面积的75%,平原狭小又分散。日本的海岸线长而曲折,多海湾和天然良港。终年温和湿润,属于温带海洋性季风气候,雨量充足。森林面积大,占全国总面积的66.9%。鱼类资源十分丰富,渔业量居于世界首位。但矿藏比较贫乏,大部分的原材料依靠进口,其中资源进口占进口总值的60%以上,尤其是燃料、原料与工业品强烈依赖于世界市场。

(3)韩国。位于东亚的韩国,属于朝鲜半岛,其面积约10.329万平方千米。其森林面积十分大,占总面积的62.6%,朝鲜半岛属于温带季风气候,南部具有海洋性的特点。河流短促但是水力资源却十分丰富。自然资源比较贫乏,原料及燃料主要依赖于进口。

(4)泰国。泰国属于东南亚国家,位于中南半岛中南部,国土面积为51.3万平方千米。全境大部分为低缓的山地与高原。大部分地区属于热带季风气候,6—10月为雨季,年平均降水量为1100毫米,森林面积占全国总面积的30%以上。其国内具有丰富的宝石与锡矿,盛产贵重的柚木。水稻种植面积占到了耕地面积的一半以上,是世界上最大的大米出口国之一,渔业也十分发达。

(5)印度。印度,是南亚的最大国家,面积约298万平方千米。其北边为高山地带,中部为印度河,南部为德干高原。大部分属于热带季风气候,全年分热季、雨季和冷季。矿藏十分丰富,主要有煤、铁、云母、锰、铝土、重晶石等。而且在农作物方面,花生、棉花、甘蔗、蓖麻、黄麻、高粱的种植居于世界第一位。

2. 欧洲主要国家的自然环境

欧洲大陆是欧亚大陆伸入大西洋的一个半岛,欧洲的冰川地形分布比较广泛,南部多高山峻岭,地形以高原、山地和丘陵为主。欧洲大部分地区处于北温带,气候温和湿润。在矿产资源方面,煤、石油与铁比较丰富。但是具体的情况,各个国家还是存在着差异。

(1)德国。德国处于中欧,地势上北低南高,北部为低地和平原,中部为丘陵与盆地相间的高地,南部为阿尔卑斯山和山前高原。德国西北部为温带海洋性气候,往东、南部逐渐向大陆性气候过渡。河网稠密,水资源丰富。矿物资源比较贫乏,但煤和钾盐比较丰富。

(2)英国。英国也是一个岛国,位于欧洲西部不列颠群岛上,面积为24.41万平方千米。北部与西部多丘陵与山地,东南部为平原,间有丘陵与低地。英国属于典型的温带海洋性气候,冬暖夏凉,全年降水均匀,河网稠密,海岸曲折,多优良的海湾。在矿藏方面,石油、天然气与煤等比较丰富,而其他的矿物资源比较匮乏,大多依靠进口。此外,该国渔业发达。

(3)法国。法国位于欧洲的西部,面积为55万平方千米,地势东南高而西北低,西北部是中法平原,中南部有中央平原,丘陵和平原约占全国总面积的80%。大部分地区属于海洋性气候,西南沿岸属于地中海气候。河流众多。有比较丰富的铁、钾盐、铝土及铀等矿藏。森林面积占全国总面积的26%。

(4)意大利。意大利位于欧洲的南部,面积为30.1333万平方千米。丘陵和山地占了全国总面积的80%,剩下的20%为平原。北部为山区,有许多的山口,是中欧通往地中海的要道。阿尔卑斯山南面的波河平原是主要的农业区。其南部为纵贯亚平宁山脉的亚平宁半岛与西西里岛,多地震与火山。意大利大部分属于地中海式气候,北部的山地属于温带大陆性气候。河湖众多,水力资源丰富。其森林面积占全国总面积的31%。

(5)荷兰。荷兰位于欧洲西部,面积为4.1528万平方千米,是世界著名的"低地之国",40%以上的领土低于海平面或者与海平面等高,只有20%的面积海拔在50米以上。属于温带海洋性气候,冬暖夏凉,多阴雨天。草地牧场占整个荷兰国土面积的34%。鹿特丹是世界上最大的港口之一,地处西欧水陆交通的要道,是莱茵河流域物资的吞吐口,有"欧洲门户"之称。天然气和石油储量丰富,其他自然资源匮乏,80%原料和50%粮食都来自进口。

3.非洲主要国家的自然环境

非洲由北非、西非、东非、南非、中非五大部分总共50多个国家和地区组成。总面积约3020万平方千米。北非位于非洲北部,东、北、西三面分别濒临红海、地中海与大西洋,包括苏丹、埃及、利比亚、突尼斯、摩洛哥与阿尔及利亚等国。西非在非洲西部,北起撒哈拉沙漠,南至几内亚湾,东濒乍得湖,西临大西洋。东非在非洲的东部,北边濒临红海与西丁湾,东濒印度洋,西至埃塞俄比亚高原和东非大峡谷。南非位于非洲南部,东濒印度洋,西临大西洋。中非是指从撒哈拉沙漠与非洲大陆西部突起部分合围的广大纵深地区,不包括东非大裂谷西部。

非洲沿海岛屿不多,大多面积很小,岛屿面积仅占全洲面积的2%。大陆北宽南窄,像一个不等边的三角形,海岸平直,少海湾和半岛。全境为高原大陆型,平均海拔为750米。非洲大部分地区位于南北回归线之间,全年高温地的面积广大,有热带大陆之称。境内降水较少,年平均降水在500毫米以下的地区占全洲面积的一半。只有刚果盆地和几内亚湾沿岸一带属于热带雨林气候。地中海沿岸一带夏季干燥,冬季多雨,属地中海气候。北非撒哈拉沙漠、南非高原西部雨量极少,属于热带沙漠气候。其他广大地区夏季多雨,冬季干旱,多属热带草原气候。马达加斯加岛东部属热带雨林气候,西部属于热带草原气候。非洲的森林面积占全洲面积的21%,矿物资源丰富,目前已知的石油、铀、金、金刚石、铝土矿、磷酸盐、铂和钴的储量均占世界藏量很大的比重。石油主要分布在北非和大西洋沿岸各国,约占世界总储量的

12%。铜主要分布在赞比亚与扎伊尔的沙巴区。金主要分布在南非、加纳、纳米比亚等地。此外还有锰、锑、钒、铀、铁、锡等。

4. 北美洲主要国家的自然环境

北美洲位于西半球北部,东临大西洋,西临太平洋,北临北冰洋,南以巴拿马运河为界与南美洲相分,东北面隔丹麦海峡与欧洲相望,总面积2422.8万平方千米,约占世界陆地总面积的16.2%,是世界第三大洲。大陆地形的基本特征是南北走向的山脉分布于东西两侧,与海岸平行,大平原分布于中部。地形明显地分为三个区:东部山地与高原,中部平原,西部山地与高原。北美洲地跨热带、温带、寒带,气候复杂多样,以温带大陆性气候和高山高原气候为主。北部在北极圈内,为冰雪世界。南部加勒比海受赤道暖流之益,但有热带飓风侵袭。大陆中部广大地区位于北温带,宜于作物生长和人类生存。中部平原是世界著名的农业区之一,农作物以玉米、小麦、棉花、大豆、烟草为主。中美洲和加勒比海诸国主要产甘蔗、香蕉、咖啡、可可等热带农作物。北美洲采矿业规模较大,主要开采煤、原油、天然气、铁、铜、铅、锌、镍、硫黄等,而锡、锰、铬、钴、铝土矿、金刚石、硝石、锑、钽、铌以及天然橡胶等重要的战略原料几乎全部或大部靠进口。主要工业品产量在世界总产量中的比重为:生铁、钢、铜、锌等均占20%左右,铝占40%以上,汽车约占37%。

(1)美国。美国位于北美洲中部,东临大西洋,西濒太平洋,北邻加拿大,南界墨西哥。面积为937万平方千米,居世界第四。西部由山脉、高原、盆地组成,降水稀少,有铜、银、锌、铀及石油等矿藏。中部为辽阔的平原,约占本土面积的一半,是美国最主要的农业区,富藏铁矿和石油。东部为较低的阿巴拉契亚山脉和大西洋沿岸平原,降水较多,河流短小,富藏水力和煤。森林面积约占总面积的三分之一。美国气候较复杂,东北部属于温带大陆性气候,冬季比较寒冷,夏季温和。中部平原气候变化异常,温差变化大。西部地区多内陆高原,冬季干燥寒冷。西部太平洋沿岸则属于地中海气候,北段属温带海洋性气候。

(2)加拿大。加拿大位于北美洲北部,东临大西洋,西临太平洋,北濒北冰洋,南临美国。面积为998万平方千米,居世界第二。东部为高原低山区,约占面积的一半;中部是平原;西部为高大的科迪勒拉山地。冬季严寒,夏季温凉。平原南部的草原带气候温和,为主要工农业区。河流、湖泊多,水力资源丰富。矿产丰富,石棉、钾盐、镍的产量居于世界首位。钴、银、铜、金、铂、铀、硫黄、天然气产量亦居世界前列。

(3)墨西哥。墨西哥位于美国的南部,面积为196.44万平方千米,领土的5/6为山地和高原,平均海拔1800米,南部地区火山横列,地震频繁。高原北部气候干燥,年降水量为250~750毫米。中央高原地势较高,气候温和,垂直气候十分明显。沿海平原降水丰富,多热带森林。东南部比较干旱,属于热带草原气候。矿产资源丰富,石油、银、硫黄的储量与产量居于世界前列。

5. 南美洲主要国家的自然环境

南美洲位于西半球、南半球,东临大西洋,西临太平洋,北临加勒比海。北部和北美洲以巴拿马运河为界,南部和南极洲隔德雷克海峡相望。南美洲是世界上火山较多、地震频繁且多强烈地震的一个洲。其大部分地区属热带雨林气候和热带草原气候。气候特点是温暖湿润,以热带为主,大陆性不显著。南美洲水系以科迪勒拉山系的安第斯山为分水岭,东西分属于大西洋水系以及太平洋水系。南美洲工业发展受限,仅能输出廉价的农、牧、矿等原料,以出口初级产品为主,产品单一化,易受国际价格波动影响,经济不稳定。工业以采矿业和制造业最为重要。采矿业是南美各国的基础部门,大部分矿产供出口,委内瑞拉、阿根廷、厄瓜多尔、秘鲁等国的石油,巴西、委内瑞拉、智利的铁,玻利维亚的锡、锑,智利、秘鲁的铜,圭亚那、苏里南的铝土,秘鲁的铅、锌、银、铋,智利的硝石、钼,巴西的铌,其产量或出口量在世界占据重要地位。轻工业为南美多数国家制造业的主体,肉类加工、制糖、饮料、皮革、纺织、服装等部门较发达。钢铁、汽车、化工、橡胶、电器、机械等重工业集中在巴西、阿根廷、委内瑞拉、智利、秘鲁、哥伦比亚等国家。

(1)巴西。巴西是拉丁美洲面积最大且人口最多的国家,位于南美洲的东部。面积为851.49万平方千米。地形以平原和高原为主。其北部的亚马孙平原地势低平,终年高温多雨,是世界上最大的热带雨林地区之一;中部起伏平缓的巴西高原,平均海拔为400~900米,以热带草原气候为主,富藏铁、锰等有色金属矿产。东部沿海有狭长的平原,水热条件好,是重要的农业区。

(2)阿根廷。阿根廷是位于南美洲的一个由23个省和联邦首都组成的总统制联邦制共和制国家,其面积为278.04万平方千米,与智利、玻利维亚、巴拉圭、巴西、乌拉圭等国家接壤,东南面向大西洋。阿根廷是南美洲国家联盟、二十国集团成员和拉美第三大经济体。其地势由西向东逐渐低平,西部以山地为主,约占全国总面积的30%;东部与中部是著名的农牧区;北部多沼泽与森林;南部为巴塔哥尼亚高原。阿根廷气候多样,四季分明,除了南部是寒带外,大部分属于温带与亚热带。阿根廷矿产资源丰富,主要的矿产资源有石油、天然气、铜、金、铀、铅、锌、硼酸盐、黏土等,大部分位于与智利、玻利维亚交界的安第斯山脉附近。森林面积125.3万平方公里,森林覆盖率45.06%。

6.大洋洲主要国家的自然环境

大洋洲是世界上面积最小的洲,位于亚洲、南北美洲与南极洲之间,周围被太平洋与印度洋所环绕。主要包括新西兰、澳大利亚、新几内亚岛及太平洋中的波利尼西亚、密克罗尼西亚与美拉尼西亚三大岛群。

(1)新西兰。新西兰是大洋洲岛国,位于太平洋的南部,由南岛、北岛及附近的一些岛屿组成,面积约27万平方千米。其中山地与丘陵占全国面积的75%以上,平原狭小,多火山、湖泊与温泉。河流短而湍急,航运不便,但水力资源丰富。属于温带海洋性气候,年平均降水量600~1500毫米。森林约占全国总面积的30%以上,草原占全国总面积的一半以上。畜牧业比较发达,是世界上最大的羊肉和奶制品的出口国和第三大羊毛出口国。

(2)澳大利亚。澳大利亚是大洋洲最大的国家,位于南半球东部,处于印度洋与太平洋之间,面积为769.2万平方千米。西部为海拔为200~500米的高原;中部为海拔200米以下的沉积平原,是世界上著名的大自然流井盆地;东部为大分水岭,海拔一般为800~1000米。东北岸近海有世界著名的大堡礁。南回归线穿过中部。大部分地区在副热带高气压带的控制下,形成中西部的热带沙漠气候,其北部、东部与南部为热带草原气候。东部的山地东侧,北为热带雨林气候,南为亚热带季风与亚热带湿润气候。大陆南部与西南部为地中海气候。矿产丰富,铁、铀、铝、钴、红宝石、独居石的产量与出口居于世界前几位,煤的出口居于世界第一位。

(三)各国自然环境对国际营销的影响

各国自然环境的差异必然会影响各国经济特征和社会发展,从而直接影响国际营销。

1. 自然环境影响国家的经济与社会发展

自然环境影响国家的经济与社会发展主要体现在以下几个方面。

(1)地理条件对一国交通运输与贸易的影响。地形复杂,尤其是高山峻岭及丛林地带多的地方,必然会妨碍交通运输与贸易的发展。如南美洲山脉绵亘西部海岸7200千米,这是天然的,同时是十分可怕的障碍,因为它妨碍了大西洋与太平洋之间的通商航线的建立。再如,安达山前面的长达700万平方千米的亚马孙盆地,不能通过,也无人居住。而世界上第二大河亚马孙河通过此盆地,亚马孙河连同支流几乎有64000千米的航程。东海岸是另一山脉,差不多覆盖了整个巴西海岸,平均高度为1200米,这大大地妨碍了交通运输的发展,从而影响了这些国家的经济与贸易的发展。

(2)地理条件对一国社会发展的影响。某些国家由于自然条件的劣势,造成了交通不便、信息闭塞等,各城市间呈隔离状态,从而影响了该国的统一,导致政治与经济的发展不平衡。比如,南美洲幅员辽阔,但其自然条件的特征决定了其人口集中在外围,内部荒芜,几乎没有人烟,南美洲各国的大城市都在海岸320千米以内,但各城市间道路稀少、交通不便而使彼此隔离。一些南美洲国家的公民因为彼此隔离而不能意识到自己是国家的一部分,不能享受权利和承担义务。其各个大城市集中了大多数的居民,他们是社会财富、教育与政权的中心,而周边的农村地区,几乎世世代代很少变化,生活水平与教育水平都很低。

(3)自然资源的差异对世界经济发展与贸易的影响。自然资源是一个国家经济与贸易发展不可或缺的因素。矿藏的利用程度与开发能源的能力是现代科技的基础。地球上资源的分布很不平衡,有的需求大于供给,有的却是供给大于需求,这样两国之间就产生了贸易。大多数的资源进口国是本国资源满足不了需要的工业化国家。各国拥有及开采利用自然资源的差异影响该国经济发展水平与国际贸易的产品结构。而且,各国对资源的拥有状况并不是一成不变的,而是随着各国工业化的加速,对资源需要量增大而不断地开采,使不可再生资源迅速接近枯竭。许多国家在其经济发展初期能源可以自给自足,但是近年来却逐渐地依赖于进口。因此,作为一个国际营销者,在制定世界范围内的投资决策时,必须考虑到自然资源这一因素。

2. 自然环境对国际营销的影响

一国的地形、地势、气候及自然资源因素作为该国市场的重要因素,会对国际营销产生一系列的影响,主要体现在以下三个方面。

(1)影响企业的经营成本。企业在不利的地形、地势及气候条件下营销,为了防止这些不利条件的影响而采取各种措施,将提高企业的经营成本。比如,为了适应东道国自然条件而改变产品及设备的性能和特点,必须支出额外的费用。在寒冷天气下,为了保证货车能正常运行,轨道车长时间加热,使得运输费用增加。而相反,如果自然条件良好,有利的地形、气候、地势及丰富的矿产资源将有利于本国产品的出口及产品成本的降低,有利于国外营销者选择目标市场与营销渠道。

(2)影响分销体系的设立与分销渠道的选择。一个国家如果被高山峻岭所阻隔,或者地处闭塞的内地城市,或者处于严寒地带,交通不便、信息闭塞,便难以设立分销体系。反之,在一个地形、地势及气候良好的国家,或在海岸城市或者靠近航道的城市,交通便利,就很容易设立分销体系。而且,不利的自然条件不仅影响分销体系的设立及分销渠道的选择,还影响着企业进货期及安全存货量。比如在冬天,加拿大的蒙特利尔常被大雪封锁与外部相隔离,因此,进货期及安全存货量必须多于预计的额定存货量。

(3)影响产品的适应性。一个国家的海拔高度、湿度与温度都是影响产品与设备的使用和性能的因素。比如,某产品在温带使用良好,而在热带地区可能会很快变质,或需要冷藏或者加润滑剂才能发挥其作用。再如,在美国使用的建筑设备需要做很大的改变才能在非洲的撒哈拉沙漠的高温、高灰沙地区使用。即使在同一国家内,各地的气候也有很大的差异,需要对产品做出很大的调整。

二、基础设施与国际营销

基础设施是物质文化的成果,而自然条件则是天然禀赋。基础设施与经济发展之间存在一定的联系。基础设施主要包括交通运输、通信和有关商业的基础设施。一个国家的基础设施是否完备,不仅影响社会经济的发展,而且直接影响国际营销的顺利开展。

(一)交通运输基础设施

一个国家国际营销的后勤供给依赖于一国的基础设施建设。运输的基础设施主要包括运输的方式与工具。运输方式主要包括铁路、公路、航空与水路,运输工具主要有火车、卡车、飞机与轮船。运输基础设施是随着一国经济发展水平而变化的。一般来讲,经济发达国家的运输基础设施很强并且往往效率很高,而贫困国家的运输基础设施系统往往较弱,效率不高,且超负荷运行。便利的交通运输既为国际营销活动提供更多的选择机会,也易于降低营销的成本;反之,则企业选择分销渠道的机会少,营销成本高。

(二)通信基础设施

通信基础设施主要包括邮政设施及通信设备、通信线路、配套设施。由于各国经济发展水平不一,通信基础设施水平差异很大。经济发达国家的邮政覆盖面广,速度快,邮递可靠。加之,近年来互联网应用的发展,使信息更加快捷,并真正实现信息传递的全球化。经济落后国家的邮政覆盖面小,其广大农村地区邮件常常传递不到,不仅速度慢而且邮递不可靠。而且不同国家在报纸、电话、电视及互联网方面的覆盖差异也很大。国际通信设备的装备水平及普及程度,以及互联网的普及程度影响信息传递的速度和范围及企业对市场信息掌握的程度与速度,影响商务交易的便捷程度,影响商务交易成本,从而影响企业国际营销的竞争力。

(三)商业基础设施

商业基础设施主要包括仓库、批发商及零售商网点设置、广告机构、市场调研机构、金融保险机构及管理咨询机构等。商业基础设施的发展是随着各国经济的发展而变化的。各国在商业基础设施方面的发展水平差异很大。经济发达国家的仓库、商业网点设置、广告机构等商业基础设施较完备,效率较高,如有较多的广告机构,有较多的零售商业业态,拥有较为完备的金融保险机构、管理咨询机构;而在发展中国家,一般来说,商业网点比较少,尤其在广大的农村地区表现得更稀缺,广告机构数量少而不完备,金融保险机构与咨询管理机构也是量少而不完备。商业基础设施的完备与否,对国际营销能否顺利开展产生直接的影响,如影响企业对分销渠道的选择,影响物质配送和商流的匹配性,影响企业融资渠道的选择,影响企业国际营销广告的决策。因此,国际营销者要善于识别基础设施的条件,正确地选择国际目标市场。

第二节　自然环境的恶化与环保运动的兴起

一、自然环境的恶化

随着经济的增长,自然环境的日益恶化成为当今企业和公众面临的主要问题之一。自然环境的恶化具体主要体现在以下六个方面。

(一)全球气候变暖

全球气候变暖,指的是全球气温平均值的上升。随着各国工业化的发展,每年所释放出的二氧化碳的量十分巨大,增加了大气中的温室气体,从而提高了全球的平均气温,并将可能融化北极圈内的冰,海平面升高,危及人类的安全。从 1980 年至 1990 年期间,有 8 个年份出现了 20 世纪以来最暖的年份。20 世纪 80 年代与 50 年代相比,全球气温升高了 0.24℃。就海平面而言,在过去的 100 年,全球海平面上升了 10～20 厘米,太平洋、印度洋上原来在水面上的小岛,都已经没入水面以下。中国与日本的海平面上升也很明显。据中科院的预测:到 2050 年,全球海平面将会上升 20～30 厘米。1901—2011 年全球平均温度变化见图 6-1。

图 6-1　1901—2011 年全球平均温度

(二)空气污染

空气污染源于汽车与飞机等的气体排放,以及在工业生产过程中的化工燃料的燃烧而排放出的有毒气体,如二氧化碳、二氧化硫、氧化氮、一氧化碳、碳氢化合物等。这些污染物,或造成全球气温上升,或破坏臭氧层,或造成酸雨等,损害人类的健康及植物的生长,导致了极端天气的频繁发生,如干旱、飓风更加频繁。

(三)水污染

全球能使用的淡水只占地球上所有水量的近 3%,而其中两极冰川与冰帽的淡水量就占了 2%。世界上 80 个国家都面临着缺水的危险。各国制造业的发展,制造出大量的有毒垃圾,与此同时,人们的生活消费也产生了大量的垃圾。越来越多的人把各种垃圾,尤其是污水的沉积物、工业废弃物与低剂量的放射性废料倒入河海里,严重危及人类的健康与水里的生物,从而导致地球上可用的淡水更加稀缺。

(四)臭氧空洞

大气中的臭氧层在过滤太阳中有害的放射线上扮演着十分重要的角色。臭氧空洞是指人类生产生活中向大气排放的氯氟烃等化学物质在扩散至平流层后与臭氧发生化学反应,导致臭氧层反应区产生臭氧含量降低的现象。自从 1982 年科学家首次在南极洲上空发现臭氧减少这一现象开始,人们又在北极和青藏高原的上空发现了类似臭氧空洞,而且除热带外,世界各地的臭氧都在耗减。臭氧空洞导致到达地面的太阳辐射强度增大,破坏生物细胞内的遗传物质,严重时会导致生物的遗传病,导致人类的皮肤癌。

(五)资源短缺

各国工业化的发展,对自然资源的需求迅速增加。同时由于掠夺式的开采,诸如石油、煤、铂、锌等不可再生资源日渐短缺已成为十分严重的问题。这导致了这些资源成本的提高,从而降低了企业的经营效益或者增加了消费者的经济负担。许多企业为了摆脱这一困境,纷纷追求替代资源,如使用太阳能、原子能、风能及其他形式的能源。

(六)森林砍伐、土地退化

由于人类的过度开发,森林减少很快,荒漠化程度增加,土地退化等一系列问题加剧,自然界破坏严重。联合国粮农组织发布的 2020 年《全球森林资源评估报告》显示,自 2015 年以来,全球毁林速度虽有所减缓,但仍在持续,平均每年有 1000 万公顷森林被改作其他用途。土地荒漠化与土地退化也很严重,全世界荒漠化土地面积占全世界陆地面积的 1/3,约 4800 万平方千米。土地退化的主要原因是水土流失的加剧。

总之,自然环境的恶化是全球性的,如全球气温的上升、臭氧层的破坏、生物种类的灭绝等。而发展中国家由于仍处于工业化过程,还不可能支出大量的财力来解决自然环境的恶化问题。因而,目前众多发展中国家的许多城市、河流与湖泊成为世界上污染很严重的地方。加之,发达国家向发展中国家出口危险与有毒的垃圾,更加剧了全球自然环境的恶化。

二、环保运动的兴起

由于全球自然环境的日益恶化,广大居民的环保意识不断地提高,环保运动也日益发展。环保运动经历了以下几个阶段。

(一)20 世纪 70 年代中期到 80 年代中期

从 20 世纪 70 年代开始,国际社会相继通过了一系列关于环境保护的纲领性文件。1972 年 6 月 5 日至 16 日,在斯德哥尔摩举行的联合国人类环境会议通过了《人类环境宣言》。它郑重宣布保护和改善人类环境是关系到全世界各国人民的幸福和经济发展的重要问题。1982 年 5 月 10 日至 18 日,国际社会各成员聚会于内罗毕,通过了《内罗毕宣言》。它郑重要求各国政府与人民巩固与发展环境保护所取得的进展,对全世界环境的现状表示严重关注,并认识到迫切需要在全球一级、区域一级与国家一级为保护和改善环境而加紧努力。

(二)20世纪80年代末期

20世纪80年代末,环保问题进一步引起社会的关注。一方面,在这一时期发生了几起比较严重的环境事件,如1984年印度博帕尔毒气泄漏事件,1986年的苏联切尔诺贝利核电站事故,1989年埃克森石油公司油轮在阿拉斯加海岸泄油事故,1991年海湾战争石油污染事件。这些都增加了人们对环保问题的敏感。另一方面,一般环境的恶化在发展,如美国因旱季的延长,引起对全球暖化的紧张。英国北海中海狮的困境,加深了人们对社会的关注。在德国,森林被大量地破坏,引发人们对酸雨后果的重视。

(三)20世纪90年代至今

随着环保运动的发展,政府、公司、广大的居民日益达成"环境保护不是外加的,而是复杂经营过程的组成部分"的共识,而且环保不再仅仅是国内的问题,而是有关全球的问题。因而,应从全球的视角协调各国的关系,共同采取环保对策。同时,在各国的内部,政府、企业与广大居民从不同的层面采取环保措施。从全球来讲,共有197个国家参加了全球气候保护协定《联合国气候变化框架公约》。1997年,《京都议定书》达成,2005年正式生效。这是人类历史上首次以法规的形式限制温室气体排放。

三、环保运动对企业国际营销的影响

环保运动指的是由政府与公民倡导的一种保护及改善人类赖以生存的环境的一种有组织的运动,他们关注自然环境受破坏的状况及对人类生存造成的后果。环保运动对企业营销的影响主要有以下几个方面。

(一)环保运动对企业营销带来的威胁与机遇

1. 环保运动对企业营销带来的威胁

环保运动会对造成污染的企业形成威胁。如,要求钢铁厂投资控制污染的设备和采用高质高价的燃料,要求汽车厂生产耗油少、排污小的汽车,要求洗涤剂工业生产低磷的洗涤剂,要求炼油厂研究与生产低铅甚至无铅汽油,要求包装工业研究与生产减少废物的产品。而这些要求需要投入大量的资金,增加企业的生产成本,这对企业,尤其是资金缺乏的企业是严重的威胁。

2. 环保运动对企业营销带来的机遇

环保运动对研制控制环境污染设备的企业提供了发展的机会,使企业能开拓新的营销天地。现在的消费者在购买一样东西的时候通常会比较该公司所承担的社会责任的大小。比如,如果某公司具有环保意识或者能为社会带来良好的改变,可能同样的价格、同样的品质,消费者就会选择它。

(二)企业对环保运动的反应

广大的企业应对环保运动的时候,大致有以下三种态度。

1. 少数企业持积极态度

他们往往已经认识到环保不是外加的,是复杂的工商经营活动的重要组成部分,而且将环保行动视为企业的经营道德和社会责任的重要内容。这些企业重视投资防止污染的设备,如Timberland(添柏岚)从2006年开始推广产品"成分标签",并从2007年开始附有Green Index的标签。

2. 多数企业持消极或被动的环保主张

他们在环保压力的影响下,不得不采取某些举措来治理污染,但由于资金的缺乏,或由于环保成本的增加,不可能或者不情愿投巨资于环保活动中。

3. 部分企业对环保规定深表不满

他们或不投资于污染治理,或将投入资金而提高的环保成本转嫁到消费者身上,增加消费者的负担等。

第三节 可持续发展战略与绿色营销

一、可持续发展战略

(一)可持续发展战略的提出

可持续发展战略是指经济社会的发展必须同自然环境及社会环境相联系,使经济建设与资源环境相协调,使人口增长与资源环境相协调,使人口增长与社会生产力发展相适应,以保证实现社会良性发展。可持续发展的中心问题在于对环境资源的利用和为将来保留环境资源之间如何保持平衡。国际社会广泛接受与认可的概念是:"可持续发展是指既满足当代人的需要,又不损害后代人满足需要能力的发展。"

人类自实行工业化以来,社会经济迅猛发展,在为社会创造巨大财富,给广大消费者提供物质福利及给企业带来巨额利润的同时,也严重浪费了自然资源,破坏了自然生态平衡,造成了严重的环境污染。要使人类社会能够良性发展,必须实施保护自然环境、治理环境污染及实施改变恶劣社会环境的可持续发展战略。

(二)可持续发展战略的实施

可持续发展战略作为全球性的发展战略和指导思想,其内容主要涉及生态持续、经济持续和社会持续三个层面。20世纪90年代是可持续发展战略在各国广泛实施的阶段,主要表现在以下几个方面。

1. 各国包括众多发展中国家环保意识逐渐增强

解决环境问题可以通过国家干预或者市场机制的推进实施。环境与人们的生产、生活息息相关,随着人们生活水平的提高,人们对环境的要求越来越高。越来越多的人在消费时开始有了绿色理念,绿色产品越来越受大家的欢迎。发达国家的人们环保意识虽先于发展中国家,但是近年来,随着发展中国家经济发展水平的提高,发展中国家的环保意识也逐渐加强。

2. 许多国家包括不少的发展中国家制定及实施可持续发展战略

1996年,《中华人民共和国国民经济和社会发展"九五"计划和2010年远景目标纲要》把实施可持续发展作为现代化建设的一项重大战略。对如何解决我国自然环境的恶化问题,提出了我国决不能走许多发达国家通过浪费资源及"先污染后治理"而造成的对世界资源与环境严重损害的路子。我们经济社会的发展,应该是建立在产业结构优化和经济、社会、环境相协调的基础上的发展。

3. 许多国家制定及逐步实施环保法,不断改善各国的自然环境

由于各国的国情、经济水平、环境条件各不相同,不同国家的环境保护法各具特色,但是所有国家都有共同的目标,那就是不断改善其自然环境。大家熟知的有以瑞士为代表的欧盟环保法体系(主要包括欧盟基础条约、欧盟签署或参加的国际环境条约、其他具有法律规范性的文档及其他成员国国内环境法、欧盟环境法与国际环境法等)、美国的环境保护法规(美国在环境保护方面的立法指导思想是由以前的治理为主转变为预防为主)和日本的环境保护法规等。发展中国家也在制定与完善环保法来改善自己国家的环境。

4. 国际性合作的环保计划日益增多

由政府、跨国企业、国际性慈善机构及贸易协会所赞助的国际性环保研究计划,变得日益普遍。

二、绿色营销

(一)绿色营销的兴起

1. 绿色营销的含义

所谓"绿色营销",是指社会和企业在充分意识到消费者日益提高的环保意识和由此产生的对清洁型无公害产品需要的基础上,发现、创造并选择市场机会,通过一系列理性化的营销手段来满足消费者以及社会生态环境发展的需要,实现可持续发展的过程。绿色营销的核心是按照环保与生态原则来选择和确定营销组合的策略,是建立在绿色技术、绿色市场和绿色经济基础上的,对人类的生态关注给予回应的一种经营方式。绿色营销不是一种诱导顾客消费的手段,也不是企业塑造公众形象的"美容法",而是一个导向持续发展、永续经营的过程,其最终目的是在化解环境危机的过程中获得商业机会,在实现企业利润和消费者满意的同时,达成人与自然的和谐相处、共存共荣。

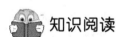
知识阅读

据调查,67%的法国人、75%以上的美国人及80%以上的德国人在选购商品时会考虑环境问题,40%以上的欧洲人愿意购买绿色食品。在发达国家消费者对绿色产品的认同率普遍较高,特别是在德国与英国,绿色产品往往供不应求。德国以98%的数字印证了绿色食品拥有的巨大市场空间,英国每年绿色产品的进口量占该类食品消费总量的80%。同样,在我国,据中国绿色食品发展中心对北京与上海这两大城市的调查结果显示:绿色食品在我国所蕴含的市场潜力是巨大的,有79%~84%的消费者希望购买绿色食品,并愿意为绿色食品承担溢价支出。美国、英国等国的大多数公司均已经把环境纳入公司经营策略。

2. 绿色营销的推动力

绿色营销的推动力主要来自以下四个因素。

(1)消费者与最终使用者的需求造成对市场的压力。由于社会经济的发展,在为社会及广大消费者谋福利的同时,造成恶劣的自然环境与社会环境,直接威胁着广大消费者的身体健康。因此,广大居民迫切要求治理环境污染,要求企业停止生产危害环境及人们身体健康的产品。而且,社会经济的发展,使广大居民个人收入迅速提高,他们就会要求高质量的生活环境

与高质量的产品,即要求绿色消费。

(2)绿色贸易壁垒的出现。欧美经济发达国家,先后制定了严格规范企业营销行为的立法。各国政府会限制造成环境污染或生态破坏的产品的进口,形成市场准入的障碍,即绿色贸易壁垒。目前,全球已有 2/3 的国家或地区采用此项或者类似的绿色壁垒措施。当然,绿色贸易壁垒也常常被东道国当作保护本国企业与经济的非关税壁垒。

(3)绿色压力团体的影响。全球绿色压力团体的影响力于 20 世纪 80 年代迅速发展。如在英国,其会员增长率高达 20%~30%。到 80 年代末,13 个最大的绿色团体的会员人数达 500 多万人。他们通过参与各种活动来扩大其影响力。诸如,参与搜集和提供有关环保的信息,进行政治游说与唤起环保意识的公共宣传;参与阻止破坏环境的示威活动,这样既可以防止危害环境,又可以引起大众的注意;帮助企业共同研究节约使用资源及防止破坏环境的方法。

(4)媒体对环境污染事件的高度重视。媒体对环境污染事件的高度重视,诸如报道臭氧破洞、全球气候变暖及非绿色产品对于人类身体的损害等,从而使得广大的消费者注意企业行为对人类及环境的影响。

3. 绿色营销的特点

相对于传统营销,绿色营销是既能有效满足消费者与社会的需求,又能实现经济利润增长与可持续经营理念的一种新的营销观念。

(1)绿色标志与标准表现出来世界的无差别性。绿色产品的标准在世界各国都差不多,都是要求产品的质量、生产及使用过程与最后的处理等方面符合环境保护的要求,对人的身体与自然环境没有伤害。

(2)绿色营销以绿色观念为主导。绿色观念是一种追求人与自然和谐发展的新思潮,强调人类自身生存空间的优化与社会的可持续发展。绿色观念的培养应该力求使每个消费者具有绿色消费意识,且在购买过程中主动选择绿色产品。

(3)绿色营销以绿色产品为依托。绿色产品从广义上来讲,指的是从生产、使用至回收的整个过程中,对生态环境的危害很小或者无害,并有利于节约资源及资源再生的产品;从狭义的角度来讲,则是指不包含任何化学添加剂的二代纯天然食品或者天然绿色植物制成的产品。

(二)绿色营销策略因素

1. 绿色产品

绿色产品除了具有同传统的产品相同的特点外,更重要的是加上绿色的内涵,即从产品是否能维持环境的可持续发展及企业应负的社会责任来评价。

绿色产品必须体现以下四种绿色理念:

(1)企业在选择生产产品与应用何种生产技术时,必须尽量减少对环境的不利影响;

(2)产品在生产过程中要考虑安全性,产品在消费过程中要考虑降低对环境的负面影响;

(3)企业设计产品及包装时要降低原材料的消耗,并减少包装对环境的不利影响;

(4)从产品的整体概念考虑产品设计、产品形体及售后服务,要节约费用及保护环境。

2. 绿色分销

它同传统分销有差异。绿色销售渠道的通顺是企业成功实施绿色营销的关键。将绿色产品迅速地推广,企业应精心挑选那些热衷于环保事业并在广大消费者心中绿色信誉高、绿色形象好的中间商负责分销企业产品。企业也可以通过举办绿色产品展销会和洽谈会等形式,让消费者更加了解绿色产品;通过绿色信息广泛的传播,树立企业和产品的绿色形象,加快企业绿色产品的销售。随着绿色产品和绿色专柜的建立,它们所产生的示范效应,更方便了消费者的鉴别和购买绿色产品的欲望,提高消费者的满意度。对于绿色分销渠道成员要进行鼓励、教育、培训。绿色产品是一种需要大力宣传的新型绿色消费品,鼓励就显得更为重要,所以将它融入对销售人员的教育培训之中,让销售人员加深对环境保护问题的认识和对绿色产品的了解。可靠畅通的绿色分销渠道是扩大绿色产品市场份额、提高绿色产品销售数量的重要因素。与此同时,应尽量避免由于销售渠道过长引发污染带来的负面影响。

3. 绿色促销

绿色促销是通过绿色媒体,传递绿色产品及绿色企业的信息,引起消费者对绿色产品的需求及购买行为,其核心是通过充分的信息传递,来树立企业和企业产品的绿色形象,使之与消费者的需求相协调,巩固企业的市场地位。绿色促销主要包括绿色广告、绿色公关及绿色人员推销等。

(1)绿色广告。它通过以下五个方面(五个 M)体现出其绿色的特点。①任务(mission)。绿色广告的任务是设计绿色广告活动的目标。其目标一般包括:告知消费者有关最新的绿色产品及现有产品的绿色范围,提醒消费者有关公司及产品的绿色记录,说服消费者相信本公司产品的绿色表现较竞争者的产品强。②经费(money)。解决绿色广告经费的分配问题。在下列情况下要求支出较多的绿色广告费:其产品对企业发展起着举足轻重的作用;产品处于产品生产周期的投入期;产品在市场上的竞争激烈,而产品的差异化程度又低;消费者需要多次传递绿色消息来告知、提醒及有效地说服他们。③信息(message)。广告信息应与产品概念联结。企业通过一定的媒体、颜色、设计、语调、音乐及行为来传递绿色产品及企业信息。④媒体(media)。企业要慎重选择目标绿色顾客涵盖率高,且成本又较低的媒体。⑤衡量(measurement)。对绿色广告效果进行事前或事后的测量,主要包括:对绿色广告印象及诉求的测试,对绿色广告认知度及记忆度的测量,对消费者接触到绿色广告信息的比例的测试,对绿色广告引起消费者购买产品的意愿及真正购买行为的测量。

(2)绿色公关。绿色公关是树立企业及产品绿色形象的重要传播通路。它成为绿色传播的新焦点,因为绿色营销给消费者的是整个公司而不是产品,因而公共关系及企业形象设计被视为新的重点。绿色公关能帮助企业更直接、更广泛地将绿色信息传到广告无法达到的目标市场,给企业带来竞争优势。绿色公关的主要对象是客户、环保压力团体及其成员,法律团体、一般性团体及企业内部人员。绿色公关的方式主要有:①演讲。公司人员通过会议说明绿色营销或绿色事件。②文章。企业发表有关绿色营销的文章及出版环境教学的教材供学校使用。③有声影像材料。根据自然印象来做绿色信息的影像,是非常有效的传播工具。④咨询服务。公司设置绿色通信热线,回答问题及指导消费者绿色消费。⑤通过某些有关的公关活动来宣传企业的绿色形象。诸如通过绿色赞助活动及慈善活动等形式,开展与环保有关的、有价值的公关活动。

(3)绿色人员推销及销售推广。人员推销是工业企业主要的促销渠道。要有效地实施绿色营销策略,推销人员必须了解消费者对绿色消费的兴趣,回答消费者所关心的环保问题,掌握企业产品绿色表现及企业在经营过程中的绿色表现。绿色销售推广是企业用来传递绿色信息的补充促销形式。企业可通过免费试用样品、竞赛、赠送礼品、产品保证等形式来鼓励消费者试用新的绿色产品,提高企业的知名度。

  4. 绿色价格

  绿色价格反映了环境成本,即绿色产品通常会带来保护环境及改善环境所支出的成本,并将这些费用计入绿色价格中。绿色产品的价格不宜过高,对绿色产品的定价要以实现企业的战略目标为出发点,利用消费者追求时尚的心理,采用正确的定价目标。影响最后定价的因素有很多,除了新产品成本、市场的需求量和市场的竞争力之外,还要考虑营销的战略、消费者对绿色产品的了解和对产品承受的经济能力等因素。因此,一个企业及产品的绿化程度将影响其成本构成。引起绿色价格上升的因素有很多,一般主要有:由于引进对环境有利的原材料而使成本上升,或由于使用有利于环境的设备替换那些造成环境污染的设备而增加费用,或由于实施环保法引起企业支出费用增加,或用于防范自然灾害支付的保险费及清理垃圾所支付的费用增加,或由于推行绿色营销改变公司组织结构及行政管理方式而增加费用支出等。这些因素都会造成绿色价格的上升。

  5. 绿色包装

  对产品进行可回收利用,又符合可持续发展观念的包装是绿色包装。注重强调这种包装是为了在消费的过程中能最大限度地降低对环境的污染和对人身体造成的伤害。所以企业必须推行绿色包装,以促进绿色企业的发展。

  6. 绿色调研

  在消费者和绿色消费的要求下,与企业的现状及长远的经营目标相结合,制订长久性、全面性和系统性的企业营销活动方案是企业的营销战略。企业需要建立绿色需求信息收集机制,完善绿色需求信息的调研制度。在深入调查目标市场的基础上,要特别注意收集绿色消费的信息、绿色科技的信息、绿色资源与产品开发的信息,还要分析绿色市场的变化方向、绿色消费的发展趋势,为制定企业绿色营销战略提供可靠的依据。

本章小结

1. 国际营销物质自然环境包括各国的自然环境与基础设施。自然环境主要包括面积、地形地貌、气候及自然资源。而基础设施主要包括交通运输、通信和有关商业的基础设施。各国地理环境的不同,对其经济与社会的发展影响很大,从而对国际营销产生直接的影响。
2. 自然环境对国际营销的影响主要体现在:影响企业的经营成本,影响分销体系的设立与分销渠道的选择,影响产品的适应性。
3. 各国基础设施的完善程度,影响国际营销产品配送的时空效应,信息的传播面及速度,产品销售的便捷程度。
4. 随着社会经济的发展,自然环境也受到了严重的破坏,主要表现为全球气候变暖、空气污染、水污染、臭氧空洞、资源短缺、森林大量砍伐和土地退化。全球自然环境的恶化引起广大民众的关注,全球环保运动日益发展。环保运动对造成污染的企业形成威胁,同时对研制控制污染设备的企业提供了发展机会。环保运动也促进了政府环保立法。
5. 绿色营销是指社会和企业在充分意识到消费者日益提高的环保意识和由此产生的对清洁型无公害产品需要的基础上,发现、创造并选择市场机会,通过一系列理性化的营销手段来满足消费者以及社会生态环境发展的需要,实现可持续发展的过程。

思维导图

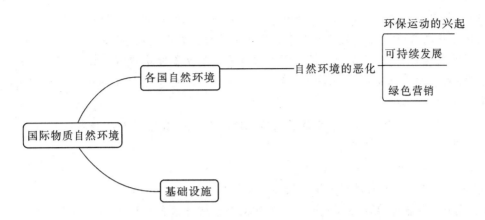

案例分析

陕西太平国家森林公园绿色营销

太平国家森林公园位于陕西省西安市户县(今鄠邑区)太平峪内。2002—2004年,公园的门票收入连续翻番增长,旅游收入从1999年30万元增加到2004年308.4万元,2004年接待游客达10.6万人次。2005年五一黄金周期间公园游客爆满,并启动了入园人数控制预案。但从2006年开始,陕西省森林公园建设的数量越来越多,发展的速度也越来越快。太白山、红河谷、朱雀、沣峪、高冠、翠华山、王顺山等旅游景区都密集地分布于西安市的周围,对太平森林公园产生了一定的市场替代效应。同时,游客的差异化需求不断提高,而太平森林公园的高山景观、森林景观、气象景观、人文景观等资源要素产品开发均未完成,旅游产品组合比较薄弱,游览线路的空间组合关系,以及主题组合关系均比较简单,对旅游者来说,有悖于"最大信息原则"。基于以上几点原因,太平森林公园的游客数量和营业收入出现了发展缓慢趋势,经营发展遇到了瓶颈。

针对现状,太平国家森林公园迫切需要从战略发展的角度深入研究旅游市场营销策略,切实针对市场发展变化趋势,通过研究旅游者消费心理,推出有新鲜创意、有经济效益的营销策略,主要是绿色营销策略。

1. 加强绿色产品设计

(1)绿色人-地感知形象设计。景区内要使用无污染、低碳环保的交通工具;旅游指南编制不仅要提供景区的景点和路线,还要详细介绍观光的景点对象和意义;在介绍本地人文风俗习惯时,应尽可能地运用科学而准确的语言介绍景区内的动植物和特色景点,对其中的环境保护具体规定予以说明,以达到加强环境保护教育和解释大自然的目的。

(2)绿色人-人感知形象设计。要求对陕西太平国家森林公园旅游从业人员的服务行为绿色化,当地居民的态度与行为绿色化,以及景区其他旅游者行为的绿色化。

2. 绿色产品开发

(1)自驾车绿色游产品。游客根据个人喜好在景区内游玩,真正实现与大自然的零距离接触。同时,公园还可以与洁净能源汽车的生产厂家联系,共同推出新动力汽车的试乘试驾活动,创造公园的特色和新卖点。

(2)绿色旅游特色产品。①绿色太平。生态休闲类旅游产品,主要以自然山水风光、原始森林及珍稀植物观赏为主。②科考太平。科普科考类旅游产品,主要是指考察太平地质地貌、珍稀植物及野生动植物,采集标本等。③极限太平。森林探险类旅游产品,主要指攀岩、蹦极、漂流、野外露营及森林探险等。④避暑度假。公园是很好的居住及商务会议场所。⑤农家乐。

3.绿色价格策略

陕西太平国家森林公园在制定绿色价格策略上将环保费用记入经营成本,使得游客为节约成本而尽量减少污染、浪费。

4.绿色促销策略

选择了媒体向社会公开发布绿色旅游促销信息。

(1)陕西太平国家森林公园通过广告媒体对公众宣传绿色知识、绿色产品以及绿色企业等相关内容。

(2)公园进行绿色推广,直接向消费者宣传、推广绿色产品信息,并讲解、示范产品的绿色功能。

(3)建立绿色公共关系,广泛与社会公众进行接触,增强公众的绿色意识,树立陕西太平国家森林公园的绿色形象。

陕西太平国家森林公园作为经营者,必须借助绿色营销来制胜于旅游市场,达到消费者利益、企业利益、生态环境利益、社会利益的共赢,才可能成为旅游市场真正的赢家。

资料来源:杜鹃.陕西太平国家森林公园绿色营销的4P分析[J].绿色科技,2011(10):171-173.

讨论和在线学习问题

1. 结合上述案例,谈谈你对绿色营销的看法。
2. 太平国家森林公园并不是首个提出绿色营销策略的景区,通过上网查询其他相关景区的绿色营销策略,对比其绿色营销策略实施以来的效果,与同学讨论分析影响绿色营销策略效果的主要因素。

思考与问答

1. 什么是物质自然环境?它对企业及国际营销会产生什么样的影响?
2. 为什么自然环境保护必须进行国际性的合作?
3. 什么叫环保运动?它对企业国际营销有什么影响?
4. 什么是可持续发展战略?其提出的社会背景是什么?
5. 绿色营销与可持续发展战略之间有何关系?
6. 什么是绿色营销?它与传统的营销之间有何区别?
7. 选择一家感兴趣的企业,分析其绿色营销策略的可行性与必然性。

第二篇

国际市场营销调查与预测

第七章 国际市场营销调研

> **学习目标**
> 1. 了解国际市场营销调研的重要性
> 2. 理解国际市场营销调研的主要内容
> 3. 熟悉国际市场营销调研的程序
> 4. 掌握国际市场营销调研的方法

 导入案例

七夕迎"乐事":薯片背后的本土化征程

伴随国民经济增长、新一代消费人群壮大,我国零食行业正在驶入发展快车道。艾媒咨询数据显示,2020年中国休闲食品行业的市场规模为7749亿元,2015—2020年的复合年增长率为6.6%。目前,中国是全球最大的休闲食品市场之一。

市场规模持续扩大,催生出乐事、品客、上好佳、好丽友等海内外知名品牌争相入局,行业竞争也被推向了高潮。特别在薯片市场,各大品牌纷纷通过融合本土化口味、提升营销趣味性等方式,希望在"薯片江湖"占有一席之地。

"相比欧美市场而言,中国消费者对零食比较'喜新厌旧'。"中国食品产业分析师朱丹蓬指出,在产品较为同质化的情况下,品牌需要将关注重心放在口味、包装或营销等层面,才能匹配中国新生代对于薯片的"挑剔"诉求。

2021年七夕之际,乐事推出了印有表情包图案的"逗图薯片"(见图7-1),希望聚焦年轻人喜欢"逗图"的特点,让他们分享薯片、分享心情。

图7-1 逗图薯片

从1981年设立饮料工厂,到如今拥有食品饮料业务、顶尖研发能力的大中华区,百事公司在40年间不断推进本土化征程,成长为我国极具代表性的跨国品牌之一。作为百事公司旗下食品品牌,乐事带来的创新产品反映了其对当代年轻群体的深刻洞察,更体现出百事公司"植根中国,服务中国,携手中国"的经营愿景。

从"吃饱"到"吃好"再到"挑剔",中国年轻消费者对零食的诉求正在快速升级,推动各大品牌持续迭代,也促使着行业不断向年轻化、多样化、高端化进阶。

在朱丹蓬看来,消费升级源自我国的工业化进程加速。他解释道,欧美等国完成工业化用了100多年,头部品牌已经固化。而在中国,工业化仅有改革开放后的40年,品牌还处于占领消费者心智的大浪淘沙阶段,竞争尤为激烈。

众多策略中,口味迭代是品牌最为常见创新方式之一。对此,营销专家空手认为,对食品来说每年开发新口味是必须的,但这是战术,不是战略。

在此背景下,竞争激烈的薯片品牌想要脱颖而出,不仅需要定期开发新的口味,也要找到口味之外的创新突破口。

逗图薯片正是切口之一。"当前,越来越多的年轻人喜欢用表情包在社交平台表达自己的观点和态度。"乐事相关负责人指出,通过融入表情包元素,乐事希望把薯片打造成轻松表达观点的"自媒体平台",让薯片不仅好吃,而且好玩。

如果说逗图薯片是年轻化产品,那么有着"真材实料"的薯片工坊则是高端化的代表。通过在薯片中加入紫薯、黑松露、西班牙火腿、牛油果、海苔、辣椒粒和玫瑰花瓣等真实食材,薯片工坊一经推出便引爆小红书、抖音、微博等社交媒体渠道,吸引消费者纷纷晒单和评论。

据乐事相关负责人介绍,薯片工坊和逗图薯片不仅是技术上的突破,更是百事以消费者为核心推出的消费升级产品。乐事希望薯片工坊不仅可以拓宽百事产品线,也能帮助薯片品类"招募"新的消费群体。

逗图薯片与薯片工坊受到消费者关注并非偶然。作为首批进入中国的跨国品牌之一,百事公司早在1993年便将乐事薯片引入中国,并且针对中国市场进行了本土化改良。2012年,百事公司还在上海设立"百事亚洲研发中心",以便更好地满足本土消费者对于口味的需求。为此,研发中心摸索出了一整套经过市场考验的研发流程。研发团队认为,只有先彻底了解中国消费者的味蕾,才有可能针对性地开发他们喜欢的产品。

不同于美国经典原味、意大利红烩味等以国家命名的产品,乐事在中国的薯片将口味细化到了城市,推出老北京京酱烤鸭味薯片、川味限定巴蜀藤椒钵钵鸡味薯片等,2021年更有川香辣子鸡、劲爽啤酒、老坛酸菜鱼等地方风味限定薯片。为了满足消费者夏日不同口味需求,乐事还全新推出了夏日限定烧烤味薯片,无论是户外郊游、宅家看比赛,还是朋友聚会,多样地道烧烤味适合夏日生活的各种场景。

不断涌现的新品背后,离不开乐事的本土供应链能力。以马铃薯原材料为例。1993年,百事食品团队来到中国北方荒漠,开启了中国本土原材料生产。目前,百事在中国已经建立了18个可持续合作农场,成为旗下食品生产的专属原料基地。

薯片之外,百事在中国的本土化故事同样在继续。不仅有融合中国传统文化的太汽系列桂花口味可乐、白桃乌龙味可乐,还有结合国潮风设计的"五黑"养生麦片等,这些产品也都在用不同方式迎合中国这个潜力无限的消费市场。

未来,百事将如何挖掘更多创新潜能,匹配中国新生代的"挑剔"诉求?市场正在拭目以待。

案例来源:https://m.sohu.com/a/483257176_118622.

第一节 国际市场营销调研的内容

一、国际市场营销调研的含义及作用

(一)国际市场营销调研的含义

1.国际市场营销调研概念

国际市场营销调研(international marketing research)是指企业在国际市场营销活动中,运用科学的方法,有目的地、系统地搜集、记录、整理、分析国际市场营销活动需要的相关信息,从而把握目标市场变化规律,为企业的国际市场营销决策提供可靠的客观依据。其中,"有目的地"意味着国际市场营销调研活动具有针对性,仅从目标市场入手,搜集信息也限于国际市场营销活动相关信息。在搜集数据前,需要确定所需信息的类型和用途,否则,可能会导致无法获得关键信息的风险,并且所获得的信息也可能是不相关或不适用的。"系统地"是指市场营销调研活动需要进行周密的计划和有条理的组织,一般都会在调研活动前制订调研方案并有序进行。"客观依据"是指在国际市场调研过程中,对所有的信息资料都应该本着实事求是的原则,真实客观地进行记录、整理和分析研究,不隐瞒调研中发现的问题,确保调研结果可靠客观。

(1)国际市场营销调研是营销管理的一种辅助工具。作为营销管理的辅助工具,国际市场营销调研必须依附于具体营销管理问题而存在,必须针对所需解决的营销管理问题的需要去设计和实施,其目的是提高营销活动的效率。

(2)国际市场营销调研是一项复杂且技术性较强的实践活动。它综合运用了经济学、管理学、统计学、社会学、市场营销学等多门类学科知识,采用现代科技手段,来对市场状况进行研究和分析。

(3)国际市场营销调研是调查与研究的紧密结合。调查是手段,为研究提供资料和依据;研究是调查的延伸和提炼。二者互为表里,缺一不可。

2.国际市场营销调研与国内市场营销调研异同

(1)相同点。国际市场营销调研与国内市场营销调研具有以下相同点:①相同的调研目的,即为营销活动提供相关有效信息和分析;②相同的过程与方法,即都要首先确定营销中存在的问题,制订调研计划,然后搜集、整理、分析并说明有关信息,最后撰写出调研报告供营销决策者使用。

(2)不同点。与国内市场营销调研相比,国际市场营销调研范围更广阔,风险和不确定因素也更多。

①国际市场营销调研面对的环境因素与国内市场营销调研不同。迈克尔·钦科陶和伊卡·龙凯宁认为,引起国际市场营销调研与国内市场营销调研不同的特定环境因素有以下四个:一是商业政策。研究人员必须对商务活动中新的限定条件做好准备。不仅要求不同,而且

实施规则的方法也不同。二是商业文化。当研究人员认识不同社会文化背景下的商业行为时，会产生"文化大冲击"(cultural megashock)。三是跨国公司背景。进入多个新地理市场的公司会面临一组新生的互相关联的因素，受到跨国公司背景约束。四是国际竞争。在国际市场上，公司的研究人员可能不得不扩展对竞争者的定义，包括在国内市场上不存在的竞争压力。

②国际市场营销调研比国内市场营销调研需要更充分、及时、准确的信息。国际市场与国内市场在社会文化、政治法律、贸易经济等方面存在巨大差异。国际市场营销决策者对于国际市场环境不如对国内市场环境熟悉，从而决策需要更为充分、全面、准确的信息，来掌握国际市场情况，并提高决策的适应性。同时，国际市场环境复杂多变，针对信息的及时性也提出更高的要求。

③国际市场营销调研所需要的信息不同于国内市场营销调研。国际市场营销在进行确定国外目标市场、选择进入方式等决策时，需要目标市场国家或地区的投资政策、外汇制度、外资税收优惠等信息，这些信息是国内市场营销调研所不需要的。

④国际市场营销调研比国内市场营销调研更困难、更复杂。第一，市场调研的有些信息在国内很容易得到，但是在国外，尤其是在某些发展中国家，会很难得到，甚至不可能得到；第二，针对从不同国家、不同信息来源获得的相关市场信息，由于统计时间、统计方式乃至统计口径存在差异，需要对数据进行进一步处理，才能实现可比性并用于相关分析；第三，同样的调研方法，可能在国内有效，而在国外则无效或受到制约；第四，国际市场营销调研的组织工作要比国内市场营销调研更复杂。

(二)国际市场营销调研的作用

国际市场营销是跨越国界的市场营销活动，它是各国生产的拓展和生产在流通领域的对外延伸，它的根本宗旨是从国际市场中获得利润。因此，国际市场营销对于企业取得巨额利润、增强国际竞争力具有重要意义。然而，当企业打开国门、走向世界时，国际政治经济社会环境却对企业的国际市场营销造成一定的阻碍。政治方面，国家之间、民族之间、宗教之间的关系错综复杂，瞬息万变；经济方面，企业经营地理分布重新调整，国际供求关系变化，产品的市场平均寿命缩短；社会方面，社会习俗、文化乃至社会结构等存在诸多差异。从而，评估国际营销环境，做好国际市场调研是前提和必要基础。

国际市场营销调研具有以下作用：
(1)有助于企业发现国际营销机会，开拓潜在的国际市场；
(2)为企业制定科学的国际营销决策提供依据；
(3)能够及时反映国际市场的变化，可以监测和评价企业国际营销活动的实施效果，因而可促使企业适应性地调整营销方案；
(4)有助于企业分析和预测国际市场未来的发展趋势，从而掌握国际市场营销活动的规律。

二、国际市场营销调研的具体内容

国际市场营销调研是针对产品营销的调研，需要对整体国际市场环境因素有大致的掌握；在外部环境条件下，对产品的市场需求量和消费者群体进行分析；针对特定的需求，结合营销因素研究做出最佳的营销方式、渠道等决策。因此，调研内容可分为国际市场环境调研、国际需求调研和国际营销组合因素调研。

(一)国际市场环境调研

国际市场环境调研主要涉及目标市场的人口、政治、文化、经济、技术等方面的调研。

1. 人口与资源调研

人口是经济、政治等发展的基础,因此,对于一国或地区人口的调研有助于对目标市场环境有全局性的理解和掌握。人口调研内容包括人口结构、家庭规模、人口分布和人口密度等。资源分为国际地理条件和自然资源条件。地理位置、面积、地形、风土、气候是国际地理条件的主要内容。自然资源条件是指农、林、矿产资源等。某一特定自然资源条件与产品销路有密切关系。自然资源的多少对一个国家的工业发展形势产生影响,从而也影响到这一国家或地区的最终购买力。

2. 国际政治环境调研

国际政治环境调研包括目标市场所在国家或地区的政府现行政策、法令及政治形势的稳定程度等方面的调研。具体来看,可调研目标市场所在国家或地区的贸易政策,如关税政策、进出口配额限制、外汇管制程度等,这些因素会影响到产品营销过程中营销渠道的选择和出口额分配。同时,营销活动也依赖于目标市场国的政治稳定性,政府结构、执政党体系、发布政策的连续性和稳定性、政府行政效率等也会影响到营销决策。

3. 国际经济环境调研

对于经济环境的调研主要着眼于当地经济发展趋势研究,即对现有经济状况的分析和对未来经济走向的预测,主要是调查企业所面对的市场在宏观经济发展中将产生何种变化。调研的内容有各种综合经济指标水平和变动程度。

4. 国际社会文化环境调研

社会文化因素往往会影响消费者对产品的偏好。产品中若出现与当地社会文化相悖的因素,很容易造成消费者对产品的需求减少,从而使产品国际营销遭遇滑铁卢。因此,入乡随俗成为国际市场营销的一个重要的制胜点。国际社会文化环境调研主要是调查一些对市场需求偏好产生影响的社会文化因素,如文化程度、职业、民族构成、宗教信仰、风俗习惯、社会道德与审美意识等。

5. 国际技术环境调研

国际技术环境调研主要是了解与本企业生产相关的技术水平状况及趋势,同时还应把握社会同类产品生产企业的技术水平的提高状况。

6. 国际竞争形势调研

在竞争中要保持企业的优势,就必须随时掌握竞争环境,即竞争对手的各种动向。在这方面主要是关于竞争对手数量、竞争对手的市场占有率及变动趋势、竞争对手已经或将要采用的营销策略、潜在竞争对手境况等方面的调研。

(二)国际需求调研

国际需求调研分为市场需求容量调研和消费者群体调研两方面。

1. 市场需求容量调研

市场需求容量调研包括:市场最大和最小的需求容量,现有和潜在的需求容量,不同商品的需求特点和需求规模,不同市场空间的营销机会,以及企业与竞争对手的现有市场占有率情况。

2.消费者群体调研

消费者群体调研包括：消费者的人口统计特征，如人口规模、分布、密度、年龄结构、性别结构、职业结构、教育程度等；消费者购买力水平，如可支配收入、消费水平、消费结构等；消费者的购买行为，包括购买动机、类型、过程、时机、方式等。

更进一步的具体调研包括：消费者喜欢某一特定商标、产品的时间，喜欢某一特定商品的原因和条件，使用与购买之间的关系，由消费者拓展的产品的多种用途，购买的意向与计划，使用产品的次数与周期，对产品的态度和接受的时间，购买的地点，新的使用者购买的原因，等等。

(三)国际营销组合因素调研

国际营销组合因素调研主要集中于企业的产品本身及其营销状况，通过对消费者针对产品和相关营销活动的反馈来获得信息，属于主观因素的客观评价分析，包括产品调研、价格调研、销售渠道调研和促销方式调研。

1.产品调研

产品，作为营销活动的主体，是营销进行和持续发展的基础。因此，需要对营销产品进行细致的调研，针对出现的问题加以调整，有助于营销活动的顺利开展。产品调研包括：产品性能、特征调研，这里着重参考消费者对产品的需求和期望；产品生命周期和发展趋势调研；产品包装、铭牌、外观调研，这是企业文化和产品文化的外部体现，也反映了消费者对该产品及其背后品牌的认可程度。

2.价格调研

实施国际市场营销的企业主体往往是大型跨国公司，这些企业在行业中往往处于寡头垄断或垄断竞争的地位。因此，定价对产品需求状况有着重要影响，定价成为企业争夺市场的关键一步，价格调研成为市场营销的重心。价格调研包括：产品价格的需求弹性调研，考虑到不同细分市场和产品所处的不同生命周期阶段；新产品价格制定或老产品价格调整产生的效果调研；竞争对手价格变化情况调研，定价往往是与竞争对手之间的博弈；价格优惠策略实施的时机和相应效果调研。

3.销售渠道调研

销售渠道调研包括：企业现有产品分销渠道调研，调研销售状况是否理想，销售力量能否满足需要；中间商在分销渠道中的作用和能力调研；用户对中间商，特别是代理商、零售商的印象调研。

4.促销方式调研

促销方式调研是指对企业在国际市场上可采用的促销手段的调研，包括对人员推销、广告宣传、公共关系等促销方式实施效果进行分析、对比。

第二节 国际市场营销调研方案

国际市场营销调研是系统性、计划性的，需要进行周密计划和合理组织，因此应制订并按照调研方案实施调研。国际市场营销调研一般包括以下几个步骤：确定市场调研目的与调研类型，确定国际市场营销调研范围，拟定调研项目，确定资料来源和整理资料，撰写市场调研报告(见图7-2)。

图 7-2 国际市场营销调研步骤图

一、确定市场调研目的与调研类型

(一)确定市场调研目的

确定市场调研目的实际上是明确调研问题,确立具体的调研目标。正式的调研通常是确认问题后才开始进行的。营销调研人员往往根据决策者的要求或由市场营销调研活动中发现的新情况和新问题而提出需要调研的课题。调研目的的不同也会相应影响调研类型、调研方法等的选择。如调研本公司产品在国际市场上存在或潜在竞争对手状况等属于描述性调研,应主要采用实地调查法;针对本公司新产品的目标市场的选择和营销策略的调研,则属于探测性和预测性调研,适用案头调研与实地调研相结合的方法。

这一步骤中的主要困难是如何将一系列复杂的商业问题转换成可以实现的调研目标。在国际市场调研中,不熟悉的环境会使问题的定义变得模糊不清,或者不能预料到当地文化对调研问题的影响,或者难以确定自我参照标准。

(二)营销调研的类型

1. 按照市场调研所要解决的问题来划分

(1)探测性调研(exploratory research)。探测性调研是指为探索市场机会,或探测解决营销中某个问题的思路和方法,或探索营销中出现某个问题的原因而进行的营销调研。如针对轿车销量的减少,需要通过收集初步数据,借以揭示该问题的真正性质,是市场低迷、油价高涨、价格不合理、渠道不畅还是促销力度太小。

(2)描述性调研(descriptive research)。描述性调研是指如实反映市场营销客观状况,包括定性和定量描述。如大学生对手机的需求特点和本企业的销售增长率、市场占有率状况。描述性调研是各种类型调研中最基本、工作量最大的一种调研,不仅收集初始数据,还要对资料进行整理和分析。

(3)因果关系调研(causal research)。因果关系调研主要测试因果关系。如果企业在营销的过程中出现了问题,需要及时搜集信息,查明原因,以支持决策者采取必要的措施调整经营方案。因果关系调研是在描述性调研的基础上进行的,同样也有定性调研和定量调研的区分。

(4)预测性调研(predictive research)。预测性调研主要是对某项决策产生的结果进行预测或对市场、行业或企业的长期发展总体趋势进行预测。

2. 按照市场调研的范围来划分

(1)微观市场调研。微观市场调研主要是针对某一特定区域或市场中的特定企业、特定消费人群等的调研,针对性较强。

(2)宏观市场调研。宏观市场调研是指针对一个国家或地区的市场整体状况、经济政治文化习俗因素的调研,一般在前期进行,是微观市场调研的基础。

3.按照市场调研的区域划分

(1)国际市场调研与国内市场调研。

(2)城市市场调研与农村市场调研。

二、确定国际市场营销调研范围

基于已有的调研目的和调研类型,调研人员需要确定国际市场营销调研范围。这一步骤进一步明确调研人员需要什么样的信息资料。例如,调研的主题是市场需求潜力时,调研人员需要需求预测、消费者行为、产品评估、销售渠道和传播媒介等相关信息;调研主题为市场现有和潜在竞争者时,调研人员需要同行业类似公司的经营战略、职能战略、掌握的资源和市场占有意向、企业经营能力等信息;调研主题为企业可获得资源时,调研人员需要掌握劳动力、资金、物资和信息的可获得性等相关信息。

三、拟定调研项目

企业可以针对不同调研信息主题设立不同的调研项目,从而方便分工和多项目同步进行,缩短调研时间,提高调研效率。

四、确定资料来源和整理资料

(一)确定资料来源

一旦调查人员确定了营销问题并完成了调查前分析,就必须开始搜集相关信息。原始数据和二手数据是资料信息的两大主要来源。

1.原始数据

原始数据是指第一手搜集的,针对当前特定的调查问题所确定的原始研究所产生的信息。原始数据的主要优点是具有较强的针对性、相关性和时效性,相对应地,搜集原始数据存在成本高、耗时长的特点。原始数据一般采用实地调研获得。

一手资料在搜集中,需要注意以下问题:

(1)采用多种指标而非单一度量。这有利于调研人员能够全面地分析研究对象,降低决策者的不确定程度。

(2)公司可以针对特定的产业、产品市场或商业模式建立量身定做的指标,如玫琳凯公司以女秘书的平均工资为基础估计其美容顾问的潜在收入。

(3)一定要在多个市场进行可比的估计,而不要孤立地衡量一个特定市场。在缺乏可比标准的情况下,决策者可能做出错误的判断。

(4)相对于购买意向或价格敏感性等定性的数据和报告,对购买模式及相关行为的定量报告可能更为有效。

2.二手数据

二手数据是指按其他调查目标所搜集到的,并随时可用的信息。这些资料已经存在,只需要调研人员通过个人文档、公司或公共图书馆、在线数据库、政府统计数据和贸易协会记录来获得,因此需要花费的时间和精力较少。

值得注意的是,由于信息来源是多种多样的,需要对信息的可靠性进行判断。例如,将互联网作为重要信息来源的用户必须衡量网站的可信度。即使来源本身是可靠的,不同来源提供的同一资料也可能有差异,用户必须明白资料确切地在描述什么。当调研涉及国际市场时,这一问题变得更加困难。首先,各国可能会采用不同的数据搜集方法;其次,类别差异方面可能会存在问题;再次,所使用的度量单位可能不同;最后,不同国家搜集同类信息时可能会采用不同的定义。例如,对于"城市"这一概念,丹麦定义为居民数量大于 200 人的地区,尼日利亚定义为至少 20000 人以上的区域,而在新加坡,整个国家都被定义为一个城市。

(二)整理资料

对于已经搜集到的数据或信息,整理包括两个过程:一是信息处理过程,涉及分类、核对、换算、调整和编校等,这是基础部分;二是统计处理过程,指用统计技术对经过处理的信息进行分析,这一步是整理资料的核心。下面对于统计处理数据进行简要介绍。

1. 统计性描述

通过对数据进行排序、制表、画图等,可以了解数据的平均值、中位数、众数、范围和标准差,分布状况(最常见的分布如正态分布)。这些可以帮助调研人员对研究对象有个基本直观的了解。如根据该地区人们的平均可支配收入来确定定价范围。

2. 统计关系分析

对变量之间关系的研究可使用相依技术(interdependence technique),如因子分析法、聚类分析法和多维量表法。

(1)因子分析法。因子分析法可通过专门的计算机软件从众多调查答案中"提炼"出反映研究问题核心的因子,用少数几个因子去描述许多指标或因素之间的联系,反映资料的大部分信息,从而缩减数据。运用这种研究技术,我们可以方便地找出影响消费者购买、消费以及满意度的主要因素及其影响力。运用这种研究技术,我们还可以为市场细分做前期分析。

(2)聚类分析法。聚类分析法使研究人员能够将变量集合成簇,使不同变量群之间差异性最大,同一变量群的内部相似性最大。聚类分析非常适用于国际市场营销,因为在全球范围内,可以识别出地区、国家乃至区域市场之间的相似性和差异性,方便营销战略在相似区域的应用和在差异区域的调整。聚类分析还可以用于利益细分和识别新产品的市场机会。

(3)多维量表法。多维量表法是一种将多维空间的研究对象(样本或变量)简化到低维空间进行定位、分析和归类,同时又保留对象间原始关系的数据分析方法。其特点是将消费者对品牌的感觉偏好,以点的形式反映在多维空间上,而对不同品牌的感觉或偏好的差异程度,则是通过点与点间的距离体现,空间轴代表着消费者得以形成对品牌的感觉或偏好的各种因素或变量。多维量表法分析下,各种品牌的差异性能得以直观地体现出来。

部分拥有大数据且对数据处理要求较高的企业可能还会对数据进行计量分析处理。通过设立模型进行回归分析,探索自变量与因变量之间的相关(因果)关系,进行因果性和预测性分析。

五、撰写市场调研报告

国际市场营销调研的最后一步是在调研基础上撰写调研报告,对调研结果进行解释说明,得出结论,并将其提交给管理部门供决策者决策参考。调研报告是调研活动的结论性意见的书面报告,编写原则要求:①简明,即调研报告应以最短的篇幅、最简洁的语句将调研结果展示出来,使得决策者能够在最短时间内获得所需要的信息,提高决策效率;②客观,即报告的撰写人员应客观、公正、全面地反映事实,以求最大限度地减少营销活动管理者在决策前的不确定性;③易懂,即由于管理人员并非统计或计量等方面的专业人员,仅仅将统计或计量结果提交可能使得管理人员无法有效获得信息,报告撰写人员应考虑这一点。

调研报告包括下列内容:①导言;②调查概况;③资料分析和调查结论;④总结并提出建议;⑤附录。

第三节 国际市场调研方法

一、文案调研

(一)文案调研的含义和作用

文案调研又称间接调研、办公室调研、文献调研,是对现有的由他人搜集、记录、整理和积累的资料——二手资料,进行再搜集、整理和分析,从而间接地获得对自己有用的信息并加以利用的过程。一方面,文案调研是重要的信息来源,为营销决策的制定奠定了基础;另一方面,文案调研可为实地调研提供必要的背景资料,使实地调研的目标更加明确,从而节省时间,节约调研成本,为实地调研做好前提准备。

(二)文案调研的过程

文案调研的主要过程有:①确定调研课题;②明确调研目的;③具体化信息要求;④详细陈述调研设计并确定资料来源;⑤调研内部二手资料;⑥调研外部二手资料;⑦整理和编辑二手资料;⑧统计和分析二手资料;⑨撰写调研报告。

(三)文案调研需要注意的问题

文案调研具有很多好处:首先,文案调研可以节省费用,比起实地调研耗费的大量人力、物力和财力,文案调研可以最大限度降低调研成本;其次,文案调研可以缩短调研时间,因为只需要搜寻并整理已存在的二手资料;再次,文案调研能够超越时空限制,仅仅通过互联网和数据库等就能获得目标市场的相关信息;最后,文案调研搜集信息方便、自由、迅速,这是因为不同于实地调研,文案调研是一个单向的调研过程,无须受到双向交流谈判的束缚。然而,文案调研仍然有以下需要注意的问题:

1. 可获得性

可获得性,即所需的资料是否能够被调研人员迅速、方便、便宜地使用。在国际市场调研的二手资料获得方面,有些国家的统计资料非常完备,企业在进行国际市场调研的时候可以很容易地获取。而在有些国家,特别是发展中国家,由于统计手段相对落后或者受特定时代因素影响,甚至会缺乏相关统计资料,从而国际市场调研人员可能很难得到需要的资料。

2. 时效性

二手资料多是历史统计资料,针对当前市场状况的统计数据的搜集和编制存在时滞性。

因此,在进行文案调研时需注意统计资料的时间,使用过分滞后的数据来推断当前的市场状况或预测未来的发展趋势,可能会导致决策者做出错误的判断。

3. 可比性

由于各国搜集资料的条件不同、数据搜集程序不同和统计方法差异,同一类资料在不同的国家可能会使用不同的基期,或者同一指标的含义也可能大不相同,这就使得从不同国家得到的数据有时无法进行相互比较。如电视机的消费,在德国被归类于消遣性支出,而在美国则被归入固定资产类支出。当数据存在不可比的问题时,调研人员无法就同一指标在各国市场进行比较,从而无法找出最优营销市场或机会。

4. 相关性

由于二手资料是其他组织机构基于特定目标而搜集整理的资料,因此文案调研人员在搜集这些二手资料时,需要考虑其与自身调研课题的相关程度,深入研究二手资料的来源、统计方法及背后的含义等,推敲它们是否符合调研课题的要求。

5. 精确性

面对各种各样庞杂的二手资料,国际市场调研人员要从中选择最能切中问题的二手资料加以整理,并且对于该二手资料的资料来源加以求证,对其资料内容加以核实和适当调整。

因此,在处理二手资料时需要考虑:①统计资料的具体范围;②由谁搜集,目的如何;③从何处搜集得到;④怎样搜集;⑤该数据是否与其他区域或国际资料相符合,不符合时,如何做出解释。只有当这些问题得到合理的回答,才能够在最大程度上保证文案调研获得的二手资料的有效适用性。

(四)文案调研的资料来源

(1)调研者的案卷、个人资料库。

(2)本企业的营销信息系统、电子计算机中储存的数据资料。

(3)本企业的相关历史记录。相关记录包括客户的名单、简要情况,推销员、代理商、经销商的销售情况报告,顾客的函电,等等。

(4)政府机构。本国驻外国商务处的贸易统计资料,关税和海关情况,进口商、零售商、制造商名录,进口要求和程序,当地营销技巧和商业习俗等有关资料。

(5)国际组织。

①国际贸易中心(International Trade Center,ITC)。提供咨询服务,提供某些产品的市场研究,提供各国市场概况,提供各国"促进进口办公室"名单和服务范围。

②联合国(United Nations,UN)。提供国际和国别的有关贸易业务、统计丛书、有关市场发展的各种专题研究报告。

③联合粮食和农业组织(Food and Agricultural Organization of the United Nations,FAD)。提供有关农业及相关领域的统计丛书和各种专题研究报告。

④经济合作与发展组织(Organization for Economic Co-operation and Development,OECD)。提供外贸、工业、科技、粮食、运输等方面的统计报告和统计丛书。

⑤联合国贸易和发展会议(United Nations Conference on Trade and Development,UNCTAD)。提供有关国际贸易方面(贸易壁垒、普惠制度等)的会议文件和专题报告。

⑥联合国经济及社会理事会(United Nations Economic and Social Council)。提供有关经济、社会等方面的报告。

⑦国际货币基金组织(International Monetary Fund,IMF)。提供外汇管理条例、其他贸易壁垒、外贸、金融和经济发展相关的报告。

(6)行业协会。行业协会定期收集、整理和出版有关本行业的产销信息,主要针对本协会成员。但部分行业协会提供的信息可能不太准确,也有个别大企业并不参加行业协会。

(7)调研机构。调研机构是指各国的市场调研公司、咨询公司,这些专业咨询公司一般收费较高,经验丰富,收集的资料很有价值。比较知名的公司有波士顿咨询公司、麦肯锡公司等。

(8)银行。一般情况下,银行愿意向自己的客户提供信息和帮助。一些著名的国际银行还有出版物,并且免费寄送。银行能够提供关于经济、金融、贸易等方面的有用信息。著名的国际银行有巴克莱银行、劳埃德银行、摩根银行等。

(9)消费者组织。消费者组织向公众报告各企业产品的测试结果。

(10)图书馆。图书馆内藏有企业名录、贸易统计资料,以及世界经济、国际贸易、国际环境等方面的图书资料。

(11)公司。公司主要指调研企业的竞争对手公司。可以索取竞争对手的产品目录、价格单、产品说明书、经销商名单、年度财务报告等,一般采用间接途径索取。

二、实地调研

(一)实地调研的概念

实地调研是指市场调研信息资料直接来源于国际市场,从而取得第一手资料的调研方式。实地调研与文案调研相比,最大的区别在于实地调研获得的是直接资料,而文案调研获得的是间接资料。实地调研所得到的直接资料来源于两种方式:一种是调研人员亲自到现场进行调查从而收集到资料;另一种是通过调查问卷方式等直接从被调查者处获得资料。

实地调研一般有定量研究和定性研究两种基本类型。定量研究通常要求调查对象口头或书面回答事先设定的问题,这些问题的设计旨在了解调查对象的行为、意图、态度、动机及人口统计学特点。定量研究能够使研究人员准确地估计人们的反应,调查的结果可以用百分比、平均数或其他统计数字加以概括。典型的定量研究工具是问卷调查表。相对于定量研究,定性研究问的问题一般是开放式或讨论式的问题。对于这些问题的回答,可以反映出调研对象对某一研究问题的想法或情感,定性研究有助于揭示社会文化因素对行为模式的影响,有助于提出能在随后的研究中加以检验的研究假设。在国际市场调研过程中,定量研究和定性研究往往会同时被加以运用,彼此验证研究结果。

(二)实地调研方法

1.访问法

访问法是实地调研中使用最普遍的一种调查方法。它把研究人员事先拟定的调查项目或问题以某种方式向被调查者提出,要求给予答复,由此获取被调查者或消费者动机、意向、态度、偏好等方面的信息。

一般而言,访问法有面谈访问、电话访问、邮寄访问和互联网访问四种。

(1)面谈访问。面谈访问包括入户访问、街头拦截访问、座谈访问。在英国和美国,个人面谈、挨家挨户访谈和家中交谈是搜集探究信息的主流方式;在法国,调研主要采用集中地点或街道交谈。面谈访问一般适用于较小的样本调研,因为每一个个体访问都需要耗费较长的时间和精力。也正是因为如此,面谈访问适用于较有深度的问题的访问。

采用面谈访问时,一些问题仍然需要注意。首先,访问者必须通晓当地语言。印度有22种官方语言,因此个人访谈在这些地方进行对于调研者的语言要求较高,难度较大。其次,必须考虑访问者的形象。不同于其他的访问方式,面谈访问时调研人员和被调查者是彼此面对着对方,会产生大量的人员互动,因此访问者的形象也会对访问结果产生一定的影响。例如,访问者穿着不够正式的情况下,被访问者对访问者的专业程度产生怀疑,可能会拒绝访问或者提供不真实的信息来对自身加以保护。最后,个人面谈的风格和技巧需要根据国家和地区差异进行调整。如在中国香港,街上的行人往往忙于通勤,不会接受较长时间的采访,从而研究人员根本无法询问太多问题。

(2)电话访问。电话访问能够及时得到被访问者的回应,同时摆脱了空间的限制,成本也较低,因此电话访问也很普遍。然而,存在某些国家或地区电话用户很少的情况,从而无法进行电话访问。此外,电话访问还存在以下问题:首先,一些城市没有电话簿。其次,少数国家的电话用户可能主要是受过高等教育的中高收入人群,不具有普通用户的显著特征。再次,由于电话访问时调研人员无法证明自身的调研目的,被采访者可能不愿意通过电话向陌生人提供任何信息,增加采访者获取信息的难度。同时,电话采访的时机也很重要,移动电话用户可能不喜欢在公共场合接听电话采访。最后,由于电话访问主要面向家庭和一般性个人,采取电话进行特定产品的消费者调查和工业调查均不太可取。

(3)邮寄访问。邮寄访问是指将调研问卷以邮寄形式寄到被调查者住所,以期得到被调查者邮寄反馈的方式。这种方式同样适用于大样本,但与电话访问相比,耗时较长,成本较高。但由于问题是书面形式,问题的数量和长度可以得到较大扩展,而电话访问则要求问题尽可能简短,防止被调查者听了太久而忘记。基于低成本和标准化的特点,邮寄问卷调查已成为一种比较流行的调查方法,然而其有效性在某些条件下仍会大打折扣。邮寄问卷调查的问题之一在于缺少完整的邮寄地址列表,根据普查报告和家庭登记获得的政府官方列表往往是过时的。此外,在世界诸多地区,尤其是农村地区,邮政服务体系不完善,也制约着邮寄访问的实施。同时,邮寄访问的最大缺陷在于管理不便,调查表的回收率较低。

(4)互联网访问。互联网访问是指被访问者面对互联网网页显示的问题直接应答。由于互联网的普及,这种快速、便捷、低成本的访问方式得到了最广泛的传播。缺点在于仍旧无法确保被访问者如实汇报个人信息,以及可能存在同一个人重复填写提交的状况。

2.观察法

观察法是由调研人员直接或通过仪器在现场观察调查对象的行为动态并加以记录而获取信息的一种方法。从理论上讲,观察法最大的优势在于它比访问法更为客观,调研人员无须依赖调查对象回答什么,也不会因为交谈等其他因素对调研结果产生任何影响,能够产生更为客观的信息。同时,在一些地区,个体通常不愿意讨论个人习惯或消费习惯,观察法有效地避免了此问题的出现。此外,没有公司会通过采访竞争对手来了解对方的状况,除采用文案调研,也就是关注媒体和商业索引信息外,调研人员还可通常观察了解竞争公司的促销方式、销售状况以及产品外观和性能等。

观察法包括:①直接观察法,如到商场、展销会、博览会等地对产品性能、受欢迎程度进行观察;②痕迹观察法,如对住户丢弃的垃圾进行观察统计,了解住户的消费和生活习惯;③仪器观察法,如通过购买,对各种型号的可拍照的手机进行记录观察。

知识阅读

米歇尔·阿尔诺是雀巢公司"活力四射"品牌的营销经理,她参加了2004年的纽约马拉松比赛,目的是观察参赛者如何食用单条包装的能量棒(一款浓缩的、快速提高人体机能的胶状产品)。阿尔诺注意到,参赛者通常用牙齿撕开外包装,然后在不影响自身跑步速度的情况下尽量一口吞掉整条能量棒。她失望地看到由于外包装的中间封口处较长,有时候会妨碍参赛者快速吸出能量棒。随后,雀巢公司的设计人员对包装做出了改进,顶部采用倒三角式的设计,其窄度可以有效控制能量棒自动流出,同时非常适合运动员用嘴吸出。

资料来源:翁克维斯特,萧.国际营销学[M].邵建红,王凯,译.北京:清华大学出版社,2013.

然而观察法也不是完全客观的。针对不同的直接观察的对象选择,可能得出不同的调研报告和相关结论。一种是选择熟悉并了解当地文化的当地观察者,另一种是选择当地以外的陌生观察者。然而,当地观察者可能由于熟悉当地情况而忽略某些现象,从而导致最为基础或重要的信息在调研报告中没能体现出来,而不熟悉且经验不足的观察者则可能由于不了解当地文化得出错误结论。

3.实验法

实验法是指在控制的条件下对所研究的现象的一个或多个因素进行操纵,以测定这些因素之间的关系,是因果关系调研中经常使用的一种行之有效的方法。现场实验法的优点是方法科学,能够获得较为真实且准确的资料,不受人为因素或随机因素的干扰,但实验法通常实验周期较长,研究费用高昂,比较不常使用。

(三)抽样方法

由于在收集资料时,调研人员一般不可能对指定群体中的所有个体都进行调查,因此需要采用抽样调查方法。抽样调查是指从调查对象总体中选取具有代表性的部分个体或样本进行调查,并根据样本的调查结果去推断总体。抽样方法根据是否遵循随机原则分为随机抽样和非随机抽样。其中最理想的抽样方式为随机抽样。

1.随机抽样方法

随机抽样是按照随机性原则进行抽样,即调查总体中每一个个体被抽到的可能性都是一样的,是最为客观可靠的抽样方法。随机抽样方法主要有简单随机抽样、等距抽样、分层抽样和分群抽样。

2.非随机抽样方法

尽管随机抽样得到的结果最为理想,受现实条件的制约,调研人员有时不得不采用非随机抽样。非随机抽样方法有:

(1)任意抽样。任意抽样也称便利抽样,这是纯粹以便利为基础的一种抽样方法。街头访问就是这种抽样最普遍的应用。

(2)判断抽样。判断抽样是根据样本设计者的判断进行的抽样,具有一定的主观性,要求设计者对母体有关特征有相当的了解。

(3)配额抽样。配额抽样与分层抽样类似,都先把总体按特征分类,根据每一类的大小确定样本的配额,区别在于配额抽样中,调研人员在每一类中进行非随机抽样。

(四)实地调研应注意的问题

(1)要重视借鉴其他国家在国际市场营销调研上的经验与教训。

(2)要注重交叉文化的研究,克服因文化差异带来的调研困难。

(3)要尽可能借助精通两国语言和两国文化、系统接受过营销学和营销调研方面训练的当地人,帮助企业搞好在当地的营销调研,减少因文化差异带来的实地调研误差和困扰。

(4)采用"返翻法"解决调查问卷的词义问题,即把资料从一种语言译成另外一种语言,然后请当地人把它翻译回原来的语言,以检查是否有错译或曲解的地方。

(5)加强对调研人员的培训。通过培训调研人员,使其熟练掌握各种调研技巧。这样,当在某国不能使用某种或某几种调研方法时,调研人员能够灵活变通,找到其他适用的调研方法。

(6)通过实践积累经验。日本许多公司在中国设有办事处和子公司,有些尽管亏损仍然不撤掉,主要是为了通过保留这些办事处和子公司来了解中国市场情况。

第四节 国际市场调研组织

一、国际市场调研的组织机构

国际市场调研组织机构主要包括企业内部的市场调研机构、国际政府机构设立的调研部门和专业的市场调研机构三类。

(一)企业内部的市场调研机构

企业内部设立市场调研机构,能够及时有效地为企业提供国际市场调研服务,然而成本较高,对企业的要求也较高,一般在以下情况下,企业会选择自己完成调研:

(1)企业有足够的调研力量,包括训练有素的调研人员,遍及目标市场各地的办事处和分支机构,等等。

(2)企业在该市场上已经有丰富的经验,即熟悉市场且有着充足的资料资源,包括历史交易记录、客户名录、销售额与促销方式资料等。

(3)企业没有经验,但该市场潜力巨大,值得花大力气去获得在该市场上进行调研的经验。因为企业自身调研能够更加个性化,完全按照企业发展目标来进行调研。

(4)该调研属于工业调研,只需要少量的调研人员。市场上调研机构往往针对销售、需求方面进行调研,而供给层面的工业调研专业性较强,且人力物力的耗费不是太高,应由企业独立完成。

(5)本公司与外部调研机构在信息沟通上有困难,比如对于高技术产品的调研,企业外部的调研人员可能不懂技术。

(6)该市场上不存在专门的调研机构或咨询机构,如军工类。

(二)国际政府机构设立的调研部门

国际政府机构调研部门设立的初衷并不是为企业调研,但由于企业可通过文案调研获得政府机构调研部门收集整理的专题报告和统计数据等,因而也被列入国际市场调研的组织机构。我国国内政府调研机构包括国家统计局、中国国际贸易促进委员会等。由于本书主要涉及国际市场营销调研,因此下面主要就国际政府调研组织机构进行介绍。

1. 世界银行(World Bank)

世界银行及其会员机构提供大量出版物。它允许用户:①生成市场分析、预测和比较分析;②研究市场发展趋势并评估对投资机会的影响;③制定投资策略;④分析特定新兴市场的投资风险。

2. 经济合作与发展组织(OECD)

经济合作与发展组织是由38个市场经济国家组成的政府间国际经济组织。位于巴黎的经济合作与发展组织总部会定期搜集其成员国的外贸统计信息,并将信息转换成统一单位,从而使统计数据具有可比性。经济合作与发展组织秘书处对经济数据和政策信息进行汇总、预测,并提供分析结论以支持政府的工作。

3. 国际货币基金组织(IMF)

国际货币基金组织拥有全球范围的经济、金融等信息资源。国际货币基金组织的调研活动依赖于1000多名经济学家所开展的广泛的金融和货币研究。基于这些研究,国际货币基金组织发布"不定期文章"及"全球经济与金融调查"系列文章。此外,国际货币基金组织成员国的报告涵盖具体成员国经济发展的各种不同领域。每份深度报告都包括概述、经济与金融数据、趋势分析、预测时考虑的因素、对比图,以及带有解释性评论的列表展示。

4. 世界贸易组织(WTO)

世界贸易组织拥有许多全球贸易统计的资源。该机构网站提供全球和地区层面特定的商业和服务贸易的统计信息、主要产品类别,以及国际贸易总体发展趋势的历史数据。世界贸易组织连续多年发布世界贸易统计报告。

(三)专业的市场调研机构

专业市场调研机构是一类专门负责市场调研任务的机构。这类公司接受客户委托后,针对委托人提出的调查范围,制订调研方案,然后开展工作。国际上知名的市场调研咨询机构有尼尔森市场研究公司、艾美仕市场研究公司、兰德公司和野村综合研究所等。

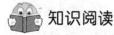 **知识阅读**

The Nielsen Company

名　称：尼尔森市场研究公司

服务范围：

尼尔森，荷兰 VNU 集团下属公司，是领导全球的市场研究公司，在全球超过 100 个国家（地区）提供市场动态、消费者行为、传统和新兴媒体的监测及分析。客户依靠尼尔森的市场研究、专有产品、分析工具及专业服务，以了解竞争环境，发掘新的机遇和提升其市场营销的绩效与利润。主要研究业务领域：市场评估，分析工具及相关服务，诊断性服务，识别商业机遇。在全球 100 多个国家（地区）里有超过 9000 个客户依靠尼尔森的专业人士来测量竞争激烈的市场动态，获取消费者的态度和行为的相关信息，形成能促进销售和增加利润的高级分析性洞识。

资料来源：http://wiki.mbalib.com/wiki.

二、国际市场调研机构的职责

（一）收集市场信息

国际市场调研机构要针对企业发展目标，广泛收集有关市场信息，包括市场潜力、消费需求趋势及心理变化、产品信息、广告、销售渠道、价格、竞争对手状况及发展目标等多方面的信息资料，把握市场整体状况和变化趋势，为企业制定目标和战略决策服务。

（二）开展专项研究

国际市场调研机构要组织制订各类市场调研方案，完成对公司现有产品、未来产品的市场调研；通过对行业数据的调查和分析，撰写行业分析报告。

（三）监测和评估市场计划的进度和效果

国际市场调研机构通过信息收集和跟进，对市场计划进行实时评估，并将信息及时反馈给决策人员，供决策人员使用，从而对市场计划实现调整和优化。

（四）对市场调研过程进行控制和管理

国际市场调研机构对市场调研过程进行控制和管理，包括对文案调研和实地调研的组织安排、方法的选用、费用控制、时间管理、调研人员的必要培训与监督，以及调研人员的分工等，从而保证调研活动正常高效运转。

三、国际市场调研代理

（一）国际市场调研代理的含义及特点

国际市场调研代理，即委托调研，是指企业通过委托有关国际市场调研机构为之进行情报收集与分析而开展的市场调研活动。

与企业自身开展调研活动相比，委托调研具有以下特点：

(1)市场调研机构在调研方面具有专业化优势，效率更高。

(2)市场调研机构熟悉当地市场，同时在语言等方面沟通障碍小。

(3)由调研机构承办的调研项目所提出的调研结论往往比较客观、中立,有利于进行科学决策,同时得出客观结论。

(4)调研成本更低。一方面由于专业化,调研机构有训练有素的调研人员;另一方面则是由于经验积累,长期从事调研工作积累了大量市场、行业等相关信息。

(二)国际市场调研代理实务

1. 调研代理的选择

在指定调研代理公司时,要进行慎重的选择。一般来说,先要认真研究调研代理公司的技术能力和资信状况,必要时请其提供以往承担的调研项目,以便从其客户处了解该企业的技术能力和资信状况。另外,还可以通过调研项目建议书形式,请其拟订出调研计划草案,以此与企业的调研要求相对照,选出合适的调研代理公司。

2. 调研代理合同

通常一份调研代理合同应包括以下条款:①市场调研范围和调研方法条款;②支付条款;③调研项目预算条款;④参与调研人员条款;⑤最后期限条款;⑥调研报告条款。

3. 与调研代理的合作

选定调研代理后,双方必须本着平等互惠、相互信任的原则开展调研工作。委托方须提供的合作包括:说明调研目标,提供本企业的各种必需的情况说明和相关资料,与调研代理共同制订调研方案,等等。

本章小结

1. 国际市场营销调研是指企业在国际市场营销活动中,运用科学的方法,有目的地、系统地搜集、记录、整理、分析国际市场营销活动需要的相关信息,从而把握目标市场变化规律,为企业的国际市场营销决策提供可靠的客观依据。
2. 国际市场营销调研与国内市场营销调研相比,国际市场营销调研面对的环境因素与国内市场营销调研不同,国际市场营销调研比国内市场营销调研需要更充分、及时、准确的信息,国际市场营销调研所需要的信息不同于国内市场营销调研,国际市场营销调研比国内市场营销调研更困难、更复杂。
3. 国际市场营销调研内容可分为国际市场环境调研、国际需求调研和国际营销组合因素调研。国际市场环境调研主要涉及目标市场的人口、政治、文化、经济、技术等方面的调研,国际需求调研分为市场需求容量调研和消费者群体调研,国际营销组合因素调研包括产品调研、价格调研、销售渠道调研和促销方式调研。
4. 国际市场营销调研一般包括以下几个步骤:确定市场调研目的与调研类型,确定国际市场营销调研范围,拟定调研项目,确定资料来源和整理资料,撰写市场调研报告。其中原始数据和二手数据是资料信息的两大主要来源。
5. 国际市场调研方法包括文案调研和实地调研。实地调研有访问法、观察法和实验法。
6. 国际市场调研组织机构包括企业内部的市场调研机构、国际政府机构设立的调研部门和专业的市场调研机构。

思维导图

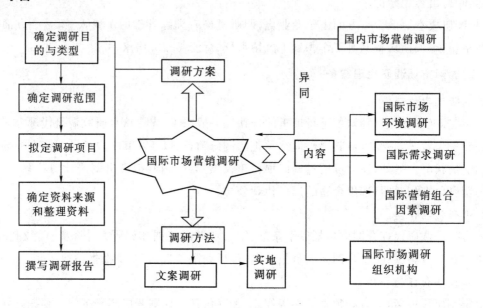

 案例分析

日清靠调研智取美国快食市场

日本日清食品公司在准备将营销触角伸向美国食品市场的计划制订之前,得到的信息令人沮丧:"由于美国人没有吃热汤面的饮食习惯,而是喜好'吃面条时只吃面,喝热汤时只喝汤',绝不会把面条和热汤混在一起食用,由此可以断定,汤面合一的日清方便面是很难进入美国食品市场的,更不会成为美国一日三餐必不可少的快餐食品。"但日清食品公司并没有盲目迷信这种结论,而是派出自己的专家考察组前往美国进行实地调研。经过千辛万苦的商场问卷和家庭访问,专家考察组最后得出了与上述信息完全相反的调查评估——美国人虽然呈现出"汤面分食,绝不混用"的特点,但是随着世界各地不同种族移民的大量增加,这种饮食习惯在悄悄地发生着变化。再者,美国人在饮食中越来越注重口感和营养,只要在口味上和营养上投其所好,日清方便面有可能迅速占领美国食品市场,成为美国人的饮食"新宠"。

日清食品公司基于亲自调查的结论,果断地挑战美国人的饮食习惯和就餐需求,从美国食品市场动态和消费者饮食需求出发,全力以赴地向美国食品市场大举反复挺进,最后出奇制胜地打入美国快餐食品市场,开创了一片新天地。

资料来源:刘生峰.国际市场营销[M].广州:暨南大学出版社,2006.

讨论和在线学习问题

1. 日清食品公司确定大举向美国食品市场挺进的原因是什么?
2. 日清食品公司所做的国际市场营销调研属于哪种调研?运用了哪些具体调查方法?
3. 据日媒报道,荷兰人力资源公司任仕达集团的日本公司于 2017 年 2 月 16 日公布了日本人最想效力的企业排名,日清食品控股公司居于首位。除受到女性青睐外,还尤其受到"25岁至44岁"人群的支持。通过登录日清食品中国网站(http://www.nissinfoods.com.cn)和上网搜集资料,分析日清食品市场营销的最新动态,并与同学讨论日清食品与其他食品公司在营销方面有何独到之处。

思考与问答

1. 国际市场营销调研主要包括哪些内容?
2. 国际市场营销调研有哪些类型?
3. 如何设计一个完整的国际市场营销调研方案?
4. 实地调研的常用方法有哪些?如何进行文案调研?
5. 如何选择合适的国际市场营销调研代理机构?
6. 不同的行业由于其自身特殊的行业性质,往往采取不同的市场营销调研。选择你感兴趣的一个行业,制定一份市场营销调研计划,并说明这样制定的理由。

第八章 国际市场营销信息系统

> **学习目标**
> 1. 理解国际市场信息的概念和具体内容
> 2. 掌握国际市场信息开发利用的基本要求
> 3. 理解国际市场营销信息系统的内容和作用
> 4. 了解国际市场营销信息系统的建立与设计

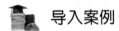 **导入案例**

沃尔玛中国又关店了:4 年关闭 80 家门店 多次被传"卖身"

距离沃尔玛知春路店关店一年之际,2021 年 8 月 10 日,北京沃尔玛朝阳店正式停止营业。公告显示,沃尔玛此店关闭后,北京还有 10 家沃尔玛门店,其中包括沃尔玛购物广场 7 家、山姆会员店 3 家。

据一位在沃尔玛朝阳店附近购物的用户称,这是一家开了 15 年的老店,她也是这里的老客户了,以前经常来此购物。虽然停业公告称可前往同城的其他门店购物,但她的住处离最近的沃尔玛也要四十多分钟路程,她肯定不会去沃尔玛购物了。

就在一个月之前,沃尔玛西安、阜阳两地各关闭了一家门店。西安停业的莲湖店营业时间更久,达到 20 年。

沃尔玛中国区关店早已不是新鲜事,据《财经天下》周刊统计,仅 2021 年以来其关店数量已经达到两位数。再往前追溯,沃尔玛中国在 2012 年关闭了 5 家门店、2013 年关闭 15 家、2014 年关闭 25 家,而从 2016 年到 2020 年,沃尔玛 4 年时间里在国内关闭了 80 家门店。

至于关店原因,沃尔玛对外的解释大多数是租期已满。但业界观点认为,一方面,租金、人力等成本持续上涨,沃尔玛付不起接下来的租金;另一方面,电商、社区团购等到家业务的兴起,以沃尔玛为首的传统卖场失去竞争优势,关店是无奈之举。

结合沃尔玛近几年经营业绩,沃尔玛中国 2019 财年和 2020 财年的净销售额均为下滑状态,2021 财年前 9 个月,沃尔玛中国 87.35 亿美元的销售额仅占沃尔玛国际整体销售额的 2.16%。到了 2022 财年第一季度(2021 年 2 月 1 日—4 月 30 日)财报中,沃尔玛国际销售额跌幅较大,其中不再透露沃尔玛中国的运营数据。由此可以判断,以上猜测并非空穴来风。

失意的沃尔玛中国近年来已经持续在努力破局。山姆会员店最新的"旗舰店"地推已经开到了盒马总部的楼下,和它在"会员店"模式上的竞争对手们摆开了肉搏的架势;社区店早已被打入"冷宫",沃尔玛中国又在试水社区团购,但也未免有些"水土不服",只是对大卖场流量的"修修补补"。

沃尔玛中国在2021年已经传出过多次"卖身"传闻。尽管沃尔玛中国多次对其进行了否认,但它已经没有了更多退路。

自1996年入华以来,沃尔玛一度是中国零售企业学习的榜样,在中国市场上,它曾有过每年新增40多家门店的扩张速度。但在2021年4月,一则沃尔玛中国市场130家门店"卖身"物美的传闻出现。尽管沃尔玛中国和物美均否认了这则消息,但这也不是第一次沃尔玛传出"卖身"传言了。外界发现,这家大卖场巨头的日子可能不太好过了。

事实上,早在2011年,沃尔玛中国区亏损已达1.17亿美元。自2014年起,沃尔玛中国区的营收增速就再也没有超过两位数。

究其原因,与中国零售市场大环境变化息息相关。

北京社科院助理研究员王鹏在接受媒体采访时称,当前社区团购迅速蔓延,这种业态拥有商品价廉和及时送达等特点,相比之下,沃尔玛为代表的大卖场们仍通过流量获取来开拓占领市场,在市场竞争中开始处于下风。

新零售专家鲍跃忠也向《财经天下》周刊表示,零售业目前面临的最突出问题是客流减少。原因有多方面,首先是顾客群体已经分层,沃尔玛等虽然能满足大众需求,但它对高端消费和年轻消费群体并不具备吸引力;其次是当前各式各样新兴的专业店铺涌现,包括生鲜店、烘培店、餐饮店等,它们改变了原来沃尔玛作为综合性零售业态所担负的市场价值,对顾客造成了持续分流。

一边是日益严峻的市场竞争环境,另一边,沃尔玛的内部管理中也频繁出现问题。以"啤酒事件"为例,虽然沃尔玛最终将"锅"推到了供应商身上,但这无疑暴露出它对供货渠道管控能力的减弱和自身品控能力的降低。

沃尔玛入华已达25个年头。在不缺"新物种"的中国市场,消费者已经在它身上感受不到新鲜感,而这或许是沃尔玛中国总裁最该好好思考的地方。

资料来源:https://finance.sina.com.cn/chanjing/gsnews/2021-08-15/doc-ikqciyzm1524325.shtml.

第一节 国际市场信息概述

企业开展市场营销活动,不仅需要人、财、物诸多方面的资源要素,而且需要信息。可以认为,信息是营销活动的形成要素之一。在现代经济生活中,以下三种发展趋势使企业对市场信息的需求较以往任何时候都更为强烈:一是,市场地域的扩大。随着国内各地区之间乃至国家之间经济联系的加强,市场不再局限于本地区,市场营销从地区扩展到全国,甚至跨越了国家之间的界限。营销决策人员在不同地区市场或国际市场中面临着较为生疏的环境,需要收集、加工许多新的市场信息。二是,购买者的购买行为复杂化。随着购买者收入水平的明显提高,他们在购买中的挑选性越来越强,这使得购买行为复杂化,由此引起对购买者行为研究的相应细化。三是,竞争由价格竞争发展至非价格竞争。在较高收入水准的市场中,购买者对产品价格不再像过去那样敏感,价格高低对最终决定是否购买的影响力度大为削弱,由此,品牌、产品差异、广告和销售推广等竞争手段的作用日益凸显出来,但这些非价格手段能否有效运用,前提也在于能否获取信息。

因此,在国际化的今天,国际市场信息不仅仅是国际市场营销活动开展的基础和前提,而且越来越成为营销活动顺利完成、取得商业成功的必要条件。如何有效开发、利用、管理国际市场信息,成为国际市场营销活动的重点。

一、国际市场信息的内容

(一)市场信息的概念和特征

市场信息是指市场上各种经济(特别是市场要素)活动和相关环境的数据、资料、情报的总和,它反映了市场活动和环境的变化、特征和趋势等情况;或是指一定时间和条件下,市场产品营销及与之相联系的多功能服务有关的各种消息、数据资料、报告等的总称,一般以文字、数据、凭证、图表、符号、报表、商情等形式表现出来。

市场信息作为广义信息的组成部分,除具有一般信息所具有的属性外,还具有自己的特征,主要体现在以下方面。

1. 时效性强

市场营销活动与市场紧密联系在一起,信息的有效性具有极强的时间要求。这是由于市场受到错综复杂的要素影响和制约,处于高频率的不断变化中。一个日本的商业情报专家认为,在市场营销中,一个准确程度达到百分之百的情报,其价值还不如一个准确程度只有50%,但赢得了时间的情报。

2. 更新性强

市场时刻变化发展,处于不断的运动中。这一运动客观上存在着新陈代谢。因为市场活动的周期性并不意味着简单的重复,而必定是在新环境下的新过程。相应地,市场信息也在不断地更新。

3. 双向性

在商品流通中,商品的实体运动表现为从生产者向消费者的单向流动,而市场营销信息的流动则带有双向性,表现为生产者向消费者的信息传递和消费者向生产者的信息反馈。

(二)国际市场信息的具体内容

在国际市场营销活动中,企业所需要的信息自然拓展到国际市场。国际市场信息,与一般或者国内市场信息相比,涵盖更多、更复杂的内容。如在法律方面,国际市场上的贸易,由于是涉及不同法律适用地区的交易,当买卖合同、运输合同或保险合同在发生纠纷无法私下解决时,都要根据某些国际规则进行仲裁、控告等,从而需要各个国家的相关法律信息以及国际组织设定的国际规则;在货币方面,国际经贸活动中,所使用的货币和度量衡制度往往有所不同,需要选择一种货币和相应的单位进行换算,从而需要不同货币的信息;在汇兑方面,异国买卖双方在交易过程中,一般由一方以外币计价,但外汇的汇率每日每时发生变化,需要在合同签订时确定汇率为实时汇率还是预先固定汇率等,从而需要汇率的实时信息以及预期变动趋势信息。

总的来说,国际市场信息包括国际市场环境信息、国际市场产品信息、国际市场价格信息、国际市场销售渠道信息、国际市场促销信息和国际市场竞争信息。

1. 国际市场环境信息

国际市场环境信息包括:国家经济发展水平及差异,如国家所处经济发展阶段,是否为发达国家,是否为中等收入国家,是否为经济落后国家;国际市场消费者收入、支出及变化规律,如该国消费者的整体消费偏好、可支配收入的现状和未来变化趋势；国际市场消费者储蓄和信贷状况；目标市场的产业结构及布局，如目标国市场中第一、二、三产业的占比和内部构成，资本密集型和劳动密集型产业的分布；国际市场社会阶层的不同特征，如高收入、中等收入和低收入人群的特征；国际市场上不同民族、宗教、种族、地理、年龄、性别、职业、教育水平、语言文字等亚文化特征及相关的消费禁忌和消费偏好等，如在西方国家数字"13"被认为是不吉利的，红色在中国象征着喜庆和热情，而在国际一般情况下，红色则具有极强的警告含义；人口结构及目标市场物价指数，包括消费者价格指数（CPI）、生产者价格指数（PPI）等；目标国贸易政策，包括关税制度、贸易配额、税收优惠等；目标国科学技术发展水平，尤其是信息技术、网络技术和自动化控制技术等；目标国自然资源状况，包括矿产资源、森林资源、能源资源以及城市基础设施建设等；目标国自然地理环境，特别是气候、地形等对物流、储存等方面的影响。

2. 国际市场产品信息

国际市场产品信息包括：细分市场上产品供求结构、特点和一般规律；消费者购买习惯、频率以及偏好分析，即消费者对企业现有产品的质量、性能、包装、价格等方面的评价及反应；潜在消费者的分布、年龄、职业结构以及购买力情况；国际市场产品的生命周期；产品的替代品与互补品市场分析；产品的品牌知名度和售后服务情况。

3. 国际市场价格信息

国际市场价格信息包括：同类产品不同企业的定价目标和定价方法；国际市场上产品的价格弹性，即消费者对价格变动的反应；互补品与替代品的价格状况；产品不同生命周期的价格策略；国际市场中间商的加价比例；价格歧视与倾销策略；国际市场定价的法律规定、价格惯例以及其他的特殊规定和要求；国际市场价格行情，特别是价格变化趋势等。

4. 国际市场销售渠道信息

国际市场销售渠道信息包括：国际市场上产品销售渠道的种类，直接销售和间接销售的种类、形式及特点，国际市场中间商的信誉、实力、服务、地位，中间商与生产者、消费者的协作方式，产品分销层次和分销结构。

5. 国际市场促销信息

国际市场促销信息包括：国际市场上各种促销形式和种类；广告的促销效果，如不同地区消费者对广告的认识；国际市场人员推销成本、优势和障碍；公共关系的特点；国际市场上广告方式、媒体、艺术、法律；中间商在促销方面的协助；国际促销惯例。

6. 国际市场竞争信息

国际市场竞争信息包括：国际市场上的主要竞争者；竞争者采取的竞争策略，如价格竞争或者产品竞争；各主要竞争者的市场占有率情况；竞争者之间在成本、价格、利润、质量、品牌、知名度等方面的比较分析；竞争者以往成功的原因和失败的教训；新市场发掘以及变价反应；市场竞争结构及强度；潜在竞争对手进入该行业的难易程度。

二、国际市场信息分类

国际市场信息按照不同的分类方式可以划分为不同的类别。

(一) 按信息来源方式分类

按信息来源方式分类，国际市场信息可分为公开信息和非公开信息。一般情况，政府机构公布的信息为公开信息，以书籍、报刊、电视、广播、公共图书馆等处获得的信息也是公开信息。

而竞争对手的经营信息等,一般为非公开信息。市场调研公司收集、整理的资料等也为非公开信息。

(二) 按信息存储方式分类

按信息存储方式分类,国际市场信息可分为数字化信息和非数字化信息。随着计算机技术的普及和互联网的发展,信息越来越多地选择数字化存储方式,传输方便快捷,且成本较低。

(三) 按信息来源渠道分类

按信息来源渠道分类,国际市场信息可分为传统信息源和计算机信息源。计算机信息源包括网上图书馆、电子数据库、光盘等。

(四) 按信息的形态分类

按信息的形态分类,国际市场信息可分为文件式的市场信息和非文件式的市场信息。文件式的市场信息有政府机构、国际组织公布的专题报告,市场调研公司和企业内部调研部门撰写的营销调研报告。而非文件式的市场信息则主要指未经调研人员整理、处理过的数据资料等,包括销售记录、统计年鉴等。

(五) 按信息的时间特征分类

按信息的时间特征分类,国际市场信息可分为过时市场信息、市场现状信息和市场发展信息。市场信息的主要特征之一就是时效性强。在运用市场信息时,需要特别注意信息的时间。过时市场信息主要用于研究市场或产品发展规律、吸取失败教训;市场现状信息则主要用于对当前经营销售状况和产品所处生命周期的判断等;市场发展信息主要用于预测。

(六) 按信息管理组织形式分类

按信息管理组织形式分类,国际市场信息可分为系统化国际市场信息和非系统化国际市场信息。文件式市场信息大多为系统化国际市场信息。国家的宏观数据、大型企业的长期数据等往往是系统化的;而偶然、随机的国际市场信息,如一次促销活动的效果等则是非系统化的。

(七) 按信息自身的稳定性分类

按信息自身的稳定性分类,国际市场信息可分为流动性国际市场信息和固定性国际市场信息。流动性市场信息反映国际市场上经常变化、无规律出现的信息。这种信息的时间性较强,一般只有一两次使用价值,时间一过就成为过时市场信息。及时搜集这类市场信息,并与企业的市场营销决策进行比较分析,有助于了解市场变化的全貌,调整企业的市场营销活动。固定性国际市场信息具有相对的稳定性,在一定时期可以在国际市场上重复出现,而不发生根本变化。这种信息的有效期较长,可以存储并重复使用。固定性市场信息占国际市场信息的大部分,企业开展国际市场营销的决策质量和经营效果,在很大程度上取决于固定性市场信息的搜集和利用。具体来看,某一目标国市场的总销售额和企业个数一般比较稳定,属于固定性国际市场信息;而单个企业的销售额和企业规模则随时间变化较大,属于流动性国际市场信息。

(八) 按信息处理特点分类

按信息处理特点分类,国际市场信息可分为第一次信息和第二次信息。第一次信息,即只经过一次处理的市场信息,一般是企业自身调研部门或国际市场调研公司通过实地调研等取得的原始信息,还包括能直接使用的二手资料;而第二次信息需要企业对其进行进一步整合、分类、调整和分析。

三、国际市场信息来源

(一)国际市场直接信息的来源

国际市场直接信息的来源分为两大类:一类是企业信息人员亲自搜集、整理、加工的各种原始信息,即主要靠实地考察得来的直接信息;另一类是他人搜集并通过整理、加工的各种间接信息资料,即第二手信息资料。

具体收集信息的渠道有:①企业派技术人员、信息人员或推销人员等,到一定的国际市场进行实地考察,搜集市场信息;②委托本国驻外经济贸易机构进行调查,获取信息;③委托本国出国人员(特别是经济、技术访问团)对有关国际市场进行专门调查或附带调查;④企业在世界各地的销售网点,不断从市场上反馈得到的信息资料;⑤委托所在国市场的代理商、零售商、进口商、批发商或其他的中间商,帮助搜集有关的市场信息;⑥通过互联网收集信息,比如通过互联网可以了解世界实时的金融、商品、价格等市场信息。

(二)国际市场间接信息的来源

间接信息的来源包括企业内部信息源和企业外部信息源两个方面。

1. 与国际市场有关的企业内部信息源

企业内部的国际市场信息源主要是企业自己搜集、整理的国际市场信息、企业产品在国际市场销售的各种记录、档案材料和历史资料,如客户名称表、购货销货记录、推销员报告等。

2. 与国际市场有关的企业外部信息源

企业外部的国际市场信息源包括的范围极广,包括本国政府机构、外国政府、图书馆、国际组织、商会、同业公会、商情调研机构、相关企业。

四、国际市场信息的开发和利用

(一)国际市场信息开发和利用的基本要求

在开发和利用国际市场信息的过程中,要注意以下方面:①准确性。信息来源是否可靠,搜集、处理的方法有无偏颇,可信度如何。②及时性。国际市场营销信息的时效性极强,信息一旦传递加工不及时,就很难有效地利用。③系统性。企业在营销活动中受到众多因素的影响和制约,如果仅仅得到一堆杂乱无章的信息是无济于事的,为此,企业必须对有关信息进行分析,分析它们之间的内在联系,提高它们的有序化程度。④适用性。要使国际市场信息符合企业开展市场营销工作的需要,必须尽可能地提高市场信息的适用性。由于各个企业的内外部环境不同,开展市场营销工作的条件不同,对市场信息的适用性要求也不相同。同时,市场信息还存在着技术上的先进性、经济上的合理性、内容上的详尽性与企业实际需要之间的矛盾。对其他企业适用的信息对本企业不一定适用。⑤经济性。搜集、处理信息必然涉及费用支出,一方面支出水平受企业预算制约,另一方面支出水平不应超出所获信息可能给企业带来的收益,否则,这一信息的搜集、处理就失去了意义。⑥明晰性。即确定信息恰为决策所需的信息量和传送频度。信息量太少,传递间隔过长,使得管理者没有足够的信息来做出决策,而量太大造成无用信息过多,或庞杂而理不出头绪,或报告过频使管理者疲于应付也不行。⑦动态性。国际市场信息更新性强,要求在信息的搜集、处理过程中要随时对手中的信息进行调整。

(二)国际市场信息的开发

1. 当代国际市场信息开发具有国际性

许多国家实行"信息共有""资源共享",建立长期的信息联系和信息沟通。参加信息互惠的国家和企业,都可以通过信息网络系统,随时获取对方的信息,简便、迅速、经济,使国际市场信息的价值倍增。如日本的三菱与德国的西门子,日本东芝、本田与美国的通用电气,既建立长期的信息联系,又联合设立公司,联合开发国际市场,协作开展进出口业务,把信息交流、信息开发与国际市场营销紧密联系起来。

2. 国际市场信息主要通过各国设立的专门机构进行开发

在日本,日本商社历来有为国家提供情报服务的传统,包括搜集、研究国外经济、政治等情报。

(三)国际市场信息的利用

1. 对收集到的市场信息进行比较分析并有针对性地利用

国际市场信息庞杂繁多,需要对收集到的信息进行处理分析,选择合适的信息加以利用。

2. 信息部门同生产部门、营销部门和研究开发部门实行一体化建设

企业要适应未来国际市场对产品的需求,正确制定这些产品的营销策略,必须重视发挥生产部门及营销部门的职能,并加强它们同信息部门和研究开发部门的配套建设,以便更好地搜集、整理、加工和利用国际市场信息。

3. 注重向用户提供信息服务

通过批发商店、零售商店、各种展销会、博览会以及广告媒介,为客户提供产品及企业、市场相关信息,让客户了解某种产品的特点及其发展趋势,宣传自己的产品,影响顾客的购买倾向和购买行为。

第二节 国际市场营销信息系统的内容与建立

在现代市场经济条件下,国际市场信息具有时效性强、更新性强、双向性等特征。为了及时有效地寻求和发现市场机会,为了事先预料营销环境中可能出现的变化与问题,为了在日趋激烈的市场竞争中取胜,企业需要建立一个有效的营销信息系统,以便及时系统地搜集、加工与应用各种有关的信息。

一、国际市场营销信息系统的含义、内容及作用

(一)国际市场营销信息系统的含义

国际市场营销信息系统是由人、设备和程序所构成的持续与相互作用的系统,其任务在于搜集、区分、分析、评估与分配(传递)那些合适、及时与准确的国际市场信息,以供国际营销决策者用来改善市场营销计划、执行与控制的工作。

首先,国际市场营销系统是系统观念在信息作业上的应用。信息作业长期以来十分庞杂

烦琐,通过将系统观念应用在信息搜集、处理与管理中,提高信息作业的系统性和有效性,便于企业对信息作业进行更好的规划与实施。

其次,国际市场营销信息系统具有未来导向性质,其目的是预防并解决问题。尽管系统搜集到的信息主要是历史信息和现状信息,但信息的调研与分析则侧重于未来发展状况,包括现有问题的解决以及未来发展趋势的预测。

再次,国际市场营销信息系统是连续作业的系统。它其中包含内部报告、情报收集、营销调研与预测分析,四部分环环相扣,连续运转。

最后,国际市场营销信息系统是系统的整个过程。它包括国际市场营销信息系统的建立与设计、功能与应用、管理与控制。

(二)国际市场营销信息系统的内容

不同企业,其信息系统的个体构成会有所不同,但基本框架大体相同,一般包含四部分内容:企业内部报告与管理系统,这是最基本的信息系统,主要反映企业内部经济状况;国际市场营销情报系统,这是系统中的核心部分,情报系统的好坏决定了整个营销信息系统最终成果的质量;国际市场营销调研系统,这部分主要研究特殊问题,针对性和实用性较强;国际市场营销决策支持系统,信息分析研究过程中往往会运用具体的经济方法和技术手段,科学性较强,较为严谨。各系统对国际市场信息的影响运作如图8-1所示。

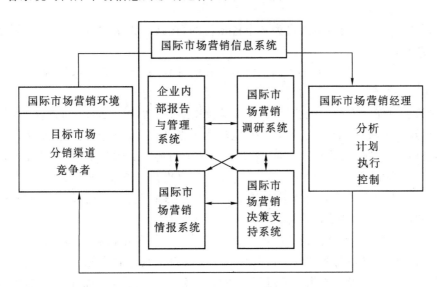

图8-1 国际市场营销信息系统构成图

1.企业内部报告与管理系统

企业内部报告与管理系统是决策者们利用的最基本的系统。它的最大特点是:信息来自企业内部的财务会计、生产、销售等部门;通常是定期提供的,用于日常营销活动的计划、管理和控制。

企业内部报告与管理系统提供包括订单、销量、存货水平、费用、应收应付款、生产进度、现金流量等信息。其中的核心是"订单—发货—账单"的循环,即:销售人员将顾客的订单送至企业;负责管理订单的机构将有关订单的信息送至企业内的有关部门;有存货的立即备货,无存货的则要马上组织生产;最后,企业将货物及账单送至顾客手中。

内部报告系统的任务之一是要提高销售报告的及时性,以便在销售发生意料之外的上升或下降时,决策者能尽早采取应对措施。

企业应设计一个面向用户的内部报告系统,它提供给营销人员的信息应是营销人员想要的、实际需要的和可以经济地获得的。在设计内部报告系统时,应避免发生某些容易犯的错误:一是,每日发送的信息太多,以致决策者疲于应付;二是过于注重眼前,使决策者对每一微小的变动都急于做出反应。

2. 国际市场营销情报系统

国际市场营销情报系统的主要功能是向营销部门及时提供有关外部环境,尤其是国际市场环境发展变化的情报。国际市场营销情报系统和企业内部报告与管理系统的主要区别在于:后者为营销管理人员提供事件发生以后的结果数据,而前者为营销管理人员提供正在发生和变化中的数据。

营销情报人员通常用以下四种方式对环境进行观察:

(1)无目的地观察。观察者心中无特定的目的,但希望通过广泛的观察来搜集自己感兴趣的信息。

(2)条件性观察。观察者心中有特定的目的,但只在一些基本上已认定的范围内非主动地搜集信息。

(3)非正式搜寻。营销情报人员为某个特定目的,在某一指定的范围内,做有限度而非系统性的信息搜集。

(4)正式搜寻。营销情报人员依据事前拟订好的计划、程序和方法,以确保获取特定的信息,或与解决某一特定问题有关的信息。

营销决策者可能从各种途径获得情报,如阅读书籍、报刊,上网查询,与顾客、供应商、经销商等交谈,但这些做法往往不太正规且带有偶然性。管理有方的企业则按照更为正规的步骤行动,来提高所收集情报的数量和质量:①训练和鼓励销售人员收集情报;②鼓励中间商及其他合作者向自己通报相关重要信息;③聘请专业人员收集营销情报,或通过专业市场调查公司购买有关竞争对手和市场动向的情报;④参加各种贸易展览会;⑤在内部建立信息中心,安排专人查阅主要的出版物、网站,编写简报等。

此外,西方营销学者曾就营销情报活动提出"情报循环"理论,具体循环阶段如下:①情报的定向。主要目的是确定企业营销所需的外部环境情报及其先后优先次序,同时建立情报的指标和收集系统。②情报的收集。通过观察各种环境,以收集需要的情报。情报的来源十分广泛,有政府机构、竞争者、顾客、大众传播媒介和研究机构等。③情报的整理和分析。通常情况下,对于收集到的情报,要分析其是否具有适用性、可靠性和有效性,也就是说,收集到的信息需要经过适当的处理才能转变成有用的情报。④情报的传递。将经过处理的情报在最短的时间内传播到适当的人的手中,为此要确定接收人、接收时间和接收方式。工作中应特别注意各种途径传播的情报有无失真的情况。⑤情报的使用。为有效使用情报,必须建立一种索引系统,帮助营销人员方便地获得存储的情报。同时,还应定期清除过期的或失效的情报。

3. 国际市场营销调研系统

国际市场营销调研系统的任务是:针对企业面临的明确具体的问题,对有关信息进行系统的收集、分析和评价,并对研究结果提出正式报告,供决策部门解决所研究的特定问题。

国际市场营销调研系统与企业内部报告与管理系统、国际市场营销情报系统最本质的区别在于它的针对性很强,是为解决特定的具体问题而进行信息的收集、整理和分析。企业在营销决策过程中,经常需要对某个特定问题或机会进行重点研究,如开发某种新产品之前,或遇到了强有力的竞争对手,或产品在某市场的销售遇到瓶颈,或要对广告效果进行评价研究等。显然,对于这些问题的研究,无论是企业内部报告和管理系统还是国际市场营销情报系统都难以胜任,需要专门的组织来承担。有时甚至企业自身也缺乏获取信息并进行这类研究的人才、技术、时间和资源,不得不委托企业之外的专业市场营销调研公司来进行调研。当然,有时这种安排也是为了保证研究结果的客观性。

例如,企业打算对产品大幅度降价,往往会责成一个精干的调研小组,对降价的可行性、利与弊、风险性以及预防性措施进行专题研究,并尽快将调研结果呈给决策者供其参考。又如,某企业打算与外商合资,这时企业会责成一个调研小组或委托市场调研公司对该外商的真实背景、合资的可行性、合资后果和利弊分析等进行专题调研,写成报告供决策者参考。

市场营销调研是企业获取市场情报的重要方法,有时甚至是关键方法。中国的企业经理人员与西方相比,在这方面存在的主要差距是中国企业经理人员往往不太重视调研——这是"营销经验主义"的表现。如何组织和实施国际市场营销调研,需要专门的课程学习。但需要指出,不懂如何组织和实施营销调研的经理人员,肯定不符合企业职业经理人员的基本素质要求。

4. 国际市场营销决策支持系统

国际市场营销决策支持系统由统计分析模型和其他决策模型组成,目的是对国际市场营销情报系统和国际市场营销调研系统收集来的数据资料用数学方法进行分析归纳,从而得出有实际意义的结果。营销决策支持系统需要具备较高的技术,以进一步分析市场营销数据和问题。其结构如图8-2所示。

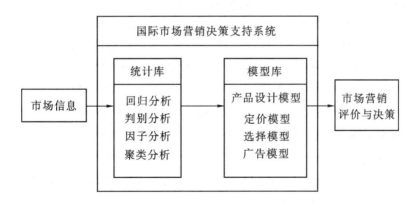

图8-2 国际市场营销决策支持系统构成图

(1)统计库。统计库是用统计方法从数据中提取有意义信息的集合。它搜集、整理和分析统计资料并进行推断。除进行常规的统计工作、以指标和图表表达事物的综合特性外,统计库还用多变量统计技术来发现数据间的重要关系。国际市场营销分析活动中重要的统计技术如下:

①多元回归分析。任何市场营销问题都涉及一组变量,而营销人员往往对这些变量中的

某个变量最感兴趣。例如,企业对销售额最为感兴趣,想要了解该变量随时间或空间变化的原因,则销售额会被设定为因变量。对销售额有影响的变量称为自变量。回归分析技术就是估计自变量对因变量产生影响、使其变化的回归模型。当仅包含一个自变量时,这个统计方法称为简单回归;而当包含两个或两个以上自变量时,这个过程被称为多元回归。

②判别分析。在许多营销情况分析中,因变量不能进行计量分析而只能分类。例如,一个汽车公司想要说明雪佛兰与福特相比较下的品牌偏好,一个零售连锁店希望区分有潜在成功和失败可能的商店地点,等等。在所有此类情况分析中,分析者寻找判别变量,并将此组成一个预测方程式,以对因变量进行判别。解决这类问题,这种技术就是判别分析。

③因子分析。在许多回归或判别研究中存在的一个问题是说明性变量(也就是自变量)之间有高度的相关性。多元回归的思想是自变量独立于其他变量,它们会影响因变量而不受因变量的影响。但是,所有配对变量的简单相关系数都显示出它们高度相关的特性。因子分析是企图用以发现在一组有较多数量的彼此相关的变量中,以构成和说明其相互关系的少数基本因子的一种统计方式。在市场营销领域中,因子分析已被有些公司用来确定构成对航空旅行、酒精饮料和电视节目态度等的基本因子上。

④聚类分析。有许多市场营销问题要求调研人员把一批对象分类或聚类。这些对象可以是产品、人员、地点等。例如,调研人员可以把汽车制造情况分成几个主要组别,它们在组内的特征甚为相似,而组与组之间的差别要尽可能大,并假设在每一组内的汽车具有最大的竞争性。又如,调研人员也可以把人群分为几个子样群,这实质上就是市场细分。再如,调研人员可以按聚类情况将城市分组,根据各城市的相似程度细分出试验城市。在上述例子中,研究对象都用多维向量数据加以描述,并且在数据处理上,应用已选定的聚类技术对目标进行分组。

(2)模型库。模型是指借助于文字、符号、图形、实物、数学公式,对物质对象或社会经济现象进行模拟的形式。模型能描述出事物实体或社会经济现象的主要特征和变化规律,是一种定量的抽象和概括。国际市场营销信息系统中的模型库是一个能够帮助营销人员做出适当国际市场营销决策的许多模型的集合。

自20世纪60年代以来,管理学领域大量引进数量模型作为决策依据的做法也为市场营销学专家效仿。一些营销学专家借助现代数学工具建立了大量的数学模型,用于营销决策。他们建立的产品设计模型、定价模型、选择模型、广告模型等,已在一些大公司的具体实践中得到应用。有管理头脑的经理喜欢抓住各种模型的中心思想,来判断这些因素在工作中的关系。

(三)国际市场营销信息系统的作用

1. 寻求国际市场机会

通过国际市场营销信息系统对国际市场进行细分和比较,可以找到最佳的国际目标市场,有助于企业开拓海外市场决策的制定。

2. 监督企业的国际销售状况

无论是企业内部报告与管理系统还是国际市场营销情报系统,都能及时针对企业产品的国际销售状况提供大量有效信息,从而决策者能够实时监督产品销售,并适当调整存货与各市场的销售计划。

3. 监测国际市场环境

国际市场环境变化包括国际市场政策、制度、经济形势变动,市场上竞争企业的变动等相关情况可通过国际市场营销情报系统加以监测。

4.综合衡量企业在国际市场上的营销战略和效果

企业国际市场营销调研系统和国际市场营销决策支持系统能够对收集到的信息进行统计和计量分析,从而对特定营销战略进行评估,对营销效果进行评价和预测,帮助决策者做出营销战略选择决策。

二、国际市场营销信息系统的建立与设计

(一)国际市场营销信息系统的建立

1.国际市场营销信息系统的建立方式

(1)重新建立。由于没有历史信息和相关处理系统,或者已有的信息系统不能适应企业组织形式、经营范围等改变,无法满足现有企业对营销信息系统的需要,新建立的企业或者刚刚经历过并购重组的企业应重新建立自身的国际市场营销信息系统。

(2)设置专门委员会。即通过新设一个独立的组织机构来专门承担国际市场营销信息系统的建立和运行的职责,具有较强的专业性,且权责分工明确。

(3)设置信息协调者。不单设部门,仅仅在涉及国际市场营销相关信息的部门间设置信息协调者,方便有效信息的沟通交流,通过部门间传递来实现信息管理。

2.国际市场营销信息系统的模式分析

国际市场营销信息系统在建立时通常需要进行模式分析。系统模式分析的主要内容有营销信息系统建立的目的、营销信息系统建立后能够发挥的职能以及管理层对营销信息系统的运行和成果要求达到的目标等。系统模式分析的程序如下:

(1)确定系统的分析范围,即主要涵盖的信息范围,包括国际市场营销相关信息和企业决策需要的信息。

(2)确定系统的决策目标。

(3)完成信息资料的搜集,需要明确信息资料的搜集来源、搜集方式和搜集人员培训与安排。

(4)建立系统的运筹模式,即系统的正常运行和相关管理控制模式。

(5)制定系统的效用标准,方便未来对系统运营成果的评价与反馈。

(6)细化系统的个案分析。

3.建立国际市场营销信息系统的基本步骤

(1)进行初步调查,掌握情况,明确问题的性质和范围,确定系统的目标。

(2)搜集有关资料,进行技术、组织、经济等方面的可行性分析、最优分析、风险分析、可靠性分析,并提出报告。

(3)明确系统必须达到的要求。

(4)确定系统对信息的要求,进行数据分析、功能分析和信息流程分析。

(5)建立系统的逻辑模型。

(6)为将逻辑模型转化为物理模型,先后进行系统模块结构设计、代码体系设计、输入输出形式设计、数据库文件设计,提出设计报告。

(7)进行程序设计,编写说明书。

(8)购买、安装有关软件和硬件,培训有关人员。

(9)完成由人工管理向计算机系统的转向。

(10)经过试运行后,进行系统的评价、验收。如确认达到了既定目标,可正式提交并投入运行,注意在运行中加以维护和完善。

(二)国际市场营销信息系统的设计

国际市场营销信息系统设计的前提是要了解国际营销的信息需求,包括国际营销现状信息的需求、国际营销事件预测的信息需求、解决国际市场问题办法的信息需求。针对国际营销现状信息和预测信息需求,需要建立适当的企业内部报告与管理系统和国际市场营销情报系统来收集并简单处理相关信息。营销信息系统能否及时并准确地获取相关信息,能否在最小限度失真的情况下在系统或组织结构内部传递信息,能否对收集到的信息加以适当控制和简化等,都是这一条件下的要求。针对解决国际市场问题办法的信息需求,需要建立适当的国际市场营销调研系统来满足需要。如需要解决的国际市场问题涉及的国际市场范围较广,则营销调研系统需增加专业人员来进行调研。

国际市场营销信息系统的设计主要是组织结构的设计。首先是选择适当的系统类型或结构形式。集中的组织形式有利于管理层对营销信息系统加以管理和控制,同时也有利于信息的集中处理;而分散的组织形式则是通过横向分布而加强信息系统各环节的职能,使得营销信息系统各环节能够较为独立地运行,提高运行效率而不用考虑整体协调所带来的不便。其次是具体结构与流程设计,包括整体设计和详细设计。整体设计确定营销信息系统的目的、职能和效用标准,而详细设计则是针对营销信息系统的各部分具体提出设计方案。最后是对国际市场营销信息系统的可行性进行分析,分为经济可行性分析和技术可行性分析。经济层面,需要评估企业的经济实力,即企业资本和资金的流动性等能否满足建立并运行营销信息系统的要求,同时需要评估新建营销信息系统的成本效益,如果建立营销信息系统带来的效益不抵建立和运行时支付的成本,则该营销信息系统不具有经济性,在经济上是不可行的;技术层面,国际市场营销信息系统设计需要评估企业自身具备的信息处理和人员管理的技术水平能否满足需要,相关专业人员的配备能否完整到位,大型专用机器设备能否获得等。

三、国际市场营销信息系统的功能与应用

(一)国际市场营销信息系统的功能

1. 国际市场信息的搜集

企业内部报告和管理系统向营销管理人员及时搜集提供有关订货数量、销售额、产品成本、存货水平、现金余额、应收账款、应付账款等各种反映企业经营状况的信息。国际市场营销情报系统则是利用各种方法收集、侦查和提供企业营销环境最新发展的信息,包括公司员工、供应商、经销商、消费者甚至竞争者的信息。

2. 国际市场信息的整理与分析

国际市场营销信息系统通过对复杂现象的信息进行统计分析、建立数学模型等,从大量数据中提取有意义的信息,并且着重分析相关变量之间相互影响的机制和联系。

3. 国际市场信息的输出与反馈

经过国际市场信息的搜集、整理和分析后,国际市场营销信息系统会最终撰写出调研报告、销售报告等专题报告,并呈给决策者供其决策参考。

(二)国际市场营销信息系统的应用

国际市场营销信息系统能够在营销决策和国际营销可行性分析中加以应用。决策者制定

营销决策时,不能仅凭营销经验主义,随意做出判断和决策。任何决策的制定都需要一定的事实支持,国际市场营销信息系统就是为这种决策提供事实和数据支持的。而在国际营销的可行性分析中,营销管理人员需要的是不同营销战略或方案的效果预测和评价,这也需要国际市场营销信息系统通过相关市场信息搜集并做出预测性分析。在应用国际市场营销信息系统提供的市场信息时,应注意国际市场信息迅速及时、灵活多变,应用时要注意信息的时效性和更新性,以免由于国际市场信息改变或过时而造成营销决策的重大失误。

四、国际市场营销信息系统的管理与控制

(一)国际市场营销信息系统的管理

国际市场营销信息系统的管理问题主要分为两个方面:一是如何管理;二是由谁管理。针对第一个方面,现有的营销系统管理包括集中管理和分散管理。集中管理侧重于纵向管理,有利于信息的集中和营销信息系统的协作性与整体性;而分散管理侧重于横向管理,有利于发挥横向各组织部门各自的独立性和职能专长。针对第二个方面,一般情况下,国际市场营销信息系统由营销部门管理,这样方便营销部门对营销信息系统提供的信息进行应用,并据此做出营销决策等,这也是营销信息系统建立的初衷;有时为了便于管理起见,企业也会将营销信息系统划归其他部门管理,如信息部门和管理部门,此时企业较为侧重国际市场营销信息系统自身具有的信息处理特质或管理特质,能够实现更为专业的管理。

(二)国际市场营销信息系统的评价与控制

国际市场营销信息系统评价的主要内容包括:

1. 系统的执行效能

针对上级管理部门下达的命令,国际市场营销信息系统能否及时将命令传达至工作部门并着手实施,同时对于需要相互协作完成的部门,国际市场营销信息系统内部能否实现有效合作和信息共享。

2. 系统的执行效率

国际市场营销信息系统能否在最短的时间内完成既定工作,并且保证营销管理人员获得想要的信息结果,满足其对信息搜集、处理和分析的要求。

3. 系统的可靠性

国际市场营销信息系统得出的结果是否是基于事实基础得到的可靠结果,信息处理过程是否存在失真问题,对信息的统计分析和模型建立是否符合经济意义和现实意义。

4. 系统的适应性

针对营销管理人员提出的不同信息需求,企业业务范围涉及的不同市场范围,企业不同业务涉及的不同市场领域,国际市场营销信息系统能否有针对性地对不同需求开展差异性工作。

5. 系统的经济性

国际市场营销信息系统能否以最低的经济成本实现最高的经济效益,国际市场营销信息系统自身的运行是否存在经济层面改进的空间。

针对以上评价过程中发现的国际市场营销信息系统存在的缺陷,对国际市场营销信息系统实施相应的控制和调节来对其加以完善。

本章小结

1. 国际市场信息是指市场上各种经济（特别是市场要素）活动和相关环境的数据、资料、情报的总和，它反映了市场活动和环境的变化、特征和趋势等情况。
2. 国际市场信息包括国际市场环境信息、国际市场产品信息、国际市场价格信息、国际市场销售渠道信息、国际市场促销信息、国际市场竞争信息。
3. 国际市场信息的基本要求是保证信息的准确性、及时性、系统性、适用性、经济性、明晰性、动态性。
4. 国际市场营销信息系统包含四部分内容：企业内部报告与管理系统，这是最基本的信息系统；国际市场营销情报系统，这是系统中的核心部分；国际市场营销调研系统，这部分主要研究特殊问题；国际市场营销决策支持系统，信息分析研究过程中往往会运用具体的经济方法和技术手段。
5. 国际市场营销信息系统具有寻求国际市场机会，监督企业的国际销售状况，监测国际市场环境，综合衡量企业在国际市场上的营销战略和效果的作用。
6. 国际市场营销信息系统的功能是国际市场信息的搜集、国际市场信息的整理与分析和国际市场信息的输出与反馈。
7. 国际市场营销信息系统的评价主要基于系统的执行效能、系统的执行效率、系统的可靠性、系统的适应性和系统的经济性。

思维导图

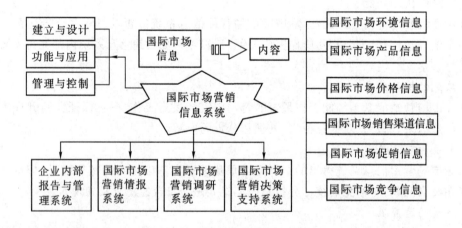

 案例分析

家乐福兵败日本

2001年，当家乐福谨慎而又雄心勃勃地进入日本市场时，它并没有料到会因为经营不善而不得不从世界第二大零售市场——日本退出。这也是家乐福继1993年退出全球最大的零售市场——美国之后的又一次战略"大撤退"。为什么家乐福会在这些重要的国际市场上节节败退？

家乐福在日本照搬在欧美国家经营的经验,未对日本进行细致的市场调研。没有有效搜集和处理日本的生活方式、消费水平、人口增长、居住条件、都市化程度、风俗传统等国际市场信息。单纯依靠薄利多销的运营方式,没有根据日本不同的国情和消费习惯来调整营销策略,导致"水土不服"。比如,日本的住宅面积比较小,不宜一次购买很多商品存放在家中。特别是蔬菜、鱼肉及其制成品,日本人十分讲究新鲜度,随买随吃。另外,大部分日本妇女婚后不工作,主要在家料理家务、照看孩子,所以平日也有时间到附近超市选购新鲜食品。因而,日本的超市一般都设在交通流量大的车站附近或者居民比较集中的住宅区和闹市区。据日经BP社报道,自2001年6月日本废除了《大店铺法》之后,日本出现了大型零售商业设施进一步向市中心集结转移的趋势。而家乐福在日本开设的8家超市全部位于中心城市郊区,远离市区的家乐福仅有的价格优势显然不能成为招揽顾客的必胜法宝。

日本以中产阶级为消费主体,消费较为理性。主流消费追求个性化和特色化,因此品类齐全、价格低廉的大超市无法与专业和价格细分程度相对较高的专卖店竞争。在此背景下,家乐福仍固守薄利多销策略,没有把握住日本顾客想体验法国气氛的这一独特需求,这是其兵败日本的根本原因。

资料来源:倪海清.从家乐福兵败日本谈国际市场营销[J].改革与开放,2005(8):22-23.

讨论和在线学习问题

1. 家乐福兵败日本的原因是什么?
2. 如果你是家乐福的负责人,你会如何做来避免这次失败?
3. 2017年6月22日,家乐福进入高雄巨蛋商圈,在左营南屏店开幕,成为我国台湾地区第100家家乐福。自此,家乐福已深耕台湾近30年,近年以多元化经营,发展便利购超市,跨足电子商务推出线上购物平台,更达到百店里程碑。通过登录家乐福中国网站(http://www.carrefour.com.cn/)和上网搜集资料,了解家乐福国际市场拓展的最新动态,并与同学讨论以下问题:家乐福在台湾达成百店里程碑,与其之前实施的国际市场营销调研有何关系?家乐福的台湾市场调研是如何开展的?

思考与问答

1. 试说明国际市场营销信息的主要内容。
2. 国际市场信息的主要来源有哪些?如何进行国际市场营销信息的开发和利用?
3. 试分析国际营销信息系统的基本结构和主要功能。
4. 怎样组建有效的国际营销信息系统?
5. 如何实施对企业国际市场营销信息系统的管理、评价和控制?
6. 选择一家拥有较好营销信息系统的跨国企业(如沃尔玛等),搜集其营销信息系统的相关信息,分析该企业国际营销信息系统的优劣。

第九章 国际市场分析与预测

> **学习目标**
> 1. 理解国际市场的内涵和类型
> 2. 了解主要国际区域市场特点,并能进行初步的分析
> 3. 理解各国消费者行为的差异性,并能进行具体的分析
> 4. 理解并掌握影响各国消费者行为差异的主要因素
> 5. 掌握国际市场预测的方法

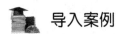 导入案例

采埃孚亚太区总部喜迎"乔迁",继续加码中国事业

2021年6月16日,采埃孚集团亚太区总部新办公大楼正式启用,此举将进一步推动亚太区职能与资源的整合和优化,提升运营效率。这也是采埃孚集团提升亚太区战略地位的一个重要的里程碑。

2021年,是采埃孚进军中国市场的第40个年头。40年来,中国市场在采埃孚集团的全球业务链条中日益发展壮大。

这家全球性技术公司,一直以来致力于乘用车、商用车和工业技术领域提供移动性系统产品,是全球汽车行业的合作伙伴和零配件供应商,提供传输、转向、底盘系统等汽车零配件。随着中国汽车市场逐步发展为全球"顶流"市场,以中国为核心的亚太区在采埃孚的全球布局中显得愈发重要。

尤其是2019年和2020年,率先摆脱疫情困扰的中国市场成为采埃孚全球范围内最出彩的区域市场。

数据显示,2020年,采埃孚创造了326亿欧元的全球销售额,其中在亚太区的销售额占据总量近25%。采埃孚从复苏的中国市场中受益匪浅,驱使采埃孚在亚太区的销售额略高于上一年同期。

采埃孚集团董事柯皓哲博士(Dr. Holger Klein)表示:"亚太区总部新办公大楼满足亚太区不断壮大的管理团队的需求,同时增强团队的凝聚力和运营效率。我们十分重视中国市场,将持续投资并实施'中国引领'战略。我们在中国率先实现关键新产品的全球量产。采埃孚在上海的两个技术中心和一个服务中心是全球组织架构的重要组成部分。此外,我们积极参与中国汽车产业生态系统,将在上海新设立担负全球职能的创新中心。"

采埃孚亚太区以中国为引领，在中国的布局对整个集团来说是重中之重。

就亚太区而言（包括印度），2020年第一季度的销售额较上一年同期大幅下跌。第二季度，该地区的需求开始反弹，尤其是中国，并在下半年快速复苏。就整年来看，采埃孚在亚太区的销售额为81.49亿欧元，成功实现3.8%的涨幅，也是采埃孚所有市场中唯一实现年度销售额正增长的地区。其中，中国销售增长10.3%。

采埃孚中国总裁及亚太区运营高级副总裁汪润怡女士说："今年是我们进入中国市场的40周年，我们已经在主要城市布局了近50家生产企业、四家研发中心，经历了从中国销售、中国制造和中国研发的历史性跨越。今后，采埃孚将继续深耕中国市场，持续投资、不断增强创新开发能力。同时，采埃孚将推动数字化制造，进一步加强本地化进程，积极参与本地的出行生态系统，与合作伙伴们携手打造下一代移动出行。"

目前，欧洲依然是采埃孚销售额最高的市场，约占总销售额的46%左右；北美市场的销售额占比次之，为26%；而亚太市场的销售额在总销售额中占比25%。亚太区的目标是将其销售额占全球销售额的比例提升至30%。

随着亚太区总部新办公大楼的正式启用，采埃孚集团亚太区总部管理机构主要分布在上海三个地点，即徐汇区漕河泾、松江区九亭镇和嘉定区安亭镇。其中，位于漕河泾的亚太区总部新办公大楼主要作为事业部和职能部门的中央枢纽；九亭园区将继续承担采埃孚中国区总部职责，同时也是采埃孚先进的工程中心、服务中心和创新基地，包括电驱传动、底盘技术和工业技术等部门的研发；安亭技术中心将作为采埃孚自动驾驶、汽车主动安全技术及被动安全技术的研发基地。

这三个办公地点形成一个金三角，三位一体更好地实现职能优化和协同效应。相信在采埃孚集团亚太区总部新办公大楼的赋能和加持下，不管是对于优秀人才的管理还是先进技术的交流，都将会带来更积极的作用，并在全球组织架构里扮演更为重要的角色。

资料来源：https://www.guancha.cn/qiche/2021_06_17_594807.shtml.

第一节　国际市场概述

一、国际市场分类

（一）国际市场的含义

国际市场是世界各国或地区之间进行商品和劳动交换的场所，是在世界范围内通过国际分工和国际经济活动联系起来的各国（地区）市场以及各国（地区）之间市场的总和。

（二）国际市场的类型

1. 按历史演进分类

按照历史逻辑的演进和国际市场交换关系所涉及的空间范围大小，国际市场可以细分为外国市场、国际区域市场和世界市场等三个不同的层面。其中，外国市场是指商品交换的范围突破国别的界限，与某个外国之间的商品交换关系构成的市场。通常，外国市场即指国别市场，如美国市场、日本市场等。国际区域市场是指商品交换关系进一步扩大，由若干个国家或地区构成的统一市场,如欧盟、北美自由贸易区等。世界市场是指全球的统一市场,是在世界范围内的所有国家或地区之间,在国际分工基础上交换商品、交换劳务和进行资源配置所形成的统一体。世界市场按照地区划分,可以分为欧洲市场、北美市场、亚洲市场、非洲市场、拉丁美洲市场和大洋洲市场。

2. 按经济发展水平分类

按照经济发展水平划分,国际市场可以分为发达国家市场、发展中国家市场等。

3. 按经济集团分类

按照经济集团划分,国际市场可以分为欧洲联盟市场、中美洲市场、东南亚联盟市场、西非国家经济共同体市场、阿拉伯共同市场等。

4. 按商品结构分类

按照商品构成情况划分,国际市场可以分为工业制成品市场、半制成品市场和初级产品市场。工业制成品市场又可分为机械产品市场、电子产品市场、纺织品市场等。

5. 按交易对象分类

按照交易对象划分,国际市场可以分为商品市场、劳务市场、技术市场、资本市场、劳动力市场等。

6. 按垄断程度分类

按照垄断程度划分,国际市场可以分为垄断性市场、半垄断性市场和非垄断性市场等。

二、国际市场的特点与发展趋势

(一) 国际市场规模和商品种类不断增加

1. 全球性国际市场的形成

国际市场地理范围的扩大,突出表现于殖民地范围的迅速扩大。在国际市场的萌芽时期,殖民地范围主要局限于美洲、非洲沿海和东南亚的某些岛屿。在国际市场的形成和发展期,殖民地范围已扩展到包括美洲、非洲、亚洲和大洋洲在内的全球。在萌芽期,殖民者的势力主要集中于交通要道、港口和沿海;在形成和发展期,殖民者通过内河航运和铁路运输,其触角不断向内陆和边远地区延伸。在亚洲,英国殖民者从18世纪中叶到19世纪中叶,在近100年的时间里,通过征战和阴谋,将印度境内600多个公国逐一征服,使印度沦为英国的殖民地。荷兰殖民者自16世纪末入侵印度尼西亚后,到19世纪60年代,已将爪哇、马鲁古群岛、苏门答腊岛占领,把印度尼西亚变成了荷兰东印度公司一本万利的咖啡、胡椒、甘蔗等经济作物的种植园。在中国,通过第一次鸦片战争和第二次鸦片战争,英、法、美、俄等列强逼使清政府签订了一系列不平等条约,先后从腐败的清政府手中攫取了大量的战争赔款和片面的最惠国待遇。

在非洲,从18世纪中期到19世纪60年代,资本主义列强一方面继续从事血腥的奴隶贸易,另一方面从沿海向非洲的内陆不断渗透。在北部非洲,埃及从18世纪末至19世纪初,先后沦为法国、英国的殖民地,尼罗河三角洲成了英国的产棉区。1834年,法国武装占领阿尔及利亚,宣布它为"法国属地",并使它成为法国的葡萄园和蔬菜地。在南非,荷兰和英国开展了开普敦殖民地的争夺活动,18世纪末19世纪初,英国夺取了这一由荷兰殖民者经营了一个半世纪的殖民地,并对当地土著居民采取屠杀、驱逐和奴化政策。在西部非洲,尼日尔河三角洲成了英、法棕榈油和棉花种植园。在东部非洲,欧洲殖民者继续从事残酷的贩奴勾当,并在19

世纪的上半期达到了全盛期。从莫桑比克运往美洲的奴隶,19世纪初每年1.5万人,19世纪30—40年代则达到2.5万人。由于非洲大陆极其辽阔,欧洲殖民者所占领的只是其中的一小部分,为此,他们一次又一次地开展了对非洲大陆的探险活动。据统计,1791—1850年的60年间,西方国家对非洲的探险共24次;1851—1860年的10年间就增加到27次,1861—1870年的10年间则达到了29次,显示了日益强烈的侵占整个非洲大陆的欲望。

在北美,18世纪中叶,英国从法国手中夺取了对加拿大殖民地的控制权,为加强对这里工业品的销售和原料的掠夺,英国殖民者加紧了运河的开凿和铁路的修筑,并使当地的渔业、木材、皮毛贸易和小麦种植等殖民地经济得到了迅速发展。

在大洋洲,从18世纪末到19世纪初,英国开始向澳大利亚广袤的大陆大举移民,使澳大利亚殖民地由犯人流放地向自由移民方向发展。19世纪20年代,工业革命中的第一大产业纺织业对羊毛的需求量大大增加,促使了澳大利亚养羊业的迅速发展。1820到1850年,澳大利亚羊毛出口值从200万英镑猛增到4000万英镑,英国的羊毛进口中,澳大利亚的羊毛占了一半。在澳大利亚的绵羊迅速增加时,当地土著居民的数量却急剧减少。1804年,塔斯马尼亚岛上的土著居民估计有3000到7000人,到1830年仅剩余300人左右。在新西兰,1840年,英国殖民者赶走其他资本主义列强,独占了这块富饶的土地,并将之变成了英国的工业原料和粮食的供应基地。

20世纪80年代以后,苏联解体,东欧等社会主义国家进行了政治改革,从而排除了东西方、资本主义与社会主义阵营的政治障碍,使国家间的贸易关系随之发展。20世纪90年代,经济一体化趋势更加明显。1994年乌拉圭回合谈判结束,1995年WTO建立。

2. 国际市场交易商品数量的扩大

国际市场的萌芽时期,交易的商品主要是西欧的手工业品、殖民地的奴隶,以及贵重金属(黄金、白银)和香料;在国际市场的形成和发展期,除了血腥的奴隶贸易继续延续外,主要围绕欧美资本主义国家产业革命的需要,对殖民地输出工业品,对宗主国输入矿石、羊毛、棉花以及小麦、咖啡、葡萄等农产品。同时,英、法、美、德等西方列强为了加强对殖民地的长期占领和纵深掠夺,对殖民地加强了机器设备输出和资本输出。

2008年全球金融危机以来,世界货物出口增长率曾于2010—2011年恢复到20%左右。2012年开始,世界货物出口增长率急剧下跌。2012—2014年,基本保持在3%左右。2015年全球贸易低迷状况进一步恶化,2017年后全球贸易出现下滑,贸易保护主义抬头和新冠肺炎疫情的全球蔓延使得全球贸易雪上加霜。

3. 对国际市场掠夺的国家数目扩大

国际市场的萌芽时期,从事国际市场掠夺的主要是西班牙、葡萄牙、荷兰、英国等国家;国际市场的形成和发展期,从事国际市场掠夺的除了老牌国家外,还增加了新兴的资本主义国家美国、法国、德国、比利时、俄国等。在这些资本主义列强中,英国由于完成了工业革命,实力最为雄厚,在国际市场的争夺中,处于垄断地位。同时,美、法、德等后起之秀不断跟进,国际市场的竞争隐含着日益加剧的矛盾和利益格局的重新分配。

(二)国际贸易方式多样化

近年,在世界市场上,国际贸易方式多样化,出现了一些新贸易形式,主要有补偿贸易、对外加工装配贸易、租赁贸易等。

(三)国际市场结构变化显著

1. 国际产业转移的变化

随着全球信息网络的建设日益完善,一大批国际企业迅速崛起,布局国际市场积极进行海外投资,加速了世界经济的进一步融合,世界经济一体化趋势得到不断增强。在20世纪之前,跨国公司的国际化程度较低,自身承担了大部分生产工序,只是将一部分加工装配环节转移至具有劳动密集型产业优势的发展中国家以及新兴工业国家;20世纪90年代之后,跨国公司开始将生产制造工序以及售后服务环节等大规模转移出去,仅保留部分核心科技研发和营销环节,使产品、劳动力、科技等生产要素实现了自由流动。进入21世纪以来,发达国家对产业结构进行了新阶段的发展和调整,国际产业转移也呈现出新的趋势和特点:劳动密集型产业向资本密集型、技术密集型产业转移;低附加值产业向高附加值产业转移;由西方国家为主导,以信息技术和生物技术为核心的高新技术产业,已成为产业结构调整转移的重心。

随着西方发达国家从工业经济向信息经济过渡和知识经济的发展,发达国家产业结构知识化、高度化发展速度加快,国际产业转移的结构也呈现出高度化趋势。发达国家制造业向发展中国家转移的过程接近尾声,服务业已经成为产业转移的新热点。但同时也应引起注意的是,随着国际产业转移的不断深入,自20世纪80年代开始,世界制造业格局发生了较大变化,一个显著的特点就是发达国家经历了"去工业化"过程,劳动力迅速从第一、第二产业向第三产业转移,制造业占本国GDP的比重持续降低,并向新兴工业化国家转移,发展中国家尤其是中国制造业快速崛起。制造业争夺战涉及各国的政策取向、制度设计、科技研发、生产经营环境、劳动力素质、基础设施等诸多方面。全球制造业的变化对国际产业转移有着重要的影响和作用。

2. 国际贸易商品结构的变化

(1)原料和初级工业品→工业制成品。20世纪90年代以后,世界商品的增长速度一直超过世界生产的增长速度,而在世界商品贸易中,最具活力的是工业制成品贸易,工业制成品贸易年均增长9.8%,而初级产品贸易仅增长2.2%。在国际技术贸易增长的同时,技术贸易的内容也发生了变化,向着知识型、信息型等软件技术方面倾斜。以微电子技术为例,其产品及与其相关的办公信息设备类商品的增长速度2003年高达31%,其力度超过化工、汽车、纺织、服装等主要出口商品,在世界贸易组织划分的11大类商品中增幅最大。1980年,这类产品的出口在世界贸易中的比重仅为4.12%,而目前这类高技术含量的商品在世界贸易中的比重上升到12%,已成为牵动世界贸易增长的重要因素。

(2)商品贸易→服务贸易。自20世纪60年代以后,由于各国政府逐步放宽了对服务贸易的限制,国际服务贸易得到了迅速发展,在20世纪70年代和80年代约为20%,但在90年代则上升到25%左右。从20世纪90年代开始,世界产业结构中第三产业的比重就一直在60%以上。在国际服务贸易规模和速度发展的同时,服务贸易商品结构也在发生变化,这种变化同世界经济发展和科学技术水平呈正相关态势。二战以后,由于第三次产业革命,电信、金融、信息、高新技术等产业得以迅速崛起并快速进入服务贸易领域,从而使得世界服务贸易的结构不断发生变化,原有的运输、旅游服务相对其他服务占整体服务贸易总额比重下降。

在20世纪90年代初期,世界服务贸易的构成中国际运输服务占38.5%,国际旅游占28.2%,其他服务占30.8%。经过20多年的发展,这种结构已经发生变化。截至2010年,国际运输服务比重由38.5%下降到21.4%,国际旅游的比重由28.2%上升到25.5%,其他服务的比重由30.8%上升到53.1%。自2000年以来运输服务增速超过了旅游服务。这主要是由于世界货物贸易强劲增长和运输成本大幅提升共同作用的结果。货物贸易增长往往是运输、保险、金融等生产性服务增长的引擎。不过2009年情况除外。在国际金融危机中,各国经济活动收缩以及货物贸易规模萎缩,使与之密切相关的运输服务需求受到明显抑制。2009年,全球运输服务跌幅最大,下降23%,旅游和其他商业服务分别下降9%和8%。在2010年,随着世界货物贸易强劲反弹(出口量增长14.5%,出口额增长22%),全球运输市场回暖,运价回升,运输服务贸易实现了较快增长,增幅达到14%,成为世界服务出口增长最快的类别,旅游服务和其他商业服务分别增长8%和6%,占比走向方面的差异正体现了世界服务贸易的商品结构高级化趋势。

根据WTO的统计,从2012年到2019年,全球跨境服务贸易出口占全球贸易出口比重已经从19.5%提升至24.5%。服务在世界出口的增加值从1980年的30%增长到2022年的49%。近年来,与国际贸易和跨境电商相关的数字服务贸易,包括跨境支付和金融服务,物流、仓储、数字营销、信息服务等都在蓬勃发展,跨境供应链的服务也是其中的重要内容。人工智能、物联网、3D打印和区块链等技术正在改变着商品和服务的生产、交易、交付和消费方式。数字服务贸易的发展不仅支撑了货物贸易和跨境电商的快速发展,自身也成为服务贸易进出口的新动能和重要组成部分。按照联合国贸发会议的统计测算,从2008年到2019年,全球数字化的服务出口从1.9万亿美元增长到3.2万亿美元,占全球服务出口的52%。

(3)高科技产品和环保产品比重提高。在国际服务贸易构成中,运输和旅游等传统服务贸易所占比重相对下降,通信、保险、广告、租赁、管理等新型服务贸易所占比重不断提高,特别是知识产权、技术转让、数据处理、咨询等知识含量较高的服务行业发展更快,使服务贸易结构向知识密集型转变。

(四)垄断与竞争更为剧烈

国际服务贸易市场,特别是技术含量高的新兴服务业市场,大部分被发达国家所垄断,它们占据了服务贸易3/4的份额。美国是世界最大的服务贸易出口国,在电信、数据处理、银行、保险等新兴服务贸易行业有明显优势,其服务行业出口占世界服务出口的近1/5。世界服务贸易的其他份额也大部分为经合组织成员所占据。而发展中国家则由于受经济整体水平的制约,其服务贸易内容主要局限在旅游、国际工程承包、一般劳务输出等旅游资源和劳动力资源等传统劳动密集型项目上。发展中国家在国际服务贸易结构变化中处于不利地位。目前,世界市场由卖方转向买方市场,垄断进一步加强,使得市场上的竞争更为激烈。争夺市场的主要竞争方式有:

(1)组织经济贸易集团控制市场;

(2)通过跨国公司打进他国市场;

(3)国家积极参与世界市场的争夺;

(4)从价格竞争转向非价格竞争,非价格竞争的手段和方法主要包括提高产品质量、性能,改进产品设计,做好售前售后服务等;

(5)开拓新市场,使市场多元化;

(6)跨国公司之间的信息和科技竞争。

第二节 主要国际区域市场特点分析

一、美国市场的特点

美国是世界上最为开放的市场之一,也是世界经济最发达的国家。美国是中国的主要贸易伙伴,现在每年由中国制造进入美国的产品已超过 5000 亿美元,这些产品大多是消费品,通过许多中间环节进入美国。美国消费品市场具有五大特点。

(一)市场容量大

美国市场容量世界最大,美国也是世界上最大的消费品市场。首先是因为美国人消费能力强,美国人人均年收入超过 5 万美元。其次是美国人消费意识强,美国人不但较少储蓄,而且超前消费,许多人都拥有信用卡,甚至有好几张。再次是美国人对消费品的更新快,很多日用品使用都不超过一年,他们往往不是因为旧的坏了而买新的,而是因为"喜新厌旧",新鲜时髦的商品,或节假日商品打折都会引起他们的购买意愿。最后是因为美国劳动力成本高,因此美国劳动密集型的消费品生产多已转移到其他国家和地区。所以,美国国内市场上所需要的日用消费品主要靠进口,而且进口需求量相当大,如市场上的服装、鞋类、箱包、礼品、小家电,以及家具、卧具、灯具、文具、工具、玩具、厨具、餐具等。而且这一趋势还在上升,不太可能转变。美国经济的景气指标可能会影响高档商品的销售,但不会减少大众百姓对中国制造、价廉实用的日用消费品的购买。美国市场主要宏观经济指标见表 9-1。

表 9-1 美国市场主要宏观经济指标

指标	2017	2018	2019(e)	2020(f)
GDP 增长率/%	2.2	2.9	2.3	-5.6
通货膨胀率(年均)/%	2.1	2.4	1.8	2.1
预算平衡*(占 GDP 的比重)/%	-4.5	-5.7	-5.6	-6
经常账户余额(占 GDP 的比重)/%	-2.3	-2.4	-2.5	-2.5
公共债务(占 GDP 的比重)/%	106	104.3	106.2	108.9

(e)表示估计,(f)表示预测,*表示财政年度为上年 10 月至本年 9 月。

数据来源:2020 年世界经济论坛。

(二)市场接纳性强

首先,美国是一个移民国家,美国社会又是一个民族大熔炉。美国 3.33 亿人口中,大多是来自不同国家与地区、不同民族的移民,或是他们的后裔。他们有着不同的文化传统和风俗习惯,美国人口结构的多元化决定了美国消费品市场的多样化。在美国的移民,既习惯于使用本民族及传统的商品,也对世界上其他民族的商品很有好奇心与新鲜感,因此美国大众消费者对市场上各种商品的接纳性很强,极少排斥。其次,由于美国贫富差距较大,高中低收入阶层构成了不同层次的消费群体和不同层面的特定市场,而且规模都相当可观,因此,来自世界各地的高中低档次产品在美国均有很大的需求。最后,美国人较现实,购物消费只重视个人喜欢或方便,不太考虑别人怎么看,社会上也很少有人对他人消费进行议论。因此,一些较高收入的人也常到折扣商店买便宜货,甚至逛逛9毛9商店或跳蚤市场。值得一提的是,随着美国中等收入人数的增加,美国中等收入阶层如今已成为消费品市场的主体,是商界追逐的主要对象。因此,中国生产的商品要重视提高档次,争取这一消费群体,获取更高的商品附加值。

(三)市场法规健全,行业协会左右市场

美国的市场经济比较成熟,政府对企业的经营范围与经营方式很少限制,但对各行各业产品进出口,以及批发、零售均有极为详尽的法规与执照要求,而且执法十分严厉,尤其在商标、环保、安全、税务、劳工方面。因此,在美国从事商务不但必须学习了解法律法规,依法办事,而且最好请专业人士来处理,千万不可自以为是。企业在美从事贸易要聘请律师作法律顾问,也要有会计师帮助处理公司税务,以免误触法规。

此外,美国各行各业都有协会,美国的行业协会作用相当大,可以左右政府决策与市场。他们为保护本行业利益,游说政府制定有利的政策,为行业发展举办各类研讨会,为开拓市场组织展览,出版杂志,向会员提供市场资讯。美国一些行业性法规也往往都是这些协会提出与起草的,比如很多产品的反倾销法案。因此,中国企业与产品要进入美国,不但要研究对应的行业协会,还应该加入这些行业协会。参加美国行业协会很容易,交纳会费就能享受相应权益。美国行业协会对会员的服务意识很强。对一些企业而言,成为行业协会会员表示是这个圈子内的人,比较容易被客户认可,尤其是一些历史比较悠久的著名协会。

(四)市场重质量、讲品牌,尤其重视产品安全

美国市场对产品质量的含义已扩展为广义的,并不局限于一般的产品用途、技术指标与规模,他们认为产品进入市场本来就应该符合质量标准。他们还将产品的包装质量、产品使用说明质量,尤其是售后服务质量也纳入质量含义之中。而这些往往正是中国企业不太重视的。因此,中国企业对产品质量的要求应该有更深的认识。此外,按美国市场的惯例,美国大零售商都接受顾客退货,只要有发票,即使包装已拆开、商品已被使用,也可退换,而且不用作什么说明。因为退货的损失并不由零售商承担,所以进口批发商更要对产品质量严格把关。当然,这样做可以保证假冒伪劣产品进不了这种大商场,商场的信誉也自然可以提高。

美国消费者对产品品牌的认可度极深,因为品牌包含了他们对质量概念的理解,而且也比较准确地表示了自己的消费层次,所以他们较多购买有品牌的产品,也愿意付更多的钱。但是,有品牌的产品并非一定高价,美国产品的品牌往往针对不同的消费群体,一般由品牌就可知道其价位,如 Macy's(梅西)属于中档,Walmart(沃尔玛)则是较为便宜与大众化的。

美国市场竞争十分激烈,经销商还要对其商品承担责任险,商家稍不注意就会吃巨额赔偿官司。所以,美国对产品的质量要求都非常严格,各种产品的标签、包装、说明都要符合美国市场要求,以分清责任。其中最为突出的是安全标准,如电子产品要符合 UL 标准,打火机要防止儿童开启发生火灾,玩具零件不能脱落而被儿童误吞,对各类食品进口的安全要求就更严格了,也不允许一些商品随意标明有医药功能。

(五)市场销售季节性强

美国消费品市场对各种商品的需求均有较强的季节性,通常分春季(1—5月)、夏季(7—9月)和节日季(11—12月)。每个季节都有商品换季的销售高潮,如感恩节(11月底)开始便是

美国人冬季节日购物的季节,特别是圣诞节,是美国商品全年销售旺季,通常要占全年销售额的三分之一。美国进口商进口订货均是根据其国内销售季节来组织的,如错过销售季节,这些商品就难以销售,意味着这一年度退出美国市场,甚至被竞争对手长时间排除在市场之外。这就是为什么一些中国企业如果未能按合同日期交货,不但拿不到货款还要被罚款的原因。

此外,美国有许多节日,如情人节、母亲节就是商家销售礼品的良机。美国作为移民大国,各个民族都有自己不同的传统节日,这些传统节日也就形成了为数众多的消费市场,商家都想方设法利用这些传统节日来促销。

二、西欧市场的特点

广义的西欧即欧洲的西部,指苏联和东欧以外的欧洲部分。西欧地区约有5.1亿人口,土地面积500万平方千米。

(一)市场一体化程度高

西欧的建立就是朝着经济一体化市场的方向发展。欧盟对外实行统一关税。目前欧盟根据出口国与欧盟的不同关系采取不同的税率,由高到低分别为自主税率、协定税率、特惠税率和普惠税率四种。另外,欧盟自1979开始实行统一的进口数量配额和配额管理制度。

(二)市场广阔,需求多样,监管严格

西欧是世界上经济最发达的地区之一。在西方发达国家中,西欧、美国和日本保持三足鼎立。西欧不仅是世界上最大的进出口市场,也是世界上最大的消费市场。德国市场主要宏观经济指标见表9-2。

表9-2 德国市场主要宏观经济指标

指标	2017	2018	2019(e)	2020(f)
GDP增长率/%	2.5	1.5	0.5	-7.2
通货膨胀率(年均)/%	1.5	1.7	1.4	1.4
预算平衡(占GDP的比重)/%	1.2	1.9	1.2	0.6
经常账户余额(占GDP的比重)/%	8.1	7.4	7.2	6.7
公共债务(占GDP的比重)/%	65.3	60.9	59.3	57.5

(e)表示估计,(f)表示预测。

数据来源:2020年世界经济论坛。

欧洲多数国家对各类商品的名称、质量、包装上的文字说明有严格的明文规定。例如,罐头食品、服装以及日用消费品的包装说明必须使用当地文字,一般应包括如下内容:商品名称、原产地和生产企业、进口公司名称、地址、商标、数量、成分、生产日期、保存时间和条件、截止消费期、使用说明、商品性能等。近几年来,由于欧洲经济萧条,失业增加,贸易保护倾向日益发展,各国政府相机采取各种非关税壁垒措施来限制进口,海关和质量管理部分加强了对进口商品的监督管理。

(三)消费水平高,消费层次多

西欧分销网络发达,批发零售星罗棋布,且日益集中,体现综合商品的商店数目减半,超级市场在各类商品的销售中比例大幅度增加,占零售额的30%以上;商品分销业加快并购,形成了大的销售集团公司。西欧居民生活水平普遍较高,购买力强。同时商品种类十分丰富,款式新颖,商品分销渠道层次分明。在西欧,专门出售高档货的是百货公司和专门店,出售中档商品的大众商店、超级市场和邮寄公司业务发展最快。

在促销方面,由于不同国家拥有不同的语言与文化,对促销的管制也不尽相同,所以很难在西欧内推行统一的促销策略。

(四)进口商品结构发生巨大变化

西欧消费结构的变化特点是吃穿用商品,即食品、饮料、纺织品、服装、鞋类、皮革制品、其他日用品、耐用消费品等在私人消费中的比重不断下降。主要是由于在二战后,居民的生活水平不断提高,上述商品市场已经趋近饱和,而文化娱乐方面的支出却在不断扩大。除了受到居民购买力增长变化影响外,美国消费方式在欧洲地区也有巨大的影响。

(五)自由化程度高

西欧国家实行自由贸易政策,凡在当地注册登记的贸易公司,哪怕是只有一间小店铺的零售贸易公司,都可以直接经营进出口业务。直接进口的渠道有零售商店、大型零售公司的采购中心、工业企业的贸易公司,进口的间接渠道有传统进口商、传统批发商、独立的专业商店成立的采购中心和独立的中间商。

三、日本市场的特点

(一)市场规模大

日本是世界第三大经济强国,同时也是仅次于美国和德国的第三大进口市场,其经济实力占世界经济的6%左右。日本有1亿多人口,人均收入高。目前日本有90%的家庭认为自己属于中产阶层,而以中产阶层家庭为主的国家市场魅力是最旺盛的。日本存在老龄化的倾向,整个社会消费态度的变化和闲暇时间的增多,使消费倾向不断提高。日本市场主要宏观经济指标见表9-3。

表9-3 日本市场主要宏观经济指标

指标	2017	2018	2019(e)	2020(f)
GDP增长率/%	1.9	0.8	0.8	-3
通货膨胀率(年均)/%	0.5	1	0.6	1
预算平衡(占GDP的比重)/%	-3.2	-3.1	-3	-2.8
经常账户余额(占GDP的比重)/%	4.2	3.5	3.3	3.2
公共债务(占GDP的比重)/%	235	238	237	236

(e)表示估计,(f)表示预测。

数据来源:2020年世界经济论坛。

(二) 市场垄断程度高

由于历史原因,左右日本经济的是一些实力雄厚的巨型企业集团。第一次世界大战后,三井、三菱、住友、安田四大财团是日本经济的轴心。二战前及二战期间,又出现了一批新财阀,鲇川、浅野、古河、大仓、中岛、野村等到二战结束时控制了日本企业的 35.2%、金融资本的 53%、重工业的 49%。1955 年后,逐步形成了三井、三和、芙蓉、三菱、住友、第一劝业六大企业集团。它们只占全国法人企业总数的 0.008%,但其资产总额和营业总额占 13.29% 和 24.68%。若加上子公司和相关公司,则比例分别占 26.95% 和 25.2%。它们涉及行业广泛,从而形成了强大竞争优势和排他性的企业系列。

(三) 市场竞争激烈

因为日本产业发展长期实行"配套主义",门类齐全,且质量较高,同时日本与美国、西欧等国家和地区长期存在巨额贸易顺差。因此,美国、西欧及亚洲新兴发展中国家都十分注重扩大对日出口,从而加剧日本市场的竞争。长期以来,日本为保护本国利益,对国外市场强调"出口导向"和"第一主义"的政策。但随着美日贸易、欧盟与日贸易的摩擦越来越严重,日本政策引起欧美不满,强烈要求日本开放其国内市场。现在,日本市场慢慢走向开放,但其开放措施主要以欧美国家为对象,以发展中国家为对象的较少。

(四) 商品质量要求高

日本消费者对商品质量要求十分苛刻。目前许多产品已"饱和",市场需求向多样化、个性化、时髦化发展。日本消费者不仅追求使用价值,且追求文化价值。商品不仅要品质优良、款式新颖,且外观要达到完美,稍有疵点和污迹,很难进入日本市场。

(五) 分销渠道复杂

日本分销渠道最为复杂,且层次多、流程长。日本零售店总数约为 160 万个,比美国多 5%,但人口只有美国的一半。在日本,平均 1 万人就有 132 家零售店,而在美国,1 万人只有 65 家零售店。日本同时需要较多的中间商,据统计,日本市场上的批发商数量就超过 40 万家。日本的批发商和零售商的分类也很细。许多商品的销售要经过批发商,甚至是多层的批发环节才能到达零售商店,不仅增加了销售费用,给外国企业进入日本市场也带来很大的困难。

四、金砖国家市场的特点

金砖国家最初指中国、俄罗斯、印度、巴西四个成长前景看好的新兴市场国家。经俄罗斯倡议,四国于 2006 年 9 月联合国大会期间举行了首次金砖国家外长会晤,此后每年依例举行。2009 年 6 月,四国领导人在俄罗斯叶卡捷琳堡举行首次会晤。2011 年,南非正式加入金砖国家。

(一) 俄罗斯市场

1. 资源丰富,重工业发达

俄罗斯位于欧亚大陆北部,地跨欧亚两大洲,是世界上面积最大的国家,拥有世界最大储量的矿产和能源资源及森林储备,是最大的石油和天然气输出国。由于其特殊的地理自然因素和历史因素,俄罗斯形成了独特的产业结构,即工业结构不合理,重工业发达,轻工业发展缓慢,民用工业落后。俄罗斯市场主要宏观经济指标见表9-4。

表9-4 俄罗斯市场主要宏观经济指标

指标	2017	2018	2019(e)	2020(f)
GDP增长率/%	1.5	2.3	1.1	−5.8
通货膨胀率(年均)/%	3.7	2.9	3.6	3.8
预算平衡(占GDP的比重)/%	−1.5	2.9	1.5	1.1
经常账户余额(占GDP的比重)/%	2.1	6.9	5	4.5
公共债务(占GDP的比重)/%	15.5	14.6	15.8	16

(e)表示估计,(f)表示预测。

数据来源:2020年世界经济论坛。

2. 市场需求旺盛,容量巨大

俄罗斯人口超过1.44亿(截至2020年),首都莫斯科是俄罗斯政治、经济、金融、科学、艺术、教育、商业中心,也是欧洲最大的城市。俄罗斯人在住房、轿车等设施方面较为现代化,而将其主要收入投资于食品、家电、服饰及耐用消费品上。俄罗斯是中国"一带一路"倡议中体量最大的市场,也是亚投行重要创始成员国,在"一带一路"中占据着重要地位,普京政府发展重心东移的"远东开发"战略与我国"一带一路"倡议重点契合,给中俄经济合作激发出新的市场空间。

3. 市场的城市化程度高,消费观念超前

俄罗斯城市人口占74%,农村人口占26%。俄罗斯富裕阶层对外国奢侈品趋之若鹜。莫斯科分布了众多的高级百货商店。一般阶层也偏爱消费,很少有储蓄的习惯。

4. 农产品、轻工及日用品对海外市场依赖强

俄罗斯市场呈现出农产品、轻工产品、日用工业品自给比例小,过分依赖进口的局面。俄罗斯瓜果、蔬菜的自给率是30%左右,日用消费品的自给率为40%左右,肉类的自给率在50%左右,对进口依赖程度相当高。

5. 社会价值观趋向多元化

俄罗斯是一个多民族国家,有190多个民族,东正教是俄罗斯最主要的宗教。各个区域文化、风俗、消费水平不同,带来消费需求多样化。

(二)印度市场

1. 政府效率不佳,企业经营隐性成本高

印度到1991年才逐渐对外开放,朝向自由化及国际化方向努力,但因教育程度低,加上人口众多,且政党政治运作并不稳定,导致虽有民主,但政治并不清明,官僚体系严重,行政效率低落,基础建设落后,公路、港口、铁路、通信、电力等设施成长缓慢,商业运作因此受到钳制。企业亦被迫分担政府的责任,各项隐性成本极高,商业税负规定繁杂、红包文化及电话、水电、公司登记等相关申请耗时困难,与其他国家商业环境差距较大,导致外来投资者却步。不过,近年渐有改善,国外直接投资金额有增加的趋势。

2. 产业偏重劳力密集型及资源密集型

由于印度在开放后仍维持高关税政策,直到最近才逐渐降低,各产业因长期受保护,缺少竞争,效率低落,缺乏研发、行销及市场竞争的观念,许多传统出口产业因此多局限在劳力密集及具有自然资源优势的产业,如纺织、宝石、大理石、皮革制品等。

3. 传统小店铺多,专业量贩店尚在发展中

印度百货销售渠道正在稳定增加中,并逐渐有类似欧美大型购物中心的综合卖场出现。不过,专业产品如计算机、电子及通信等 3C 产品的量贩店尚未出现。此外,近年有一些著名的连锁百货公司出现,例如 Shoppers Stop 等,是值得外商切入的销路合作对象。

4. 文化差异大,商业习惯不同

比较而言,印度人一般轻诺且不守时,商业交往注重建立人际交情,不重效率,与西方商业习惯有相当差异。初与印度商业往来的国外人士难以适应,必须经过一段时日,才能逐渐习惯。

(三) 巴西市场

1. 农业是基础,工业较发达

巴西约有 37% 的人口从事农业,南部、西部等地居民以畜牧业为主,部分人从事林业和渔业。工业比较发达,生产的集中程度很高。

2. 文化多元,包容性强

巴西人的文化主要是在欧洲文化、印第安文化和非洲文化相互结合的基础上产生的。巴西是一个移民国家。移民来自世界各地,因而集中了东西方多种宗教信仰。在巴西,天主教是最大的宗教,其信徒占 60% 以上。

3. 分期消费,采购量大

在消费方面,巴西人很喜欢分期付款。当地的超市,在标价时往往都会体现分期付款的价格。另外,巴西人习惯在周末去超市购物,周末是当地人消费的最主要时间。大部分巴西人的购物风格是每月拿到工资以后马上来一次大采购,而且这种购物风格是一种根深蒂固的习惯。

(四) 南非市场

1. 白人与黑人两大消费模式并存

南非月平均收入在 560～1120 美元的为中高收入阶层,以白人为主,这个收入阶层占南非人口的 15%,收入却占本地生产总值的 67%,这类消费者追求生活享受,需要精美的家电用品,跟随欧美的时装潮流,注重产品的设计与品质;另一类为低收入阶层,月收入在 100～560 美元,以有色人和黑人为主,他们占南非人口的 85%,收入仅为本地生产总值的 33%,食品及住房支出占了其开支的大部分,服装、日用品及家电消费以满足最基本的需要为主,多选用本地产中低档产品。近年来,黑人经济发展迅速,黑人中产阶级渐渐兴起,形成一股新的消费群。

2. 南非市场供应充足

档次较高的商品大多为欧洲货,它们虽然价格昂贵,但仍然受欢迎。较低档次的是除日本外的亚洲产品。

3. 南非消费支出结构中以日用品为主

根据统计资料显示:食品、饮料、烟酒支出占 37.4%,服装、鞋支出占 7.4%,休闲娱乐教育

支出占4%,房租支出占6.6%,运输与通信支出占4.6%。

4. 实力雄厚的连锁店集团控制着南非商品销售主渠道

目前南非70%的商品销售是通过制造商(或进口商)—连锁店—最终消费者方式进行,只有手表、珠宝、手袋等营业额不高的非生活必需品仍通过原有的销售模式进行。南非主要的连锁店集团有Pickn Pay、Woolworth、Checkers等。

5. 超前消费习惯

南非消费者购物习惯"先消费后付款",因此信用卡、支票的使用非常普遍。中小商人较多,因资金有限,银行利率高,仍习惯于见货付款或分期付款,一般不开即期信用证。

6. 对轻工、纺织、服装、电子等产品需求量大

(1)纺织服装。本地产服装只能满足内需的60%,当地对冬夏两季成衣需求量大。时装品味趋向欧洲风格,白人对服装需求的特点是大方、传统及手工精巧,黑人则要求服装颜色鲜艳夺目,中低档产品较畅销。

(2)轻工产品。鞋为黑人的第二大消费品,他们喜欢的品种包括皮鞋、运动鞋和帆布鞋等;钟表类以电子石英表最畅销,20~40美元的中档表好销;玩具类以遥控或电动玩具、音乐玩具、建筑玩具及塑胶洋娃娃等进口量最大。其他畅销的产品有还人造珠宝、厨房用具、相册、塑料提箱等。

(3)电子产品。本地该类产品只能满足内需的18%,需求量大的产品有计算器、收录机、录像机、微波炉、蒸汽电熨斗、吹风机、烤箱、电子加热器及电动剃须刀等。

第三节 国际市场消费者行为分析

一、国际消费者市场含义及分类

消费者市场是指为满足自身需要而购买的一切个人和家庭构成的市场。国际消费者市场是国内消费者市场在地理范围上的延伸。

国际消费者市场具有以下特征:

(1)分散性。市场交易范围广,购买人数多。
(2)差异性。消费者需求复杂多样,购买数量小、次数多。
(3)可诱导性。消费者往往缺乏专业知识,受广告或其他推广影响大。
(4)流动性。消费者在不同地区、不同企业、替代品之间流动。
(5)发展性。随社会经济发展,消费者收入提高产生新的需求。
(6)多层次性。按照马斯洛需求层次理论,消费者需求由低到高有生理需求、安全需求、社交需求、尊重需求和自我实现需求五个层次。

二、国际消费者购买行为模式

(一)消费者购买行为

消费者购买行为指消费者购买商品的活动和与这种活动有关的决策过程。消费者购买行为主要内容为6W+1H,如图9-1所示。

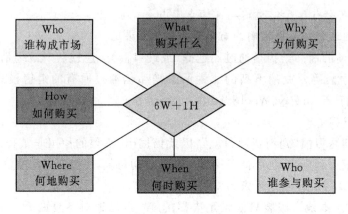

图 9-1 6W+1H

1. 购买者

购买者指市场由哪些人构成。消费者购买决策与家庭结构有着重要关系。比如在父母和子女共同生活的家庭中,父母的影响力非常大,同时青少年对家庭消费决策的影响也在日益增加。

2. 购买对象

购买对象指购买什么商品。

根据消费者购买商品本身的特性分类,商品可分为耐用品和非耐用品。

根据消费者购买行为的差异分类,商品可分为日用品、选购品和特殊品。

3. 购买目的

购买目的指为什么要购买这些商品。消费者明确购买目的是其实施购买行为的前提。

4. 购买方式

消费者购买方式指怎样购买商品。分析消费者的购买方式可以从消费者购买过程中所涉及的环节入手,如消费者寻找信息、评价行为和决定购买等环节有哪些特点。

5. 购买时间

购买时间指消费者在什么时候购买商品。消费者购买时间取决于消费者购买频率、卖方的营业时间,也与各国的社会文化背景有关。

6. 购买地点

消费者的购买地点与产品销售渠道网络的特点有着紧密联系。商品的性质,商品的时尚性,商品的标准化程度,都影响着产品销售网络的特征。

7. 购买组织

购买组织指消费者市场怎样购买、如何购买。

(二)消费者购买行为模式

研究消费者购买行为模式的理论,最具代表性的是美国菲利普·科特勒提出的刺激-反应模式。购买者行为模式一般由外部刺激因素、购买者黑箱和购买者反应三部分构成,如图 9-2 所示。这一模式基本假设为:购买者的购买决策行为来自其对外界刺激的积极心理反应。但是由于购买者的心理活动过程是在其内部完成的,既看不见,又难为人知,因而被喻为"黑箱"。

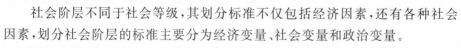

图 9-2 消费者购买行为模式

黑箱是一个"控制论"术语。当人们观察一个自然界和人类社会中的某一事物或某一系统时,对其内部结构以及其运行机理不知道,该事物或系统对于观察者来讲,就是一个"黑箱"。

研究"黑箱"的一般方法是根据其外部的表现,尽量地"猜测"它内部的情况,通过不断地积累对它观察的资料,逐渐逼近对它内部情况的了解(即所谓的接近"最终真理")。

三、影响国际消费者购买行为的因素

(一)文化因素

1. 文化

文化是在一定的物质、社会、历史传统基础上形成的价值观念、道德信仰、思维和行为方式的综合体。大部分人尊重自身文化,接受自身文化中的共同价值观,遵循自身文化中的道德规范和风俗习惯。因此,文化广泛而深刻地影响消费者行为。进行国际营销的企业要能准确捕捉到目标市场国的文化变迁,发现新的产品需求。

2. 亚文化

亚文化指某一文化群体所属次级群体的成员共有的独特信念、价值观和生活习惯。亚文化类型包括民族、宗教、种族和地域群体等。

比如中国有多个民族,各民族有自己的语言、风俗习惯和文化传统,使得各民族的消费者在购买行为上存在差异。但是,同时他们又有整个中华民族的文化烙印。

3. 社会阶层

社会阶层是重要的文化因素之一。社会阶层是指依据经济、政治、教育、文化等多种社会因素所划分的社会集团。每一阶层的成员具有类似的价值观、兴趣爱好和行为方式。

社会阶层不同于社会等级,其划分标准不仅包括经济因素,还有各种社会因素,划分社会阶层的标准主要分为经济变量、社会变量和政治变量。

(二)社会因素

1. 相关群体

相关群体指对个人态度、意见和行为有直接或间接影响的人群。相关群体有成员群体和参照群体两种类型。企业进行营销时要注意参照群体,因为它展现给人们新的行为和生活方式,影响人们的态度,对人们选择产品和品牌时产生行为趋于一致的压力。

2. 家庭

家庭对一个人消费行为的影响是持续一生的,消费者或者受其出生家庭的影响,或者受其他后来家庭的影响。根据购买决策方式不同,家庭类型可以分为各自为主型、丈夫支配型、妻子支配型和共同支配型。目前,随着妇女社会地位的提高,妻子在购买决策中的作用日益提升,以往"男主外女主内"的传统家庭类型正向妻子支配型或共同支配型转变。

3. 角色和地位

角色是周围的人对一个人的要求或一个人在各种不同场合应起的作用。比如,在职场中担任领导职务的男性在家庭中是丈夫和父亲。

消费者做出购买选择时往往会考虑自己的身份和地位,企业把自己的产品或品牌变成某种身份或地位的标志或象征,将会吸引特定目标市场的顾客。

(三) 个人因素

1. 年龄与家庭生命周期

不同年龄的消费者在购买偏好上存在很大的差异。比如,从年龄看,儿童是玩具的主要消费者,青少年是文体用品的主流市场,老年人是保健用品最大的市场之一。青少年购买决策的随意性和模仿性较强;老年人则较少受广告影响,购买决策比较理性。

家庭生命周期指从消费者年轻时离开父母独立生活到年老的家庭生活的全过程。家庭生命周期不同阶段,有着不同的购买行为模式(见表9-5)。

表9-5 家庭生命周期与购买行为模式

家庭生命周期	购买行为模式
未婚期	几乎没有经济负担,是新观念的带头人,追求自我价值 购买:一般的厨房用品和家具、新潮服饰、度假
新婚期 年轻夫妻,无子女	经济状况较好,购买力强 购买:家电、耐用家具、汽车、度假
满巢期一 年幼子女不到6岁	家庭用品采购高峰期,更注重产品的使用价值 购买:婴幼儿食品、玩具、学习用品、日常用品
满巢期二 和未独立子女同住	经济状况较好,对耐用品及日常用品购买力强 购买:教育、学习用品、生活必需品、医疗保健、度假
空巢期 无子女同住	经济状况良好且有储蓄,对娱乐、旅游、自我教育感兴趣 购买:旅游、度假、奢侈品
孤独期 退休	收入减少,经济状况一般,对身体健康更加关注 购买:医疗保健用品、家庭劳务、度假

2. 职业

营销人员可以发现某一特定的职业群体,并为这一特定职业群体生产某一产品或服务。职业不同、受教育程度不同会造成人们需求和兴趣的差异。

个人的消费方式受其职业的影响比较大。例如,"白领丽人"会购买与其身份和工作环境相协调的服装、手袋、化妆品等,而公司经理则购买昂贵西服、俱乐部会员证和进行度假消遣。

3. 经济状况

经济发达国家的消费者,市场营销强调的是产品款式、性能、特色,采取非价格竞争;而经济发展水平较低的国家,则侧重于产品的功能和实用性,价格比品质更重要。

4. 生活方式

生活方式表现为一个人在生活中表现出来的活动、兴趣和看法。生活方式的类型是多种多样的,有节约型、奢侈型、守旧型和革新型等。

5. 个性和性别

女性的品牌敏感性不如男性,对广告更加敏感,更加细致,更喜欢感性化的媒体,更加非理性,对价格更敏感,易受他人影响,更重视购物环境。

(四)心理因素

1. 需要与动机

需要是人们由于缺少而导致的一种不平衡状态,当它达到一定程度时,便成为一种驱动力,当这种驱动力被引向一种可以减弱或消除它的刺激物时,便成为一种动机。动机是一种推动人们为达到特定目的而采取行动的迫切需要,动机是行为的直接原因。需要与动机的转化过程见图9-3。

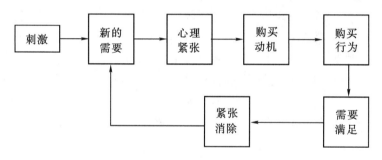

图9-3 需要与动机过程

根据五个需求层次,可以划分出五个消费者市场:

(1)生理需求→满足最低需求层次的市场。消费者只要求产品具有一般功能即可。

(2)安全需求→满足对"安全"有要求的市场。消费者关注产品对身体的影响。

(3)社交需求→满足对"交际"有要求的市场。消费者关注产品是否有助提高自己的交际形象。

(4)尊重需求→满足对产品有与众不同要求的市场。消费者关注产品的象征意义。

(5)自我实现→满足对产品有自己判断标准的市场。消费者拥有自己固定的品牌。

2. 知觉(感觉)

知觉是人脑对直接作用于感觉器官的客观事物各个部分和属性的整体反映。知觉的特点有整体性、理解性、选择性。

三种不同的感觉过程如下:

(1)选择性注意。人们倾向于注意那些与其当时需求有关的、独特的或反复出现的刺激物。

(2)选择性理解。人们将接收的信息进行扭曲,使之符合自己的意向。

(3)选择性记忆。人们选择保留符合自己态度和信念的信息。

3. 学习

学习指由于经验和知识的积累而引起的行为持久性的改变。

消费者由于内在的需要而产生购买某种商品的动机,但这种动机在购买行为结束后是继续产生或从此消亡,取决于消费者后天学习的结果。

4. 态度

态度是指一个人对某个客观事物或想法的相对全面而稳定的评价。态度具有持久性和一贯性,态度是一种习得的倾向。一旦消费者形成对某产品或品牌的态度,他会倾向于依据态度做重复的购买决定,而不再花时间去比较、分析和判断。消费者态度一旦形成不会轻易改变,因此企业最好使其产品迎合消费者既有的态度而不是改变它。

四、国际消费者购买行为的发展趋势

(一)趋势 1——更追求消费便利性

在过去的几年里,便利性已经成为消费者行为中最重要的一个特征,而网购的兴起,特别是各种新兴的移动电商的崛起,也再次印证了消费者对便利购物的强烈诉求。

根据 2015 年尼尔森的调查,比起其他的零售渠道,便利店的年度门店数量增长高达 17%。这个比例在三线城市(21%)和四线城市(26%)更高。除了快速增加的便利店以外,消费者对便利性的追求也体现在他们对购物地点的选择上。"便利的位置"对于零售商品牌价值的贡献度紧随"优质的服务"之后,位居第二。接下来是"可以很容易并很快找到我需要的东西""能在一个门店找到我想要的所有东西""有效率的收银柜台"。值得一提的是,能够提供"所需物品均在店内"服务的零售店的排名从前一年的第 13 位一跃成为排名第 4 的品牌价值影响要素。与此同时,"有效率的收银柜台"也从上年的第 15 名跃居为第 6 名。

(二)趋势 2——更加注重价值导向的理性消费

消费者购买要求质量和追求经济性,这两种发展趋势相互结合,产生的价值导向主要表现为:提前消费转向注重储蓄,质量与价值并重的"明智"消费,为价值而寻求信息。

(三)趋势 3——消费更个性化

消费者实现个性化消费的条件越来越充分,会寻找商品间的细微差别性,并将这种差别延伸为个人的独特性。这主要表现在:消费者越来越多地参与消费甚至生产的过程;希望近距离置身生产过程,从而确保产品或者服务就是他们所需要的;愿意为个性化(定制化)产品支付额外的金钱。

(四)趋势 4——更加关注自我,寻求身心的健康与满足

消费者更加关注自身及家庭生理与精神上的双重健康,不仅追求生理上的健康,更寻求精神上的安宁与平静,主要表现在:健康食品成为潮流;绿色食物、环境认证、素食主义者等;追求精神"饮食"健康,在消费中寻求精神的安定与满足。

(五)趋势5——在全球化中寻找自己的"根文化"消费

消费者所处的地区与文化始终存在差别,人们可能有共同的心理倾向,但其动机却受所处的文化和社会环境的影响,主要表现在:全球地方化的"文化";人们希望被别人认知,希望得到专门的、对其文化有感知的服务。

第四节 国际市场预测

一、国际市场预测的内涵

国际市场预测指企业在国际市场调研的基础上,运用已有的知识、经验和科学方法,对国际市场发展变化做出分析与判断,为企业跨国营销活动等提供决策依据的一种活动。

二、国际市场预测的类型

(一)按预测的性质分为定性预测和定量预测

定性预测是指通过对预测对象目标运动的内在机理进行质的分析,以判断未来质的变化情况的预测。定量预测是运用一套严密的预测理论和根据这些理论所建立的数学模型对预测对象目标运动质的规律进行描述,据以预测未来量的变化程度。

(二)按预测对象分为宏观预测和微观预测

宏观预测是从宏观角度对整个市场的发展变化和趋势的预测。微观预测是为企业所进行的对生产或营销活动的预测。

(三)按商品类别分为单项商品预测、分类商品预测和商品总量预测

单项商品预测是对某一种商品未来市场发展变化情况的预测。分类商品预测是对某一类商品的未来市场发展变化情况的预测。商品总量预测是对各种商品的未来市场需求总量的预测。

(四)按预测时间分为长期、中期、短期市场预测

长期、中期、短期市场预测的区别与定义如表9-6所示。

表9-6 长期、中期、短期市场预测区分

类型	时间单位	使用范围
短期市场预测	日、周、旬、月、季	为企业安排月度或季度生产营销计划提供依据
中期市场预测	一至五年	企业市场潜力、价格变化、商品供求变动趋势等方面,以及影响中期市场变化的各种因素的预测
长期市场预测	五年或五年以上	预测市场未来的发展变化趋势,为企业长期发展规划、产品研究开发、投资规划和扩大生产规模等提供依据

三、国际市场预测的方法

(一)定性预测

定性预测是指预测者根据已掌握的资料,运用个人的经验和分析能力,对事物的未来发展做出判断的过程。定性预测的常用方法为德尔菲法。

德尔菲法,由兰德公司于1946年首次用来做经济预测,后来被迅速广泛采用。它主要采用函询调查形式,依据步骤由专家对所函询的问题独立判断,而后综合整理,匿名反馈回去,经过多次循环最后汇总,作为预测结果。

德尔菲法操作要求:
(1)提出所要预测的问题及要求;
(2)选择专家小组成员,列入学者、教授、总经理、某个领域的资深人员等;
(3)企业将意见征询表和相关数据资料发给专家;
(4)每个专家根据资料,提出预测意见;
(5)将第一次意见汇总、对比,再还给各位专家(匿名),让各位专家重新判断和修改自己的意见,经过三四轮,直到各位专家不再改变自己意见为止;
(6)企业对专家意见进行最终整理,得出预测结果。

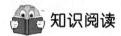知识阅读

德尔菲法的应用

美的公司开发了一种新产品,聘请了9位专家对新产品投放市场1年的销售额进行预测。在专家做出预测前,美的公司将产品的样品、特点、用途、用法进行了相应的介绍,并将同类产品的价格、销售情况等作为背景资料,书面发给专家参考。而后采用德尔菲法,请专家各自做出判断。

经过3次反馈之后,专家意见不再改变,得出销售额预测结果如表9-7所示。

表9-7 长期、中期、短期市场预测区分   单位:百万元

专家	第一次判断			第二次判断			第三次判断		
	最低销售	最可能销售	最高销售	最低销售	最可能销售	最高销售	最低销售	最可能销售	最高销售
专家1	10	15	18	12	15	18	11	15	18
专家2	4	9	12	6	10	13	8	10	13
专家3	8	12	16	10	14	16	10	14	16
专家4	15	18	30	12	15	30	10	12	25
专家5	2	4	7	4	8	10	6	10	12
专家6	6	10	15	6	10	15	6	12	15
专家7	5	6	8	5	8	10	6	10	12
专家8	5	6	10	7	8	12	7	8	12
专家9	8	10	19	10	11	20	6	8	12
平均值	7	10	15	8	11	16	8	11	15

对 9 位专家预测结果的统计处理：

1. 简单平均法

将 9 位专家第三次判断的简单平均值作为预测值，则预测销售额为 $(8+11+15)/3 = 11.33$（百万元）。

2. 加权平均法

将第三次判断的最低销售、最可能销售和最高销售按 0.2、0.5、0.3 进行加权平均，则预测销售额为 $8 \times 0.2 + 11 \times 0.5 + 15 \times 0.3 = 11.6$（百万元）。

(二) 定量预测

定量预测是根据已掌握的比较完备的历史统计数据，运用一定的数学方法进行统计分析，借以揭示有关变量之间规律的过程。

如果价格、销量等随着时间的变化增减量大致相同时，可以用平均增减量法进行预测。

$$V_i = P_0 + d \times i$$
$$d = (P_n - P_0)/n$$

式中：i——所对应的时期序数，$i = 1, 2, \cdots$；

V_i——第 i 期价格、销量的趋势值；

P_0——基期价格、销量的实际值；

P_n——第 n 期价格、销量的实际值；

n——末期所对应的时期序数；

d——逐期增减量的平均数。

此外，回归预测也是定量预测常用方法。一元线性回归法指只有一个自变量对因变量产生影响，而且两者之间的关系可用回归直线来表示，它可以求出具有因果关系的若干变量之间的关系。

回归模型：

$$Y = a + bx$$

式中：
$$a = \frac{\sum y_i}{n} - b \frac{\sum x_i}{n}$$
$$b = \frac{n \sum x_i y_i - \sum x_i \sum y_i}{n \sum x_i^2 - (\sum x_i)^2}$$

本章小结

1. 国际市场是世界各国或地区之间进行商品和劳动交换的场所。国际市场规模和商品种类不断增加，国际贸易方式多样化，国际市场结构变化显著，垄断与竞争更为剧烈，是当今国际市场的特点与发展趋势。
2. 消费者市场是指为满足自身需要而购买的一切个人和家庭构成的市场。国际消费者市场是国内消费者市场在地理范围上的延伸。国际消费者行为是指各个国家的消费者在获取、消费及处置来自不同国家、不同品牌的产品或服务时所表现出来的特有的态度和行为模式。

3. 影响国际消费者购买行为的因素主要有文化因素、社会因素、个人因素和心理因素。
4. 国际市场预测指企业在国际市场调研的基础上,运用已有的知识、经验和科学方法,对国际市场发展变化做出分析与判断,为企业跨国营销活动等提供决策依据的一种活动。

思维导图

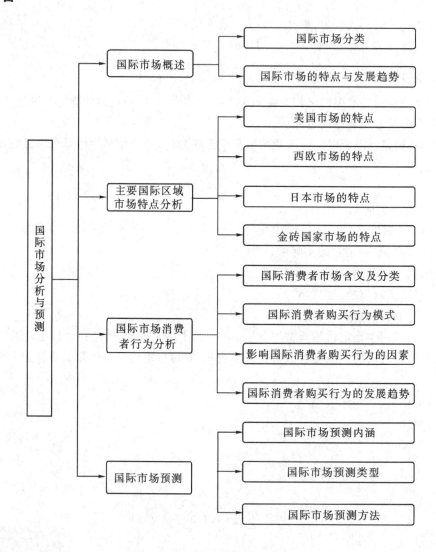

 案例分析

宝洁洗发水市场：集中一点,差异求胜

宝洁公司长期以来一直牢牢保持着中国洗发水市场的霸主地位。但随着越来越多的中外企业不断进入,洗发水市场的竞争也愈演愈烈。当前,洗发水品牌数量之多,可谓铺天盖地。新品牌希望以强大的广告攻势迅速争得一席之地,老品牌则力图通过市场细分进一步扩大战果。

根据2001年全国城市消费者调查的结果,2001年每周使用洗发水3次以上的消费者比例占全部洗发水使用者的 39.0%,这一数字比 2000 年提高了 4 个百分点;同时,每月使用 1 次及以下者或每月使用 2~3 次的比例比 2000 年分别减少了 0.4 和 1 个百分点。洗发水使用频次的小幅提高说明,未来洗发水市场仍有一定的发展空间,而"今天你洗头了吗?"等一系列倡导每日洗发的广告宣传片的热播,也意味着洗发水行业孕育着更多的商机。

要想把握商机,巩固或提高市场占有率,首先应当了解洗发水行业的市场结构特点,针对不同的市场结构采取相应的营销战略。市场结构是指在特定市场中,企业间在数量、份额、规模上的关系以及由此决定的竞争形式。在理论上,市场结构可以分为完全竞争的市场结构、完全垄断的市场结构、寡头垄断的市场结构和垄断竞争的市场结构四种。如果仅从品牌来看,洗发水市场呈现出垄断竞争市场结构的特点,即行业内仍存在较多小规模品牌,产品不完全同质,竞争仍较为激烈,排在前位的品牌地位不十分稳固,有可能被其他有实力的品牌所取代。但实际上,从生产企业来看,CR4 已超过 80%,而 H 指数因为能够对规模大的企业给予较大的权重,也将从 0.12 上升到 0.3,因此洗发水市场应当属于寡头垄断的市场结构。此时,各企业品牌市场占有率总体没有变化,但市场支配力却有了更明显的变化。我们可以看出,宝洁公司是最大的寡头企业,而联合利华和丝宝集团也对宝洁构成了一定的威胁。寡头垄断市场结构的主要特征是:行业内有少数大企业,在资金、技术等方面具有绝对优势,产品同质或有较大差别,寡头地位较为稳固。综上所述,对于小品牌或小企业来说,应当针对垄断竞争的市场结构采取集中一点的品牌战略,在部分市场上取得持久的成本领先地位,或者别具一格的品牌形象。广告战略目标应当是,在树立品牌形象的同时突出与其他产品的差别。对于寡头企业来说,应当根据寡头垄断的市场结构特点,更多关注其竞争对手的行为,采取领先或跟进的营销战略,广告策略主要是维护品牌形象。

那么如何实施集中一点的战略呢?这就必须充分了解消费行为,了解不同消费群体的差异及由此产生的不同需求,使产品更能够满足细分市场的消费需求。78.2%的消费者购买洗发水的主要场所是超市或大型超市。在选购洗发水时,消费者普遍认为最重要的产品要素是功效,以 5 分制的评价尺度来衡量,功效的重视度最高,达 4.55 分;其次关心洗发水产品的成分配方和品牌的知名度,包装和价格相对来说是次要的。在考虑产品内在要素的同时,消费者的选择还会受到一些外界因素的影响。以 10 分制的评价尺度来衡量,其中影响力最大的是购买的方便程度,为 7.17 分;其次是对广告的印象,为 6.57 分。由此可以看出,如果从产品的功效出发,形成产品间的差异,树立别具一格的品牌形象,更容易引起消费者的关注,也就更容易为消费者所理解和接受。同时,企业应当特别注意销售渠道和铺货的问题,尤其是在超市及大型超市的铺货。

当然,不同的消费群体,其消费行为有所不同。例如,从年龄看,20~29 岁的消费者洗发频率最高;相对于其他年龄段的消费者,14~19 岁的消费者对产品功效和成分配方的重视程度更高;20~29 岁的消费者对品牌知名度的重视程度高于其他年龄人群,对价格的重视程度却是各年龄层中最低的;40 岁以上的消费者比其他年龄的消费者更看中价格因素;14~19 岁的消费者比其他年龄层更易受广告和促销的影响;在所有年龄段中,受购买方便性的影响最小的是 20~29 岁的消费者,影响最大的是 40~49 岁的消费者。从性别看,男性使用洗发水的频率明显高于女性,促销对女性购买的影响力要高于男性。从不同区域看,广州消费者使用洗发水的频率要高于北京和上海,因此在广州也有更多的人选择 750mL 包装的洗发水,同时他们对价格的关心程度超过了对品牌知名度的重视,这也与北京和上海的情况不同。

值得注意的是,目前洗发水品牌线已发展得比较完整,对洗发水功能的定位也各有侧重。因此,新的品牌定位应当能够满足特定细分市场的特殊需求。目前洗发水市场上国外品牌成为消费主流,占据绝大部分的市场份额,不仅是因为外资企业在资本实力、生产规模及产品研发能力上具有明显优势,更因为经营者能够适时推出新产品来满足细分市场的需求。而国产品牌尽管不甘屈服,不断有新品牌加入挑战者的行列,但大多数在战略上并未采取集中一点的进攻方式,没有针对特定细分市场的特色产品,在品牌策略和广告策略上多数都只是步人后尘,毫无新意,自然无法改变不利的局面。

"逆水行舟,不进则退",洗发水市场经过十多年的发展,已经逐步成熟。在这种情况下,单凭一个产品、一个广告就想从市场上获得丰厚的利润已不可能。想"进",就必须充分研究市场,分析竞争对手。洗发水市场上的佼佼者之所以能保持领先地位,正是因为他们能够准确把握不同消费群体的不同需求,将其融入产品,形成不同的品牌形象,并将之准确地传达给消费者,最终获得广泛认同。

资料来源:央视市场研究股份有限公司.洗发水市场:集中一点,差异求胜[J].销售与市场,2002(3):83-84.

讨论与在线学习问题

1. 影响消费者对洗发水购买的因素有哪些?
2. 洗发水市场竞争激烈,企业如何实现"集中一点,差异求胜"?
3. 登录宝洁中国官方网站(https://www.pg.com.cn),并收集相关资料,与同学讨论宝洁如何对中国洗发水市场进行细分。

思考与问答

1. 什么是国际市场?如何对其分类?
2. 主要国际区域市场的消费特点有何差异?
3. 影响国际消费者购买行为的因素主要有哪些?
4. 选择一家目前已经走向国际市场的中国企业,分析其进入的东道国市场特征,重点分析该国消费者的购买行为特征。

第三篇

进入国际市场战略

第十章 国际目标市场战略

> ## 学习目标
> 1. 理解国际市场细分的含义和作用
> 2. 掌握国际市场细分的依据
> 3. 了解国际市场细分的程序及原则
> 4. 掌握评估国际目标市场的标准
> 5. 了解国际市场定位的方法

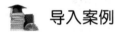 导入案例

只做最容易成功的事

在纽约第五大道有一家复印机制造公司,他们需要招聘一名优秀的推销员。老板从数十位应聘者中初选出三位进行考核,其中包括来自费城的年轻姑娘安妮。

老板给他们一天的时间,让他们在这一天里尽情地展现自己的能力。可是,什么事情才最能体现自己的能力呢? 走出公司后,几位推销员商量开了。一位说:"把产品卖给不需要的人! 这最能体现我们的能力了,我决定去找一位农夫,向他推销复印机!"

"这个主意太棒了! 那我就去找一位渔民,把我的复印机卖给他!"另一位应聘者也兴奋地说。出发前,他们叫安妮一起去,安妮考虑了一下说:"我觉得那些事情太难了,我还是选择一些容易点的事情做吧!"

第二天一早,老板再次在办公室里召见了这三位应聘者:"你们都做了什么最能体现能力的事?"

"我花了一天时间,终于把复印机卖给了一位农夫!"一位应聘者得意地说,"要知道,农夫根本不需要复印机,但我却让他买了一台!"

老板点点头,没说什么。"我用了两个小时跑到郊外的哈得孙河边,又花了一小时找到一位渔民,接着我又足足花了四个小时,费尽口舌,终于在太阳即将落山时说服他买下了一台复印机!"另一位应聘者同样得意扬扬地说,"事实上,他根本就用不上复印机,但是他买下了!"

老板仍是点点头,接着他扭头问安妮:"那么你呢,小姑娘,你把产品卖了什么人? 是一位系着围裙的家庭主妇,还是一位正在遛狗的夫人?"

"不! 我把产品卖给了3位电器经营商!"安妮从包里掏出几份文件递给老板说,"我在半天里拜访了3家经营商,并且签下了3张订单,总共是600台复印机!"

老板喜出望外地拿起订单看,然后宣布录用安妮。这时,两位应聘者提出了抗议。他们觉

得把复印机卖给电器经营商没什么可奇怪的,他们本来就需要这些产品。

"我想你们对于能力的概念有些误解。能力不是指用更多的时间去完成一件最不可思议的事,而是用最短的时间完成更多最容易的事!你们认为花一天的时间把一台复印机卖给农夫或渔民,和她用半天的时间把600台复印机卖给三位经营商比起来,谁更有能力,又是谁对公司的贡献更大?"

说完这番话后,老板告诉他们,在录用人选上,他不会改变自己的主意。在日后的工作中,安妮一直秉承一条原则:把所有的精力都用来做最容易成功的事情,不去做那些听上去很玄乎,对公司却没什么实际帮助的事情。多年以后,安妮创下了年销售200万台复印机的世界纪录,至今无人能破。

2001年,安妮不仅被美国《财富》杂志评为"20世纪全球最伟大的百位推销员"之一(也是其中唯一的一位女性),而且还被推选为这家复印机制造公司的首席执行官,一任就是十年。她就是刚刚退休的全球最大的复印机制造商——美国施乐公司的前总裁安妮·穆尔卡希。安妮在回忆录《我这样成功》中写道:我的成功就是用最短的时间,做更多最容易的事情!

环顾一下现如今我们身边的整个营销界,铺天盖地都是"把冰箱卖到北极""把梳子卖给和尚"的营销故事,也正因此,"假、大、空"甚至恶意侵害消费者利益的推销员层出不穷、屡见不鲜。安妮·穆尔卡希的"能力观",值得大家思考和借鉴!

资料来源:陈之杂. 只做最容易成功的事[J]. 读者,2010(23):49.

每个企业的资源和能力都是有限的,而市场是无限的。因此,无论是从事国内市场营销,还是从事国际市场营销,都必须有效规划自己的资源和能力,以便在局部市场建立竞争优势,即所谓的有所不为才能有所为。这就意味着企业必须有效地细分国际市场,并在此基础上选择适合自己的目标市场,确定进入目标国家市场的方式,并通过差异化和定位在目标市场上建立市场地位。

任何一家公司都不可能服务于世界上所有的客户,但可以按照一定的标准将其划分为若干具有特定需求的市场板块,集中针对适合自身资源优势及产品特点的市场板块与客户建立联系,更为有效地开展营销活动。在国际市场上,消费者的需求和偏好存在巨大的差异,企业首先需要根据其顾客的需求和特征进行市场细分(market segmentation),经过对细分市场的评估和筛选,从中确定理想的目标市场(target market),最后结合公司的目标明确其市场定位(market positioning),即STP战略。

第一节 国际市场细分

一、国际市场细分的含义和作用

国际市场细分(international market segmentation)是指按照一定的细分变量,将国际市场划分为若干个子市场,其中每一个子市场中的消费者都具有相同或相似的需求,而不同子市场之间的需求具有显著的差异性。企业可以从中选择一个或多个作为目标市场,并针对每个细分市场制定不同的营销组合策略,从而更好地满足市场需求。

很显然,市场细分不是目的,它是企业选择目标市场的基础。但是,尽管如此,市场细分在企业战略规划和市场营销过程中一直扮演着至关重要的角色。对于企业战略规划来说,它是判断公司专长与市场机会是否匹配的前提条件,是决定进入一个新市场或退出老市场的依据,是分析市场优先级与重要性的有效工具,是确切地描述竞争对手战略技术的先决条件。对于企业的市场营销运作来说,它是确定产品特征、定价、宣传、销售渠道的依据,是指引销售队伍主攻方向的有力工具,是分配人力资源、技术资源和资金的参考标准,是量化市场和用户、进行市场调查、把握市场趋势的关键。可以说,市场细分做好了,市场营销就成功了一半。

二、国际市场细分变量

随着全球化进程的不断加快,国际市场上出现了消费多元化或子市场同步的趋势,即同一国家的消费者可能具有多样化的需求,而同一个消费群体又可能在多个国家的市场中出现。例如,汉堡、比萨等快餐食品现在几乎遍及所有国家,图书和音像产品的宣传也越来越多地强调全球发行的同步性。这种趋势无疑影响着国际市场的细分过程。一方面,子市场需求的同质化为企业提供了一个同时进入多个全球子市场的机会;另一方面,消费需求的多元化也增大了企业识别市场的难度,一些传统的细分方法将不再有效。

表10-1列举了一些关于国际市场细分的观点。与传统观点相比,新观点更加强调微观的消费者需求与行为,不提倡严格以国别或地域作为细分的基础。

表10-1 国际市场细分两种观点的比较

传统观点	新观点
认为不同国家之间存在绝对的差异	认为存在跨国越界的子市场
认为任何国家内部均具有同质性	认为国家内部存在差异性
注重宏观层面的文化差异	强调微观层面的价值观、消费方式等方面的差异
严格依据国别进行市场细分	依据国家内部或国家间的微观市场进行细分
将国家内部的微观细分置于次要位置	将基于消费行为的微观细分置于优先位置

资料来源:基坎,格林.全球营销学[M].4版.付慧芬,改编.北京:中国人民大学出版社,2005.

国际市场细分变量主要有地理变量、人口统计变量、心理变量、行为变量、利益变量五大类,每一大类下又包含若干细分标准,如表10-2所示。

表10-2 国际市场细分变量

变量		举例
地理变量	国家/地区	欧洲、北美、亚洲、非洲、中东
	人口密度	市区、郊区、乡村
	气候	热带、亚热带、温带、寒带
人口统计变量	年龄	少年、青年、成年、中年、老年
	世代	偏传统一代、失落一代、幸运一代、转型一代、独生一代
	性别	男、女
	家庭	单身家庭(1人)、单亲家庭(2人)、小家庭(3~6人)、大家庭(6人以上)

续表

变量		举例
人口统计变量	收入	高收入、次高收入、中等收入、次低收入、低收入
	职业	政府官员、私营老板、企业雇员、工人、农民、失业人员
	受教育程度	小学及以下、初中毕业、高中毕业、专科毕业、本科毕业、硕士及以上
心理变量	生活方式	文化导向型、运动导向型、户外导向型
	个性	被动型、交际型、权利型、野心型
行为变量	场合	普通场合、特殊场合
	使用者状况	从未用过、以前用过、有可能使用、第一次使用、经常使用
	使用率	偶尔使用、适度使用、频繁使用
	忠诚度	坚定的忠诚者、多产品的忠诚者、转移性的忠诚者、多变者
	购买准备阶段	未知晓、知晓、已了解、有兴趣、想得到、欲购买
	对产品的态度	热衷、积极、不关心、否定、敌视
利益变量	利益	质量、服务、经济、速度

资料来源：科特勒,凯勒,卢泰宏.营销管理[M].卢泰宏,高辉,译.13版.北京：中国人民大学出版社,2009.

（一）地理变量

地理变量（geography variable）主要包括国家/地区、人口密度及气候等，以此作为细分依据是较为传统的一种做法。例如，在我国北部地区，冬季寒冷干燥，是加湿器的主要销售市场；而在南方，由于空气湿度较高，人们基本不存在对加湿器的需求。

（二）人口统计变量

人口统计变量（demographic variable）包括年龄、世代、性别、家庭、收入、职业和受教育程度等，是最基本的一种细分标准。人口统计变量不仅与消费者的欲望、偏好和习惯等密切相关，而且也比较容易测量。

随着消费者年龄的增长，其需求也会发生变化，婴儿奶粉即是一个典型的根据消费者年龄细分市场的例子。例如，多美滋奶粉根据婴幼儿不同成长阶段的营养需要，划分为0～6个月、6～12个月、1～3岁和3～6岁适用的产品系列。

世代是另一个流行的人口统计变量。每个人的成长都会受到其所处时代的影响，同一代人往往具有相同或相似的价值观、偏好和购买行为。若能准确抓住一个世代的特点，将其经历中的典型标志加以提炼，则有助于提升营销的效果。

收入决定了消费者的购买力，因而也是一个重要的细分变量。世界银行在剔除通货膨胀因素之后，按照最近三年期的汇率平均，将全球经济体划分为四个人均收入水平的组别，并于每年7月1日公布划分结果（见表10－3）。

表 10-3　2011 年全球人均收入水平分组

人均收入水平/美元	收入组别	人均收入水平/美元	收入组别
大于 12476	高收入国家	1026～4036	中等收入国家
4036～12475	中高收入国家	小于 1025	低收入国家

例如：酒店行业的市场细分在很大程度上就是依据消费者的收入水平进行的。其中，高星级酒店主要针对的是高收入人群，无论是房间布局还是服务体验都追求高端；而低星级酒店和经济型酒店的目标客户多为中低收入人群，这类酒店更多地关注客户的核心住宿需求，设施条件和服务项目都相对有限。

性别细分在服装、化妆品、香烟等行业中比较普遍，由于男性和女性在这类商品上的消费需求和习惯存在明显的差异，性别细分是必要而有效的。然而，性别细分在近年来已延伸至食品、日用品和电子产品等领域，企业试图通过细分变量的改变开拓新的市场。例如，现在市场上出现了许多针对女性的饮品，包括果汁、乳品和茶饮等。这些产品不仅将外包装设计得女性化，更在宣传上突出保持身材、滋润皮肤、补血调气等功效，如旺旺"纤饮茶"、伊利"优品嘉人"和"优酪乳"、蒙牛"新养道珍养牛奶"等。但是，有些性别细分也引起了一定的争议，被指概念炒作，仅在产品包装和广告宣传上大做文章，而忽视了产品本身的功用。

（三）心理变量

心理变量（psychological variable）主要包括人们的生活方式与个性等。目前比较有影响力的心理细分模型是斯坦福研究院的阿诺德·米切尔（Arnold Mitchell）于 1978 年首创的"价值观与生活方式体系"（value and lifestyle system，VALS）。

VALS 细分框架包含消费者动机和消费者资源两个维度，其中理想、成就和自我表达构成了消费者的首要动机，而消费者资源则涵盖精力、自信、智慧、好奇、创新、冲动、领导力和空虚等个性特质，以及重要的人口统计变量和心理特征。据此，美国的成年人被划分为八个类型（如图 10-1 所示）。

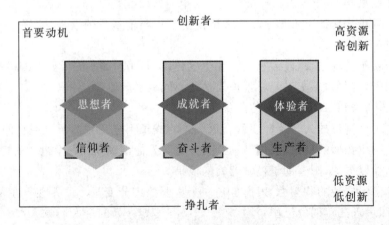

图 10-1　VALS 细分网格

（资料来源：www.strategicbuinessinsights.com/vals/ustypes.shtml.）

(1) 创新者:成功、久经世故、积极、自尊心极强而"负责任"的人。这类人通常在市场上购买质优价高的产品和服务,以反映其文化修养。

(2) 思想者:以理想为动机,看重秩序、知识和责任感的人,成熟、满足且深思熟虑。这类人在产品的选择上往往看重耐用性、功能性和价值。

(3) 成就者:成功、关注工作和家庭且以目标为导向的人。这类人喜欢那些能够让其在同伴面前显示成功的撇脂型产品。

(4) 体验者:年轻、热情、冲动、寻找多样化和刺激的人。这类人在时尚、娱乐和社交上的支出占据了其收入的很大比重。

(5) 信仰者:有信念、保守、遵从习俗和传统的人。这类人更喜欢那些自己熟悉的本国产品,并且忠诚于知名品牌。

(6) 奋斗者:喜爱流行式样和新鲜事物但财力有限的人。这类人喜欢时尚流行的产品,喜爱模仿财富群体的购买行为。

(7) 生产者:讲究实际、自给自足且喜欢自己动手的人。这类人喜欢那些实用的本国产品。

(8) 挣扎者:年老且在变化面前比较被动的人。这类人往往对自己喜欢的品牌表现出极度的忠诚。

由于文化背景、价值观念和经济水平的不同,VALS模型不适合在中国直接应用。鉴于此,新生代市场检测机构于1997年开始了为期五年的消费者调查,调查对象涵盖全国30个重点城市15~64岁的消费者,调查样本总量达70684个。同时运用多维统计方法,对中国的消费者心理进行分析,建立了中国消费者生活形态模型(CHINA-VALS)。

根据消费者心理因素,该模型把中国消费者划分为积极形态派、求进务实派和平稳现实派三大派别。其中,积极形态派占整体的40.41%,包括理智事业族、经济头脑族、工作成就族、经济时尚族、求实稳健族和消费节省族六个族群;求进务实派占40.54%,包括个性表现族、平稳求进族、随社会流族、传统生活族和勤俭生活族五个族群;平稳现实派占19.05%,包括工作坚实族、平稳小康族和现实族三个族群。

(四)行为变量

行为变量(behavior variable)包括场合、使用者状况、使用率、忠诚度、购买准备阶段、对产品的态度等。例如,大商场通常会在节假日举办促销活动,这就是由场合因素引起的市场细分。

根据使用者状况的不同,消费者可被划分为未使用者、曾经使用者、潜在使用者、首次使用者和经常使用者。在银行、保险、证券和基金等行业,营销人员通常采用这种细分方法,为不同类别的客户分别制订理财投资方案,并在与客户沟通时突出各自的利益诉求。

根据使用率的不同,市场可被分为轻度使用者、中度使用者和大量使用者三类。一般而言,大量使用者的数目较少,但消费额很大,因而成为营销者主要关注的对象。例如,酒类产品的经销商往往更加注重集团客户的开发和维护,因为这些客户是其主要的利润来源。

(五)利益变量

不同的消费者从同一种商品中获取的利益可能是不同的。利益细分(benefit segmentation),即以价值等式"价值=利益/代价($V=B/P$)"中利益(B)为关注的焦点。例如,奢侈品消费者的利益诉求点可能是价值品质,也可能是地位象征,或仅仅是一种自我满足(见表10-4)。

表 10-4 奢侈品市场的利益细分

利益细分	追求利益	人口特征	行为特征	心理特征
实用型	价值品质	收入较高的成年人	少量购买	强调品质 注重价值
炫耀型	地位象征	40岁以下的财富新贵	大量购买	善于交际 注重形象
情感型	自我满足	知识丰富且受过良好教育	一般购买	独特追求 情感需求

资料来源：韩立佳.奢侈品市场利益细分的营销策略[J].经济论坛,2008(20):20.

三、国际市场细分的程序

国际市场细分的程序主要包括以下三个步骤。

(一)调查阶段

调研者开展推测性的面谈和小组访谈,通过专家或熟悉情况者初步了解消费者的购买动机、态度和购买行为等方面的基本情况,为接下来的调查问卷设计奠定基础。然后,准备调查问卷,收集以下各方面的信息:顾客需要哪些价值属性及其重要程度排列,品牌知名度和美誉度排列,产品使用方式,对产品品种的态度,人口统计和所在地,等等。

(二)分析阶段

这一步经常要用到一些统计方法和统计软件,比如 SPSS。调研者采用因子分析法剔除一些高度相关的变量,然后采用聚类分析法来确定一定数目的明显不同的子市场(也叫细分市场或细分片市场)。

(三)描绘阶段

根据不同的顾客态度、购买行为、地理、心理和媒体传播方式等变量对每个子市场进行描绘。可能的话,还可以根据每个子市场的特征各取一个名字。

市场细分必须定期进行,因为子市场经常会发生变化。比如,计算机市场原来根据速度和功率细分为两个子市场——高端市场和低端市场,忽略了高速发展的中间部分。营销者后来才意识到迅速发展的 SOHO(小型办公室和家庭办公室)市场。戴尔公司用低价和用户友好吸引这个子市场并取得巨大成功。后来,计算机生产者发现 SOHO 市场又由更小的子市场组成,SO(小型办公室)和 HO(家庭办公室)的需求有很大的不同。

四、国际市场细分应遵循的原则

从不同的角度,可以把市场细分为不同的子市场。但是,并不是每种细分结果都是有效的。比如,可以把茶叶市场细分为高个子顾客组成的市场和矮个子顾客组成的市场,不过这种细分对营销策略的制定没有任何意义,因为购买茶叶与人的个子高低毫无关系。有效的国际市场细分必须遵循以下基本原则。

(一)可衡量性原则

可衡量性,即子市场的大小和购买力水平应该是可以测定的。比如在香烟市场上,因为和父母闹矛盾而吸烟的青少年数量是很难掌握的。如果细分市场的特性模糊不清或难以测量，则难以成为企业的目标市场。

(二) 足量性原则

足量性，即子市场的规模要足够大，企业可以获利。一个子市场应该是值得为之设计一套营销规划方案的尽可能大的同质群体。如果专为极少的一部分人设计产品，企业可能得不偿失。

(三) 可进入性原则

可进入性，即能够进入子市场并为之服务。这是因为一些市场尽管有利可图，但是一般企业是进不去的。军火行业就是典型的例子，很多国家除了政府之外，私人企业是不允许生产军火的，尽管这个行业是高利润行业。

(四) 差异性原则

差异性，即细分后的不同子市场应该对不同的营销组合因素和方案有不同的反应。比如，如果高个子的顾客和矮个子的顾客对茶叶的反应基本相同，那么这种细分就没有实际意义。

(五) 可行动性原则

可行动性，即如果采取正确的营销手段，子市场的营销机会是可以利用的。可行动性包括两层含义：一是企业能够提供市场需要的产品，并建立合适的分销渠道；二是在目标子市场上，企业必须是有竞争力的。

第二节 国际目标市场

国际目标市场(international target market)，就是企业要进入并占有的那部分国际市场（或子市场），即企业要为之服务的顾客群。市场细分之后，企业需要对各个子市场进行评估，从而选择出具有吸引力的目标市场，并为之制定适宜的营销战略。对于一个打算进入国际市场的企业而言，目标市场的选定更为复杂，所以首先进行国家层面的评估和筛选往往是必要的。

一、国际目标市场评估

(一) 市场规模与潜力

一个市场的规模是由某种产品的购买者和潜在购买者决定的。企业在选择目标市场时，不仅要考察当前的市场规模，还要评估其成长潜力。

市场潜量和销售潜量的分析应与企业产品特点挂钩。一方面要寻找有助于发挥企业现存产品优势的目标市场，另一方面又要注意从市场机会的分析中发现企业产品的缺陷，为改进产品、设计出针对特定目标市场的特殊产品做准备。市场销售量的预测应考虑现有市场的绝对容量和年市场销售量的增长率。在很多情况下，这两方面内容的发展是不一致的，它有多种可能：有的目标市场年销售增长率高，市场容量也大；有的则是年销售增长率高，但市场容量并不大；有的是年销售增长率低，市场容量大；有的则是两者都低。

(二) 企业目标与资源

除了市场规模与成长潜力外，企业还需要考察自身的目标与资源。若进入一个市场与企业目标相悖，或难以和企业的资源达到兼容，那么这便不是一个合适的目标市场。

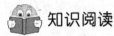 **知识阅读**

三九集团以"三九胃泰"起家,提起其著名商标"999",消费者潜意识里首先联想起"三九胃泰"。后来,三九集团选择啤酒市场作为企业品牌延伸目标,但一直未取得成功,最后黯淡收场。思考三九集团品牌延伸的失败,错误的目标市场难辞其咎。"三九胃泰"无疑是在提醒消费者少喝酒甚至不喝酒,而"999冰啤"分明是在劝人喝酒,岂不是自相矛盾,目标的选择与企业的优势资源产生了矛盾,甚至对品牌形象造成了伤害。所幸的是,三九集团及时调整目标,依托自身在医药行业的深厚资源,将品牌延伸到其他药品如皮炎平、感冒灵等,对树立其专业的药品品牌形象产生了积极效应,实现了成功的品牌延伸。

企业的资源也是在选择目标市场时需要考虑的重要因素。例如,企业在进入海外市场时很可能需要对产品进行改造,重新建立销售平台、传播网络和物流体系等。这便对企业的生产工艺、资金实力等提出了要求。如果企业的资源不足以支撑其在某个市场展开营销活动,那么这个目标市场也是无效的。

(三)市场准入与竞争

过高的进入壁垒和激烈的市场竞争同样制约着企业对目标市场的选择。例如,印度的零售业在过去一直处于封闭状态,家乐福、沃尔玛等全球超市巨头一直难以从印度市场获利。直到2011年,印度总理辛格为刺激经济增长,决定向全球超市巨头开放其零售市场,允许外国多品牌零售商在印度持有合资公司最高51%的股份。

 知识阅读

韩国与德国的零售市场基本被本土的企业控制,这些企业对消费者更加了解,并与当地文化及生活方式相融合。例如,韩国的易买得不仅具备雄厚的资金实力,而且拥有先进的经营能力和管理经验。而在德国,沃尔玛不仅在与麦德龙的竞争中败下阵来,更没有意识到奥乐齐(ALDI)连锁集团在德国人心中的地位,为此沃尔玛不得不与这家德国最大的食品连锁超市展开价格战,最后却以巨大的收支漏洞而告终。

二、国际目标市场选择

在对不同子市场进行评估后,公司必须决定为多少个子市场服务,即选择哪些子市场作为自己的目标市场。总的来说,有五种策略可供企业选择(见图10-2)。

(一)选择单一子市场

选择一个子市场,提供一种非常有特色的产品或服务[见图10-2(A)]。很多中小型企业选择这种策略,这样既可以避免激烈的竞争,同时还可以集中优势资源在很小的范围内或市场上专注经营,以形成竞争优势,如北大方正的中文电子排版系统和金利来的男士职业装。

公司通过专注于单一子市场,能够深入了解子市场的需求,并树立起特别的声誉,因此可以在子市场建立并巩固自己的市场地位。另外,公司通过生产、销售和促销的专业化分工,可以使生产成本降低。

需要指出的是,选择一个单一子市场的风险较大,因为单一子市场可能出现不景气的情况。

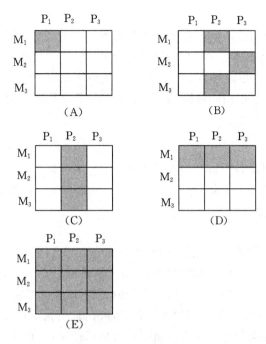

图 10-2　选择国际目标市场策略图（P 代表产品种类，M 代表市场种类）

知识阅读

诺基亚作为曾经全球移动电话领域的领导者，被称为移动手机中的"王者"，然而诺基亚创造的辉煌最终走向终结。丹尼尔·格里森（Daniel Gleeson）在 TechCrunch 上撰文称，诺基亚并没有把握住软件的整体概念，也未曾想过围绕应用开发生态系统。诺基亚的核心是硬件，但最终也被困在这一单一市场中难以自拔。与诺基亚的命运类似，尽管柯达发明了世界上首款数码相机，但其始终致力于相机本身的研发而未迅速进军数字行业，过分依赖于单一市场的柯达最终走向了衰落。

（二）有选择的专门化

选择几个子市场，提供不同的产品和服务[见图 10-2(B)]。各个子市场之间联系很少或没有任何联系，然而每个子市场都可能盈利。选择多个子市场可以分散公司的风险，即使在某个子市场失败了，公司仍可在其他子市场获取利润。

放弃一些市场，侧重一些市场，以便向主要的目标市场提供有特色的产品和服务，能够避免正面冲突和恶性竞争。对于大型集团企业来说，则可分成若干相对独立的实体，分别服务于不同的客户群，如香格里拉集团在北京国贸中心拥有中国大饭店和北京国贸大酒店两个不同档次的饭店。

（三）产品专门化战略

公司集中生产一种产品，向几个子市场提供这种产品[见图 10-2(C)]。例如，公司向各类顾客销售传统相机，而不是去提供其他产品。公司通过这种战略，可以在某种产品方面树立起很高的声誉。但是，这种选择模式也有很大的风险。比如，如果传统相机被数码相机所代替，那么公司就会发生危机。

(四)市场专门化

选择一个子市场,提供这个子市场的顾客群体所需要的各种产品[见图10-2(D)]。例如,公司可以为大学实验室提供一系列产品,包括显微镜、化学烧瓶、试管等。公司通过专门为这个顾客群体服务而获得良好声誉,并成为这个顾客群体所需各种产品的代理商。但是,这种选择模式同样也有很大的风险:如果大学实验室突然削减经费预算,就会对企业产生很大影响。

(五)完全市场覆盖

公司想用各种产品满足各子市场的各种需求[见图10-2(E)]。世界上只有为数不多的大公司才能采取完全市场覆盖策略,例如通用电气。大公司可用两种方法达到覆盖整个市场的目的,即无差异营销或差异营销。

1. 无差异营销

无差异营销也叫无差别营销,是指公司不考虑细分市场之间的差别,仅推出一种产品来覆盖整个市场。它关注顾客需求中的相同之处,而非不同之处。为此,它设计一种产品并制订一个营销计划来迎合最大多数的购买者。凭借广泛的销售渠道和大规模的广告宣传攻势,以树立超级品牌形象。例如,可口可乐公司的早期营销,就是采用无差异营销。

产品制造过程中的标准化生产和大批量生产可以降低生产、存货和运输成本,无差异的广告方案可以缩减广告成本。因此,无差异营销可以帮助企业建立低成本优势。

当行业中有多个公司采用这种战略时,就会使整个行业竞争加剧。与此同时,较小的子市场需求往往得不到满足。这种追求整个市场的倾向被一些研究者称为"多数的谬误",认识到这一谬误,能使公司增强进入较小的被忽视的子市场的兴趣。

2. 差异营销

差异营销也叫差别营销,是指公司同时在多个细分市场经营,并为每个细分市场设计不同的产品。例如,德国大众为"财富目的和个性"各不相同的顾客生产不同的小汽车。总的来说,差异营销一般要比无差异营销创造更大的总销售额,然而,差异营销也会增加经营成本,包括生产成本、管理成本、存货成本和促销成本。

过去几年中经常会听到或看到这样的高论:"全国各地都是我们的市场,所有人都是我们的用户和潜在用户。"此话听起来很有企业家气魄,但违背了市场细分这一重要的市场经济原则,这也是我国在过去几十年中出现大量重复建设,一窝蜂上同样项目,最后导致恶性竞争、资源浪费的根本原因之一。纵观过去的中国市场,一个明显的特点就是少数产品成为社会消费的热点,产品差异性很小,所以价格战、广告战在所难免。与此同时,很多用户的深层次需求得不到满足。所以,高明的企业必须要重视市场细分,要在子市场中选出用户需求最强烈、购买动力最大、有明显回报和影响的子市场,并分辨出谁是第一目标用户群,谁是第二、第三目标用户群,谁是相应的竞争对手,从而更有效地制定市场战略和战术,达成企业的经营目标。

当然,差异营销也要考虑"度"的问题,如果过分差异,将导致市场细分过度。过去一些公司因为过度细分了市场,结果并不划算,于是它们转向"反细分化"或拓宽顾客基础。

第三节　国际市场定位

当企业完成了市场细分并选择出目标市场后,便需要对其产品和品牌做出恰当的定位。所谓市场定位,即根据目标市场客户的独特需求和特征创建价值主张(value proposition),以区别于其竞争对手。表10-5展示了我国香港地区几家银行的定位。

表10-5　我国香港地区几家银行的定位

银行	定位
恒生银行	定位于充满人情味的、服务态度最佳的银行。通过走感情路线赢得顾客,突出服务这一卖点,也使它有别于其他银行
渣打银行	定位于历史悠久的、安全可靠的英资银行。这一定位树立了渣打银行可信赖的"老大哥"形象,传达了让顾客放心的信息
中国银行	定位于有强大后盾的中资银行。直接针对有民族情结、信赖中资的目标顾客群,同时暗示它将提供更多更新的服务
创兴银行	定位于助你创业兴家的银行。廖创兴抓住了香港中小工商业者想出人头地、大展宏图的心理,专为这一目标顾客群服务,给予他们在其他大银行和专业银行不能得到的支持和帮助

一、国际市场定位战略

对于跨国公司而言,其国际市场定位战略大致可分为两类:一类是全球统一定位,另一类是地区差异定位。

(一)全球统一定位

如果企业的目标客户具有共同的价值观和相似的购买方式,那么全球统一的市场定位战略则较为适宜。通过一致的定位,公司可以在全球范围内构建一个统一的品牌或企业形象。

知识阅读

联邦快递(FedEx)即是一家采用全球统一战略的企业,它致力于为全球超过235个国家及地区提供快捷、可靠的快递服务,是全球最具规模的快递运输公司。亚马逊(Amazon)也在全球采取了统一的定位,致力于成为全球最"以客户为中心"的公司,使客户能在公司网站上找到和发现任何他们想在线购买的商品,并努力为客户提供最低的价格。

(二)地区差异定位

在国际营销中,市场定位很难做到放之四海而皆准,对一种文化奏效的定位可能在另一种文化中毫无意义,所以企业需要根据各个市场的文化特征、购买力、竞争氛围和产品生命周期阶段等方面的差异,采取差异化的市场定位。

知识阅读

创维是我国彩电行业中一家大型的民营企业。该企业将海外市场大致分为两类区域:一类是中国品牌有影响力的地区,比如东南亚和非洲等地区的发展中国家,企业的自有品牌容易被当地消费者所接受;另一类则是欧洲、北美洲等发达地区,鉴于那里的消费者持有很强的品牌偏好,且价格敏感较低,如果企业推广自有品牌则需要投入大量的资源,一时难以奏效。因此,创维首先选择通过 OEM(original equipment manufacture,原始设备生产商)或 ODM (original design manufacture,原始设计商)的方式利用当地已熟悉的主流品牌进入主流市场。

二、国际市场定位方法

(一)属性与利益定位法

根据产品的属性、特征和它带给消费者的利益进行市场定位是一种较为常用的方法,经济性、可靠性、耐用性等可成为消费者的利益诉求。

 知识阅读

"红牛"饮料 1966 年问世于泰国,由许书标的工厂研制成功,原名为 Krating Daeng。当时"红牛"的目标销售群体是倒班工人和卡车司机等蓝领,帮助他们在通宵熬夜工作时保持清醒。1982 年,奥地利商人迪特里希·马特希茨(Dietrich Mateschitz)出差到亚洲时,意外地发现"红牛"饮料对缓解时差有很好的效果,于是决定与许书标合作,在四年后使其成功地进入欧洲市场,并开始正式启用英文品牌"Red Bull"。由于它内含水、糖、咖啡因、纤维醇和维生素 B 等成分,故而定性为"滋补性饮料"。马特希茨后来根据当地消费者的喜好,在原来的配方中加入碳酸,以一种气泡饮料的形式在欧洲销售。

在可口可乐与百事可乐长期称霸全球饮料市场的形势下,"红牛"之所以脱颖而出,这主要归结于它独特的定位——功能型运动饮料,如此巧妙地避开了竞争,并打开了饮料市场的一个新品类。经过长期的开发与宣传,"红牛"逐步走出泰国,走出亚洲,并传播到欧洲、美洲和大洋洲,凭着卓著的品质和功能行销全球 140 个国家和地区,创造了非凡的业绩,成为世界销量第一的功能型饮料。

(二)质量与价格定位法

质量与价格定位法可理解为对价值等式的一种诠释,即将产品定位于高质量/高价格还是高质量/合理价格。

 知识阅读

巴黎欧莱雅(L'Oréal Paris)和兰蔻(Lancome)是欧莱雅集团旗下的两个品牌。其中,前者定位于"触手可及的奢华",以强大的产品研发作为背景,每年推出大量新品,并辅之全面推广策略,强调"亲身体验"。欧莱雅集团大众化妆品部公关经理表示,"我们对巴黎欧莱雅的定位是:一个充满法兰西情怀的品牌。它来自法国,是欧莱雅集团的创始品牌,价格定位中等偏上,包装、质地和感觉都是非常高档的。"

相比之下,后者的定位则更为高端。该品牌于1993年进入中国,以高档的品质、优雅的形象示人,定位于中国的高档化妆品市场,将具有一定购买能力的年轻、活跃的都市女性作为目标群体。

(三)使用者定位法

通过使用者进行市场定位的关键在于将产品或品牌与特定的使用阶层相联系,比较普通的做法就是聘用明星为企业做形象代言。

 知识阅读

2021年8月10日上午10点整,小米品牌创始人雷军在微博宣布,邀请新一代"飞人"运动员苏炳添代言小米品牌。雷军表示,这位大学副教授,依然奋战在最激烈的男子百米赛场。这样拼搏、不服输、追求极致的精神,深深打动了他。而苏炳添说他喜欢小米,愿意代言小米品牌。

此前,在东京奥运会男子100米半决赛上,苏炳添以9秒83的成绩,刷新了亚洲纪录,并以小组第一杀入决赛。在决赛中,苏炳添以9秒98的成绩获得第6名,虽然无缘奖牌,但他已经创造了历史。随后,在男子4×100米接力决赛中,由苏炳添、谢震业、吴智强、汤星强4人组成的中国队以37秒79的成绩夺得第四名(2022年3月,世界田联官网更新,中国男子4×100米接力队递补获得铜牌),再创佳绩,"苏神"之名震动海外。

业内评价小米这次对苏炳添的选择,认为小米希望透过苏炳添,以及他代表的体育明星这一符号化的群体,与他们背后的东西,也就是竞技运动所展现的速度与激情、创新和突破,传递出小米的精神内核与核心竞争力。

(四)竞争者定位法

隐晦或公开地提及竞争者也可成为一种定位的方法,常被市场跟随者使用。但这种方法已经在商业道德上遭到质疑,并受到相关法律的约束。

 知识阅读

比较广告的出现,正是竞争策略越发尖锐的显著表现。在很多国家,因为竞争的发展,比较广告的运用非常普遍。如著名的阿司匹林就曾经遭遇过泰诺的挑战。泰诺在广告中说:"有千百万人本不应当使用阿司匹林的。如果你容易反胃或者有溃疡,或者患有气喘、过敏或因缺乏铁质而贫血,在你使用阿司匹林前就有必要先向你的医生请教。因为阿司匹林能侵蚀血管壁,引发气喘或者过敏反应,并能导致隐藏性的胃肠出血。"结果泰诺一举击败了老牌的阿司匹林,成为首屈一指的名牌止痛和退烧药。

合理地使用对比广告可以"隐蔽"地攻击竞争对手。因为在多数情况下,消费者决定购买某个产品的同时必然会放弃其竞争产品。然而,使用对比广告也可能适得其反,一方面有可能触碰法律和道德的边缘,另一方面也可能在无形中为市场领导者做了免费的宣传。

(五)消费者文化定位法

基于消费者文化的市场定位可分为全球消费者文化定位(global consumer culture positioning,GCCP)、外国消费者文化定位(foreign consumer culture positioning,FCCP)和本地消费者文化定位(local consumer culture positioning,LCCP)。

1. 全球消费者文化定位

全球消费者文化定位试图把品牌构建成一种全球消费文化的标志,购买某个品牌即意味着消费者成为世界上某个群体的一员。这种战略在某种程度上塑造了购买者的自我想象,如耐克(Nike)借2012年伦敦奥运会提出的广告语"活出你的伟大"。

2. 外国消费者文化定位

外国消费者文化定位试图将某品牌的消费者与某种外国文化联系在一起,其目标是凸显品牌所蕴含的海外文化魅力。

 知识阅读

在中国,美国牛仔服制造商Lee瞄准富有家庭的孩子,这些孩子的父母年富力强,行将跻身高层管理队伍。与此同时,市场调研的结果显示,中国人由牛仔服联想到牛仔、西部旷野、自由和激情。于是,公司决定将牛仔服定位为昂贵的品牌,突出美国传统。Lee的美国根凸现在宣传品中:"源自美国堪萨斯州,1889年。"

3. 本地消费者文化定位

本地消费者文化定位将品牌与当地文化相联系,反映当地的文化准则,从而拉近与当地消费者的距离。

 知识阅读

2020年《财富》世界500强排行榜显示,中国企业上榜数量首次超过美国。中国品牌正在摆脱低质、廉价的标签向中高端化发展,一大批中国品牌开始在国际市场上集体崛起。中国年轻一代的民族自豪感以及对国货品牌的认同感与自信心正进一步增强,其消费倾向的改变也推动着国潮的加速。

谈起"国潮"的发展,自然是离不开消费观念的改变。消费观念的改变让大家对消费产品有了更高的认可度。从李宁时装周、老干妈畅销全球、故宫文创产品,到完美日记、花西子、喜茶等一轮轮的国货消费热潮持续升温。

国货品牌的发展之路任重道远。品牌反映的是一个国家的文化自信和综合实力,传统文化与时下潮流结合,既符合年轻消费者对时尚的认知,又能引起他们对中国文化的关注,展现他们对文化价值的认可。从文化自信,到品牌自信,不仅是一个民族无法割舍的血脉基因,更蕴含着破解各种难题的"钥匙"。

究竟哪种定位战略最适合,这取决于以下几个因素:第一,公司的目标市场。当目标消费者有共同的核心价值观、态度和渴望时,使用全球消费者文化定位战略最能奏效。第二,产品种类。满足普遍需求并且在全世界使用方式类似的产品更适用于全球消费者文化定位。第三,当地竞争对手采用的定位方法。如果当地市场的每个参与者都采用全球消费者文化定位,那么反其道而行,采用本地消费者文化定位战略也许能够轻松打入市场。第四,经济发展水平。新兴市场仍处于经济发展的早期阶段,全球消费者文化定位可能比本地消费者文化定位战略更适宜。在这些市场中,带着全球形象的品牌有助于提升企业的自我形象和地位。

本章小结

1. 国际市场细分是指按照一定的细分变量,将国际市场划分为若干个子市场,其中每一个子市场中的消费者都具有相同或相似的需求,而不同子市场之间的需求具有显著的差异性。
2. 国际市场细分标准主要有地理变量、人口统计变量、心理变量、行为变量和利益变量。这些变量可以单独使用,也可以结合起来使用。
3. 有效的市场细分必须考虑可衡量性、足量性、可进入性、差异性和可行动性。
4. 国际目标市场是指企业要进入并占有的那部分国际市场(或子市场),即企业要为之服务的顾客群。
5. 市场定位,即根据目标市场客户的独特需求和特征创建价值主张,以区别于其竞争对手。国际市场定位的方法主要有属性与利益定位法、质量与价格定位法、使用者定位法、竞争者定位法和消费者文化定位法。

思维导图

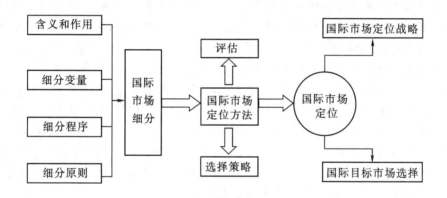

 案例分析

海尔洗衣机进入日本市场

日本家电市场是一个饱和的市场,竞争异常激烈。松下电器是日本最大的电子消费品厂商,1999 年销售额为 4.8 万亿日元,在日本企业中排名第八,1999 年在日本国内彩电、录像机、空调、冰箱等领域占有最大的市场份额。而索尼公司一向被认为是家电领域里的贵族,以产品质量过硬著称,在人们的印象里索尼的产品总是最好的。索尼从最初做随身听开始,做到全世界质量最好,成为国际品牌,然后做彩电、视听产品、游戏机等,每一项产品的面市最后都做到了全世界领先。创维创始人黄宏生就曾经感叹:"像索尼这样的公司,其成功之处在于把专业的产品做到精益求精,成为世界领先品牌。"日本的著名家电企业还有东芝、三菱、夏普、三洋等世界一流企业,日本产品在国际市场上有非常高的品牌知名度,其过硬的质量带来了客户的高度忠诚,销售业绩惊人。

日本的本土家电市场堪称世界顶级市场,凭其高品质、高技术含量而独树一帜,加上其家电产品的精细化水平、消费者的苛刻和挑剔以及当地人对国产品牌的保护意识,令欧美的西门子、惠尔浦,韩国的三星、LG等众多名牌家电在日本市场打拼十余年,也闯不出令人满意的成绩。

认识到市场是千变万化的,顾客的需求也各有差异,海尔集团凭着"创造市场"的信念,对日本市场进行了深入的调查。经过仔细研究后发现,在日本,单身族占了相当大的比例,大约有1300万,单身女性等单身族用户拥有的洗衣机容量一般在4~6 kg,但这么大的容量往往得不到充分利用。市场调查后,海尔用了半年时间成功开发出2.3 kg容量的洗衣机——"个人洗衣机",并于2002年11月1日推向日本市场。该产品通过减少容量以及将功能减少到必要的最低限度,从而使外形尺寸缩小到长43 cm×宽42 cm×高70 cm,重量也只有16.5 kg,并且用水量和耗电也比4~6 kg的洗衣机更节省。除揉洗等基本功能以外,该机还配备了可以在13分钟内完成洗涤的快速模式,这对于单身族相当有吸引力。产品备有白色、粉红、蓝色三种颜色,完全是按照日本消费者的偏好设计的。"个人洗衣机"不仅深受日本单身消费者的青睐,还成为许多日本普通家庭和医院购买洗衣机的首选。

在"个人洗衣机"迅速走红日本的同时,海尔又通过大量的市场调查,细分市场,迅速推出了专为日本消费者设计的全自动洗衣机、专为中老年消费者设计的洗衣机,个性化的设计及满足当地洗衣需求的差异化性能特征受到了挑剔的日本消费者的青睐,各系列海尔洗衣机在日本市场上全面开花。从个性化的"洗虾机"到"洗荞麦皮"的洗衣机,从"小小神童"独享蛋糕到"手搓式"一路领跑,从世界首创的"双动力"洗衣机到具有杀菌、消毒功能的"保健家族系列",都受到了日本消费者的欢迎。其中专为日本中老年人设计的洗衣机,上市后仅一个月销量就跃居全日本同类产品第一名。2004年3月5日,据世界著名的GFK市场调查公司的最新调查结果显示:海尔HSW-50S2波轮洗衣机在日本市场上单型号销量已连续5个月高居日本国外洗衣机品牌销量第一名,并成为日本家电市场销量上升最快的国外洗衣机新品。

海尔通过关注用户需求相继推出的一系列人无我有的个性化产品,不仅创造了一种产品,更创造了一种需求,在赢得用户口碑的同时,也很好地树立了海尔洗衣机的品牌形象,而海尔也正是通过这种不断的创新,一步步在实践着自己的创造哲学。

海尔洗衣机成功打开日本市场的关键原因是,海尔通过深入的市场调查和分析,将市场逐层细分,找到最佳切入点,然后层出不穷地创造出个性化高科技产品,满足了不同国家、不同层次、不同消费者的各种需求,从而赢得了品牌效益和庞大的顾客群。

资料来源:www.haier.com/chinese/international/global3.asp.

讨论和在线学习问题

1. 海尔进行国际市场细分的标准是什么?
2. 海尔的做法为什么能够成功?
3. 浙江很多中小型企业在已经饱和的市场找到了机会,试从市场细分和目标市场选择的角度进行解释。
4. 登录海尔官网(https://www.haier.com),查找海尔的产品线和产品项目,结合其他网络资源,了解海尔产品最新动态,与同学讨论以下问题:海尔在市场细分与市场定位方面的做法对其他同类企业有何借鉴意义?海尔的STP战略还存在哪些不足?

思考与问答

1. 何谓国际市场细分?
2. 国际市场细分变量有哪几类?
3. 怎样衡量国际市场细分的有效性?
4. 何谓国际目标市场?
5. 企业应如何选定目标市场?
6. 国际目标市场战略有哪几类?
7. 何谓国际市场定位?其方法有哪些?

第十一章　进入国际市场的战略

> **学习目标**
> 1. 了解国际市场进入的战略要素
> 2. 掌握国际市场的进入模式及其优缺点
> 3. 理解影响国际市场进入模式选择的因素

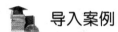 导入案例

格兰仕贴牌进入南非市场

格兰仕于 1992 年转型制造微波炉,1995 年以 25.1% 的市场份额位居中国微波炉市场之首,并于 1996 年提出国际化的目标。鉴于欧美等发达国家的微波炉市场已经相当成熟,格兰仕选择以贴牌生产的方式进入国际市场。加之成本上的绝对优势,格兰仕的贴牌生产取得了巨大的成功。截至 2005 年,格兰仕的全球产销量突破 2000 万台,其中出口量达到 1400 万台。在这之后,格兰仕逐步提高了自有品牌的比例,并于 2006 年开始在海外建立分公司,以实现更高层次的国际化。

海关数据显示,2011 年,我国主要白电产品对南非出口约为 2.5 亿美元,其中,格兰仕占 20% 左右。

格兰仕南非市场负责人分析称,南非属于中等收入的发展中国家,也是非洲经济最发达的国家,自然资源十分丰富,但其经济各部门和各地区发展很不平衡,城乡、黑白二元经济特征明显。南非一方面存在与发达国家一致或接近的白人消费市场,另一方面也存在与其他非洲国家消费水平相似的黑人消费市场。政府也在采取各种政策改变南非的财富分配状况,提高黑人的消费能力。因此,介乎于两者之间的中档消费市场正在逐步形成。

然而,受欧债危机影响,格兰仕在南非市场的销售并不理想。尽管 2011 年对南非的出口额约 5000 万美元,但只占格兰仕出口额的 5%。随着欧债危机的持续发酵,造成较高的库存,南非的进口商变得更加谨慎,短期的增长潜力受到了一定的抑制。

格兰仕曾经仔细考察过南非市场的销售渠道。其消费市场非常具有多样性,既有现代化的超市,也有各种零散分布的销售网点和集市型市场。在大多数黑人居住的区域,简陋的小商店、小摊点和集市依然是最重要的销售渠道,这和他们的经济能力紧密相关。

格兰仕坦承,目前公司对南非的市场环境和法律法规还不甚了解,这成为企业进军南非的一个拦路虎。一些非洲国家从 2011 年就开始加大对进口产品的认证力度,而南非为了保障消费者利益,规定产品售出后 6 个月,若有质量问题,仍可免费退换。这让广大做低质低价商品的华商很是头疼,代理商在进口中国产品时也更加审慎。

因此,格兰仕在南非暂时选择了贴牌生产,同时静待良机,进一步实现自主品牌的推广、销售渠道的拓展以及售后服务体系的完善,从而真正融入当地市场。

资料来源:www.cb.com.cn/1634427/20120908/411427.html.

企业一旦决定走国际化的道路,便需要考虑进入哪些市场、何时进入以及如何进入等问题,并根据自身的资源状况制订国际营销组合方案,确定营销组织结构,建立营销控制及支持系统。进入战略的制定应结合目标市场的特征和企业的发展目标,并综合考虑成本、收益、风险等多重因素,从而为企业后续业务的开展与国际市场的开发打下良好的基础。

第一节 国际市场进入的战略要素

企业国际化的动机主要包括市场扩张、多元经营、应对竞争、获取更高的利润、争夺战略性资源、减少对国内市场的依赖等。企业一旦决定国际化,则需要考虑进入哪些海外市场、何时进入以及如何进入等问题。

一、目标市场的选择

企业在对海外目标市场进行筛选时,首先需要明确自身的营销目标,并同时盘查企业内部资源状况,通过信息的收集与整理,从经济环境、政治环境、文化环境和法律环境等多个角度进行评价,并对市场潜力和销售金额做出合理的预测。

以国家和市场的集中性和多样性为标准,国际市场扩张战略(market expansion strategy)可划分为四种类型,如图11-1所示。

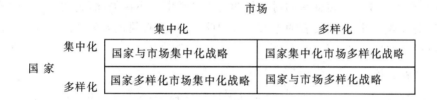

图11-1 国际市场扩张战略

国家与市场集中化战略(country and market concentration)是一种高度聚焦的战略。在国际化的起步阶段,由于内部资源的限制,企业通常仅瞄准海外某单一市场。

国家集中化市场多样化战略(country concentration and market diversification)指一个企业在少数几个国家服务于多个子市场。例如,一些国际旅游集团聚焦于全球少数几个热点旅游城市,而其在每个城市的业务则涵盖旅游、住宿和餐饮等多个市场。

国家多样化市场集中战略(country diversification and market concentration)是一种较为传统的国际化战略。当企业的产品和客户相对单一时,全球范围的营销活动将大幅削减成本,并取得较高的累计销量,从而赢得竞争。

国家与市场多样化战略(country and market diversification)通常适用于采取多元化战略的大型企业。这类公司拥有丰富的资源,涵盖多个行业领域。通过国家与市场两个层面的扩张活动,企业在全球的市场份额将大大提高。

二、进入时机的选择

企业不仅需要决定所要进入的市场,还需要确定进入的时机。率先进入某个新市场的企业被称为先动者(first mover),如苹果公司率先进入了个人计算机领域,麦当劳率先进入了快餐行业,迪士尼乐园开创了第一家主题公园等。

(一)先动者优势

根据马文·利伯曼(Marvin Lieberman)和戴维·蒙哥马利(David Montgomery)的观点,先动者会在以下三个方面获得独有的竞争优势,即先动者优势(first-mover advantage)。

1. 在技术上取得领先(technological leadership)

先动者可以凭借技术方面的持续领先获取竞争优势。一方面,由于经验的不断积累,企业的生产成本将随着产量的增加而逐渐下降,即存在学习曲线(learning curve)效应;另一方面,专利的获取和研发的投入也将导致企业在产品或流程工艺上取得领先,这种领先优势通常与研发支出成正比。

2. 率先获取稀缺资源(preemption of scare assets)

先动者能够先于其竞争者获取稀缺性资源。这里的"资源"指已存在的而非通过新技术创造的资源,包括实物资源以及生产流程中的其他投入要素。先进入市场的企业通常能够在投入要素的获取、利基市场(niche market)的占领以及工厂设备的投资方面取得竞争优势。

3. 构筑消费者转换成本(buyer switching costs)

所谓转换成本,即消费者从某项产品或服务的提供者转向另一个提供者时发生的一次性成本,这种成本既可能是经济上的,也可能是时间、精力或情感上的。对于先入企业的消费者而言,其转换成本形成于初始交易和对产品的适应过程中。不仅如此,先动者还可能有意地构建契约性转换成本,以提高消费者的忠诚度。因此,后入者必须投入额外的资源才有机会争取到这部分消费者。

(二)后动者优势

然而,率先行动也存在一些弊端,即先动者劣势(first-mover disadvantage),这些劣势恰恰构成了后动者的优势。

1. "搭便车"效应

所谓"搭便车"效应是指在利益群体内,某个成员为了本集团利益所做的努力可使集团内的所有人受益,但发生的成本却由这个成员独自承担。由于先入企业已经在研发、宣传及基础设施建设等多个方面进行了市场开发,所以市场后入者可以轻松获取这些资源。模仿和补缺是市场后入者通常采取的战略,其成本往往远低于创新的成本。

2. 技术风险与市场风险的分散

在市场开发早期,由于产品技术尚未成熟,先入企业往往需要在研发上投入大量的资金和人力。随着市场的发展与技术的稳定,后入企业所面临的技术风险已经大幅度降低。在许多新产品市场中,这种技术上的不确定性将随着"主导设计"(dominant design)的出现而逐渐削弱。例如,自福特公司的T型车问世以来,价格便成为新一轮竞争的焦点。

3. 技术进步与顾客需求的变化

在传统技术仍在使用和发展的过程中,一方面,先入企业通常难以察觉新技术的潜在威胁,因而很可能没有及时采取预防措施,这就为市场跟随者提供了进入的机会;另一方面,除非先入企业对市场变化足够敏感,并有能力做出快速响应,否则顾客需求的快速变化可能为后入者提供机会。

 知识阅读

  珍妮特·默里(Janet Y. Murray)等人认为,虽然早期进入者可能享有多种优势(如较高的市场份额),但由于国际市场的高度不确定性,这些企业面临着比跟随者更大的生存压力。她们从战略决策的角度研究了市场份额与企业生存能力之间的平衡问题,并分别考察了进入时机、进入模式以及投资金额对比的影响。她们对中国境内的制造企业进行了纵向分析,调查样本涵盖25513家外国企业及610个产品部门。其研究结果展示:

  第一,先入企业占据着更高的市场份额,但其生存能力通常不及后进入企业。因此,跨国公司如果想要利用先动者优势,那么努力平衡市场份额与生存能力是非常重要的。

  第二,就先入企业的进入模式而言,全资子公司比股权式或契约式的合资公司拥有更高的市场份额和生存机会。

  第三,先入企业的初期投资越大,就越可能利用和实现先动者优势,从而提高市场份额。

三、进入模式的选择

  企业在决定如何进入海外市场时,需要对市场环境和企业资源进行综合评估,即通过外部标准和内部标准衡量各种进入模式的优势和劣势。其中,外部标准主要包括市场规模、市场风险、法律法规、竞争环境与基础设施,内部标准主要包括企业目标、控制水平、内部资源及灵活性。

(一)外部标准

1. 市场规模

  在许多情况下,市场规模与增长率是决定企业进入模式的关键因素。一般而言,企业应将更多的资源投入规模和潜力较大的市场中,相应的进入模式通常为建立合资企业或全资子公司。

2. 市场风险

  一般而言,某个国家的市场风险越大,企业进入该国市场的动机就越弱。而在高风险高增长的市场中,企业通常会先设立代表处,一方面可以节约成本,另一方面也方便收集市场情报并和潜在的分销商建立联系。

3. 法律法规

  当地的法律法规很可能会限制外资企业的进入,或对其设定特殊的标准,而形式多样的贸易保护主义同样构成了跨国公司的进入壁垒。因此,企业有必要了解当地的法律环境,判断是否存在进入的可能,并考虑如何降低成本。

4. 竞争环境

  对于本土企业而言,跨国公司的进入可能会危及其市场份额与市场地位。所以,这些企业很可能会通过发动价格战、实行差异化等手段与跨国公司展开竞争,甚至试图将其挤出市场。因此,企业需要预测竞争对手的反应,选择合适的进入模式以争取生存和发展的机会。

5. 基础设施

一个市场的基础设施指目标国家的分拨系统、运输网络和通信系统等。一般而言,当地的基础设施越落后,其对跨国公司的吸引力就越弱,相应的资金与人力资源流入也就越少。但对于基础设施建设项目的承包商而言,这却意味着巨大的市场机会。

(二)内部标准

1. 企业目标

在选择进入模式时,企业目标具有关键性的影响。对于某些企业而言,进入成本和扩张速度是最重要的(如特许经营),而目标远大的企业则可能倾向于选择控制力和灵活性较强的进入模式(如设立全资子企业)。

2. 控制水平

大多数跨国公司都希望对其海外市场保持一定的控制水平,这种控制体现在企业定位、产品设计、分销定价、品牌推广等多个要素上。一般而言,控制水平与资源投入呈正向关系,即资源投入越高,控制力也就越强。

3. 内部资源

企业内部资源的多少决定着其可承受的进入成本的高低。对于资源相对有限的企业而言,出口与许可不失为一种经济的进入模式。但即使企业具有较大的规模以及丰富的资源,也应该认真思考各类资源在不同市场(包括本国市场)的优化配置。

4. 灵活性

随着科学技术的快速发展,国际市场环境更为复杂多变,产品与技术更替也较以前更加迅速,加之顾客需求的不断转换以及对价格变化的愈发敏感,企业需要具备更高的灵活性及反应能力。因此,企业在考虑如何进入海外市场的同时还应考察退出壁垒,这种壁垒可能由沉没成本、解雇费用、法律约束等因素引起。

在国际生产要素重组及产业转移加速的形势下,运用全球化战略,充分利用国际国内两个市场、两种资源,已成为国家和企业的必然选择。企业国际化是企业产品、技术、组合体系与创新资源在全球化平台上的配置,并最终形成全球消费者认可的全球化品牌的过程。

第二节 国际市场的进入模式

所谓进入国际市场模式是指国际营销企业进入并参与国外市场进行产品销售可供选择的方式。归纳起来,具体包括三大类:一是出口,即国内生产,国外销售,这是一种传统、简单、风险最低的进入方式;二是合同进入,又称非股权进入,有多种具体的形式,而且富有较大的灵活性和实用性;三是对外直接投资,又称股权进入,即企业直接在目标市场国投资,就地生产,就近销售。

企业进入国际市场的模式可大致分为出口贸易、商务授权、境外加工和境外投资四种类型。

一、出口贸易

出口(export)是指将本国产品销往国外市场,包括间接出口(indirect export)与直接出口(direct export)两种形式,是大多数企业国际化的起步形态。

(一)间接出口

间接出口指企业将产品出售给国内出口商,或委托国内的代理机构经营出口业务。

1. 间接出口的形式

(1)出口卖新。出口卖新指企业将产品出售给具有该产品出口经营权的公司,由后者全权负责对外销售。这里涉及国内贸易和国际贸易两种合同关系:企业与出口公司之间属于国内贸易合同关系,而出口公司与国外的购买商之间则属于国际贸易合同关系。企业对外商之间的纠纷并不承担直接的责任。

(2)出口代理。出口代理指企业以自身的名义对外签约,同时委托专业性的出口公司代为提供服务,如与国外客户的联络、租船订舱、制单结汇和报关检验等。这种方式通常会涉及企业与国外客户之间的外销合同以及企业与出口公司之间的出口代理合同。出口代理公司以佣金的形式获取报酬,不承担外销合同中主体商的责任。

2. 间接出口的优缺点

(1)优势。间接出口的优势包括以下几点:第一,在尚未获取对外贸易经营权时,利用出口公司的外贸经营权是唯一的选择;第二,利用出口公司的销售渠道和市场经验,可以迅速打开国际市场;第三,利用出口公司的融资能力摆脱出口资金方面的负担,可避免外汇风险及信贷风险;第四,利用外贸出口公司在外贸知识、外贸程序和单据方面的专长,有利于减少纰漏和延误;第五,企业不必增设专门办理出口业务的部门和人员,可节省费用开支。

(2)劣势。间接出口的局限性主要表现在以下几个方面:第一,企业对国外市场的控制程度很低或根本不能控制;第二,企业不能直接获取国外营销经验,很难迅速掌握国际市场信息;第三,由于缺乏与客户的直接沟通,企业在信息反馈方面存在不便,增加了其对中间商的依赖程度;第四,由于价值链的长度所限,企业的大量利润很可能被中间商赚取;第五,企业促销手段的缺乏和售后服务的不足会影响产品在国外市场上的销售。

因此,间接出口主要适用于中小型企业。而实力雄厚、经验丰富的大企业,往往同时采取多种方式进入国际市场,间接出口只是其中之一,且主要用于那些潜力较小的市场。

(二)直接出口

直接出口指企业不通过国内中间机构,直接把产品卖给国外客户。

1. 直接出口的形式

(1)无中间环节的出口。这是直接出口最为普遍的一种形式,即把产品直接卖给最终用户,而不经任何中间环节。这种形式常用于以下几种情形:第一,以邮寄或携带方式满足零星的国外订单;第二,价格高或技术性很强的产品,如飞机、轮船、高技术产品和大型机械设备等;第三,最终用户属集团消费群,如国外政府、地方当局及其他官方机构。

(2)联合出口。联合出口又称"背驼式出口",指两家或多家企业共享出口和分销渠道。企业之间可以采取联营的方式,也可以采取委托代理的方式。联合出口的目的是实行企业之间的优势互补。一方面,当国外进口订单的数量很大时,一家企业无法独立满足客户的需要;另一方面,当不同企业的产品存在互补性时,合作出口可以为客户提供更完整的解决方案。此外,由政府或行业联合会发起的联合出口可以增大规模,提高企业的议价能力。

(3)利用国内外的经销商。经销商是指在特定地区或市场上拥有购买、转售某种产品及劳务专营权或优先权的中间商。经销商同一般批发商的区别在于其所拥有的"专营权"或"优先权";经销商与代理商的区别在于前者与供货方是买卖关系,后者则只是委托代理关系。

2. 直接出口的优缺点

(1) 优势。与间接出口相比,直接出口具有以下优点:第一,企业可以直接参与国际市场竞争;第二,企业有机会更直接地接触国外客户,从而深入了解国际市场的需求动态,掌握一手信息;第三,企业必须独立完成各项出口业务,从而提高对国外市场的控制力。

(2) 劣势。直接出口也有一些不足:第一,企业独立完成各道出口程序,需要承担更高的费用;第二,企业有必要增加外贸方面的专门人才;第三,企业脱离外贸公司,需要自行建立国外分销渠道。

二、商务授权

商务授权(business authorization)指一方将具有商业价值的某种授权授予另一方合法使用,而向另一方收取一定费用的商业行为。商务授权的对象以知识为基础,其价值体现为知识产权,其转让方式体现为授权。其中,授权的一方称作授权人(authorizer),接受授权的一方称作被授权人(authorizee),基于此种授权所收取的费用称作授权费(royalty)。

知识产权可以大致划分为两种类型:一种主要用于生产过程,包括专利、技术诀窍、工艺方法以及版权等内容;另一种主要用于经营过程,包括商标、标志、商业构想、经营模式、规则和标准等内容。基于这两种类型,商务授权也就派生出两种经营方式,即许可贸易(licensing)和特许经营(franchise)。

(一) 许可贸易

许可贸易集中于专利、技术诀窍、工艺方法以及版权等内容的授权,目的是帮助对方节约成本,提高生产效率。其中,提供授权的一方称作许可方(licensor),接受授权的一方称作被许可方(licensee)。许可贸易固然以技术为交易的对象,但严格来说,它与技术转让有本质的区别。在许可贸易的情况下,许可人仍然可以使用该技术,只是同时允许被许可人使用而已。相比之下,技术转让是将技术作为一种商品和盘交出,出让人在将技术售出后便不能再对技术实行控制。所以,前者是一种授权,而后者是一种转让。

(二) 特许经营

特许经营集中于商标、标志、商业构想、经营模式、规则和标准等内容的授权。其中,提供授权的一方称作特许人(franchisor),接受授权的一方称作受许人(franchisee)。特许人一般会征集目标市场的企业或个人加盟,与加盟伙伴共享商标、标志、商业构想、经营模式、规则和标准等内容,其最大的特点就在于标准化管理。特许经营不仅要求受许方支付一定比例特许费,而且要求受许方自行投入营业设施和营运资金,受许方对经营的业务和财产拥有独立的所有权和支配权。

特许经营普遍应用于零售行业的连锁经营(chain operation),其中有两种模式:一种是联盟式;一种是加盟式。采用联盟式连锁经营,联盟的各个单位共同制定联盟经营的规则和标准,采用契约的方式共同遵守。它们可以共同推举出一个协调和监督机构,负责督查和报告规则和标准的实施情况,其性质类似于商会,经费来源往往以会员费的方式由联盟者共同缴纳。尽管联盟式连锁经营也可能出现一个发起人,但发起人并没有规则的制定和监督权,更没有受益权。加盟连锁经营是加盟者按合同规定,在总部统一的业务模式下从事经营活动,并向总部支付相应的费用。

对于公路、机场、电站等大型的公共基础建设项目,"交钥匙工程"(turn-key project,也称BOT,即 build-operate-transfer)是一种非常流行的特许经营模式。政府通过招投标的方式物色合适的经营主体,然后与之签订特许经营协议,明确相互的权利、责任和义务,协调企业追求经济效益和政府追求社会效益之间的关系,有效规范企业的收费经营行为。项目由经营主体进行投资或融资,待建成后,在规定的期间内由政府授权经营主体进行商业性收费,以收回投资并获取利润;待特许期届满后,企业再将项目移交给政府或政府指定的本国企业。

企业采用商务授权的方式进入国际市场,其优越性是显而易见的:第一,企业可以避开关税、配额、商运费、竞争等成本和不利因素,能够以便捷的方式进入国外市场。第二,由于企业向目标市场国提供了先进技术或经营理念,因而更容易得到东道国政府的批准。第三,这种进入模式不涉及对外直接投资,风险相对较小。

商务授权的劣势则在于:第一,许可方可能会在许可费的收取上形成对受许方的依赖。第二,由于被许可方生产的产品质量难以保证,这可能会对品牌的价值造成损害。第三,许可协议终止后,受许方很可能成为企业的竞争对手,所以企业必须保持持续的创新能力。

三、境外加工

境外加工(overseas processing)指企业委托境外的企业对原材料、元器件、包装材料等进行加工整理和制造,包括"三来一补"和委托制造两种形式。

(一)三来一补

"三来",即来料加工、来样加工和来件装配。来料加工,是指企业将部分或全部原材料、辅料和包装物料输出到境外的某一国家,在当地委托企业或直接雇用人员按照既定的质量和规格加工成制成品。来样加工,是指企业向境外提供样品,在当地委托企业严格按照样品的质量和规格进行加工,并由当地企业提供生产所必需的一些辅助材料。来件装配,是指企业将全部或大部分产品的零部件或元器件运至境外的某一国家,在当地委托企业将其装配成成品。

这种方式的主要优点是企业无须过多投资,只需支付一定的加工费用,即可进入海外市场,并可以节约制成品的运输和包装费用。由于原材料或零部件的进口关税一般低于制成品,企业还可以节省关税(特别是从价税)开支。另外,在工资标准较低的国家,还可以利用当地劳动力廉价的优势。由于这种方式能够为目标市场国家提供一定的就业机会,因而容易受到当地政府的欢迎。

"一补",即补偿贸易(compensation trade),指企业在信贷的基础上为交易的另一方提供技术、生产设备或物资,而对方将生产出的产品或劳务的价值偿还给企业。这种方式在一笔交易中涉及进口和出口的对流,即一方出口用于生产特定产品的技术、设备或物资,同时进口另一方由此生产出的最终产品。与易货贸易(barter trade)所不同的是,补偿贸易所涉及的出口产品和进口产品必须具有关联性,而不能以无关产品取而代之。补偿贸易并不要求现金结算,但要求企业提供两项承诺:一是出口信贷,即进口技术、设备或物资的一方可以免费试用,直至能够生产出最终产品才有义务进行作价偿还;二是产品回购,即企业有义务接受对方利用其技术、设备或物资生产的最终产品。

补偿贸易对双方都大有收益。对于提供技术、设备和物资的一方而言,补偿贸易有助于压缩库存,从而可以专注于渠道的开发;而从事生产活动的一方,则得益于对方的回购承诺,无须担心最终产品的销路问题。

补偿贸易也存在一些弊端。例如,由于缺乏金融机构的参与,交易双方经常因缺乏信任和保障而难以达成交易;由于缺乏货币作为媒介,交易双方很难找到合适的价值尺度;提供技术、设备或物资的一方可能因渠道建立不畅而不愿回购最终产品等。

(二) 委托制造

委托制造(contract manufacturing)是境外加工的另一种形式,指企业与国外某家生产企业签订合同,规定由对方按照本企业的要求生产某种产品,而由本企业负责最终产品的营销。如果本企业的资源优势在于工艺过程和营销而不在于生产制造,那么采用这种形式进入海外市场是比较合适的。

当前流行的 OEM 就属于委托制造的范畴。一些跨国公司为节省制造成本,往往利用其品牌和营销渠道的优势,将产品的制造委托给海外的制造企业,最终收获产品,自行销售。

委托制造的优势在于投资少、风险低,产品销售和市场的控制权掌握在自己手中。这种方式有助于企业利用当地廉价的劳动力和能源以及政策性优势(包括税收的优惠和低标准的环境保护措施),因而经常被用于劳动密集型、能源消耗型和环境破坏型的产品加工和生产。另外,委托制造还可帮助企业节约生产管理费用,避免劳工纠纷,节省员工福利开支。

然而,委托制造也存在一些不足:第一,合同终止后,对方可能成为本企业的竞争对手;第二,产品质量难以控制,一旦出现问题,企业往往会名誉扫地;第三,企业只能从销售中获得利润,而生产利润则归当地厂家所有。

四、境外投资

境外投资(overseas investment)指投资主体通过投入货币、有价证券、实物、知识产权或技术、股权、债券等资产和权益或提供担保,获得境外所有权、经营管理权及其他相关权益的活动。企业可以选择建立合资企业(joint venture)或独资子公司(wholly owned subsidiary)进入海外市场。

(一) 合资企业

海外合资企业指企业与国外某一个或某几个企业共同投资在国外联合成立的企业实体,由投资各方共同管理、共负盈亏、共担风险,出资可以采用现金、实物、土地、厂房、设备或工业产权等形式。企业既可以购买当地企业的一部分股权,采取参股的形式,也可以与当地企业共同出资,采用共建的形式。合资企业分为股权式合资企业和契约式合资企业,前者由合资伙伴严格按照股权比例进行投入并相应地承担责任和享受权利,而后者的投入和权利义务分配并非严格按照股权比例,而是凭借伙伴之间的约定。

建立海外合资企业的优势主要在于:第一,企业可以充分利用当地资源,拓展利润空间;第二,由于当地合作伙伴的介入,企业可以使投资和经营等方面的风险得以分担;第三,合资双方的优势可以得到互补,如技术优势、成本优势、渠道优势等;第四,企业有机会利用东道国的政策优势,迅速获取当地市场信息。

海外合资企业的挑战是控制和风险的两难问题:公司为了增强在合资企业中的控制权,通常需要投入更多的资金和设备,争取较大的股权,但过高的投入必然意味着较高的风险。不仅如此,合资双方还可能在合作目标与管理等方面发生冲突。此外,一些东道国政府为了加强本国企业对合资企业的决策权,可能会对外商投资比例加以限制。

(二)独资子公司

独资子公司是企业进行境外生产的最高阶段,意味着企业在海外市场上自行投资设立企业,独立控制其生产和营销过程。其做法有两种:一是在海外市场进行收购;二是在当地投资,建立一个全新的企业。

独资子公司有以下几个显著的优势:第一,当一家企业在技术上取得领先时,建立独资子公司通常是最为合适的进入模式,因为这种模式有助于保护企业的核心技术;第二,建立独资子公司可以帮助企业实现区位优势和经验曲线经济;第三,建立独资子公司将推动企业的全球战略合作,实现规模经济。

但是,建立独资子公司成本高昂,企业需要独自承担海外经营的全部风险。虽然与跨国并购相比,新设企业的进入速度更快且更容易取得先机,但企业仍然需要在适应海外环境和处理文化冲突等问题上花费大量的精力和资源。

第三节 影响国际市场进入模式选择的因素

一、目标国因素

(一)目标国的市场因素

1. 市场规模

如果目标国的市场规模较大,或者市场潜力较大,则企业可以考虑以投资模式进入,尽可能地扩大销售额;反之则可以考虑以出口模式和契约模式进入,以保证企业资源的有效使用。

2. 竞争结构

如果目标市场的竞争结构是垄断或寡头垄断型,企业应考虑以契约模式或投资模式进入,以使企业有足够的能力在当地与实力雄厚的企业竞争;如果目标国家的市场结构是分散型的,则以出口模式为宜。

(二)目标国的环境因素

1. 政治和经济环境

如果目标国的政局稳定、法制健全、投资政策较为宽松、人均国民收入比较高、汇率稳定,则可以考虑采取投资模式进入;反之,则以出口模式或契约模式进入为宜。

2. 地理和社会文化环境

如果目标国距离本国较远,为了省去长途运输的费用,则可以考虑契约模式或投资模式;如果目标国的社会文化和本国文化差异较大,则最好先采取出口模式或契约模式进入,以避免由于文化的冲突造成的摩擦成本。

3. 材料、劳动力、资本市场、基础设施等的易获得性和价格

如果目标国的生产要素价格比较低、基础设施比较完善,则比较适合采取投资进入模式;反之,则应采取出口模式。

二、国内因素

国内因素主要包括本国市场的竞争结构、生产要素和环境因素三个方面。从竞争结构来看,如果本国市场是垄断竞争或寡头垄断型,企业可以考虑以契约或投资模式进入国外市场;如果本国市场的竞争程度比较高,则企业可以采取出口模式。从生产要素来看,如果本国生产要素比较便宜且容易获得,则企业可以采取出口模式进入国际市场。从环境因素来看,本国的环境要素是指本国政府对出口和对外投资的态度。

三、企业自身因素

(一)企业产品因素

1. 企业产品要素的密集度、价值高低和技术含量

劳动密集型和资源密集型产品主要以具有丰富自然资源的国家为生产基地,如果目标国具备这些条件,那么可以采取投资模式,就地设厂,以节省出口的中间费用。如果企业生产的产品价值高、技术复杂,考虑到目标国市场的需求量,以及当地技术基础的配套能力,则以出口模式为宜。

2. 产品的服务性和适应性

如果客户对产品的售后服务要求比较高,以及那些需要做出大量适应性变化以销售国外市场的产品,企业最好采取契约模式或投资模式进入。

3. 企业的主线产品与核心技术

企业的主线产品、核心技术在进入目标国市场时,大多采取投资方式,且以独资为主。

(二)企业的核心竞争力

就核心竞争力而言,企业可以分为两类:一类企业的核心竞争力是技术诀窍,另一类企业的核心竞争力是管理诀窍。当企业的竞争优势建立在技术诀窍上时,应尽量避免许可协定和合资企业的经营方式,以降低技术失控的可能性。当企业的竞争优势建立在管理诀窍上时,由于以管理技巧为基础的大多是服务性企业(如麦当劳、希尔顿酒店等),这些企业宝贵的是他们的品牌,而品牌是受国际标准化法律保护的,因此可以采取特许经营和建立子公司相结合的方法。

(三)企业资源与投入因素

企业在管理、资金、技术、工艺和销售方面的资源越充裕,企业在进入方式上的选择余地就越大。如果企业的资金较为充足,技术较先进,且积累了丰富的国际市场营销经验,则可以采取直接投资模式进入国外市场。反之,则以出口模式和契约模式为宜,待企业实力增强,积累了一定的国际市场营销经验后再采取直接投资模式。

本章小结

1. 企业进入国际市场需考虑目标市场的选择、进入时机的选择和进入模式的选择。
2. 企业进入国际市场的模式可大致分为出口贸易、商务授权、境外加工和境外投资四种类型。

各种进入模式的利弊对比如表 11-1 所示。

表 11-1 国际市场进入模式的利弊对比

国际营销的方式		优势	劣势
产品出口	· 间接出口 · 直接出口	风险低 灵活性大 投入少	利润空间小 依赖中间商 脱离终端市场 关税壁垒的限制
商务授权	· 许可经营 · 特许经营 · BOT 模式	风险小 投入低 收益稳定 绕开关税壁垒	利润空间小 损害品牌 遭受仿冒的危险 政府失信风险
境外加工	· 三来一补 · 委托制造	利用廉价劳动力 利用境外资源优势 节约管理成本	增加运输和转口成本 遭受仿冒的危险
合资经营	· 股权合资 · 契约合资	减轻资金负担 分散风险 优势互补 绕开关税壁垒	目标冲突 沟通和管理有难度 部分依赖当地伙伴
独资经营	· 全资收购 · 全新建设	决策迅速 统一管理 便于协调 绕开关税壁垒 提高决策效率	投入大 时间久 缺乏当地知识

3. 影响国际市场进入模式选择的因素主要有目标国因素、国内因素和企业自身因素。

思维导图

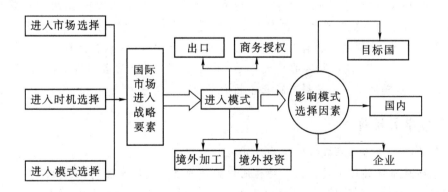

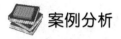 **案例分析**

小米是如何迅速占领印度市场的?

印度凭借着强大的客户群体基数和科技的发展氛围,已经在过去几年超越美国成为现阶段市场的第二大消费市场。小米从进入印度市场后,迅速地占领了市场,2018年就已经超越三星成为印度销量第一的行业巨头。而取得如此辉煌成就的原因主要有如下几点。

成功复制了国内的销售模式

2014年7月,小米在印度市推出首款智能手机小米3。小米在战略上的布局,刚开始进入印度市场基本全线上渠道发售和购买小米手机。小米和印度的电商巨头Flipkart达成合作协议,这和中国市场的新零售发展很相似,这一举动,为小米在线上销售打开了市场。小米的市场策略则是沿用了国内市场的"饥饿营销",在规定的时间内进行线上抢购,而常常备货会少于市场的需求量,这也使得小米手机一旦发售,短短的几分钟甚至几秒就被抢购一空。

虽然线上的渠道为小米手机打开了印度市场,但由于印度整体移动互联网要落后于中国,所以整体线上渠道销量仅占了三分之一的份额。并且印度有关市场研究机构对小米的销售策略进行了评价,他们认为现在只依靠线上抢购的小米,在线下的实力较弱,这将影响它们未来在印度市场的增长。跟小米在中国本土的情况相同,这也是为什么在短短几年内由于小米只专注于线上的销售,而忽略了线下渠道的开拓,后来被VIVO、OPPO反超。真正让小米在印度站稳脚步的是之后采取了线上线下相结合的模式,加快发展的脚步,打开线下渠道,在印度快速开设实体零售店,同时还与第三方商店进行合作,目前已经超过1000多家。线上线下相结合的全渠道模式为小米在印度市场取得了巨大的成功。

性价比模式

随着互联网的普及,智能手机市场逐渐从中高层消费者群体转移到普通消费者,他们追求的是高性价比。这一点无论是在中国市场还是印度市场都让小米取得了一定的成功。

小米延续国内的高性价比模式,直接将手机的价格拉到2000元左右,打破了高消费低性价比的壁垒,迅速为它打开了市场。从人们的购买行为出发,小米的定价符合当下印度的整体消费水平,这也是为什么小米可以在印度这样一个人口大国迅速甩开苹果和三星,成为智能手机市场销量第一的原因。

小米在中国这样高度紧张、竞争激烈的市场迅速转头去开拓其他市场,保证了它们在智能手机市场的发展与盈利,也避免了被市场快速淘汰的局面。对于小米来说,去开辟其他市场远比只在中国与其他的手机制造商抢占市场份额要明智得多。相较来说印度还处于智能手机刚刚开始普及的阶段,消费者还没有对市场上的品牌建立忠诚度,小米在比较容易的阶段去占领消费者的心智。在印度市场取得的巨大成功,不仅保证了小米的盈利模式,取得了收入的增长,同时也为小米提供了一个拓展东南亚市场的平台。

讨论和在线学习问题

1. 小米为何将印度作为出海战略的重要目的地?
2. 小米进入印度市场的优势是什么?对其他中国企业进入国际市场有什么启示?
3. 通过网站、报纸、杂志等媒体,了解中国企业进入国际市场最新动态,选取案例与同学们分享。

思考与问答

1. 企业进入国际市场需考虑哪些问题？
2. 企业进入国际市场有哪些模式？各种模式的优缺点分别是什么？
3. 影响企业进入国际市场模式选择的因素有哪些？
4. 什么是商务授权？它具体包括哪些类型？

第十二章 国际竞争战略

> 学习目标
>
> 1. 了解国际竞争的主要特点
> 2. 掌握行业竞争的五力分析模型
> 3. 掌握国际竞争对手分析的主要内容
> 4. 熟悉国际企业竞争战略的主要类型和适用条件
> 5. 了解国际战略联盟的形式、特点和动机

 导入案例

百度挑战谷歌

成立于1998年的谷歌是全球最大的搜索引擎企业,其早在2000年就推出了中文搜索服务。而百度在2000年才刚成立,于2001年正式建立独立的搜索网站。但在目前,无论是从营业收入还是从搜索频率的角度衡量,百度都已成为全球最大的中文搜索网站,在中国市场上占有绝对主导地位,而谷歌则变成了一个跟随者。百度之所以能成功战胜行业领导者,一方面源于本土的优势,另一方面源于有效的竞争战略。

百度的本土优势

虽然谷歌是最先推出中文搜索服务的,但作为一家美国网络服务企业,其在开拓中国市场时不可避免地遭遇了政治壁垒和法律壁垒。由于在谷歌上可以搜索到色情、暴力及包含政治敏感内容的信息,这直接导致了其网站被屏蔽。

此外,对中国文化的不了解以及本土化技术与营销管理团队的缺失导致谷歌中文搜索业务发展缓慢。相反,这同时构成了百度的最大优势。在了解中国语言文字与文化习俗的基础上,百度才得以抓住中国客户的核心需求。

谷歌的战略失误

面对百度的挑战,谷歌的反击显得不够及时。当2001年百度推出其搜索网站时,谷歌既没有采取任何阻挠措施,也没有发出过可信的威胁。事实上,百度在2001年之前共获得了1120万美元的风险投资,其主要业务是为企业和其他门户网站提供搜索技术。而百度的转型决策是创始人李彦宏力排众议的结果,因此百度在进入中文搜索市场时其实面临着巨大的风险。而谷歌在2000年推出中文搜索服务时,用户首先要访问谷歌的英文主页,再选择"简体中文"服务后才能进行搜索。这种英文操作界面让大部分文化水平不高的中文用户感觉很麻烦。直到2006年,谷歌才开通.cn和.com.cn网址,为中国用户提供专门的搜索服务,而此时的百

度早已成为全球最大的中文搜索引擎网站。

与百度相比,谷歌中文搜索服务的专业化程度不高,一直以来仅作为英文网站的一个组成部分,甚至到2006年推出专门的中文搜索网站时,"谷歌中国"也只是公司旗下众多搜索服务中的一个。这无疑限制了谷歌的技术革新与服务质量提升。而百度自成立之日起就专注于中文搜索服务,最终也因此而后来居上。

百度的竞争策略

第一,建立技术上的优势。谷歌作为全球最大的搜索引擎企业,其在技术上的领先是毋庸置疑的。百度的创始人李彦宏发明了超链分析技术,从而突破了谷歌设立的技术壁垒。由于中英文在语言逻辑和书写方式上存在差异,需要解决切词和双字节的问题,百度反而借此取得了技术上的优势。2002年,百度实行了著名的"闪电计划"以弥补其与谷歌在技术上的差距,在页面反应速度、相关性、索引量及内容更新频率四个指标实现了全面的赶超。

第二,前期的模仿与跟随。百度初入市场时主要采取了跟随策略,例如"竞价排名"的盈利模式借鉴了Overture公司的收费模式和谷歌的"关键性广告",其搜索服务"百度知道"则模仿了"Google Answer"和"新浪爱问"。

第三,适时的创新与差异化。百度在模仿的初级阶段就已经开始改造竞争对手的产品,如"竞价排名"并不完全同于谷歌的"关键词广告",而是将竞价的概念引入了点击付费的模式中,并取得了巨大的成功。而"百度知道"更是超越了其模仿对象,搭建了一个广受赞誉的网上问答平台。此后,百度不断推出"百度快照""新闻频道""图片搜索""百度贴吧"等搜索服务,由一个跟随者逐渐成为行业的领导者。

资料来源:秦明,周泓.百度与谷歌竞争的经济学分析与思考[J].科技广场,2012(2):23-26.

在国际市场中,领导者与挑战者之间的竞争最为激烈,因而,作为挑战者选择恰当的市场竞争战略相当关键。企业结合自身特点,适时地调整进攻策略关系到营销的成败。

第一节 经济全球化与国际市场竞争特点

一、经济全球化推动着国际竞争的发展

经济全球化是指世界经济活动超越国界,通过对外贸易、资本流动、技术转移、提供服务、相互依存、相互联系而形成的全球范围的有机经济整体。经济全球化是当代世界经济的重要特征之一,也是世界经济发展的重要趋势。经济全球化是贸易、投资、金融、生产等活动的全球化,即生产要素在全球范围内广泛流动,从而实现最佳配置。在此过程中,世界各国经济相互依赖性不断增强。

经济全球化使世界各国经济连成一体,国内市场竞争拓展为全球市场竞争,使国际市场竞争变得更加广泛、复杂和激烈。换句话说,经济全球化是国际竞争扩展至全球的强大动力,主要表现在以下几方面。

(一)经济全球化内容的深刻化和广泛化推动着国际竞争的发展

在生产领域方面,新技术革命成果的应用,促进了产业结构大规模的调整。一方面,传统产业利用新技术进行改造;另一方面,新兴产业,尤其是高新技术产业的产生与发展促进国际

范围内的产业结构实行大调整。

在销售领域方面，由于国内产业结构的调整、高科技的运用，劳动生产率大大提高，国内市场饱和，竞争激烈。国内市场对商品的需求向多层次化发展。国内市场这些竞争特点延伸到国际市场。

在金融领域方面，在经济全球化的进程中，高新技术应用于金融业，建立起资金转移的全球网络和国际标准化的信息网络。

(二)各经济领域的全球化出现合流趋势使国际竞争更加复杂

二战后，跨国公司大发展，消费和市场不断全球化。跨境电商的兴起、区域自贸区等的设立都已充分证明，当今的消费和产品都明显带有跨区域流动的色彩，市场之间的联动也越发紧密。

(三)新技术革命推动经济全球化从而推动国际竞争的发展

以信息技术为中心的新科技革命在20世纪90年代全面展开，由于信息技术的特点及当代经济的开放性，信息产业一开始便是全球化的产业经济。当今，高技术信息产业已逐渐改造或取代传统产业，从而成为推进经济全球化的经济主导部门。互联网络的建立与发展，使全球经济的连接更加广泛和快捷。可见，高新技术的发展直接影响国际竞争。拥有科技优势，特别是高新技术优势的国家，就能从新技术革命的成果中获得最大效益，从而增强争夺战略优势的综合实力。反之，在科技方面落后的国家，则会相应地丧失其国际竞争能力，并导致国家在国际竞争战略格局中的地位下降。

(四)经济全球化使发达国家之间的竞争更为激烈

在世界经济全球化、市场化、信息化的发展中，美国、欧洲、日本等发达资本主义国家和地区仍处于主导和优势地位，但发达国家之间在经济、科技、市场方面的竞争将更加激烈，资本主义经济发展不平衡的规律仍在起基本作用。面对全球化的挑战和机遇，少数发展中国家将发挥比较优势，在参与国际市场竞争中提升产业结构，成为又一批新兴的工业化国家和地区。但由于多数发展中国家的工业化进程尚未完成，高技术产业尚处于初始阶段或虽已起步但尚未形成规模效益，其国民经济主要成分仍是劳动密集型产业和农业，劳动生产率低下，国际竞争力较弱。因此，全球化过程还可能拉大发展中国家和发达国家间经济发展不平衡的差距。其中，最不发达国家和地区在信息化和全球化中可能被"边缘化"。

二、国际竞争的特点

国际竞争既具有一般竞争规律的特点，又具有自身的特点。

(一)国际竞争的一般特点

1.国际竞争不同于自由竞争

从现象上看，国际竞争与自由竞争最大的区别是自由竞争遵循优胜劣汰原则。在自由竞争中的落后企业、落后部门要破产和被淘汰，而国际竞争中的落后国家、落后部门和落后企业不一定破产和被淘汰。从理论上分析，国际竞争不同于自由竞争的基本前提是：世界经济中存在着各个国家主权政府，只要有国家政府存在，它们必然以各种方式干预国际竞争格局。可见，国际竞争表现为一种有保护的竞争。

2. 国际竞争又不同于垄断竞争

从实践上看,国际竞争与垄断竞争的最大区别在于:垄断竞争的目的是以垄断排斥竞争或消灭竞争,而国际竞争的目的则是以竞争作为获取本国经济利益的主要手段。因此,国际竞争不是消灭竞争,而是强化竞争。从理论上分析,国际竞争不同于垄断竞争的基本前提在于:国际竞争的主体囊括了世界市场上各种经济实体,诸如关心本国经济利益胜于关心他国经济利益的国家政府、以实现国家经济利益为目标的国有企业、以本集团经济利益为首要目标的跨国公司、在全球市场广阔存在和发展的众多大中小私人企业。可见,国际竞争比垄断竞争范围更大,它表现为包括垄断竞争在内的强化型竞争,是在政府保护下的强化竞争。

(二)国际竞争的自身特点

国际经济竞争是指在国际范围内的经济活动中,通过公司或企业竞争反映出来的利益冲突。所谓竞争就是两者或两者以上的争夺、相互较量和相互争胜,是有意识的利益冲突活动。经济竞争是一个与市场密切相连的经济范畴。它是随着市场的产生而产生,随着市场的发展而发展的。

国际经济竞争由于参与竞争的主体和客观条件以及竞争的范围,与国内市场竞争有着根本的区别,呈现出自身的特点,主要表现为以下几方面。

1. 它受国际价值规律支配

国际价值规律的基本内容是商品的国际价值量是由世界劳动力的平均单位决定的,商品交换以商品的国际价值量为基础实行等价交换。虽然世界市场价格由于受竞争和市场供求变化的影响而使之与国际价值相偏离,但从总体趋势看,在世界市场上,商品的市场价格是围绕着国际价值而上下波动的。

2. 生产要素在国际的流动和竞争的自由度受到多种因素的制约和限制

在世界市场上,生产要素的流动是受国际价值规律支配的,世界市场价格的波动引起了生产要素在国际的流动,使资源在世界范围内实现重新配置。在当今世界,尽管各种生产要素的流动规模在不断增大,但是,各国政府和企业从自身利益出发,都采取各种各样的政策和措施来限制生产要素在国际的自由流动,使国际经济的竞争不能充分展开。近年来,随着跨国公司的发展,贸易区域化、集团化的趋势日愈加强,它们在一定程度上也影响了生产要素在国际的流动与竞争。

3. 竞争者在世界市场上进行有效的经济竞争将变得更加困难

由于国际经济竞争范围广阔,竞争环境、竞争条件千差万别,这就使得竞争者参与竞争的商品、价格、渠道、促销等这些可控因素变得广泛和复杂。同时,竞争者在国际经济竞争中面对的政治法律、经济技术、社会文化和自然环境等不可控因素又瞬息万变,这样竞争者在世界市场上进行有效的营销组织,参与竞争将变得更加困难。

4. 国家对世界市场的干预导致国际经济竞争更加复杂化和白热化

世界市场是由许许多多相互联系的国别市场构成的,国际经济竞争的战场也就具体落实在不同的国别市场上。由于各国政府对国内市场都采用大量的金融和财政等政策干预经济生活,同时各国政府在对外贸易政策上,都普遍实行奖出限入的贸易保护,从而导致国际经济竞争变得更加激烈和复杂。

三、国际经济关系相对平等是国际竞争的根本前提

在自由资本主义的资本原始积累时期,在国际经济关系中充斥着以残酷的暴力进行殖民的掠夺。在垄断资本主义即帝国主义时期,通过商品输出带动资本输出,残酷掠夺殖民地。在上述时代,相对平等的国际竞争关系是不可能存在的。只有在二战后,国际经济关系发生了一系列的变化,才出现了相对平等化的过程。

一系列国际经济机构的建立,促进国际经济关系的相对平等化。1947年10月底,23个国家的代表在瑞士日内瓦签订了关税与贸易总协定(GATT)。1995年1月1日,世界贸易组织成立,并于1996年1月1日取代GATT。1944年7月,44个国家的代表在美国新罕布什尔的布雷顿森林召开了布雷顿森林会议,会议宣布成立国际货币基金组织和国际复兴开发银行(世界银行前身)。这三个国际经济组织,后来被公认为是战后世界经济发展的三大支柱。这些国际经济组织虽然一直被少数发达国家所控制,但它们毕竟注重以经济自由化为宗旨,因而在客观上有利于国际经济关系朝着相对平等化方向发展。

除上述三大国际经济组织机构外,联合国经济及社会理事会、联合国贸易和发展会议对推动各国间经济交流,推动发展中国家贸易和改变国际贸易关系也起到了巨大的作用。尤其20世纪70年代中期以来,联合国贸易和发展会议日益成为谈判国际经济和贸易问题的一个主要场所。

此外,发展中国家经济集团的形成推动了国际经济关系的相对平等化,原材料生产和出口国组织的建立,推动了国际经济关系相对平等化,贸易优惠制度的实施进一步促进了国际经济关系平等化的发展。

第二节 行业竞争分析

一、五力模型分析

行业(industry)由一组生产相似、可替代产品的企业组成,其吸引力是多种力量共同作用的结果。迈克尔·波特早在1979年就提出了影响行业吸引力的五大竞争力量,并分析了这些力量产生的深层原因及变化规律。如图12-1所示,这五大竞争力量分别为:新进入者威胁(threat of new entrants)、替代品威胁(threat of substitutes)、买方议价能力(bargaining power of buyers)、供

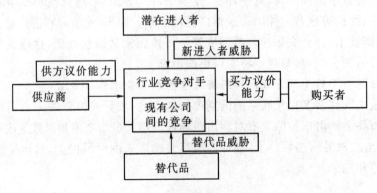

图12-1 行业竞争的五力模型

方议价能力(bargaining power of suppliers)以及现有同业对手间的竞争激烈程度(intensity of rivalry among current competitors)。当一个行业的新进入者和替代品威胁较小,供方和买方的议价能力较低,当前的竞争强度较弱时,该行业就具有较强的吸引力;反之,则吸引力较弱。

(一)新进入者威胁

新进入者,指当前不在行业内,但有能力进入某个行业的企业,是现有同业企业的潜在竞争对手。这些企业一旦进入行业,便意味着同一市场上竞争对手的增加,他们将威胁到现有竞争者的市场份额。此外,新进入者通常对市场做过非常充分的研究,掌握了该行业的竞争规律,尤其是其他竞争者的劣势,因而可以发挥后动者优势。

迈克尔·波特提出了新进入者可能面临的七种进入壁垒,即规模经济、产品差异化、资本需求、转换成本、分销渠道、与规模无关的成本劣势以及政府政策。

1. 规模经济

规模经济指企业在规模扩张过程中由于经验的积累而带来的效率提升,其来源包括大规模生产标准化产品导致的成本削减、大宗购买原材料带来的价格折扣、固定成本和营销费用在大批量产品上的分摊等。企业一旦实现规模经济,便可通过降价获取更大的市场份额,即使保持价格不变,企业仍将取得更高的利润。

新进入者在面对行业现有竞争者的规模经济时往往处于两难的境地。一方面,若新进入者的生产规模较小,则在成本上处于劣势;另一方面,若新进入者期望通过较大的产量实现规模经济,又有可能遭遇现有竞争者的强烈报复。

 知识阅读

被称作"价格屠夫"的格兰仕在攻占中国微波炉市场时,曾发起大规模的价格战。得益于规模经济与成本控制,格兰仕在连续降价的过程中仍保留了一定的利润空间,不仅使大量竞争者被迫出局,也让新进入者望而却步。

然而,某些生产行业的特殊性会降低由规模经济引起的进入壁垒。例如,现在有许多公司通过柔性制造系统,专门为中小型客户提供定制化产品。相比规模经济的实现,快速响应客户需求对这类企业显得更为重要。

2. 产品差异化

在顾客看来,某家企业的产品可能是与众不同的。这种认知可能来源于产品的独特功能、优质的售后服务、成功的广告宣传等。这类消费者更有可能对该产品乃至生产企业产生忠诚。

 知识阅读

农夫山泉决定进军中国包装水市场的时候,几乎所有具备实力的企业都对饮用水市场虎视眈眈,娃哈哈、康师傅、乐百氏、怡宝、屈臣氏等几大品牌激战正酣,寸步不让。怎样在这硝烟弥漫的战场上击败对手,赢得一席之地,成为农夫山泉团队面临的最大问题。经过一番市场调研和深入讨论后,农夫山泉决定独辟蹊径,把市场锁定在有益于人体健康的天然水上,依托自己优质的水源资源,同时配合"有点甜"的清新广告,与常见的纯净水、矿物质水截然分开,成功地让消费者记住了这个行业中的"另类",近乎完美地打入了包装水市场。"农夫山泉"进军包装水市场成为企业差异化战略的成功案例。

一般来说,新进入者需要花费大量的资源来消除顾客对原先产品的忠诚度,降价是一个比较常见的手段。但降价决策不仅会降低企业的利润,严重者甚至会导致企业破产,而且有可能影响其在消费者心目中的形象,因此需要谨慎抉择。

3. 资本需求

进入一个新的行业进行竞争通常需要企业投入足够的资源,这不仅包括厂房、设备等实物资产的购买,也包括对营销、管理等重要职能的投入。这些投资往往是一次性完成的,具有沉没成本的性质,如果企业难以承受,那么即使行业吸引力再大也无济于事。

 知识阅读

飞机制造业具有资本密集、技术密集的双重特征,不仅需要大量的研发投入,而且需要全球化的供应系统作为支撑,普通企业一般没有能力进入。许多国家都对本国的飞机制造业制订了扶植计划,中国也已将飞机制造业作为国家战略性高技术产业。随着C919国产大飞机的问世,由波音、空客主导的双寡头垄断格局极有可能被打破。

4. 转换成本

转换成本指由于顾客转向新的供应商所产生的一次性成本。购买新型设备,重新培训员工,乃至终止合作关系所引起的情感与精神损失都会导致转换成本的发生。许多公司推出顾客忠诚计划的目的即在于增加消费者的转换成本,如酒店的会员等级制度、商场的积分返利活动等。

一般来说,买卖双方之间的关系越紧密,转换成本就越高。在这种情况下,新进入者必须提供足够好的产品或足够低的价格,才有可能争取到竞争对手的顾客。

5. 分销渠道

随着时间的推移,行业中的竞争者通常会形成有效的分销渠道,并和分销商建立良好的合作关系,以增加分销商的转换成本。新进入者若想取得分销渠道,就必须设法说服分销商销售其产品,甚至用之代替竞争者的产品。降价是新进入者普遍使用的谈判筹码,但这也会导致其利润的下降。

 知识阅读

对于日常消费品的生产厂商而言,各大连锁超市掌握着终端渠道的控制权。超市通常会制定一系列"进场"规则,新进入者如果不能满足这些要求,就会陷入产品无路可销的境地。这种现象在网络平台上同样存在,若协议中包含排他性条款,则新进入者将会面临更大的阻碍。

6. 与规模无关的成本劣势

除规模经济外,行业中现存的竞争者还可能具有新进入者难以效仿的成本优势,如优越的地理位置、独有的产品及技术、特殊的进货渠道等。而新进入者则需要设法消除这些影响,比如提供特色服务、寻求企业间合作等。

7. 政府政策

对于某些特殊的行业,政府通常会设定严格的准入制度及管理规范,如能源开采、广播电视、移动通信等行业。为了保护本国企业的利益,一些国家还可能采用各种形式的非关税壁垒,以限制外国产品的流入,这些政府政策对这些行业的潜在竞争者构成了较高的进入壁垒。

(二)替代品威胁

替代品指由其他企业或产业提供的能够满足顾客相似需求的产品,如蔗糖与木糖醇、可乐与果汁等。替代品的存在会降低消费者对主产品的依赖程度,从而挤占主产品的市场份额。例如,随着信息科技的发展,以报纸、杂志、广播、电视为代表的传统媒体便不断受到网络媒体与移动媒体的冲击。

当客户面临的转换成本很低,替代品的价格更低、质量更优、性能接近甚至超过竞争产品时,替代品的威胁就会很强。如果产品几乎没有替代品,那么企业便有更多的机会提高价格以赚取更多的利润。例如,当制药企业研发出一种新药,且市场上尚不存在其他有效的药品治疗方法时,这种药的售价通常会很高。

(三)买方议价能力

买方的最终目的是以尽可能低的价格获取质量尽可能高的产品或服务,他们可能会通过压低价格、延迟付款、提高产品质量标准、索要免费增值服务等方式与供应商讨价还价。当企业的购买数量大、交易金额高、与供货商保持着长期购买关系或具有向后一体化的实力时,其议价能力通常较强;反之则较弱。

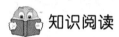

知识阅读

汽车生产商通常会进行大批量的采购,其交易金额通常会占据汽车零部件生产企业营业收入的很大比例。加之汽车零部件行业的集中度一般较低,因此汽车生产商几乎可以随时更换供货企业。若有必要,汽车生产商甚至可以通过后向一体化,对上游的零部件供应商实行收购。在这种情况下,汽车生产商作为买方便具有很高的议价能力。

(四)供方议价能力

企业的全部活动可以归结为一个投入和产出的增值过程。在产出既定的条件下,投入成本的高低决定了企业增值的幅度。因此,企业的竞争力在很大程度上依赖于货源成本,包括原材料、零部件、资本和劳动力等。而供应商的最终目的是以尽可能高的价格销售自己的产品或服务,他们可能会通过控制供应数量、延迟交货时间、提高销售价格、降低产品质量、减少服务项目、缩短保证期限、要求提前付款等方式与采购方讨价还价。

在以下情形中,供应商具有较强的议价能力:第一,卖方的集中度很高,如中石油、中石化、中海油几乎占据了中国全部的汽油供应市场;第二,所售产品的替代性较低,如专门化的生产设备;第三,买方的转换成本高,如更换一个公司的内部操作系统可能会引起许多员工的不适;第四,供方具有前向一体化的实力,如某些服装生产企业可能会收购终端的销售店铺,从而建立自己的品牌专营店。

(五)同业对手间的竞争激烈程度

行业内的竞争者通常经营着同一类产品或服务,或面对着同样的目标市场。竞争的激烈程度不仅影响着行业的整体回报率,也决定着企业的生死存亡与行业地位。为获取竞争优势,企业通常会着重在顾客认为有价值的方面实施差异化策略,包括产品、价格、服务和创新等多个维度。在下述情形中,行业竞争会比较激烈。

1. 存在大量或实力相当的竞争对手

当行业内存在众多竞争对手时,各企业为争夺资源和客户,通常会展开激烈的竞争,如发动价格战、拦截终端渠道、与供货商或经销商联盟等。若行业内仅有为数不多的几家企业,但其规模和实力相当,则同样会导致激烈的竞争。例如,波音和空客在过去很长一段时间内占据着行业双寡头的地位,为争夺全球订单,两者在机型选择、制造技术、交付时间等多个维度上展开竞争,从未停止。

2. 所在行业的成长速度较为缓慢

当一个行业处于不断成长的过程中时,企业通常会将精力集中在扩大顾客基数上,与对手争夺顾客的压力不大。然而,对于增速缓慢甚至停止增长的行业而言,企业必须通过吸引竞争对手的顾客来扩大自身的市场份额,因此行业竞争将非常激烈。但从长期看来,当一个产业或市场接近饱和时,企业应通过创新、重新定位、多元化等手段开辟新的市场,以获取更高的利润。

3. 存在高昂的固定成本或库存成本

当一个企业投入了大量的固定成本时,其通常会提高产量从而对这部分成本进行分摊。若同类企业普遍采取这种行为,则会引起行业内的产能过剩。为减少库存,企业可能采取降价、返利等做法,从而引发激烈的竞争。这在家电制造行业中较为普遍,企业通常会提高产量以降低单位成本,而消费者对此类耐用品的需求有限,为消化剩余产能、减少库存,就会有企业挑起价格战。

4. 顾客的转换成本较低

顾客的转换成本往往和产品的差异化程度密切相关。若消费者认为能够满足其需求的某件商品是独一无二的,那么其转向购买其他产品的可能性就会大大降低;若消费者认为产品是同质的,那么企业的竞争对手便很容易争取到这部分顾客,从而导致激烈的竞争。一般来说,消费者的转换成本越低,价格在竞争中的作用就越重要,日用品、软饮料等快销行业即是如此。

5. 存在高额的战略利益

如果进入某个行业并占据领导地位对于多家企业都非常关键,那么这个行业的竞争将会非常激烈。例如,有些食品生产企业为降低采购成本、保证产品质量,希望通过后向一体化的手段打造全产业链,那么其上游产业便意味着高额的战略利益。此外,对于跨国公司而言,抢占某些国家的市场也对其具有战略意义。例如,中国作为新兴市场国家之一,不仅拥有廉价的劳动力资源,而且具有广阔的消费群体,因而受到各跨国公司的青睐。

6. 行业的退出壁垒较高

某些行业的投资回报率很低,但仍然有许多企业参与竞争,其原因是这些企业可能面临着很高的退出壁垒。这可能涉及经济、战略和情感等多重因素,最终导致企业留在该行业内。常见的退出壁垒包括:企业专用型资产,如厂房设备的沉没成本;退出的必要支出,如对员工的补偿金;战略相关性成本,如对共享渠道的放弃;情感障碍,如对自身前途的担忧以及对企业员工的愧疚;政府与社会约束,如公司解散可能会引起社会对失业问题的关注;等等。

二、国际竞争对手分析

(一)竞争对手识别

在竞争对手的识别方面,战略群组(strategic group)是一个有效的工具。战略群组指某一行业内关注相似战略维度并采用相似竞争战略的一组企业,其相似度越接近,企业间产生竞争的可能性就越大。战略群组一旦形成,便会在很长一段时间内保持稳定。因此,企业所在的战略群组决定了其竞争战略的本质特征。

同一战略群组内的企业通常具备相似的战略要素,如技术领先程度、产品质量标准、价格与促销策略、分销渠道的选择以及售后服务的提供等。而在不同的战略群组中,行业竞争五种力量的强度通常存在一定的差异。一般而言战略群组内部的竞争比群组织间的竞争更为激烈,企业必须设法塑造自身战略的独特性,从而获取并保持其竞争优势。

对战略群组进行分析将帮助企业了解行业的竞争结构,识别竞争对手,从而进一步明确其市场定位,制定出行之有效的竞争战略。战略群组图(strategic group map)可以直观地反映出企业最直接的竞争对手。其绘制过程通常基于两个竞争维度展开,并根据各个竞争对手不同维度上的表现在平面上进行标示,竞争对手与本企业越接近,其竞争威胁就越大。

如图12-2所示,2006年新西兰超市行业战略群组地图从超市数量和商品售价两个维度对企业进行划分。其中,White Price、Price Chopper、Pak'n Save 和 Countdown 的超市数量较少,同时商品售价也较低,可视为一个战略群组;New World 和 Four Square 都拥有更多的分店与更高的售价,两者之间是一种直接竞争的关系;Woolworths、Foodtown 和 Super Value 的超市数量不多但定价较高,属于另一个战略群组;而 First Choice 的超市数量较少,定价比较适中,与其他几家超市的竞争强度不大,但仍有可能卷入竞争之中。

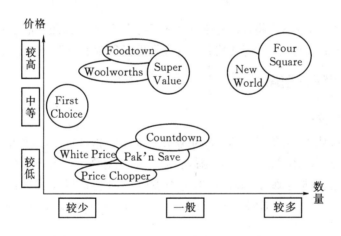

图12-2 2006年新西兰超市行业战略群组图

(二)竞争对手分析

根据战略群组图显示的结果,企业应重点关注与其竞争关系最为紧密的对手,如耐克与阿迪达斯、苹果与三星、谷歌与微软等。通过分析,企业应了解竞争对手的未来目标、当前战略、假设及能力,并通过这四个维度的信息预测竞争对手的反应(见图12-3)。

分析竞争对手的关键是收集相关资料,包括竞争者的目标、规模、管理层与财务状况等,并据此推测竞争对手的战略意图。如果竞争者是某集团旗下的子公司,那么了解这家公司在集团战略中的定位是极为重要的。有些子公司仅扮演着"现金牛"(cash cow)的角色,其存在的目的是为集团的其他业务提供必要的资金支持;而另一些子公司则可能承担着集团扩张的主要任务,对企业具有十分重要的战略意义。有效的数据和信息构成了企业的竞争情报

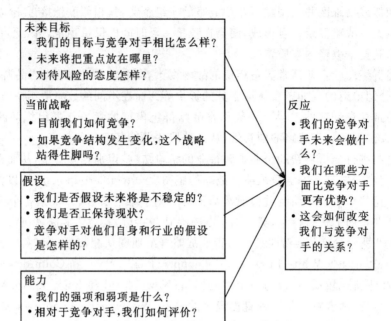

图 12-3 竞争对手分析

(competitive intelligence),它将帮助企业更好地了解竞争对手,预测其潜在的竞争行为。此外,收集世界其他国家的公共政策信息也将帮助企业了解竞争对手的背景,提高战略决策的质量。

三、国际企业竞争战略

(一)一般竞争战略

迈克尔·波特认为,竞争战略即一家企业在行业中的相对定位,这种定位决定着企业的利润高于或低于行业平均水平。从长期来看,企业的持续竞争优势来源于低成本或差异化。若结合企业的竞争范围进行划分,则企业的一般竞争战略包括以下三种:成本领先战略(cost leadership strategy)、差异化战略(differentiation strategy)及聚焦战略(focus strategy)(见表12-1)。

表 12-1 一般竞争战略

竞争范围	竞争优势	
	低成本	差异化
宽范围	成本领先战略	差异化战略
窄范围	成本聚焦战略	差异化聚焦战略

1. 成本领先战略

成本领先战略的基本逻辑是在保证产品质量与竞争对手持平的前提下,尽量降低经营成本,以增加销售数量,扩大市场份额,从而促进规模经济的形成,使产品的单位成本进一步下降。一般而言,企业经营成本的降低可能源于技术进步、规模经济和有效管理三个方面。

第一,企业可以通过引进新技术、改善工艺流程提高单位投入的产出效率,从而降低生产成本。但必须注意的是,技术具有间歇性,即使新技术得到了应用,其商业价值的实现也会存在一定的时滞,在降低成本方面不可能收到立竿见影的功效。因此,企业通常还会寻找其他途径降低成本。

第二,企业可以通过扩大生产规模、分摊固定成本的方法降低产品的单位成本。但企业必须避免盲目扩张,以防止出现规模不经济的后果。外包(outsourcing),即通过战略联盟或契约的方式寻求其他企业的加盟合作,也是一种行之有效的扩张方式。如果经营得当,使用这种方法既能在短期内达到迅速扩张的目的,又能够减少企业自身的经营风险。

第三,企业可以通过恰当的管理手段降低成本,如裁撤冗员、简化行政手续、加强岗位培训、提高员工的工作热情、加速资金周转等,这些管理手段都有助于提高生产效率,降低生产成本。此外,企业还可通过压低原材料价格,减少中间商数目甚至产业链的纵向整合,达到降低成本的目的。

需要注意的是,成本领先战略的实施不仅需要企业提供比竞争对手更低的价格,而且要求企业的产品和服务与竞争者具有充分的可比性。若企业只是一味地通过降价扩大销量,一方面会抵消本企业通过扩大销售量所带来的收益,另一方面也容易招致竞争对手的降价反击,从而破坏整个行业的经营秩序与竞争环境。因此,成本领先战略必须保证其"可持续性",即企业在保持质量与竞争对手具有可比性的基础上,通过降低成本获得持久的竞争优势。

2. 差异化战略

采取差异化战略的企业最关注的问题是如何使自己与竞争者相区别,这种差异既可以表现在产品、价格、渠道、服务上,也可以表现在消费者的认知、情感、体验和忠诚等方面。实施这种战略的关键在于准确把握顾客的个性化需求,不断提升顾客的品牌忠诚度。

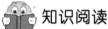

知识阅读

2020年初"网红"茶饮品牌喜茶在深圳开出首家"喜小茶"门店,同时,在微信端上线同名公众号和小程序商城。首家喜小茶门店位于深圳市福田区华强北路华强广场,并非核心商圈而是工业区域,该门店旁边100米内已设有喜茶自提点。喜小茶目前的产品品类包括鲜奶茶、果茶、咖啡、冰激凌、纯茶五大类,招牌商品与喜茶大店差异较大。此外,喜小茶主要产品价格浮动在11元至16元间,与喜茶各产品线相差10元左右。与喜茶形成了一定程度上的产品差异,相较于喜茶30元左右的定价,喜小茶的定价却在6~16元区间。多品牌差异战略可以帮助喜茶将产品、门店、场景进行分级,从产品的研发和运营、门店的运营等方面进行了明确规范的战略管理,对未来的品牌提升、全方位提升起到一定的支撑作用。另外,根据此前喜茶专注一二线市场来看,子品牌可能将成为喜茶下沉市场的重要伏笔,与喜茶品牌形成差异互补。

需要注意的是,采取差异化战略可能会产生额外的费用,如定购专门的原材料或生产设备。但由于消费者对差异化产品的价格敏感度不高,所以企业可以通过较高的定价将这部分转嫁给消费者,以保证其盈利水平。需要注意的是,采取差异化战略切忌盲目标新立异,而必须建立在深入理解客户需求的基础上。利用价值链工具可以对差异化战略相关的增值活动进行梳理,从而更好地满足消费者的独特需求(见表12-2)。

表 12-2 与差异化战略相关联的增值活动举例

活动分类	具体方面				
支持性活动	公司基础设施： 高度发达的管理信息系统,以更好地理解顾客的购买偏好 在全公司范围内强调生产高质产品的重要性				
	人力资源管理： 制定有利于激发员工创造力和生产力的薪酬制度 广泛采用主观而非客观的绩效评估 良好的员工培训				
	技术开发： 基础研发能力强 投资能使公司生产出高差异化产品的技术				
	采购： 使用系统和程序,以发现质量最优的原材料 购买质量最优的替换部件				
基本活动	内部物流： 妥善处理买进的原材料,以使损害最小,从而提高最终产品的质量	运营： 不断生产具有吸引力的产品；对顾客差异化的生产规格反应迅速	外部物流： 准确、及时的订单处理程序；迅速、守时的运货	营销和销售： 广泛授权顾客凭信用购买；与买方和供应商建立广泛的个人关系	服务： 全面的买方培训以确保高质量的产品安装；替换部件储备齐全

3. 聚焦战略

成本领先战略与差异化战略都是针对广阔市场上的竞争而言的,而采用聚焦战略的企业则将经营活动集中于特定的细分市场上,在相对狭窄的竞争环境中发挥成本领先或差异化优势。常见的聚焦战略包括产品聚焦战略、客户聚焦战略、区域聚焦战略三种类型。

聚焦战略有助于企业明确目标,集中优势资源,有针对性地围绕技术、市场、顾客与竞争对手开展调研活动,从而更好地服务于某一特定市场。其直接的效果是提升顾客的忠诚度,而顾客的忠诚度又是保持企业长期竞争优势的重要来源。由于这种战略的管理成本低,投资回收期短,因而对中小企业更为适宜。对于大型企业而言,当其刚刚进入新的市场或遭遇市场萎缩的情况时,这种战略也不失为一种明智的选择。

实际上,每一种战略都有各自的特点与缺陷。例如,成本领先战略可能会给消费者留下低质低价的印象,并容易引发价格大战；对于差异化战略来说,企业可能很难找到差异化的空间,导致其产品遭到模仿；而聚焦战略的风险则在于"将所有鸡蛋放在一个篮子里",一旦消费者需求发生变化,企业的经营规模会受到限制,与供应商讨价还价的能力也会相应较弱。

这三种战略的成功实施不仅要求企业具备不同的资源和技能,还意味着组织安排、控制程序和创新体制上的诸多差异(见表 12-3)。

关于这几种竞争战略能否兼容的问题,波特认为,徘徊其间(stuck in the middle)的企业几乎是低利润的。例如,打算以优质产品取胜的企业必须要投入足够的资金才能实现差异化目标,若此时过多关注成本问题,则很可能会使两方面的优势都不甚明显,使顾客难以识别企业的定位。因此,波特认为徘徊其间的企业必须做出一种根本性的战略转变,即在成本领先战略、差异化战略和聚焦战略三种战略中选择一种,否则很可能会使企业无一见长。

表 12-3 一般竞争战略对比

一般竞争战略	所需技能与资源	基本组织要求
成本领先战略	• 持续的投资和良好的融资能力 • 必要的工艺加工技能 • 对工人的严格监督 • 所设计的产品易于制造 • 低成本的分销系统	• 层次分明的组织与责任 • 基于严格定量标准的激励措施 • 严格的成本控制 • 经常、详细的控制报告
差异化战略	• 强大的生产与营销能力 • 独特的产品加工工艺 • 对创造性的鉴别能力 • 在质量或技术上领先的公司声誉 • 在产业中具有悠久的传统或从其他业务中得到的独特技能组合 • 得到销售渠道商的高度配合	• 研发、产品设计和市场营销部门之间的密切合作 • 重视主观评价和激励,而非定量指标 • 有轻松愉快的气氛,以吸引高技能工人、科学家和创造性人才
聚焦战略	针对具体战略目标,由上述各项组合构成	针对具体战略目标,由上述各项组合构成

资料来源:波特.竞争战略:分析产业和竞争者的技巧[M].陈小悦,译.北京:华夏出版社,1997.

(二)动态竞争战略

根据行业地位的不同,企业可能在市场上扮演着领导者、挑战者、跟随者或补缺者的角色。在竞争的过程中,处于不同地位的企业通常会采取相应的战略以争夺市场份额,其中以市场领导者与市场挑战者之间的竞争最为激烈。

1. 防御战略

处于市场领导者地位的企业通常会采取防御型战略(defensive strategy),其目的即在于阻止和拖延竞争对手的攻击或削弱其攻击的强度,这种战略主要包括阵地防御(position defense)、侧翼防御(frank defense)、先发制人(preemptive defense)、反击防御(counteroffensive defense)、运动防御(mobile defense)和收缩防御(contraction defense)六种类型(见图12-4)。

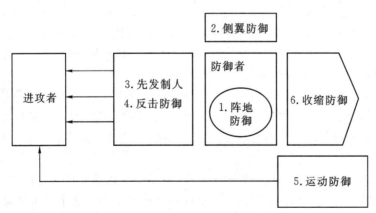

图 12-4 市场领导者的六种防御战略

(资料来源:KOTLER P, KELLER K L. Marketing Management[M]. Englewood Cliffs:Prentice Hall,2011.)

(1) 阵地防御。如果市场领导者选择采取阵地防御战略,那么企业必须保证其在消费者心中占有非常重要的地位,并相信其品牌是坚不可摧的。例如,亨氏是美国最受欢迎的番茄酱品牌,通常不会采用降价策略以防品牌形象受到影响,任凭汉斯公司等竞争对手如何攻击,亨氏番茄酱仍占据着美国一半以上的市场份额。

(2) 侧翼防御。市场领导者还可以通过建立防御性品牌,以维持主营产品的市场份额。例如,宝洁公司拥有多个洗衣粉品牌,与畅销产品汰渍(Tide)相比,格尼(Gain)和奇尔(Cheer)洗衣粉就扮演着侧翼防御的角色。

(3) 先发制人。更积极的防御战略是在竞争对手开始进攻前便主动出击。例如,美国银行(Bank of America)遍布全国的18500台自动取款机和6100家分行将地方银行卷入了激烈的竞争之中。企业还可通过发出市场信号的方式向对手宣战,如苹果、微软等IT业巨头发布的新品预告即是一种市场信号。

(4) 反击防御。市场领导者在受到攻击时一般都会通过入侵对手的市场、进行经济或政治打压等方式进行反击。例如,当UPS成功入侵联邦快递的空运物流系统后,联邦快递便开始在UPS所服务的地区大量收购公路物流企业。

(5) 运动防御。在运动防御中,市场领导者通常会扩大自身的产业边界,或采取多元化的做法。例如,英国石油公司通过将自身重新定位于能源公司而扩大了业务范围,从而进入了煤矿、核能和水电力等其他行业。

(6) 收缩防御。当企业发觉自己已经很难保住某个市场时,最好的策略即进行有计划的收缩,并将释放出来的资源重新分配到企业竞争优势更加突出的领域中。例如,IBM剥离其PC业务即是一种战略撤退。一方面,IBM认为计算机行业的发展重点在于软件而非硬件;另一方面,其PC业务的利润在与戴尔等竞争对手的价格竞争中已经逐渐趋薄。

2. 进攻战略

市场挑战者通常会采取进攻战略(aggressive strategy),调整资源主动出击,与竞争对手争夺市场份额。三种常见的进攻战略包括正面攻击(frontal attack)、侧翼攻击(flanking attack)和游击攻击(guerrilla attack)。

(1) 正面攻击。正面攻击指企业以相似的产品直接对准竞争对手的目标市场展开进攻。当竞争对手的注意力转移到某个细分市场时,进攻者便有机会乘虚而入。若市场领导者不进行反击或报复,那么进攻企业便有可能站稳脚跟。然而,这种"硬碰硬"的竞争需要企业投入大量的资源,一旦进攻失败,企业的损失往往是巨大的。

(2) 侧翼攻击。侧翼攻击的目标通常是竞争对手经营不佳的业务,或竞争对手细分市场的缺口。与正面进攻相比,侧翼攻击强调出其不意、攻其不备,消耗的资源相对较少。但企业也要注意,当产品初入竞争对手市场时应尽量保持低调,即使该产品在市场上站稳了脚跟,后续的防御工作仍不可缺。

(3) 游击攻击。游击攻击的核心是避实就虚,利用企业机动灵活的特性,发动小型而频繁的攻击。常见的手段包括密集的促销活动、独特的宣传渠道等。这种攻击战略比较适用于中小型公司,一方面发挥了公司组织灵活的优势,另一方面又避免了过高的成本。但企业若想进一步占领市场,则需在产品创新、服务改进、渠道开发等方面做出更大的努力。

3. 跟随战略

市场跟随者多采取模仿战略,以降低研发产品、建立渠道、前期宣传的成本,并依靠创新影响力打开市场。例如,被称为"中国 iPhone"的小米手机即是通过模仿苹果手机取得巨大的成功,其造型和功能都与苹果手机十分相近,但售价仅为苹果手机的一半左右。小米公司创立时间不长,但自 2011 年开始销售手机以来,到 2021 年出货量突破 1.9 亿台,成为中国成长最快的智能公司之一。

4.补缺战略

对于市场补缺者而言,其竞争战略的核心在于见缝插针,瞄准领导企业尚未开发的市场或客户,凭借专业化优势获取利润。表 12-4 列举了几种常见的补缺类型。企业既可以选择单一的补缺定位并随市场兴衰而转换角色,也可以同时选取多个补缺市场进行开发,从而增加生存的机会。

表 12-4 专业化补缺角度

补缺角度	说明	举例
终端用户	专门为某一类型的终端用户提供产品和服务	无糖食品专卖店
纵向环节	专门针对供应链的某个环节提供产品和服务	零部件加工厂
顾客规模	集中向小型/中型/大型客户提供产品和服务	团购网站
地理区域	专门向某个区域市场的顾客提供产品和服务	郊区农家乐
产品特色	专门为生产某一类型或具有某种特色的产品	手工巧克力店
定制服务	根据客户的独特需求提供定制化产品和服务	婚庆公司
分销渠道	专门为某种特定的分销渠道提供产品和服务	品牌专卖店

资料来源:科特勒,凯勒,卢泰宏.营销管理[M].卢泰宏,高辉,译.13 版.北京:中国人民大学出版社,2009.

第三节 国际战略联盟

一、国际战略联盟的产生与发展

国际战略联盟(international strategic alliance)指一个企业与另外一个或多个企业在经济全球化中为达到具有战略意义的目标而建立的跨国界的互利合作关系。

二战后随着世界新政治与经济秩序的迅速发展,高科技产业与信息产业的迅速发展,经济全球化与经济区域化的发展,全球竞争更加激烈,主要表现如下。

(1)全球竞争范围扩大,全方位地开展全球竞争,从劳动密集型领域拓展到资金、技术密集型领域,从传统产业向高科技和服务业发展,从有形产品向无形产品领域发展。开发新技术的难度越来越大,所需费用越来越多,单个企业难以筹措到如此巨额资金。

(2)全球竞争内容发生巨大变化。从争夺市场扩展到争夺技术和人才及战略伙伴的竞争。营销策略的竞争则从价格竞争扩展到营销整合策略及服务策略的竞争。

(3)全球竞争主体发生巨变。从原来主要是单个企业到企业集团、跨国公司间的竞争。

(4)全球竞争形式发生根本性变化。从你死我活的竞争变成既合作又竞争的双赢战略。

例如,主要发达国家和美国政府从 20 世纪 80 年代中后期开始,对企业间的联合、购并行为的放宽限制,以及美国联邦贸易委员会及国会对反托拉斯的放宽等,为美国大企业、超型企业间的合并提供了法律依据。加之,美国司法部门对于企业间购并采取不干预的态度,从而有力地促进了美国企业合并浪潮,而美国的企业合并浪潮又推进了全球战略联盟或战略伙伴的形成。

总之,未来国际市场的竞争不再是企业与企业的竞争,而是战略联盟之间的竞争。

二、国际战略联盟的形式、特点及动机

(一)国际战略联盟的形式

国际战略联盟可分为三类。

1. 水平战略联盟

水平战略联盟主要特点是联盟双方可能是同一市场上的合作企业,或潜在竞争者。此类联盟最为重视的是研究与开发,同时它允许公司改善经济规模,降低或共担风险,加速新技术的扩散,减少进入市场的障碍,甚至在某些情况下进入对方的市场范围,增加选择机会,提高产品竞争力,改进质量,以更为迅速地适应消费者需求。

2. 垂直战略联盟

这种战略联盟是由生产、分配过程不同阶段的经营公司所建立的。通过这种联盟进行合作能够减少或防止非对称信息的不利影响,有助于实施产业政策。这种合作可以取代垂直一体化,能减少与依赖资源有关的问题,能够消除供应的不确定性,减少由于产品价格的市场波动所造成的损失。

3. 混合联盟或跨行业联合大企业协议

这种联盟可以组成第三个集团来处理各种具体问题。建立这种联盟的动因也不尽一致。它们是水平战略联盟与垂直战略联盟动因的混合物,为实现既定协议的有关目标而进行合作。

(二)国际战略联盟的特点

与20世纪七八十年代联盟方式相比,近些年国际战略联盟有以下特点。

1. 主要是规模巨大的垄断企业间的相互兼并

积极参与这次企业合并浪潮的多为同产业中的超大型企业或大公司,有的还包括大型的跨国公司。如波音公司1996年世界排名第43位,麦道公司在世界排名第80位,两家合并远远超过了欧洲最大的航空公司——空中客车公司。

2. 主要集中在高技术产业和金融服务为主的第三产业

新兴产业和高技术产业激烈的全球性竞争、世界各国第三产业市场的逐步放开,使多数企业合并集中在电子信息、金融服务、航空航天、生物医药、国防工业等领域内。这与前几次企业合并浪潮主要集中于传统工业部门(如重化工等产业)形成了较为鲜明的对比。

3. 企业合并通过股票市场进行

近些年企业间合并活动多是通过股票市场完成的。例如,摩根士丹利公司与迪安·威特公司的合并就是通过股票市场进行相互间股权交易实现的。

(三)战略联盟的动机

1. 降低研发成本

在产品技术日益分散化的今天,已经没有哪个企业能够长期拥有生产某种产品的全部最新技术,单纯依靠自己的能力已经很难掌握竞争的主动权。为此,许多企业建立战略联盟,共享资源与信息,加快研发与创新,从而实现协同效应,提升竞争优势。

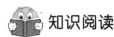 **知识阅读**

和记黄埔医药(上海)有限公司(简称"和黄医药")于2008年与美国强生公司旗下的Ortho-McNeil-Janssen制药公司(简称"OMJPI")结成国际战略联盟,决定共同研发新型治疗炎症及免疫靶点小分子药物。其中和黄医药负责靶点药物的化学、生物、毒理和代谢等一系列前期研发的相关工作。在项目进行到一定阶段时,OMJPI可选择由和黄医药继续负责从药物早期开发阶段到临床概念证明研究阶段的化合物临床开发工作,或者收购该项目进行相应的全球范围开发和商业化运作。

另一个例子是辉瑞制药在2011年与ICON公司和Parexel国际公司达成的战略联盟。其目的在于简化临床试验,改善其灵活性、创新性和应用性。该联盟包含质量、速度、成本管理和创新四大元素,充分利用了ICON和PAREXEL的优势和规模,有利于辉瑞将重心集中于临床试验领域。

2. 应对全球竞争

如今,国际市场瞬息万变,跨国公司之间的竞争愈发激烈。建立国际战略联盟不仅可以帮助企业在各国子市场中取得竞争优势,而且有利于企业实现全球业务的协调与整合。此外,大型的跨国公司还可能通过战略联盟争夺市场领导者地位。

3. 降低进入壁垒

建立战略联盟是跨国公司进入海外市场的有力跳板。出于这个目的建立的战略联盟不一定持续很长时间,却是企业进入海外市场的一条捷径。

三、国际战略联盟的优势

(一)创造规模经济

小企业因为远未达到规模经济,与大企业比较,其生产成本就会高些。这些未达到规模经济的小企业通过兼并联合,扩大规模,就能产生协同效应,即"1+1>2"的效应,提高企业效率,降低成本,增加赢利。当然,像波音、麦道这类大公司的合作,其目的已不是追求规模经济,它们追求的是企业的长远发展。

(二)实现企业优势互补,形成综合优势

企业各有所长,有的在资金上有优势,有的在技术上有优势,有的在产品品牌上有优势,有的在管理上有经验,等等。这些企业通过兼并联合,结成同盟,可以把分散的优势组合起来,形成综合优势,也就可以在各方面、各部分之间取长补短,实现互补效应。

(三)可以有效地占领新市场

企业进入新的产业要克服进入壁垒,企业进入新市场也同样要越过壁垒。通过企业间的联盟合作进入新市场,就可以有效地克服这种壁垒。例如,在20世纪80年代,摩托罗拉开始进入日本的移动电话市场时,由于日本市场存在大量正式、非正式的贸易壁垒,摩托罗拉公司举步维艰。到1987年,它与东芝结盟制造微处理器,并由东芝提供市场营销帮助,最终成功地克服了日本市场的进入壁垒,进入了日本移动电话市场。

(四)能够快速有效地实现主导产品的转移

每一个产品都有其创新期、成长期、成熟期与衰退期。企业一方面可以不断开发新产品以适应产品生命周期；另一方面可以与别的企业兼并联合，通过联盟进行产品转移，以适应产业升级和产业政策的变化以及新的贸易格局。

(五)有利于处理专业化和多样化的生产关系

企业通过纵向联合的合作竞争，有利于组织专业化的协作和提供稳定供给。如丰田与部分企业的合作，丰田公司只负责主要部件的生产和整车的组装，减少了许多交易的中间环节，节约了交易费用，提高了经济效益。而通过兼并实行联盟战略，从事多样化经营，则有利于企业寻求成长机会，避免经营风险。

值得注意的是，并非所有的战略联盟都能获得成功。实践中，大多数战略联盟难以获得成功，这是由于企业之间存在技术、资源及地理的差异，各国间存在法律及文化的差异，这些矛盾往往是难以协调和解决的。

四、影响战略联盟成功的因素

要想准确无误地界定成功联盟的构成要素是比较困难的，我们从目前许多战略联盟的成功实践中发现，有些公司得以成功是因为双方人员搭配得当，有些则因为双方产品间具有互补性，有些则归功于彼此间的高度信任。不管怎样，在深入探究不同产业、不同国家和不同市场中每个成功企业的业绩背后，发现有以下几个重要的共同因素。

(一)贡献

贡献是用以描述伙伴间能够创造有效价值的成果。成功的伙伴追求提高生产力的附加值，尤其是希望改善企业的获利能力。可以说，贡献是每一个成功伙伴关系"存在的理由"。

贡献的利益源泉主要表现在组织界限上。由于重新建立了合作形态，从而赋予了合作伙伴更大的生产力。这并不是说传统买卖关系不产生贡献，而是说传统买卖关系获得的贡献是单方面的，是有一定限度的。相反的，在伙伴关系中，改变不只是单方面的，而是双方面的。

伙伴关系能够创造出贡献必须有一个前提，就是合作双方要相互配合。如果一方改变，而另一方不发生改变，那么合作关系就不可能存在。相互配合这一前提条件很重要，如果没有这个条件，就不存在协调产生的合力，总生产力也就不能提高。可以说，相互配合以追求贡献，是成功伙伴关系最终也是最为重要的目标。

(二)亲密

成功的伙伴关系能够超越一般的交易关系而达到相当紧密的程度，这种紧密程度在传统的买方-卖方模式中是无法想象的。例如，IBM 的供应商可以佩戴 IBM 的徽章，常驻 IBM 进行办公，而且可以获取专利权以外的工程设计资料，并可参与 IBM 公司的采购和产品设计会议，进而影响 IBM 的需求，同时，也能促使自己了解 IBM，以便提高供应产品的能力。

伙伴关系的亲密不仅体现在相互信赖上，还需体现在共享的"硬性"因素上。例如，伙伴双方定期进行事业和策略规划，分享成本与定价资料以及产业和产品技术专利等。他们所共享的信息远远超越了传统交易的内容，并逐渐延伸至长期的事业上。

亲密度是伙伴关系的催化剂，如果企业间的互动关系没有达到一定的紧密程度，要想取得贡献是不可能的。

(三)远景

远景是诱人的目标,它可以激励伙伴双方寻求互相合作,并展现合作的成效,会较独立完成的结果更大。有些公司即使具备了上述两项要素,还有可能不能结成真正的伙伴,究其原因,主要在于他们之间没有一个共同的远景,即伙伴双方所要达到的目标和采取的方法。

当伙伴双方试图进行合作时,眼前会呈现无数的方向和目标,此时伙伴关系面临着各种不同的选择,这种选择远比传统交易复杂得多。它们可能给人带来兴奋,同时也伴随着风险和不确定性。伙伴关系不是出于一时的冲动,而是企业自上而下的彻底变革。因此,它需要有一个清晰的指导方向和一个明确的远景目标,才能获得预期的成功。

五、有效地建立和管理国际战略联盟

国际战略联盟建立在双方合作的基础之上,是达到某些特定的战略目标而形成的临时性关系。随着任务的完成及目标的实现,这种合作关系也会随之消失,并不像传统企业那样有着完整的组织构架及完善的管理体系。

国际战略联盟的核心目标是通过企业间网络实现资源共享。为达到这个目标,企业需要考虑三个问题:首先,如何激励谋求自身利益最大化的成员参与到网络之中,与其他成员分享有价值的知识;其次,结成战略联盟的企业如何做到互惠互利,避免"搭便车"问题;最后,如何以最高的效率在各成员间实现知识的传播。

麦肯锡咨询公司通过对国际战略联盟的分析,提出了以下观点与建议:

第一,强弱联盟注定要失败,因为弱势一方会削弱合作关系的竞争力。

第二,成功的合作关系应具备自主性和弹性。自主性意味着战略联盟具有自己的管理团队和董事会,这样有利于加速决策过程,更好地解决冲突;弹性则意味着联盟具有良好的适应性和灵活性,以应对市场环境以及联盟内部环境的变化。

第三,合作双方应做到地位平等。战略联盟建立在资源共享、优势互补、相互信任、彼此独立的基础上,与依赖股权决定控制能力的合资公司有根本的区别。所以,双方应以平等的地位进行合作,这样才能取得双赢的结果。

第四,稳固的联盟有赖于母公司高级管理层的热心与支持。在物色联盟伙伴时,应关注其与本公司之间的相关性,包括产品、技术、文化和资产规模等,这样的联盟通常更容易取得成功。

本章小结

在世界经济一体化、新技术革命浪潮全球化、市场竞争国际化三大趋势影响下,企业在国际营销时面临的竞争日趋激烈。要想在国际市场上占有自己的一席之地,企业不得不应对各种竞争。企业在设计竞争战略和竞争策略的时候,首先要分析行业;而在分析行业的时候,首先要了解行业的总体状况。行业的总体状况包括市场规模、竞争范围、行业增长速度及在生命周期中所处的阶段等。国际战略联盟的出现不仅是竞争的产物,同样也使企业面临新的竞争环境。

1. 分析行业竞争强度的工具有波特的五力模型,分析竞争对手要分析竞争对手的未来目标、当前战略、假设及能力、反应。

2. 波特将竞争战略分为成本领先战略、差异化战略和聚焦战略三种类型,它们适用于不同的企业。

3. 动态竞争战略主要有防御战略、进攻战略、跟随战略和补缺战略。

4. 影响国际战略联盟成功的因素有贡献、亲密和远景。

5. 国际战略联盟的优势在于:创造规模经济,实现企业优势互补,有效占领新市场,快速有效地实现主导产品转移,有利于处理专业化和多样化的生产关系。

思维导图

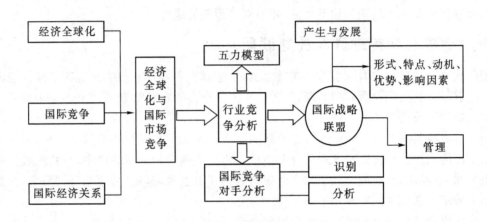

案例分析

福特潜伏战

1. 潜伏

1985年,一纸"广场协议"使日本经济陷入了几十年的停滞,至今没有恢复元气。而"广场协议"的主导者美国,借助金融工具和高科技,成功拉开步步紧逼的日本数个身位。

2008年,日本最大的汽车制造商丰田,成功超越通用成为全球第一大汽车制造商,2009年却陷入"召回门"。

大家在看热闹的时候,想想这几个问题:丰田召回事件的公众关注度为什么陡然上升?美国车召回的真比日本车少吗?福特召回的次数和数量比丰田只多不少,为什么美国媒体不穷追猛打福特呢?

丰田的确应该为它的产品质量问题付出代价,丰田召回事件背后真正的故事却远非如此简单。这是否又是一场"广场协议"式的阻击战?

为什么美国媒体穷追猛打丰田?因为迪米特斯·比勒,这个丰田汽车北美公司的前雇员,源源不断地向媒体提供独家猛料。这无疑是福特设的一个局,比勒就是福特扭转时局的关键。而这个局,前面是一场悄无声息的潜伏战,后面又是一场招招毙命的阻击战。

潜伏战的第一步,物色人选。比勒在高等法院帮福特汽车辩护了几个大案,于是很快得到福特汽车公司赏识,邀请他参加"下一代诉讼律师训练计划"。

第二步,全面培养。福特专门给比勒安排了三个月时间,在福特全球总部的法务部专门研究汽车相关的法律,乃至工程的各种问题。而他把1995年到1997年福特所有的官司都研究了一遍,告诉福特在集团诉讼里什么特征的原告容易挑出毛病,什么样的最好要避开。

第三步,准备潜伏。福特真是老谋深算,这么聪明的律师,福特竟然最后没把他留在自己的法务部里。培养好了之后,福特让他回到自己的律师所,遇到案子时才委托给他。所以丰田看到的是:这个人帮福特打官司是一打一个准,而且对各种各样的汽车事故都了解得十分清楚。所以2003年,丰田礼聘比勒加盟。

第四步,打入内部,窃取机密。表面上看来,比勒算是相当尽职尽责,三年里代理丰田应战12场官司,每战必胜。实际上呢?比勒后来在其公开声明中承认,"在为丰田工作时,便着手收集300起翻车事故的相关数据,我发现这些数据在获得丰田美国公司认可的情况下已被销毁"。

而他掌握到的证据可能足够让丰田过去十年里的官司都翻案。可是,他却不急于借此要挟丰田,恰恰相反,他给丰田什么印象呢?——他没什么核心机密,而且已经被丰田用370万美元的遣散费封口了。

2. 等待

丰田却不知道,这恰恰是阻击战的开始。

福特成功选择了三个狙击时机。第一,要麻痹敌人,让对手放松警惕,从而给自己足够的时间观察和搜集对手更多的弱点。虽然比勒2007年就离开丰田,但是直到2009年7月24日才把75页厚的诉讼书提交给了加利福尼亚中部地方法院。

第二个时机就是对自己最有利的时机。为什么福特不在2008年狙击?因为那时福特重组尚未完成。而2009年,福特的两大美国竞争对手都在经济危机中受到重创,还拦路的就只有丰田了。所以福特选择了一个最好的时机给丰田布下狙击圈。

3. 出击

2009年7月,比勒启动诉讼。诉讼本身不是目的,而是把丰田脑袋蒙住,让它无暇兼顾。

8月,就在丰田忙于应诉之时,福特已经悄然把焦点转移给了媒体。8月,美国发生雷克萨斯ES350撞车事故,加州公路巡逻队长一家无一生还。福特又动员媒体公关,美国媒体铺天盖地都是这条新闻,电视更是不断滚动播出。公众都觉得这位队长生前尽职尽责,而一家人无一生还,这个事故多么惨烈。而造成事故唯一可能的原因,就是丰田车的质量问题。

9月14日,加州法院开始第一次听证,丰田把全部精力都投放在这个听证会上。对于加州撞车惨案,丰田还在麻痹之中,觉得靠律师就能摆平,所以拒绝道歉,继续承认质量问题。然而,福特却疏通美国调查部门,在背后开冷枪。美国高速公路交通安全管理总局出面了,公布的不是正式调查报告,而是初步调查报告,因为这么短的时间,也没法完成正式调查。初步调查的结论是:事故发生当时,脚垫卡死油门,不合理的油门设计可能是事故主因。

9月30日丰田以为只要低头认错就可以息事宁人,所以宣布召回380万辆"脚垫门"汽车。可是还没等丰田处理妥这个问题,媒体的狙击点又转向了丰田车的其他问题,甚至从美国扫向日本,热炒丰田在日本国内销售的普锐斯存在刹车失灵的问题,还把用同样零部件的本田汽车也扯进来。最夸张的时候,《华尔街日报》日本专栏中十条里有八条都是召回。

到了11月,狙击点再次转移,美国ABC电视台在25日采访美国汽车安全专家,他们说丰田这个维修方案治标不治本,制动系统的安全隐患没有彻底消除。与此同时,美国交通部连续发出三次新闻公告,严重关切丰田的问题。

12月,丰田承受不住压力,又召回380万辆车。马上就过圣诞节了,丰田以为终于可以逃过一劫,可就在此时,美国已经把事件升级到贸易战的层面。这样,对丰田的狙击就不仅仅是福特的事情,而是整个美国政府的事情了。

这就是最重要的第三个时机,政府全面介入的时机——国会调查,不过是为了调查而展开的调查。不幸的是,丰田高管此次来国会时似乎仍没有摆正心态。他们没意识到他们是来被羞辱的,仍在为系列事故极力辩解。其实这是丰田被美国折腾晕了的一个标志。

9个小时的听证会,完全是美国国会议员设计好的。这个预设好的议程就是:先听受害者控诉,再听国会内的大佬定调,然后就请一个汽车专家来讲解技术,让人们觉得前面说的都是对的。

当然,他们心里的疑问还是非常多,这时候再请丰田章男上台接受大家的问询。换句话说,议员憋了半天的问题咆哮而出,而且越尖锐越有可能上晚间新闻的头版头条。人家就不是听你道歉的,开听证会就是为了损你的,所以人家故意准备了很多细致的工程问题,你还不能撒谎,唯一的答复只能是——"不知道"。这样,美国老百姓看到的就是一个支支吾吾、啥也不知道的丰田章男。实际上,这个早已被设定好的听证会议程,目的就是让丰田当场毙命。

更重要的是,所有听证会上的话都可能被律师用来起诉丰田。等待丰田汽车的,将是山海呼啸一般的诉讼潮。

资料来源:郎咸平.福特潜伏战[J].商界,2010(4):114-115.

讨论和在线学习问题

1. 竞争对手之间互相安插商业间谍早已不是什么秘密,你如何看待这个问题?
2. 你认为企业应该如何防范商业间谍?
3. 福特对丰田的进攻策略有什么特点?
4. 登录福特中国官网(https://www.ford.com.cn)和丰田中国官网(https://www.toyota.com.cn),同时上网搜集资料,了解福特公司和丰田公司在中国的最新动态,并与同学讨论以下问题:福特公司与丰田公司在中国的战略有何差异?能否通过战略合作实现双赢?如何合作?

思考与问答

1. 简述行业竞争五力模型及其影响因素。
2. 如何利用战略群组地图识别竞争对手?
3. 针对竞争对手的分析包含哪几个维度?
4. 企业的一般竞争战略包括哪几种类型?
5. 企业的动态竞争战略包括哪几种类型?
6. 国际战略联盟的动机、优势、特点有哪些?如何建立有效的国际战略联盟?

第四篇

国际市场营销策略

第十三章　国际市场产品策略

> **学习目标**
>
> 1. 理解产品整体概念及产品组合
> 2. 掌握国际产品标准化与差异化策略的内容及应用
> 3. 理解国际产品生命周期理论
> 4. 掌握国际品牌组合策略
> 5. 了解包装策略

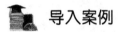 **导入案例**

麦考林女装的时尚嗅觉及经营策略

快时尚的出现,满足了人们以低价享受时尚的需求。而实际上,快时尚品牌都不是创造者,而是快速的反应者。它们都不热衷创造潮流,而是对已经存在的时尚潮流进行快速反应。麦考林的产品理念也是如此,通过提供最好、最新的优质时尚产品,给予客户无与伦比的价值。

实际上,捕捉刚刚出现的流行趋势,准确识别并迅速推出相应的服装款式,绝非易事。目前国内的服装品牌,一件服装由设计到出售所需的时间,通常需要 6 个月左右。这意味着,要做到快时尚,提前半年所作的产品设计,必须不断进行即时调整。

麦考林会派买手到世界各地参加秀场,记录年轻时尚潮流者的穿着打扮,也会从街头文化、艺术展览、媒体活动、重大事件中寻找灵感,不断分析与整合,从各种因素中,提炼出有价值的资讯,并通过不断验证,设计最终产品。

参观麦考林设计部的人,常常会惊讶地张大嘴巴。几百平方米的开放式办公区内,挂满了各式各样新潮的服装,这其中大部分是买手从各地淘来的精品,也有一部分是未完工的样衣,设计师们潜伏其中,设计出蓝本后,马上将其送到隔壁制衣间。制衣间内,除了缝纫机,同样是各种颜色、材质的布料。制衣师傅很快把蓝本变成服装,麦考林的签约模特马上试穿。此时,麦考林设计团队,甚至是销售和市场团队,常常聚集一起讨论,哪款服装最受欢迎。从流行色到主流风格到款式细节,力求契合消费者从"希望拥有"到"必须拥有"的产品。

资料来源:http://manager.ef360.com/Articles/2009 - 12 - 04/57858.html。

市场营销学中的"市场"由人口、购买欲望和购买能力三个要素构成。其中,消费者的购买欲望是通过各种产品来满足的。如果产品不适合需要,不能引起人们的购买欲望,对销售者来说,仍然不能成为现实的市场。因此,产品是国际市场营销组合中最核心和最重要的要素。产品策略也是整个国际市场营销组合策略的基础,是制定其他策略的出发点。

第一节　产品及相关概念

一、产品整体概念

传统产品概念偏重产品的有形实体,忽略产品本质和内涵。对此,菲利普·科特勒将产品的概念进行了拓展,认为产品是为满足某种欲望和需要而提供给市场的一切东西。从内涵来看,产品包括有形产品(产品实体及其品质、特色、式样、品牌和包装等)、无形产品(金融服务、音乐会、售后服务、产品形象等)及思想观念(环保、节约等)。从外延来看,产品整体概念包含五个层次,即核心产品、形式产品、期望产品、附加产品和潜在产品(见图13-1)。

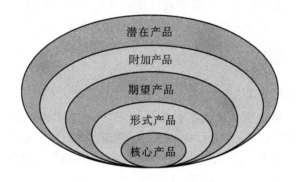

图13-1　五层次产品整体概念

(一)核心产品

核心产品是指产品提供给顾客的基本效用或利益,也可以说是产品的基本功能,这是消费者需求的核心内容,是顾客真正要买的东西。消费者购买某种产品,并不是为了占有或获得产品本身,而是为了获得能满足某种需要的效用或利益。例如,顾客购买洗衣机是为了获得其洗衣功能,购买汽车是为了驾驶,住酒店是为了住宿。因此,企业在开发产品、宣传产品时应明确产品提供的利益,产品才具有吸引力。

(二)形式产品

形式产品是核心产品的物质载体,它通常表现为产品的质量水平、外观款式、特点、品牌名称及包装等。如顾客购买汽车可以选择购买粉色的奇瑞小蚂蚁,也可以选择购买白色三厢的大众桑塔纳。可见,产品的基本效用必须通过某些具体的形式才能得以实现。市场营销者应着眼于顾客购买产品时所追求的利益,通过形式方面更好地体现顾客的追求,合理地进行产品的设计。

(三)期望产品

期望产品是指消费者购买某种产品时期望得到的与产品密切相关的属性和条件。如在购买洗衣机时,人们期望其有甩干、定时功能;对于酒店顾客,在满足住宿这一核心利益时,还期望酒店提供安静的睡眠环境。顾客在购买产品时,如果没有得到自己期望得到的产品属性,就会不满意,减少购买欲望。

(四)附加产品

附加产品也称延伸产品,指顾客购买产品时所得到的附加服务和利益。它能给顾客带来更多的利益和更大的满足,如购买洗衣机还能获得送货上门和免费维修服务。酒店能提供免费上网、代办机票服务等。如果说核心产品和形式产品是企业开展竞争的硬件,那么附加产品就是企业间竞争的软件。在当今国际市场上,竞争主要发生在附加产品这一层次上。

(五)潜在产品

潜在产品是指现有产品包括所有附加产品在内的,可能发展成为未来最终产品的潜在状态产品,即现有产品可能演变的趋势和前景。如汽车未来会发展为无人驾驶智能汽车。

树立产品整体观念,有利于企业抓住消费者的核心利益,把握自己的产品策略,从各个层面满足顾客的需求。较大程度地满足消费者的需求是企业产品始终保持较高市场占有率和利润率的重要保证。没有产品整体概念,就不能建立现代营销观念。

二、国际产品生命周期

(一)产品生命周期的含义

产品生命周期理论是美国哈佛大学教授雷蒙德·弗农(Raymond Vernon)1966年在其《产品周期中的国际投资与国际贸易》一文中首次提出的。产品生命周期(product life cycle)是指产品从投入市场开始直至被市场淘汰的整个过程,是产品的市场寿命或经济寿命,包括导入期、成长期、成熟期和衰退期四个阶段(见图13-2)。

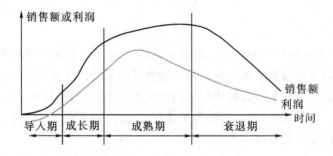

图13-2 产品生命周期四阶段

(二)产品生命周期各阶段的特征及营销策略

1. 导入期

导入期是新产品首次上市的最初销售时间。这一阶段由于产品刚进入市场,消费者对新产品不了解,销售量小、销售增长率低,而且产品性能不稳定,产品生产批量小,未形成规模经济效应,生产成本高,再加上高昂的销售费用,其间利润会很低甚至没有,此时竞争不激烈。这一阶段企业的营销策略应是准确为产品定位,把销售力量直接投向最有可能的购买者,扩大产品知名度,尽量缩短导入期的时间,具体营销策略见图13-3。

(1)快速掠取(撇脂)策略,即高价格、高促销的"双高"策略。企业用高价配合高强度的促销活动推出新产品,使消费者迅速了解新产品,提高产品的市场占有率,使企业快速收回开发成本。这种策略一般适用于市场潜在需求大、顾客不熟悉、价格弹性较小的产品。如1945年

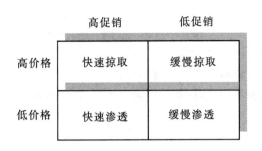

图 13-3 导入期营销策略

圆珠笔在美国首次出现时,因无竞争对手,战后市场物资供应缺乏,购买者求新好奇,追求圣诞礼物新颖等因素,雷诺公司决定采取快速掠取策略,以远高于成本(0.5美元/支)的价格每支10美元卖给零售商,零售商又以每支20美元的价格出售,使雷诺公司获得了巨额利润。

(2)缓慢掠取(撇脂)策略,即高价格、低促销的策略。这种策略一般适用于产品市场容量有限,而且大多数消费者熟悉该产品,潜在竞争者威胁不大,需求价格弹性较小的产品。如中国的古董等收藏品、专用品等可采用该策略。

(3)快速渗透策略,即低价格、高促销的策略。其目的是让新产品迅速进入市场,并获得较高的市场占有率。这种策略一般适用于产品市场容量大、消费者对产品不熟悉,且需求价格弹性大、潜在竞争激烈的产品。如康师傅进入方便面行业,在产品导入市场时就采用了此种策略。

(4)缓慢渗透策略,即低价格、低促销的"双低"策略。这种策略一般适用于产品的市场容量大、消费者了解该产品,且需求价格弹性大、潜在竞争威胁大的产品。如升级换代的洗发水等可采用此策略。

2. 成长期

这一时期产品性能基本稳定,大部分消费者对产品已日趋熟悉,产品分销渠道也已建立,产品销售量迅速上升,销售增长率高,产品开始大规模生产,单位产品成本和营销费用随之下降,利润迅速增加,同时新的竞争者不断出现,导致市场竞争加剧。企业为保持和提高其市场增长率,使获得最大利润的时间得以延长,可采取以下营销策略:

(1)产品策略。提高产品质量,增加产品的品种、款式、功能和用途,改进包装,以增强产品竞争能力。

(2)价格策略。在扩大生产的基础上,适当降价,尽可能地满足顾客的需求,包括潜在需求,增强竞争能力。

(3)渠道策略。努力开拓新市场,开发销售渠道,进一步进行市场细分,争取更多的消费者。

(4)促销策略。根据市场情况调整促销策略,发布广告以树立企业形象为主,争取创立名牌。

3. 成熟期

这一时期产品技术成熟,生产效率高,生产成本逐步降到最低点,销售量逐步达到最高峰,然后缓慢下降,市场需求已近饱和,利润达到最高后开始缓慢下降。由于销售增长率的下降,全行业产品出现过剩,市场竞争十分激烈,销售费用也不断增加。此时的营销策略应该是从改革中找出路,尽量延长产品的成熟期,具体策略如下:

(1)市场改良策略,即开发新市场,寻求新用户。如开发产品新用途,寻求新的细分市场;重新为产品定位,寻求新的买主。如海尔开发能洗地瓜的洗衣机。

(2)产品改良策略。通过改进产品品质、特性、式样、服务等,扩大产品销售量。

(3)市场营销组合改良策略。通过对市场营销组合因素的改变来延长产品的成熟期。如对产品进行降价,改进销售渠道,推出新形式的广告等,采用各种促销手段刺激购买,促进产品的销售。

4.衰退期

这一时期产品销售额急剧下降,利润减少甚至出现亏损。产品技术老化,新的替代品大量出现,消费者兴趣转移,大量竞争者因无利可图而纷纷退出市场,产品濒临被市场淘汰。面对这种情况,企业可以选择以下几种市场营销策略:

(1)维持策略。由于竞争者数量减少,让出了一定的市场空间,暂不退出市场的企业可以保持原有的营销策略,直到该产品完全退出市场。

(2)集中策略。由于市场容量缩小,企业可以将资源集中使用在最有利的细分市场、最有效的销售渠道和最易销售的品种、款式上,集中力量经营。

(3)转移策略。在发达国家进入衰退期的产品可转向发展中国家市场,在发展中国家进入衰退期的产品则可转向落后国家或地区市场,对全球市场而言,可延长产品的生命周期。

(4)收缩策略。通过降低促销强度、减少销售渠道等方式降低销售成本,对具有高度品牌忠诚度的消费者保持一定销售量来增加利润。

(5)放弃策略。对于衰退较快的产品,企业可以立即抽出资金,投入其他产品。但需要注意的是,对于已销售出去的产品还要保证已承诺的服务,这样才能保持良好的企业声誉,有利于企业的长远发展。

产品生命周期各阶段的营销特点见表 13-1。

表 13-1 产品生命周期各阶段及营销特点

项目	阶段			
	导入期	成长期	成熟期	衰退期
销售量	低	剧增	最大	下降
销售速度	缓慢	快速	减慢	负增长
成本	高	下降	低	回升
价格	高	回落	稳定	回升
利润	很低甚至亏损	提升	最大	减少
顾客	少数好奇者	早期使用者	中间多数	落伍者
竞争	很少	增多	稳中有降	减少
营销目标	建立知名度 鼓励试用	最大限度地占有市场	保护市场 争取最大利润	压缩开支 提高最终价值

(三)国际营销中的产品生命周期

产品生命周期存在国际差异,同一产品在各国市场的生命周期不同。国际产品的生命周期会经历三个阶段：

(1) 新产品阶段(产品导入期)。新产品创新国在满足本国需求基础上,将产品出口到其他国家——出口的垄断阶段。

(2) 产品成长和成熟阶段。其他国家逐渐掌握生产技术,制造略有差别的产品,产品创新国逐渐丧失竞争优势,出口下降——多国生产、出口阶段。

(3) 标准化阶段(成熟后期)。随着技术发展和成熟,产品实现标准化,发展中国家以成本优势制造类似产品,返销到产品创新国和其他市场——全球竞争、"反向出口"阶段(见图13-4)。

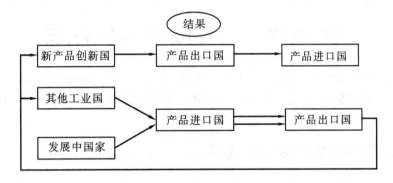

图13-4 不同类型国家在产品生命周期中的贸易角色变化

(四)国际市场产品生命周期的现实意义

1. 立足国际市场,研发全球产品

国际市场营销中,产品在生命周期的不同阶段不可避免地发生区位转移,国际化企业为了最大限度地开发国际市场,应该在产品研发之初就着眼于全球市场,开发全球产品,以满足产品生命周期不同阶段中不同目标市场的需求。

2. 增强企业创新意识,占据市场主动

根据国际产品生命周期理论,任何产品不会在国际市场长久不衰,企业必须不断研制开发产品的新用途,调整产品结构,积极开发新产品,及时推出新产品,淘汰衰退产品,加速出口产品的更新换代,才能使产品和企业在激烈的国际竞争中处于主动。

3. 延长产品生命周期

由于同一产品在不同国家往往处于生命周期的不同阶段,调整产品出口的市场结构可以实现产品生命周期的延长,从而为企业获取更多的利润。

4. 抓住产业转移时机,拓展发达国家市场

依据国际产品生命周期理论,发展中国家的企业可以抓住发达国家成熟产业向海外转移的有利时机,发挥自身制造优势,尽快加入国际产业链条中,以较低成本研制、生产产品并将产品出口到发达国家,获取更大市场空间。

三、国际市场产品计划

国际市场产品计划是指企业在进入国际市场前,应对进入的产品种类、新产品的开发、品牌、包装以及相应的保障策略与何时进入市场进行系统的规划。进行这种规划的意义在于：尽可能地使企业成功进入外国市场,减少由于产品选择和设计的失误而造成的再调整成本和不

必要的损失。国际市场产品计划主要包括以下内容:①企业产品应进入哪个国家;②原有产品需要做出哪些调整;③在原产品线内增加何种新产品;④使用何种品牌和包装;⑤为顾客提供何种服务和保证;⑥何时将产品推向市场;等等。

国际市场营销中,企业制订的产品计划通常包括产品战略计划和产品日常计划。产品战略计划由母公司制订,主要包括:制造产品的原材料从哪里进口,母公司与子公司的财务关系,技术,开发新产品的投资比例与开发战略,等等。产品日常计划是由当地管理者根据战略计划,结合当地实际情况而制订和执行的计划。

第二节 国际产品决策

国际产品决策包含两个方面:一是指公司层面涵盖的全部产品的决策,即产品组合决策;二是指单个产品层面的决策,即是在全球市场销售标准化产品,还是为每一个目标市场设计、提供差异化产品的决策。

一、国际市场营销的产品组合决策

(一)产品组合的概念

产品组合(product mix),又称产品搭配,是指一个企业生产或销售的全部产品线、产品项目的组合方式。企业产品组合通常由几条产品线所组成,而产品线又是由一组密切相关且能满足同类需求的产品项目所构成的。

1. 产品线

产品线又称产品大类或产品系列,是指产品组合中使用功能相似,分销渠道、客户群类同的一组产品。如宝洁公司中的洗涤剂、牙膏、香皂等就分别代表不同的产品线。

2. 产品项目

产品项目是指在同一产品线或产品系列下不同规格、型号、款式、质地、颜色、价格的具体产品。如汰渍、碧浪等同属于宝洁公司洗涤剂这条产品线下不同的产品项目。

(二)产品组合的基本因素

构成产品组合的四个基本因素是产品组合的宽度、长度、深度和关联度。这四个因素的构成决定了企业的产品组合情况。

1. 产品组合的宽度

产品组合的宽度又称产品组合的广度,是指一个企业的产品组合中所包含的产品线的数目。一个企业生产经营的产品线越多,产品组合就越宽;反之,组合就越窄。

2. 产品组合的长度

产品组合的长度是指一个企业产品组合中所包含的产品项目的总数。用产品项目总数除以产品线数目即可得到产品线的平均长度。

3. 产品组合的深度

产品组合的深度是产品线中的每一产品项目有多少品种和规格。

4. 产品组合的关联度

产品组合的关联度也称产品组合的密度,是指各种产品线在最终用途、生产条件、分销渠道或其他方面的相互关联的程度,即产品种类之间的一致性。关联程度越高,产品组合的相关性越大,各条产品线之间可以共享的资源也就越多。

(三)产品组合策略

在国际市场营销中,面对复杂多变的市场环境,企业应结合自身发展目标和资源状况,在现有产品组合分析基础上,不断优化和调整产品结构,从而寻求和保持产品组合最优化,这就是产品组合策略。产品组合策略包括如下几种。

1. 扩大产品组合策略

如果企业遇到市场繁荣、资源扩大、现有产品组合盈利能力下降等情况时就可以考虑运用产品组合扩大策略,即在原产品组合中增加一个或几个产品线或在现有产品线内增加新的产品项目。扩大产品组合,可使企业充分地利用企业资源,分散风险,提高企业的竞争能力。

2. 缩减产品组合策略

在市场萧条或原料、能源供应紧张时,企业可以考虑通过运用缩减产品组合策略来增加利润。因为缩减那些获利小甚至亏损的产品线或产品项目后,企业就可以集中精力发展获利多的产品线和产品项目。

3. 产品延伸策略

产品延伸是指部分或全部地改变企业原有产品线的市场定位,即把产品线延长超出原有范围。产品延伸策略可分为向上延伸、向下延伸和双向延伸三种类型。

(1)向下延伸策略,是指在高档产品线中增加低档产品项目。采用此策略有利于利用高档产品的信誉进入中、低档市场,使企业的资源得以更加充分的利用和进一步分散经营风险。但此策略运用不当,也有可能损害原有产品声誉和企业的整体形象。

(2)向上延伸策略,是指在原有产品线内增加高档产品项目。一般而言,高档品市场利润丰厚,如果市场潜力比较大,而企业又具备进入的条件,则应抓住机遇,开拓高档品市场。采用此策略的最大障碍可能在于如何改变企业和产品的原有形象,使得顾客确信企业有能力生产高档产品。

(3)双向延伸策略,即原定位于中档产品市场的企业在掌握了市场优势后,向产品线的上下两个方向延伸。

二、产品标准化与差异化决策

国际市场开发时,企业面临采取标准化(向国际市场提供与国内市场相同的产品)还是差异化(根据不同市场需求特点设计和提供不同于国内市场的产品)策略的问题。

(一)国际市场产品标准化策略

1. 产品标准化策略的含义及原因

产品标准化策略(standardization strategy)是指企业向全世界不同国家或地区的所有市场都提供相同的产品。哈佛大学教授李维特等主张标准化,他认为世界是整体市场,各地消费者之间存在消费心理和文化的共性,企业不必考虑差异性,只需提供性能良好、物美价廉的产品。如可口可乐和麦当劳快餐、好莱坞电影等都是向世界各地的消费者提供标准化的产品或服务。

产品标准化的原因(优点)有:产生规模效应(降低成本);树立产品全球统一形象;延长产品生命周期;满足跨国消费者的需求;降低营销管理难度,集中营销资源。

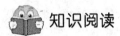知识阅读

M&M 巧克力糖果的标准化策略

广告大师 R. 雷斯为 M&M 巧克力糖果创作的"只溶在口,不溶在手"广告,在 30 多个国家和地区传播,具有极大的时空跨越性。该策略从人的生理角度出发进行独特的销售说辞,在其各种广告中始终贯穿着一条主线——用一种"世界性语言"与不同国家、不同种族、不同文化的消费者沟通,而这种"只溶在口,不溶在手"的美妙感觉正是全世界消费者所需要的。

资料来源:逯宇铎,陈双喜.国际市场营销学:经典案例分析与练习[M].北京:清华大学出版社,2012.

2. 影响产品标准化策略选择的因素

(1) 产品的需求特点。从全球消费者的角度来看,需求可分为两大类:一类是全球消费者共同的与国别无关的共性需求;另一类则是与各国环境相关的各国消费者的个性需求。在全球范围内销售的标准化产品一定是在全球具有相似需求的产品。消费者对任何一种国际产品的需求,都包括对产品无差别的共性需求和有差别的个性需求这两种成分。企业营销人员应当正确识别消费者在产品需求中究竟是无差别的共性需求占主导地位还是有差别的个性需求占主导地位。对无差别的共性需求占主导地位的产品,宜采取产品标准化策略。

下列产品的需求特征表现为无差别的共性需求成分偏大:大量的工业品,如各种原材料、生产设备、零部件等;某些日用消费品,如软饮料、胶卷、洗涤用品、化妆品、保健品、体育用品等;具有地方和民族特色产品,如中国的丝绸、法国的香水、古巴的雪茄等。

(2) 产品的生产特点。从产品生产的角度来看,适宜于产品标准化的产品类别为在研发、采购、制造和分销等方面获得较大规模经济效益的产品。具体表现为:技术标准化的产品,如电视机、录像机、音响等产品;研究开发成本高的技术密集型产品,这类产品必须采取全球标准化以补偿产品研究与开发的巨额投资。

(3) 竞争条件。如果在国际目标市场上没有竞争对手出现,或市场竞争不激烈,企业可以采用标准化策略;或者市场竞争虽很激烈,但本公司拥有独特的生产技能,且是其他公司无法效仿的,则可采用标准化产品策略。

(4) 实施标准化产品策略必须做"成本-收入"分析,严格根据收益情况来进行决策。产品、包装、品牌名称和促销宣传的标准化无疑都能大幅度降低成本,但只有对大量需求的标准化产品才有意义。

尽管产品标准化策略对从事国际营销的企业有诸多有利的一面,但缺陷也是非常明显的,即难以满足不同国家消费者的不同需求。

(二) 国际市场产品差异化策略

1. 产品差异化策略的含义

产品差异化策略(differentiation trategy),又称产品定制化策略,是指企业向世界范围内不同国家和地区的市场提供不同的产品,以适应不同国家和地区市场的特殊需求。虽然该策略能满足消费者的不同需要,满足不同收入水平的消费者需要,符合各国政府的规定和要求,但是增加了产品在设计开发、生产、促销等方面的成本,提高了营销风险,同时也为产品在不同国家和地区的流通设置了障碍。

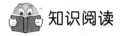 知识阅读

法国人头马白兰地的差别化策略

法国人头马白兰地的营销策略尤其注重针对不同地区,不同文化、风俗和习惯,不同的诉求。在欧美国家,采用"干邑艺术,似火浓情"的广告语,运用了比喻和拟人相结合的手法,融商业推销和艺术审美于一体,给消费者以明确的信息:白兰地酒可使恋人燃起爱的火花,可使夫妇沉浸于爱的热烈,可使朋友迸发出感人的信心……"似火浓情"会使顾客产生感情上的共鸣,也符合欧美的文化风俗。而对于东方,特别是华人市场,则采用"人头马一开,好事自然来"的吉祥广告语,抓住了东方人的"喜庆"心理。

资料来源:逯宇铎,陈双喜.国际市场营销学:经典案例分析与练习[M].北京:清华大学出版社,2012.

2. 国际营销中的产品适应

由于各国市场的显著差异,受产品使用条件和各种强制性因素的影响,销往国际市场的产品需要进行改变来适应不同目标市场的消费者需求,因此国际营销者在采取差异化策略的过程中必然需要进行产品适应性的改变。

(1)强制性产品适应。强制性产品适应是指企业由于国外市场的一些强制性因素要求对其产品做出适应性改进。各国政府为了保护本国消费者或者维持已有的商业习惯,针对进口产品制定了一些特殊法律、规则或要求。产生强制性产品适应的主要原因有:

①各国对进口产品标准所做的规定不同。各国政府对进口产品在质量标准、包装、商标、安全要求等方面都有其规定,产品出口到这些国家必须遵守这些要求。例如,欧盟对产品的包装纸箱规定不得使用铁钉钉箱,封箱要用黏合剂而不能用塑料胶带,以便于纸箱回收,减少对环境的污染。如果使用塑料袋包装,必须是至少75%的可回收利用材料,或者是生物降解材料。对于这些规定,出口企业必须遵守,改变原有产品以适应各国市场的这些规则和标准。

②各国对计量标准规定不同。国际市场上,有些国家采用公制的计量标准,有些国家采用非公制的计量标准,因此出口产品必须根据目标市场的计量制度做出相应调整。

③各国技术标准不同。各国技术标准不同也是企业必须改变原产品的强制性因素之一。如我国的民用电压是 220 V,日本的民用电压是 110 V,我国的电器产品进入日本市场就必须对产品做出改变,否则不能使用。

(2)非强制性产品适应。非强制性产品适应是指企业为了适应目标市场的非强制性影响因素,而对产品做出的适应性改进。影响非强制性产品改变的因素通常有以下几种:

①文化的适应性改变。文化是影响消费者对产品认知及购买行为的重要因素。处于不同文化环境中的消费者,对产品的需求差异主要体现在价值观、道德规范、行为准则、宗教信仰、消费偏好以及使用模式等方面。如伊斯兰国家是禁止饮酒的,因此无论是法国的葡萄酒,还是苏格兰的威士忌,投放到伊斯兰国家都是徒劳无益的。因此,企业进行国际营销时必须对目标市场的文化环境进行深入细致的调研,进而对原有产品进行适当的改变来适应各国文化环境。

②产品使用习惯的适应性改变。不同国家或地区,市场上相同产品的使用方法可能存在区别,主要是世界各国的文化、生活方式以及气候、地理因素等不同造成的,产品因而也需适应性改变。如美国热水器巨头 A.O.史密斯刚进入中国市场时,发现消费者为了省电,会频繁地拔插插头。电是省了,但很不方便,洗碗、洗菜、洗手、洗衣服的时候无法随时享用热水。针对中国消费者的生活习惯,A.O.史密斯研制出了 AES 自适应节能系统,能够按照用户的使用习

惯预先加热。而在非用水时间 AES 则启动中温保温方程式,根据设定温度计算出最节能的保温温度,减小热水器内外温差,因而大大减少保温加热次数,真正做到不拔插头更省电。结果受到了中国消费者的欢迎。

③教育水平的适应性改变。发达国家的消费者接受过正规教育的比例较高,他们文化水平相对较高,易于掌握和使用技术复杂的产品。而在一些贫穷落后的国家中,消费者大都受教育的程度有限,难以掌握及使用技术复杂的产品。因此,在产品功能上针对不同教育水平要做出适应性的改变。

(三)产品标准化与差异化策略的选择

随着经济的发展和人们生活水平的提高,消费者需求的个性化日益凸现,选择产品差异化策略应是国际营销企业的主要产品策略。然而在营销实践中,企业往往将产品差异化和产品标准化策略综合运用。许多产品的差异化、多样化主要是体现在外形上,如产品的形式、包装、品牌等方面,而产品的核心部分往往是一样的。

可见,国际产品的差异化策略与标准化策略并不是独立的,而是相辅相成的。有些原产国产品并不需很大的变动,只需改变一下包装或品牌名称便可进入国际市场;有些原产国产品要想让世界消费者接受则需做较大的改变。因此,企业的产品策略通常是产品差异化与产品标准化的一个组合,在这种组合中有时是产品差异化程度偏大,有时是产品标准化程度偏大,企业应根据具体情况来选择产品差异化与产品标准化的组合。

第三节 国际市场新产品开发

一、新产品的概念及其分类

(一)新产品的概念

在市场营销中的新产品是指从技术和市场两个方面认定的新产品。只要在功能或形态上得到改进,或与原有产品产生差异,并为顾客带来新的利益,即为新产品。

(二)新产品的类型

1. 全新产品

全新产品指应用新的技术、新的材料研制出的具有全新功能的产品。这种产品无论对企业或市场来讲都属于新产品。全新产品也可以说是一种发明。如在使用蜡烛照明的年代,白炽灯的发明就属于一种全新产品,再后来荧光灯、LED 灯的出现也属于一种全新产品。

2. 换代新产品

换代新产品指在原有产品的基础上,全部采用或部分采用新技术、新材料、新工艺研制出来的新产品。如洗衣机从单缸洗衣机发展到双缸洗衣机和全自动洗衣机;电视机由黑白电视机发展到彩色电视机、纯屏彩色电视机;电子市场中 CPU(中央处理器)主频不断地更新换代。

3. 改进新产品

改进新产品指对老产品的性能、结构、功能加以改进,使其与老产品有较明显的差别。时下流行的通信设备——手机,其生产厂家不断地更改贮存量、外形、功能等,且改进的速度越来越快,使一些大公司能牢牢掌握住市场,如苹果公司。

4. 仿制新产品

仿制新产品指对国际或国内市场上已经出现的产品进行引进或模仿、研制生产出的产品。这是一些小型企业采取的经营策略,这样不仅可以节省前期开发新产品的大笔研发费用和产品促销费用,而且可以利用被仿制产品市场占有率的优势来抢占部分市场份额,或利用价格优势来挤抢被仿制产品的市场。如引进汽车生产线,制造、销售各种类型的汽车等。

5. 系列新产品

系列新产品是指在原有产品基础上,不对原有产品进行任何改变,而生产出其他功能、花色、款式、规格的产品,与原有产品形成产品系列,一同进入市场进行销售。

6. 再定位新产品

再定位新产品是指进入新的目标市场,或改变原有市场定位后再次推出的产品。

7. 低成本新产品

低成本新产品是指由于企业采取了一定措施后降低了生产成本,以低成本推出同样性能的产品。由于产品成本降低了,就可以以较低的价格出售,为消费者节省购买成本,带来新的利益。

二、新产品开发过程

由于产品生命周期的存在、消费需求的变化、科学技术的发展和市场竞争的加剧,企业必须致力于新产品的开发。为了提高新产品开发的成功率,必须建立科学的新产品开发程序。一般完整的新产品开发过程包括以下八个阶段(见图13-5)。

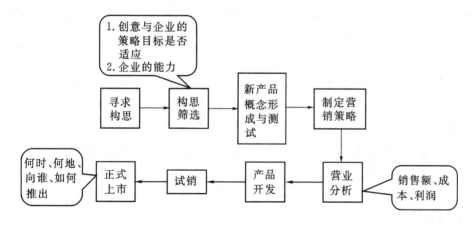

图 13-5 新产品开发过程

(一)新产品构思

新产品的构思就是开发新产品的构想或创意。新产品构思主要来源于消费者或用户(这是最主要来源)、本企业的新产品开发机构、本企业的推销人员及国内外经销商、科研机构和发明家、竞争企业或竞争产品。

新产品构思的标准为:该产品在5年内能进入市场,市场潜在销售量至少有500万美元和15%的增长率,至少有30%的销售回报率和40%的投资回报率,将取得技术或市场领先地位。

(二) 创意筛选

企业在广泛征集新产品创意或构思的基础上,可以采用适当的评价系统及科学的评价方法对各种构思进行分析比较,研究它们的可行性,挑出可行性较强的构思,除去亏损最大和必定亏损的构思。筛选时要充分考虑每一构思是否具有潜在的市场需求,是否与企业目标相适应,以及企业是否有足够的资源能力实现等问题。

(三) 新产品概念形成与测试

新产品概念是指企业将产品构思具体化,用文字、图像与模式等描述出产品的性能、用途、形状、价格、名称和提供给消费者的利益等,使之成为消费者能够理解和接受的产品形象。一个产品构思有可能转化为若干个产品概念。例如,某企业打算生产一种有独特口味、使用简单方便、即冲即饮的营养奶制品。这一产品构思可以转换为三种新产品概念:概念1,针对中小学生的课间餐饮料;概念2,针对老年人的健康补品;概念3,针对成年人的可口快餐饮料。

新产品概念测试主要是调查消费者对新产品概念的反应。测试的内容如下:产品概念的可传播性和可信度,消费者对该产品的需求程度,该产品与现有产品的差距,消费者对该产品的认知价值,消费者的购买意图,谁会购买此产品及购买频率。

(四) 制定市场营销策略

新产品概念经过测试后,就可以拟订一个将新产品投放市场的初步的营销策划报告书。它包括三个部分:第一部分是描述目标市场的规模、结构和行为,新产品在目标市场上的定位,市场占有率及头几年的销售额和利润目标等。第二部分是对新产品的价格策略、分销策略和第一年的营销预算进行规划。第三部分则描述预期的长期销售量和利润目标以及不同时期的市场营销组合。

(五) 营业分析

营业分析就是对新产品概念进行经济评价,估计其销量、成本和利润,进一步考察新产品概念是否符合企业的盈利性目标,是否具有商业吸引力。

(六) 新产品开发

新产品开发是把通过营业分析的新产品概念送交生产部门研制出模型或样品,使产品概念转化为产品实体。同时还要进行包装的研制和品牌商标的设计,对产品进行严格的功能测试和消费者测试。

(七) 市场试销

经过测试合格的样品即为正式的新产品,在大批量投放市场之前,还要通过营销方案投放到小型市场环境,了解顾客和经销商对新产品的反应。市场试销是对新产品的全面检验,可为新产品是否全面上市提供全面、系统的决策依据,也为新产品的改进和市场营销策略的完善提供启示,但试销也会使企业成本增加。

试销要注意把握是否有试销的必要性、对试销市场的选择和对试销技术的选择等问题。

(八) 正式上市

新产品试销成功后,便可批量生产,正式推向市场,实现新产品的商业化。在此过程中需要做好四个方面的工作:确定何时推出新产品,确定在何地推出新产品,确定新产品的目标顾客是谁,确定如何推出新产品。

三、新产品采用与扩散

(一)新产品采用与扩散的含义

所谓新产品扩散,是指新产品上市后随着时间的推移不断地被越来越多的消费者所采用的过程。也就是说,新产品上市后逐渐地扩张到其潜在市场的各个部分。扩散与采用的区别,仅仅在于看问题的角度不同。采用过程是从微观角度考察消费者个人由接受创新产品到成为重复购买者的各个心理阶段,而扩散过程则是从宏观角度分析创新产品如何在市场上传播并被市场所采用的更为广泛的问题。

(二)新产品采用者类型

在新产品的市场扩散过程中,由于社会地位、消费心理、消费观念、个人性格等多因素的影响,不同顾客接受新产品的快慢程度不同。就消费品而言,美国学者罗杰斯按照顾客接受新产品的快慢程度,把新产品的采用者分为以下五种类型。

1. 创新采用者

该类采用者约占全部潜在采用者的 2.5%。任何新产品都由少数创新采用者率先使用。因此,他们具备如下特征:极富冒险精神;收入水平、社会地位和受教育程度较高;一般是年轻人,交际广泛且信息灵通。

企业市场营销人员在向市场推出新产品时,应把促销手段和传播工具集中于创新采用者身上。如果他们的采用效果较好,就会大力宣传,影响到后面的使用者。不过,找出创新采用者并非易事,因为很多创新采用者在某些方面倾向于创新,而在其他方面可能是落后采用者。

2. 早期采用者

早期采用者是第二类采用创新的群体,占全部潜在采用者的 13.5%。他们大多是某个群体中具有很高威信的人,受到周围朋友的拥护和爱戴。正因如此,他们常常去收集有关新产品的各种信息资料,成为某些领域的舆论领袖。这类采用者多在产品的介绍期和成长期采用新产品,并对后面的采用者影响较大。所以,他们对创新扩散有着决定性影响。

3. 早期大众

这类采用者的采用时间较平均采用时间要早,占全部潜在采用者的 34%。其特征是:深思熟虑,态度谨慎;决策时间较长;受过一定教育;有较好的工作环境和固定收入;对舆论领袖的消费行为有较强的模仿心理。他们虽然也希望在一般人之前接受新产品,但却是在经过早期采用者认可后才购买,从而成为赶时髦者。由于该类采用者和晚期大众占全部潜在采用者的 68%,因而,研究其消费心理和消费习惯对于加速创新产品扩散有着重要意义。

4. 晚期大众

这类采用者的采用时间较平均采用时间稍晚,占全部潜在采用者的 34%。其基本特征是多疑。他们的信息多来自周围的同事或朋友,很少借助宣传媒体收集所需要的信息,其受教育程度和收入状况相对较差。所以,他们从不主动采用或接受新产品,直到多数人都采用且反映良好时才行动。显然,对这类采用者进行市场扩散是极为困难的。

5. 落后采用者

这类采用者是采用创新的落伍者,占全部潜在采用者的 16%。他们思想保守,拘泥于传统的消费行为模式。他们与其他的落后采用者关系密切,极少借助宣传媒体,其社会地位和收入水平最低。因此,他们在产品进入成熟期后期乃至进入衰退期时才会采用。与一般人相比较,这类采用者在社会经济地位、个人因素和沟通行为等三个方面存在着差异。这种比较为新产品扩散提供了重要依据,对企业市场营销沟通具有指导意义。

第四节 国际市场产品品牌策略

一、国际市场产品品牌与商标

(一)品牌

1. 品牌的概念

品牌是企业为自己的产品或服务确定的一个名称、术语、标记、符号、图案和颜色,或者是这些因素的组合,目的是让购买者识别自己产品和服务,并使其与竞争者的产品和服务相区别的企业的商品名称和标志。

2. 品牌的构成

品牌由品牌名称和品牌标志两部分组成。

品牌名称:品牌中可以用语言称呼的部分,如海尔、联想、耐克。

品牌标志:品牌中可以辨认但不能用语言称呼的部分,如符号、图案、颜色等(见图13-6)。

图13-6 著名的汽车品牌标志

3.品牌整体含义

品牌作为特定企业及其产品的形象标识,具有以下六个层次的含义(见图13-7)。

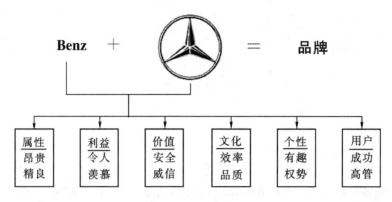

图13-7 品牌整体含义

(1)属性。一种产品的品牌首先代表着该产品特有的一系列属性,如工艺精湛、性能卓越、高档贵重、转卖价值高等。

(2)利益。一种产品的品牌还意味着购买者可以从中获得的一系列独特利益。由于购买者真正要购买的不是产品的属性而是从中获得的利益,因此只有当品牌意味的产品属性可以转化为购买者需要的功能性、经济性、情感性利益时才会被顾客接受。

(3)价值。一种产品的品牌也表示着一些生产经营者的价值,如高效率、守信用、可信赖、有声誉等。

(4)文化。一种产品的品牌还可能代表着一种特定的文化,如东方文明、乡村气息等。

(5)个性。一种产品的品牌也反映着产品的一定个性,展示着产品的一些独特格调。

(6)用户。一种产品的品牌往往还暗示着购买或使用该品牌产品的消费者类型。

在以上六个方面中,品牌的价值、文化和个性是品牌的深层内涵和品牌中最持久的部分,是一个特定的品牌最不易被他人模仿的东西。公众可以从以上六个方面来识别是否为深度品牌,否则为肤浅品牌,只有深度品牌才能充分发挥品牌的作用。企业进行品牌决策时,必须注重品牌的一整套含义,必须注重对品牌深层次含义的策划。

4.品牌资产和品牌价值

品牌资产是与某一特定的品牌紧密联系着,超过商品或服务本身利益以外,通过为消费者和企业提供附加利益来体现的价值。品牌资产包括品牌忠诚度、品牌知名度、品牌认知度、品牌联想度和专属性品牌资产(专利、商标)。

品牌价值是品牌资产的市场价值,即消费者对品牌的认可、信赖与忠诚(见表13-2)。

表13-2 2020年全球最具价值品牌10大品牌排行

2020年排名	品牌	类别	品牌价值/亿美元	价值同比变化	2019年排名
1	亚马逊	零售	4158.55	32%	1
2	苹果	科技	3522.06	14%	2
3	微软	科技	3265.44	30%	4

续表

2020年排名	品牌	类别	品牌价值/亿美元	价值同比变化	2019年排名
4	谷歌	科技	3236.01	5%	3
5	维萨信用卡	支付	1868.09	5%	5
6	阿里巴巴	零售	1525.25	16%	7
7	腾讯	科技	1509.78	15%	8
8	脸书	科技	1471.9	−7%	6
9	麦当劳	快餐	1293.21	−1%	9
10	万事达卡	支付	1081.29	18%	12

资料来源：https://www.prnasia.com/story/284058-1.shtml。

WPP与凯度联合发布"2020年BrandZ最具价值全球品牌100强"排行榜，2020年17个中国品牌上榜，比2019年增加了2个（见表13-3）。中国也成为上榜品牌数量第二多的国家，第一名是拥有51个上榜品牌的美国，第三名是拥有8个上榜品牌的德国。中国上榜品牌的合计价值增长了16%，几乎是全球增速的3倍。

表13-3 2020年全球最具价值品牌100强中国品牌

2020年排名	2019年排名	品牌	类别	品牌价值/亿美元	价值变化
6	7	阿里巴巴	零售	1525.25	16%
7	8	腾讯	科技	1509.78	15%
18	35	茅台	酒	537.55	58%
31	29	中国工商银行	地区性银行	381.49	−1%
36	27	中国移动	电信运营商	345.83	−12%
38	40	平安	保险	338.1	15%
45	47	华为	科技	294.12	9%
52	66	京东	零售	254.94	24%
54	78	美团	生活方式	239.11	27%
58	59	中国建设银行	地区性银行	210.89	−7%
64	71	滴滴出行	交通出行	200.41	0%
68	89	海尔	物联网生态	187.13	15%
69	82	中国农业银行	地区性银行	186.39	2%
79	无	抖音	娱乐	168.78	N/A
81	74	小米	科技	166.44	−16%
91	63	百度	科技	148.4	−29%
97	无	中国银行	地区性银行	136.86	N/A

资料来源：BrandZ™凯度。

（二）商标

商标是指企业经过登记注册的名称、标志、符号，即合法注册的品牌，亦即受法律保护的品牌或品牌中的某一部分。注册标记包括注和®。使用注册标记，应当标注在商标的右上角或者右下角。

（三）品牌与商标的关系

品牌和商标所指示的对象是相同的，但实质和所涉及的范畴是不同的（见图13-8）。

图13-8　品牌与商标的区别

品牌是市场概念，实质上是品牌使用者对顾客在产品特征、服务和利益等方面的承诺。商标是法律概念，它是已获得专用权并受法律保护的品牌或品牌的一部分。

二、国际市场产品品牌和商标设计原则

国际产品品牌和商标的设计，除应遵循产品品牌和商标设计的一般性原则，如简单易懂、便于识别、有助记忆、构思独特新颖、引人注目、适应产品性质、便于宣传商品外，还应特别注重以下设计原则。

（一）符合各国消费者的传统文化和风俗习惯

出口商品的商标设计应注意与各国和地区的文化和习俗相适应，因此必须充分认识和了解各国消费者对颜色、数字、动物、花卉、图案、语言等方面的喜好与禁忌。

（二）译成外语不能产生歧义

当企业将产品推向国际市场时，直接使用原来品牌名称或原来品牌名称的外文翻译时，易产生歧义。而恰当的名称翻译，是对好品牌的锦上添花，如可口可乐（Coca-Cola）、飘柔（Rejoice）等。

（三）符合国际商标法和目标国商标法的规定

符合国际商标法的规定是国际产品商标设计必须遵循的一个重要原则。《保护工业产权巴黎公约》和《商标国际注册马德里协定》及《商标注册条约》等，这些国际公约对商标的国际注册、商标权利在不同国家互不牵连、驰名商标的保护、商标的转让以及不能作为商标注册的内容等问题都做出了明确的规定。

企业还必须充分了解和遵守目标国有关商标的法规，以避免法律纠纷和蒙受经济损失，使企业的商标得到目标国的法律保护。如美国采用"商标使用在先"的法律，而我国则是遵循"商标注册在先"的法律。我国产品出口美国，如果不了解美国"商标使用在先"的法律原则，可能将蒙受损失。

三、国际市场产品品牌决策

品牌决策是产品策略的一个重要组成部分,也是一个完整的品牌运营过程(见图 13-9)。

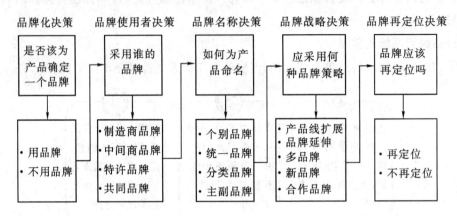

图 13-9 品牌决策流程

(一)品牌化决策

品牌化决策所解决的就是企业是否使用品牌的问题。企业使用品牌的好处在于:有助于企业形象的建立,获得竞争优势,建立顾客忠诚度;使消费者能更方便地处理订单和解决贸易问题;销售者的品牌名称和商标对产品提供法律保护等。使用品牌会增加成本,若使用不当反而会有不良影响。企业不使用品牌的好处在于没有品牌推广、品牌包装、渠道和促销上的过多费用,产品成本可以降低,从而获得价格优势。但是,不使用品牌会导致价格竞争过于激烈而压缩企业利润空间。可以说,有品牌和无品牌各有利弊,企业在营销实践中还应结合自身产品特点、行业特点、环境特点及长远发展目标等做出选择。

(二)品牌使用者决策

品牌使用者决策是指企业在决定使用品牌后,应对使用谁的品牌问题做出决策。在品牌的选择与使用上可以有四种选择。

1. 使用制造商品牌

制造商品牌也叫生产者品牌、工业品牌。使用制造商品牌是品牌使用者决策中应用最广泛的一种选择。制造商品牌一直在零售行业中占统治地位,绝大多数制造商都创立了自己的品牌。生产者采用自己的品牌出售产品可建立企业的信誉和实施品牌战略,销售商使用生产者的品牌可以节省宣传费用,便利地为消费者提供售后服务和保障。例如,我国的海尔电器在欧洲和美国市场上均采用制造商品牌。

2. 使用中间商品牌

中间商品牌也称为经销商品牌、商业品牌和私人品牌。由于顾客对需要购买的商品并不都是内行,不具备充分的选购知识,因此在选择购买商品时除了以制造商品牌为选择的依据外,有时还以中间商品牌为选择的依据。一个生产企业是使用自己的品牌还是使用中间商品牌应视具体情况而定。一般来说,如果生产企业具备良好的市场声誉,企业的实力较强,产品的市场占有率较高,那么使用自己的品牌比较明智。反之,则可以考虑采用中间商品牌,这样可以借用中间商良好的市场声誉及完善的销售系统推销自己的产品。由于顾客总是愿意购买具有良好声誉的商业企业出售的商品,因此生产者在使用中间商品牌时要进行比较选择。例如,很多国内中小企业为了提高市场销量,直接使用沃尔玛的自有品牌惠宜(Great Value)。

3. 使用特许品牌

如果生产企业的市场声誉还没有建立起来,企业的实力较弱,产品的市场占有率较低,为了促进产品销售,提高市场占有率,也可以考虑使用其他制造商的品牌。生产者决定使用其他制造商的品牌,必须经对方允许并签订合同,并向许可人支付一定的费用,生产企业的产品质量要受许可人的监督,要达到许可人规定的要求,否则就会损害许可人品牌的声誉。如麦当劳就采用了品牌特许的方式在全球进行特许经营。

4. 使用共同品牌

共同品牌是将两个已经创立的不同企业的品牌名称共同用在同一产品上,这种做法也称为双品牌策略。这种策略主要应用在生产企业自己的品牌市场影响力较低,希望迅速提高其知名度的情况下。这种策略有助于通过强势品牌的带动迅速地提高弱势品牌的市场声誉,一旦弱势品牌被市场接受,取得了顾客的信任,确立了较好的声誉后,就可以逐渐过渡到只使用生产企业自己的品牌了。

(三)品牌名称决策

1. 个别品牌名称

个别品牌名称是指企业决定其各种不同的产品分别使用不同的品牌名称。如美国杜邦公司在全世界销售30000多种产品,共使用约2000个品牌,为保护这些品牌而注册了15000个商标。此决策有助于消费者从商标上区分商品的档次、质量和价格差异,以满足不同消费者的需求,当市场机会发生变化时,可以分散企业的风险。缺点是对每一商标都必须分别做广告,促销费用过大;信息多,不便记忆,不利于企业树立统一的国际形象。因此,企业需根据企业规模、实力及企业已有的国际形象等谨慎选择。

2. 统一品牌名称

统一品牌名称是指企业的所有产品使用同一品牌、同一商标。采用此决策的企业常常具有较强的竞争实力,且该品牌或商标在国际市场已获得一定的知名度和美誉度。如我国海尔集团的系列产品空调、彩电、冰箱等全部采用"海尔"这一品牌。但是采用统一的国际品牌和商标也需要设计者充分考虑到国际市场消费者的消费需求共性,避免与各国的风俗习惯、宗教信仰、禁忌等相冲突。

3. 分类品牌名称

分类品牌名称是指企业对生产经营的各类产品分别命名。如美国宝洁公司在我国销售产品时,薯片用的是"品客"品牌,洗衣粉用的是"汰渍""碧浪"品牌,而化妆品用的是"玉兰油""SK-II"品牌。企业采取这种策略,原因在于:一方面,企业生产或销售许多不同类的产品,如果都统一使用一个品牌名称,这些不同类型的产品就容易混淆;另一方面,有些企业虽然生产或销售同一类型的产品,但是,为了区别不同质量水平的产品,往往也分别使用不同的品牌名称。这种策略可以避免不同的产品相互混淆,兼有个别品牌策略的优点,同时又在一定程度上弥补了个别品牌的不足。

4. 主副品牌名称

主副品牌是指不同产品使用一主一副两个品牌。主品牌为企业名称,副品牌突出产品特色。如海尔公司的产品大都使用主副品牌名称,"海尔——小神童""海尔——小王子"等。

(四)品牌战略决策

品牌战略决策主要解决企业采用何种品牌策略的问题。

1. 产品线扩展策略

产品线扩展策略是指企业增加某一产品线的产品时仍沿用原有的品牌。企业生产的新产品可以是现有产品的改进,例如改变产品包装、风格或者增加新性能等。不同的产品可以满足消费者的不同需求,此策略可以充分地利用企业过剩的生产能力,填补市场空隙,扩大消费群,增加企业的利润。然而产品线扩展有可能会使企业品牌丧失原有的意义,反而无法提高消费者对企业品牌的认知度和信赖度。采用此策略,一定要使消费者能够区别出各种产品,避免出现同一产品线的新老产品竞争的局面。

2. 品牌延伸策略

品牌延伸策略是企业利用已经成功的产品品牌来推出其他产品的策略。品牌延伸策略可以使新产品很快被消费者认识和接受并进入新的市场,同时节约了新产品的市场推广费用。例如,日本本田公司利用其品牌知名度相继推出了摩托车、助动车、除草机、海上发动机等一系列产品。海尔公司生产的冰箱打开市场后,又先后推出了一系列的家电产品。但是,这种策略也存在一定的风险,如果新产品的质量不能保证或不符合消费者的需要,就可能损坏企业其他产品的市场形象。

3. 多品牌策略

多品牌策略是指一个企业同一产品使用两个或多个相互竞争的品牌。采用此策略最典型并且最成功的企业当属宝洁公司,旗下的洗发产品有"飘柔""海飞丝""潘婷""沙宣""伊卡璐"。多品牌的优点是能够使企业的产品占领更多的零售货架空间;可以吸引消费者的注意力,使企业拥有不同的细分市场,各自吸引不同的消费者,提高市场占有率。

4. 新品牌策略

为新产品设计新品牌的策略称为新品牌策略。当企业在新产品类别中推出一个产品时,它可能发现原有的品牌名不适合于它,或是对新产品来说有更好更合适的品牌名称,企业需要设计新品牌。例如,原来生产保健品的养生堂开发饮用水时,使用了更好的品牌名称"农夫山泉"。

5. 合作品牌策略

合作品牌(也称为双重品牌)是两个或更多的品牌在一个产品上联合起来。每个品牌都期望另一个品牌能强化整体的形象或购买意愿。合作品牌的形式有多种。一种是中间产品合作品牌,另一种形式是同一企业合作品牌。还有一种形式是合资合作品牌,如日立的一种灯泡使用"日立"和"GE"联合品牌。

(五)品牌再定位决策

当企业的竞争品牌侵占了企业品牌的一部分,使企业的品牌市场份额有所减少,或者是消费者的偏好发生了转移,原有的品牌定位无法给消费者带来更高层次的需求时,企业就必须开始给自己的品牌重新定位,以再次赢取目标消费者的"芳心"。

第五节 国际市场产品包装策略

一、产品包装的概念及种类

包装是指为在流通过程中保护产品、方便储运、促进销售,按一定技术方法采用的容器、材料及辅助物的总称,也指为达到上述目的在采用容器、材料和辅助物的过程中施加一定技术方法等的操作活动。

产品包装按其在流通过程中的作用不同,可分为运输包装和销售包装。运输包装又称外包装或大包装,是指产品最外面的包装。销售包装又称内包装或小包装,是指随产品进入销售环节并与消费者直接接触的内层包装。

二、产品包装的功能

(一)保护功能

保护功能是商品包装的最重要的功能。商品包装能够避免商品在运输、储存和销售过程受到外界各种因素的影响,以及可能发生物理、机械、化学、生物等方面的变化,从而造成商品的损耗和劣变。

(二)容纳功能

包装的第二个功能就是容纳功能。这尤其适用于那些本身没有一定的集合状态的商品,如液体、气体和粉状商品,通过商品的包装,使它们呈现出一定的集合状态,便于流通,否则商品的运输和销售将无从下手。

(三)便利功能

便利功能是指包装为商品从生产领域向流通领域和消费领域转移提供的方便。其内容主要包括方便运输、方便装卸、方便储存、方便销售、方便携带、方便开启、方便实用、方便回收、方便处理等。

(四)促销功能

商品的包装常被称为"无声的推销员",这正好体现了包装的促销功能。通过商品的包装,商家可以提供各种信息,这些信息可以美化和宣传商品,使商品具有更大的魅力吸引消费者的眼球,勾起消费者的购买欲望,从而带动销售。

(五)增值功能

良好的包装能促使消费者愿意以较高的价格购买,即能够增加商品的价值,提高企业利润。

三、国际市场产品包装设计

国际市场产品包装设计是一项技术性和艺术性很强的工作,应做到美观、实用、经济,具体要求如下。

(一)准确传递商品信息

世界各国一般都对产品包装上应标识的内容有明确的规定,如生产日期、重量、保质期等,企业应如实注明。另外,包装上的文字、图案、色彩均应与商品的特色和风格相一致。切忌包装物上的说明、彩色图片等夸大商品的性能、质量,金玉其外、败絮其中的包装要严格禁止。

(二)包装应与商品价格相适应

包装物的价值应与商品价值相配套。如高级珠宝应配以高档包装,以烘托商品的名贵。如果包装物的价值超过商品本身的价值则会引起消费者反感,从而影响销售。

(三)包装设计要遵守目标国政府的法律法规

世界各国一般都根据自己的需要出台不同的包装法规,对产品的包装具有明确的规定。在某些国家,环境保护主义者对包装材料是否造成环境污染十分关注。

(四)包装要与目标国的经济发展相适应

包装规格要因国而异,在低收入的国家消费者更习惯于数量少的包装。

(五)包装要与目标国的社会文化相适应

社会、文化因素包括颜色、形状、图案、文化禁忌、宗教信仰等多种因素。以颜色为例,在我国用于春联的大红色加黑墨的搭配,在俄罗斯则是用于宣布丧事。

(六)包装要与目标国的自然环境相适应

进入国际市场的产品包装要考虑各个国家和地区的储运条件、分销时间的长短、气候状况等。如在非洲和拉丁美洲一些国家,由于道路状况不太理想,用玻璃作为包装材料则不太适用。在一些发展中国家,包装消费品在分销渠道中滞留的时间可长达六个多月,而在美国只需两三个月,这样对包装质量要求不同。出口到热带国家的食品包装则重点要考虑产品的保质问题,以避免炎热的气候环境而导致产品变质。

四、国际产品包装策略

(一)类似包装策略

企业对其生产的各种产品都采用相同的图案、近似的色彩、相同的包装材料和相同的造型进行包装,便于顾客识别出本企业产品。如化妆品常采用此种包装策略。

(二)组合(配套)包装策略

次策略是按各国消费者的消费习惯,将数种有关联的产品配套包装在一起成套供应,便于消费者购买、携带和使用,同时还可扩大产品的销售。如雀巢咖啡在同一包装中置有咖啡、咖啡伴侣、咖啡杯等。

(三)等级包装策略

根据产品的质量等级采取不同的包装。高档商品采用精美包装,低档商品采用简单包装。如丝绸、茶叶、扇子等。

(四)分类包装策略

根据消费者购买目的或习惯使用量的不同,对同一商品采用不同的包装。如 1 L 的雪碧和 500 mL 的雪碧。

(五)复合(再使用)包装策略

包装内的产品使用完后,包装物还有其他用途。如装饼干的铁盒还能用于储物。

(六)附赠品包装策略

在商品包装物内附赠奖券或实物,或包装本身可以换取礼品,吸引顾客的惠顾效应,导致重复购买。如买大送小、买一送一等。

(七)更换包装策略

改变和放弃原有产品的包装,改用新的包装。采用新的包装可弥补原包装的不足,企业在改变包装的同时必须配合做好宣传工作,以消除消费者以为产品质量下降或其他的误解。如在节庆或是纪念日,可口可乐推出金色装、足球装、喜庆装。

本章小结

1. 产品整体概念包含五个层次,即核心产品、形式产品、期望产品、附加产品和潜在产品。产品生命周期包括导入期、成长期、成熟期和衰退期四个阶段,企业应根据产品所处阶段来制定相应的营销策略,以便在不同阶段都能获得最大收益。
2. 国际产品决策包含两个方面:一是指公司层面涵盖的全部产品的决策,即产品组合决策;二是指单个产品层面的决策,即是在全球市场销售标准化产品,还是为每一个目标市场设计、提供差异化产品的决策。
3. 新产品是指在功能或形态上得到改进,或与原有产品产生差异,并为顾客带来新的利益的产品。企业按照科学的开发程序,开发符合市场需求的新产品来满足顾客需求的变化,有利于企业的生产与发展。
4. 良好品牌和包装有助于突出产品的差异化和企业的特点。在国际市场营销中,企业应根据自身的情况、产品的特点和市场环境,选择适合自己的品牌和包装策略。

思维导图

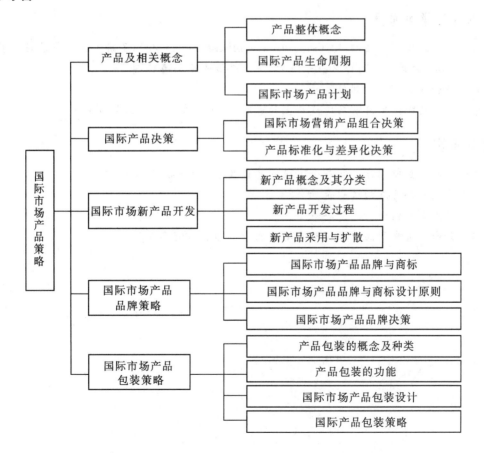

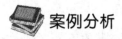 **案例分析**

多品牌战略最伤品牌

英国著名品牌价值及战略咨询公司 Brand Frinance 推出了 2017 年度的全球品牌 500 强榜单,白酒行业中茅台排名 118 位,洋河排名 398 位。国内长期位居酒业老二的五粮液则缺席榜单,有点面上无光。此次五粮液在品牌"战争"中的失利,与其多品牌战略的失策难脱干系。

五粮液品牌战略大而模糊,在发展初期凭借旗下数十个系列酒品牌、几千个子品牌产品,在渠道上一度领先,但随着国内白酒市场的持续萎缩,五粮液中低档品牌泛滥成群,旗下经销商也是频打"价格战"。子品牌不可避免地对企业主导产品产生竞争与内耗,消费者也很难分清两者区别,子品牌产品在包装和质量上的任何缺陷,都是对五粮液这一品牌本身的伤害。

五粮液管理层也明白,多品牌"自相残杀"正在损害其品牌竞争力。2016 年度五粮液累计清理总经销品牌 15 个,清理产品条码(每个条码代表一款产品)近 300 个。通过经销商结构的调整理顺价格体系,终端价格下调释放了消费需求,不过这次"瘦身"成效仍需要时间检验。

尽管在品牌战略上明显失利,二级市场对于五粮液仍算青睐。自 2014 年 2 月以来,五粮液股价上涨近两倍,尽管与贵州茅台的股价和市值都不可同日而语,但五粮液在品牌战略上如果多下功夫,补上短板,对投资者来说也算是福音。

资料来源:钱小散.多品牌战略最伤品牌[N].国际商报,2017-02-13。

讨论和在线学习问题

1. 登录五粮液集团官方网站(https://www.wuliangye.com.cn),了解五粮液集团目前多品牌策略的现状,分析说明为什么五粮液的"多品牌战略最伤品牌"。
2. 实施多品牌策略有哪些利弊?
3. 五粮液集团要想改变目前品牌战略上的失利,应如何在品牌战略上多下功夫,补上短板?

思考与问答

1. 什么是产品的生命周期?它各个阶段的特征及营销策略是什么?
2. 国际市场新产品开发的过程是什么?
3. 国际市场产品如何进行品牌决策?
4. 如何提升和扩大中国品牌在国际市场上的影响力和占有率?

第十四章 国际市场定价策略

> **学习目标**
> 1. 理解影响国际市场产品定价的因素
> 2. 掌握国际市场产品定价方法
> 3. 掌握国际市场产品定价策略
> 4. 了解国际营销中的调价策略

 导入案例

LV 中国定价策略不合群

在香奈儿等奢侈品巨头选择在中国内地降价以缩小全球市场价差后,LVMH 集团却不为所动。CLSA 里昂证券对主要市场 LV 最经典畅销款手袋 Louis Vuitton Speedy 30 的价格调查显示,同一款 Louis Vuitton Speedy 30 不连肩带手提袋中国内地市场售价全球最贵,高达本土市场法国售价的 1.6 倍;中国香港售价位居第四,是法国本土市场售价的 1.43 倍。

歧视定价多重受损

提到奢侈品在中国内地的高价,大多数人会想到关税,实际上奢侈品在中国内地的高价是多重规则共同造成的。

按照现行进口税则,进口化妆品、皮革服装及配饰、箱包及鞋靴类需缴纳 10% 关税、17% 增值税,部分高档消费品还需缴纳 10%~40% 不等的消费税。然而,除去这些税费,LV 同一款产品在中国内地的定价仍然远高于欧美市场。

业内人士指出,LV 作为国际一线奢侈品大牌,在市场上具有垄断地位和定价权,对于中国内地这样的奢侈品初级市场,LV 可能会有意识抬高价格以谋取高额利润。同时,LV 在国内拥有众多层级不同的代理商,这些代理商往往缺乏议价能力,即使税费下降 LV 仍可能维持高价策略。此外,人民币近年的持续升值和房租、人力等运营成本的上涨也是造成高价的原因。

一位从事奢侈品研究多年的业内人士透露,电商和境外旅游的迅速发展正在让奢侈品价格趋于透明。越来越多中国消费者通过代购和境外购买 LV 商品,中间商从中获得巨额利润。这导致渠道和零售商的混乱、价格失控以及假货、A 货横行。尽管中国内地市场萎靡可以通过海外市场增长弥补,但从长远看,随着 LV 中国内地门店租金和人工成本的升高,利润率下降,形势将更加严峻,从而形成恶性循环,最终受损的将是品牌自身。除了营收,奢侈品能够可持续发展最重要的就是保持高溢价,高溢价的根本正在于品牌形象。

隐性降价到来?

2015 年,传统零售行业哀鸿一片,奢侈品行业也未能幸免。

同为法国奢侈品巨头的香奈儿率先在全球启动调价策略。4月8日,香奈儿正式协调全球各个市场的价格差距,首先调价的是经典款11.12和2.55与Le Boy Chanel手袋系列。香奈儿中国区负责人表示,香奈儿在欧洲售价约上调20%,中国内地下调20%,以缩小全球市场的价格差异,调整后价差将不超过5%。多位分析人士认为,作为奢侈品行业的大佬,香奈儿在亚洲市场的降价引发了连锁反应,各大奢侈品品牌会跟进调整全球价格体系。

尽管Jean-Jacques Guiony此前表示LVMH集团无任何调整价格结构的计划,事实上为了均衡差价,LV继一季度对欧洲手袋提价约3%后,二季度平均提价5%。

欧莱雅中国和万宝龙中国区前高管陆晓明曾公开表示,对于所有奢侈品品牌而言,缩小海内外价差一定是大势所趋。但不应该通过提高欧洲市场的价格来缩小价差,因为原本的价差本来就是不合理的,奢侈品在中国内地市场的价格是被高估的。

一位业内人士认为,缩小价差已成奢侈品市场发展的必然,但降价向来被奢侈品品牌看作是"跌份儿"的行为,因而部分奢侈品采取隐性降价。奢侈品一般每年都有一到两次的固定涨价,目前高调降价的只有香奈儿,其他品牌采取的策略是暗自调价。"比方说由海外每年一次涨价变成两次涨价,中国市场不涨价,从而逐渐偷偷拉低价差。Dior就是这么做的。"

该业内人士表示,LVMH集团未来很可能采取与Dior类似的隐性调价方式来实现在中国内地的降价。

资料来源:王晓然,王明杨.LV中国定价策略不合群[N].北京商报,2015-09-30(D1).

产品的价格是整个营销组合的基本组成部分,消费者通常用它来判断商品和服务质量。在营销组合中,只有价格能产生收入,其他因素都表现为成本,同时价格也是其中最灵活的因素,它的变化是非常迅速的。因此,价格策略是企业营销组合的重要因素之一,它直接决定着企业在国际市场上市场份额的大小和收益率的高低。随着营销环境的日益复杂,制定价格策略的难度也越来越大,如何充分发挥价格的杠杆作用取得竞争优势是每个企业不容忽视的问题。为了使企业定价有条不紊地进行,要遵循基本的定价程序,如图14-1所示。

图14-1 国际市场产品定价程序

从图14-1可以看出,在确定国际市场产品价格前首先要明确企业的定价目标并详细分析影响定价的各种因素。

第一节 国际市场产品定价的影响因素

一、定价目标因素

定价目标是指企业通过定价策略所要达到的目的,它取决于企业的经营目标,不同的企业在不同时期也会有不同的定价目标。如有些企业喜欢短期定价战略,通过采用折扣、赠品、季节性降价等方式牺牲了企业长期发展的战略目标。而有些企业则看重企业的长期利润,会通过维持或降低价格,建立产品品牌以及分销网络。以下是一些常见的定价目标。

(一)维持生存

当产品刚进入市场,不为广大消费者所接受时,企业可能会以低廉的价格来换取消费者对其产品的关注;或当企业生产能力过剩,在国际市场面临激烈竞争导致出口受阻时,为了确保工厂继续开工或使存货出手,企业可以采用低廉价格,以求扩大销量。在这两种情况下,只要其价格能弥补可变成本和一部分固定成本,企业就可以维持生存。一旦困难期渡过,此目标很快会被其他目标所代替。

(二)当期利润最大化

若企业把实现当期利润最大化作为定价目标,会选择较高的价格以获取最大现金回流或投资回报,这在竞争力较弱的企业中使用比较普遍。但是,如果企业过多考虑通过定价使当期利润最大化,容易导致只强调当期财务经营状况,而忽视企业的长期效益。

(三)合理的长期利润

若企业不是追求短期效益,而是以获得最佳的合理的长期利润为目标,定价行为就会有别于前者。例如,企业进入新市场或试销新产品,就会采取低价策略以迅速打开销路占领市场;同时从企业全局和长远利益去衡量利润的合理化,制定偏低的价格吸引消费者。

(四)市场占有率

如果企业希望通过控制市场来实现较高的市场份额,它就会以尽可能低的价格实现市场占有率最大化,也就是所谓的薄利多销。当然,通过价格优势来占领市场需要具备一定的条件,如产品的需求价格弹性较大、产品单位成本呈下降趋势等。但是,以市场占有率为定价目标必须使企业保持适当的利润水平,否则会让自己陷入进退两难的尴尬境地。

(五)树立或维护企业品牌形象

良好的企业形象是企业的无形资产,它是企业成功运用市场营销组合策略,取得消费者长期信任积累的成果。当品牌成为名牌后,就能提升企业的美誉度,从而给企业带来高额的经济效益。因而,很多企业在品牌形象树立或维护上,会考虑产品定价和品牌定位相一致。如爱马仕、LV 等奢侈品牌,为了树立一种高品质、高端生活的形象,其定价远高于市场上同等质量性能的产品。

美国著名大公司的定价目标如表 14-1 所示。

表 14-1 美国著名大公司定价目标

公司名称	定价主要目标	定价附属目标
通用汽车公司	20%资本回收率	保持市场份额
固特异公司	对付竞争者	保持市场地位和价格稳定
通用电气公司	20%资本回收率(缴税后),增加 7%销售额	推销新产品,保持价格稳定

二、成本因素

成本是产品定价的基础,也是商品价格的最低经济界线。在国际市场营销中,产品的制造成本可能受益于全球生产的规模效益及海外生产基地的低资源成本而有所下降,也可能因为差异化产品策略而导致成本变化(研发和改动导致成本上升或功能减少导致成本下降)。此外,分销渠道成本、运输成本、关税成本、风险成本等也是国际市场产品定价需要考虑的成本项目。

(1)生产成本。生产成本是影响产品价格的基本因素,企业生产的总成本＝流动成本＋固定成本。

(2)分销渠道成本。各个国家的市场分销体系与结构存在着很大差别。在有些国家,企业可以利用比较直接的渠道把产品供应给目标市场,中间商负担的储运、促销等营销职能的成本也比较低。而在另外一些国家,由于缺乏有效的分销系统,中间商进行货物分销必须负担较高的成本。

(3)运输成本。出口产品价格还包括运输费用。据了解,在整个国际贸易中,全部运输成本平均约占出口产品总价值的10%～15%。可见,运输费用是构成出口价格的重要因素。

(4)关税成本。关税是当货物从一国进入另一国时所缴纳的费用,它是一种特殊形式的税收。关税是国际贸易最普遍的特点之一,它对进出口货物的价格有直接的影响。征收关税可以增加政府的财政收入,而且可以保护本国市场。

(5)风险成本。在国际营销实践中,风险成本主要包括融资、通货膨胀及汇率风险。由于货款收付等手续需要比较长的时间,因而增加了融资、通货膨胀以及汇率波动等方面的风险。此外,为了减少买卖双方的风险及交易障碍,经常需要有银行信用的介入,这也会增加费用负担。这些因素在国际营销定价中均应予以考虑。

三、市场因素

(一)市场供求

在国际市场上,商品价格也是随供求关系的变动而变动的。商品供不应求,价格上升;供过于求,价格下降。其中,商品的最高价格取决于市场需求。而需求又会受目标市场消费者消费态度与行为、购买意愿、购买能力及价格敏感度等影响。

(1)消费者对某个国家或地区的态度会影响消费者对产品价格的接受程度。

(2)目标市场的消费者收入水平和购买能力也会影响企业定价。2004年,微软推出为亚洲市场定制的产品时就考虑了亚洲各国消费者的收入水平和购买能力,采用了"反映一个国家生活成本"的定价策略。

(3)产品定价还需考虑消费者对价格的敏感度。同一产品在不同国家的需求弹性也不会完全一致。如果消费者对价格变动敏感,即产品的需求价格弹性大,适合制定低价;反之,制定高价。

(二)市场竞争

产品的最低价格取决于该产品的成本费用,最高价格取决于产品的市场需求状况。在上限和下限之间,企业能把这种产品价格定多高,则取决于竞争者提供的同种产品的价格水平(见图14-2)。对于许多种类的产品来说,竞争因素是影响产品价格的最重要的因素。

图14-2 定价三个基本因素的关系

企业在不同的国外市场面对着不同的竞争形势和竞争对手,竞争者的定价策略也千差万别。因此,企业就不得不针对不同的竞争状况而制定相应的价格策略。竞争对企业定价自由造成了限制,企业不得不适应市场的价格。除非企业的产品独一无二且受专利保护,否则没有实行高价策略的可能。

四、政府因素

东道国政府可以从很多方面影响企业的定价政策,比如关税、税收、配额、汇率、利息、竞争政策、反倾销措施以及行业发展规划等。一些国家为保护民族工业而订立的关税和其他限制政策使得进口商品成本增加很多。作为出口企业,不可避免地要遇到各国政府有关价格规定的限制,比如政府对进口商品实行的最低限价和最高限价,都约束了企业的定价自由。即使东道国政府的干预很小,企业仍面临着如何对付国际价格协定的问题。国际价格协定是几个国家同行业各企业之间为了避免恶性竞争,尤其是竞相削价而达成的价格协议。这种协议有时是在政府支持下,由同一行业中的企业共同达成的;有时则是由政府直接出面,通过国际会议达成的多国协议。企业必须注意目标市场的价格协议,同时关注各国的公平交易法(或反不正当竞争法)对价格协定的影响。

第二节 国际市场产品定价方法

在国际市场营销中,了解和掌握了国际市场价格的形成并确定定价目标后,下一步就是要选择适当的定价方法。一般来说,定价方法是在定价目标的导向下,核算商品价格的具体方法。企业可以采取的定价方法很多,在国际市场上常用的定价方法有三种,即成本导向定价法、需求导向定价法和竞争导向定价法。

一、成本导向定价法

成本导向定价法是从企业的成本出发,以各种成本为主要依据,在成本的基础上核算利润的定价方法。其优点在于量入而出,计算简单。常用的成本导向定价法主要有以下几种。

(一)成本加成定价法

成本加成定价法是在单位产品总成本的基础上加上一定比例的预期利润确定单位产品的价格。计算公式为

$$单位产品价格 = 单位产品总成本 \times (1 + 利润加成率)$$

式中　　　　单位产品总成本 = 单位产品固定成本 + 单位产品变动成本

【例14-1】某企业出口一种型号电视机,其单位变动成本为900元/台,年固定成本为1000万元,今年计划生产10万台,目标利润率是10%,问:该产品应定价多少?

单位产品价格 = (单位产品固定成本 + 单位产品变动成本) × (1 + 利润加成率) = (1000÷10 + 900) × (1 + 10%) = 1100(元/台)

这种方法的优点是计算简便,但是,这种定价方法是从企业的角度出发来考虑定价问题,忽视了市场需求、竞争情况及消费者的心理因素,因而制定出来的价格与顾客的评价相关性不大,不利于产品的销售。

(二)售价加成定价法

售价加成定价法是一种以产品的最后销售价为基数,按销售价的一定百分率来计算加成率,最后得出产品的售价。其计算公式为

单位产品零售价格=单位产品总成本÷(1-利润加成率)

【例14-2】某玩具公司生产智能玩具的单位产品成本为50元,利润加成率为20%,采用售价加成定价法计算得出的单位产品零售价格=50÷(1-20%)=62.5(元/件)。

由于这种方法更容易计算商品销售的毛利率,所以多为商业部门,尤其是零售部门采用。

(三)目标利润定价法

目标利润定价法又称目标收益定价法或目标回报定价法,是根据企业预期的总销售量与总成本,确定一个目标利润率的定价方法。其计算公式为

单位产品销售价格=(产品总成本+目标总利润)÷预期销量

【例14-3】某企业估计自己的产品总销售量为2000个单位,每个单位的成本为120元,其全部投资为100000元,确定的目标收益率为13%,那么该产品销售价格为

单位产品销售价格=(120×2000+100000×13%)÷2000=126.5(元)

这种定价方法有一个重要缺陷,即企业定价的依据是估计出来的。

(四)变动成本定价法

变动成本定价法又称边际成本定价法或边际贡献定价法,是指在变动成本基础上加上一定的边际贡献来确定产品的价格。其中,边际贡献是指商品销售收入与变动成本之间的差额。变动成本定价法的原则是,产品单价要高于单位变动成本($P>AVC$),即边际贡献>0。因为不管企业是否生产、生产多少,在一定时期内固定成本都是要发生的,而产品单价高于单位变动成本,这是产品销售收入弥补变动成本后的剩余,它还可以弥补部分固定成本,以减少企业的亏损。

【例14-4】某出口企业产品单位变动成本为2元,总固定成本为10000元,售价为3元。现有客户愿意以2.5元的价格订货5000件,如不接受该笔订货,企业将停产。那么,该企业是否应该接受此笔订货?

如果接受订货,可产生的利润为

利润=销售收入-(总变动成本+总固定成本)
    =2.5×5000-(2×5000+10000)=-7500(元)

接受订货后的边际贡献为

边际贡献=销售收入-总变动成本=2.5×5000-2×5000=2500(元)

如果根据有无利润来进行决策,由于企业接受订货后要亏损7500元,因此就不应该接受这笔订货。但这种理解是错误的,因为在计算中把固定成本也考虑进去了,而固定成本在这里是沉没成本,无论企业是否生产,这种成本都是要发生的。所以,应该接受这笔订单,这样可使企业亏损减少。

企业采用变动成本定价法就是不计算固定成本,只要能赚回变动成本,或高于变动成本还有盈余就可以进行商品生产销售,从而有利于加强市场竞争,开拓国际市场。但这种定价方法的缺陷是忽视固定成本,只计算变动成本,长期如此会造成企业亏损。

(五)收支平衡定价法

收支平衡定价法也称保本点定价法，是企业按照生产某种产品的总成本和销售总收入保持平衡的原则来制定该产品的价格。计算收支平衡点(保本点)的公式为

$$总销售收入 = 总成本$$
$$单位商品价格\ P \times 销售量\ Q = 固定成本\ FC + 变动成本\ VC$$
$$= 固定成本\ FC + 单位变动成本\ AVC \times 销售量\ Q$$

得到
$$P = FC/Q + AVC$$

【例 14-5】某公司预测产品订货量为 200 件，固定成本 200000 元，单位变动成本 2000 元，求保本点的价格。

$P = FC/Q + AVC = 200000/200 + 2000 = 3000(元)$

二、需求导向定价法

需求导向定价法是以国外市场需求强度和消费者对产品价值的认知程度为主要依据的定价方法，包括需求差别定价法、认知价值定价法和反向定价法。

(一)需求差别定价法

需求差别定价法也称差别定价法，是根据销售对象、销售地点、销售时间等条件变化所产生的需求差异作为定价的基本依据，针对每种差异决定在基础价格上是加价还是减价的一种方法。一般说来，差异定价体现在以下几方面：第一，以不同收入的顾客群为基础定价，如给予学生优惠；第二，以不同的产品样式或包装为基础定价，如软硬包装香烟的价格差异；第三，以不同的地理位置为基础定价，如一瓶饮料的价格在郊区的价格就会比城区便宜；第四，以不同时段为基础定价，例如网络计费会因为时间不同有差异。

图 14-3 为某航空公司的需求差别定价。

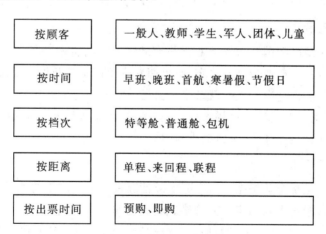

图 14-3 航空公司的需求差别定价

(二)认知价值定价法

认知价值定价法也称感受价值定价法或理解价值定价法，是指根据消费者理解的产品价格，即消费者的价值观念来制定价格。"认知价值"是买方在观念上所认同的价值，而不是产品

的实际价值。例如,"依云"矿泉水作为全球高端矿泉水品牌,其定价远远高于其实际价值,而它之所以能制定高价是因为其目标顾客认为喝"依云"矿泉水代表时尚、健康、环保的生活理念。

采用感受价值定价法,关键在于能对消费者理解的价格有正确的估计。估测太高,会造成定价过高而使消费者感到企业漫天要价从而抑制购买;估测过低,又会使消费者怀疑产品的质量而不愿购买。只有当卖方的价格水平与消费者对商品价值的认知水平大体一致时,消费者才能接受这种价格,愿意购买。因此,跨国营销企业可以运用各种营销手段,影响目标国消费者对自己产品的价值感受,使他们形成对企业有利的价值观念,然后再根据产品在买方心目中的价值来确定其在目标国市场的价格。

(三)反向定价法

反向定价法也称逆向定价法或倒推定价法,是依据消费者能够接受的最终销售价格,逆向推算出中间商的批发价和生产企业的出厂价格。这样使制定的价格能反映市场需求情况,有利于加强与中间商的良好关系,保证中间商的正常利润,使产品迅速向市场渗透,并可根据市场供求情况及时调整,定价比较灵活。分销渠道中的批发商和零售商多采取这种定价方法。例如,某种商品的市场零售价为 100 元,零售商加成率为 10%,即加成额为 10 元(100×10%=10);批发价为 90 元(100-10=90);批发商加成率为零售价的 5%,即 5 元(100×5%=5),则出厂价为 85 元(90-5=85)。

三、竞争导向定价法

竞争导向定价法是以国际市场上相互竞争的同类产品价格为定价的基本依据,根据自身产品竞争能力及竞争状况的变化,选择有利于在市场竞争中获胜的定价方法。其显著特点是企业不是根据自己的成本或需求,而是根据竞争对手的价格来制定自己产品的价格。竞争导向定价法在国际市场营销的具体运用中,主要包括以下几种。

(一)随行就市定价法

随行就市定价法是跟随国际市场上通行的价格制定产品价格。其形式有两种:一是参考本行业中占垄断地位的企业的产品价格定价,可稍高或稍低于垄断价格;二是以本行业的平均价格水平作为企业的定价标准。随行就市定价法是最常见的定价方法之一。因为有些商品的成本难以核算,随行就市确定国际市场价格,既省事,又能保证获得合理的收益。同时,按行情定价也易于与其他同行企业和平相处,减少风险。

(二)主动竞争定价法

主动竞争定价法是指企业根据自身产品实际情况及与竞争对手的差异情况,以高于、低于或等于竞争产品的价格水平来确定产品价格。其做法如下:

(1)将市场竞争产品价格与本产品估计价格比较,分出高于、低于和与本企业一致的三个层次价格;

(2)将本企业产品的性能、质量、成本、式样、规模等与竞争企业相比较,分析造成价格差异的原因;

(3)根据以上综合确定本企业产品的特色、优势及市场定位,结合企业的经营目标,确定产品的最终价格,并跟踪竞争产品的价格变化,相应调整本企业产品价格。

(三) 密封投标定价法

密封投标定价法是指由投标竞争的方式确定产品价格的方法。其具体操作程序是由招标人发布招标公告,说明拟采购产品的品种、规格、数量等具体要求,邀请供应商在规定的期限内投标,投标人竞争投标并密封定价,招标人择优选定价格。一般说来,招标方只有一个,处于相对垄断地位,而投标方有多个,处于相互竞争地位。所有投标者中通常报价最低者中标,它的报价就是承包价格。国内外许多大型成套设备、建筑工程项目承包、政府大宗采购等,通常用这种方法定价。

第三节 国际市场营销的定价策略

企业在进行国际市场营销时,不仅要确定定价目标,选择适当的定价方法,还需制定一整套定价策略。定价策略与定价方法不同,它不是通过某种计算方法对价格定量,即确定产品的具体价格是多少,而是运用某种策略、技巧对如何制定价格、调整价格做定性回答。因此,国际市场营销的定价策略包含两个方面的内容:一是产品价格的制定策略;二是产品在国际市场竞争中的价格调整策略。

本节主要介绍国际市场产品价格的制定策略,下一节介绍国际市场产品价格调整策略。

一、新产品定价策略

新产品定价是企业定价的一个重要方面,也是一个棘手的问题。新产品定价没有借鉴的对象,它的合理与否不仅关系到新产品能否顺利进入市场和占领市场,还关系到产品的命运和企业的前途。所以,当企业向国际市场推出一种新产品时,应采取如下定价策略(见表14-2)。

表14-2 新产品定价策略

策略名称	内容	优缺点
撇脂定价策略	以高价投放新产品,力求在短时间内收回全部成本,并获取盈利。适用于无类似替代品、需求弹性小、生命周期短的产品	优点:易于企业实现预期利,掌握市场竞争及新产品开发的主动权,树立高档名牌产品形象,便于价格调整 缺点:高价影响销路扩大,且易诱发竞争
渗透定价策略	以低价投放新产品,吸引顾客,扩大销售,实现盈利。适用于需求弹性大、市场生命周期长、潜在市场容量大的产品	优点:有利于迅速打开销路,树立企业形象,阻止竞争者进入 缺点:投资回收期长,在竞争中价格变动余地小
温和定价策略	是介于撇脂定价和渗透定价之间的一种中间价格。大多产品适宜采用该策略	优点:价格稳定,利润平稳,一般能使企业收回成本和取得适当盈利 缺点:比较保守,有可能失去获得赢利的机会

(一)撇脂定价策略

撇脂定价策略又称高定价策略,即企业向市场推出新产品时高位定价,以求在产品生命周期的初期尽快收回投资并获得最大利润,而当竞争者新进市场或市场销量减少时则逐步降低定价以提高产品竞争力的策略。这是对市场的一种榨取,就像从牛奶中撇取奶油一样。如美国的宝丽来公司向市场推出一次成像的相机"拍立得"时采用了这种定价策略,消费者争相购买,当销售量开始减少时,公司便降低价格,将市场扩大到对价格敏感的顾客。

撇脂定价策略利用消费者求新、炫耀的心理,满足部分追求优质高价消费者的需求,提高产品的声誉,树立了企业名牌与产品的形象。另外,高价带来的高利润也为企业筹集资金、扩大规模创造了条件。同时,企业还能获得价格上的主动权,在竞争中拥有较大的价格调整空间。但是,撇脂定价策略的高价不利于企业开拓市场,而且若价格偏离价值过远,在某种程度上损害了消费者利益,容易招致公众的反对和消费者抵制;同时,高价吸引大量竞争者的涌入,加剧竞争,不利于企业长期经营。所以,从国际市场营销实践看,企业采用撇脂定价策略必须具备一定的条件:

(1)新产品具有显著的优点,使消费者特别看重产品的差异,产生较强的购买欲望并愿意支付较高的价格;

(2)公司必须有一些手段能阻止低价竞争者的进攻,如专利或版权、名牌的声誉、稀缺资源的使用权、最佳分销渠道的优先权等;

(3)商品的需求价格弹性小,消费者对价格的敏感度较低。

(二)渗透定价策略

与撇脂定价策略相反,渗透定价策略是在新产品投入市场时以低价位销售,目的是在短期内加速市场成长,牺牲高毛利以期获得较高的销售量及市场占有率。如日本本田就创造了渗透定价策略的成功范例。它在美国摩托车售价为1000~1500美元时,仅以250美元的低价打入美国市场,很快从竞争对手的手里抢了很大的市场份额。

渗透定价策略的优点在于产品能迅速为市场所接受,得到消费者和经销商的支持,容易打开销路,有助于获得规模效益。其主张低价薄利,这样,竞争者进入市场的动力不足,竞争就得以减缓,有助于企业获得时间来增强自身实力。但是,这一价格策略风险较大,盈利是建立在销量很大的基础上的。而且低价策略会在一定程度上影响企业资金的周转和使用效率,尤其表现在企业投入大量研发费用的情况下。同时,长期低价会形成消费者的心理惯性,一旦企图提价就会导致消费者的抵触,进入国际市场还可能带来反倾销诉讼。

所以,企业是否采取渗透定价,需要综合考虑市场需求、竞争、供给、市场潜力、价格弹性、产品特性、企业发展战略等因素。总的来说,渗透定价策略是通过牺牲短期利益来获取长期利益的,达到这一目标必须具备以下的前提:产品须有足够大的市场需求和较大的需求价格弹性,以保证企业在规模经济条件下获得利润;企业的生产成本和经营费用能随着生产经营经验的增加而下降。

(三)温和定价策略

温和定价策略是指为了建立企业与产品的良好形象,把价格定在适中水平上的策略。如2014年,小米通过推出价格适中的高质量智能手机,高调宣布要取代苹果和三星,成为全球第一大智能手机厂商。该种定价策略提出的原因在于它能克服以上两种策略的缺陷,既可避免撇脂定价高价的市场风险,又可避免渗透定价低价带来的企业困难;另外还有个原因就是为了保持产品定价策略的一致性。

二、心理定价策略

心理定价策略是根据国际市场上各种不同类型消费者的心理特征和心理需求,采取使其乐于接受的灵活定价策略,目的是满足消费者的心理需求、扩大企业产品销售量。常用的心理定价策略主要有以下几种。

(一)尾数定价策略

尾数定价又称非整数定价、零头定价或奇数定价策略,是指针对人们求实求廉的心理,定价时不进位、留零头,使顾客感觉价格便宜且定价精确、实在。如在北美地区,零售价为49美分的商品,其销量远远大于价格为50美分的商品。

尾数定价策略一般运用在单价较低的日用消费品上,往往用一些奇数或吉利的数结尾。由于受民族习惯、社会风俗、文化传统和价值观念的影响,各国消费者会对不同的数字产生偏爱或忌讳,如中国人就喜欢"8"和"6"。近年来中国移动在各地推出了"移动套餐"活动,不同种类的套餐月租费使用38元、58元、98元等。

(二)整数定价策略

与尾数定价策略相反,有的企业为其产品定价时会舍去零头,以整数的形式确定价格,即尾数一般为"0"。这种定价格策略迎合了消费者"便宜无好货,好货不便宜"的心理,对高地位、高收入阶层的消费者来说,更倾向于整数定价的产品或服务。这种策略多适用于名牌的、优质的、高档的或消费者不太了解的产品。

(三)小计量单位定价策略

有些产品如果用大的计量单位,其价格会高得无人问津。但一旦改变计量方法,用小计量单位计价则比较容易被消费者接受。例如名贵药材的计价,如果采用大计量单位,则每单位药材的价格都是上千或上万,对于普通消费者来说根本就是天价。所以,其标价一般都是克、两等小计量单位的价格,这样就把单价降为几十或几百元,从而适应消费者的心理承受能力。这种策略一般适用于量少价值大的产品。

(四)声望定价策略

声望定价是指企业利用消费者仰慕名牌产品或名店的声望所产生的求名心理来制定产品的价格。采用这种策略有两个目的:一是提高产品的形象,以价格说明其名贵名优;二是满足购买者的地位欲望,适应购买者的消费心理。质量不易鉴别的产品定价最适宜采用声望定价策略,因为消费者有崇尚名牌的心理,往往以价格判断质量,认为高价代表高质量。当今社会,消费高价位的产品和服务是财富、身份和地位的象征。因此,对于非生活必需品以及具有民族特色的手工产品应采取极品价格的策略,强调产品品牌、包装等,给消费者心理以高度满足。例如,我国的景泰蓝瓷器在国际市场价格为每个2000多法郎,这就是成功地运用声望定价策略的典范。

(五)习惯定价策略

习惯定价策略是按顾客习惯了的价格来定价,一般适用于日用消费品。顾客按习惯价格购买产品感到方便并觉得有保障。这些日用消费品由于在国内外市场上长期销售,已形成一种家喻户晓的价格,一般不易改变。轻易涨价会引起消费者的不满,而降价又会引起消费者对产品质量的怀疑。因此,即使在不利的多变经营环境下,企业通常采取价格以外的措施来改善处境。

(六)招徕定价策略

招徕定价是零售商利用部分消费者求廉的心理,特意以接近成本甚至低于成本的价格进行商品销售的策略。其目的是以低价吸引消费者关注本企业廉价产品的同时,购买其他正常价格的产品,以局部产品利益的丧失带动整体产品的销售。例如超市每天都会推出几款特价产品吸引消费者前来购买就是利用这种策略。

采取这种策略需要注意的问题如下:招徕定价的产品必须是消费者经常使用的产品,为消费者熟悉并对其价格敏感;企业所经营的产品必须品种繁多,这样才能达到消费者在购买招徕定价产品时购买其他正常价格的产品;招徕定价产品的品种、数量以及价格下降幅度都要适当。

三、折扣定价策略

企业在基本价格的基础上,根据交易对象、成交数量、交货时间、付款条件等情况采用各种不同方式给购买者以一定比例的价格折让,以促进产品销售的策略即是折扣定价策略。

(一)数量折扣

数量折扣是指企业给那些大量购买某种产品的顾客的一种折扣,以鼓励顾客购买更多的货物。例如,买方购买某种商品100单位以下时每单位50元,购买100单位以上时每单位48元。大量购买能使企业降低生产、销售、储运等环节的成本费用,并能刺激购买、扩大销售,获得规模经济效益。

(二)现金折扣

现金折扣是对及时付清账款的购买者的一种价格折扣。典型的折扣表示如"2/10,net 30 天",表示付款期限为30天,若客户能够在10天内付清货款,则给予2%的折扣。许多企业习惯采用此法加速资金周转,减少收账费用和坏账。现金折扣在给企业带来好处的同时,也会增加企业的成本,即价格折扣损失。所以,当企业给予顾客某种现金折扣时,应当考虑折扣所能带来的收益与增加的成本孰高孰低,权衡利弊后再做出选择。

(三)季节折扣

季节折扣是企业鼓励顾客淡季购买的一种价格减让,这样可使企业的生产和销售每个季节都能保持相对稳定,如旅游业的淡季价格优惠,啤酒生产厂家对在冬季进货的客户给予大幅度让利,羽绒服生产企业为夏季购买其产品的客户提供折扣,等等。实行季节折扣定价策略有利于企业减少库存,加速商品流通,迅速收回资金,促进企业均衡生产,避免因季节需求变化所带来的市场风险。

(四)功能折扣

功能折扣也称贸易折扣,是由制造厂商向履行了某种功能,如推销、贮存和售后服务的贸易渠道成员所提供的一种折扣。对不同的贸易渠道成员,制造厂商可以提供不同的功能折扣,因为它们提供的服务有所不同。然而，制造厂商必须向同一种贸易渠道成员提供同样的功能折扣。

(五)价格折让

价格折让又称为推广津贴，是企业为扩大产品销路向中间商提供促销津贴的价格补偿形式。价格折让是价格折扣的特殊形式，它有利于鼓励中间商和顾客多购买和多消费企业的产品，从而促进产品销售。价格折让的表现形式有很多，常用的价格折让有以下几种：

(1)以旧换新折让，即在回收同类产品旧货的同时，在新货售价上给予相当于旧货残值的折扣，刺激消费者以旧换新连续购买。这种策略多用于一些耐用消费品的销售上，如电视机、电冰箱等。

(2)促销折让，即有奖销售。如零售商为企业产品刊登广告或设立橱窗，生产企业除负担部分广告费外，还在产品价格上给予一定优惠。

(3)免费服务折让，即在提供有形产品的同时为顾客提供免费服务，如送货上门、免费安装等。这是市场竞争从价格竞争转向非价格竞争的重要手段。

(4)特约优惠折让，即企业给特约经销商的一种价格优惠。其目的是抵制市场假冒，维护企业和产品声誉，强化对最终消费者的售后服务。

四、地理定价策略

一般说来，产品的生产和消费往往有一定的时空距离，产品若想跨越时空距离，真正满足消费者的要求，必然要使其发生空间位移。伴随产品的空间位移，企业需要支付一定的运输、仓储、装卸、整理、保险、再包装等费用。地理定价策略就是企业对于卖给不同地区(包括本地和外地不同地区)顾客的某种产品，是分别制定不同的价格，还是制定相同的价格。

(一)产地定价

产地定价策略有两种形式：一种是卖方出厂定价，即卖方在其仓库或生产车间交货，买方直接派运输工具到仓库或指定车间接货，并承担接货后的一切费用及风险；另一种是 FOB 原产地定价，买方按照厂价购买某种产品，卖方只负责将这种产品运到产地某种运输工具(如火车、船舶等)上交货，交货后从产地到目的地的一切风险和费用都由买方承担。

采用产地定价策略可简化生产者的定价工作，减少企业的经营费用和运输成本，但远地的顾客可能不愿购买这个企业的产品，而购买其附近企业的产品。因此，产地定价策略仅在供不应求、缺口大、贸易风险大的商品定价中采用。

(二)统一交货定价

统一交货定价就是企业对于卖给不同地区顾客的某种产品，都按照相同的厂价加相同的运费(按平均运费计算)定价。统一交货定价能够保证全球市场上的顾客能以相同价格买到同一产品。这种策略有利于巩固和发展离企业远的目标市场的占有率，但容易失去距离较近的部分市场。

(三)分区定价

分区定价是企业把整个市场分为若干价格区，对卖给不同价格区顾客的某种产品，分别制定不同的地区价格。距离企业远的价格区，价格定得较高；距离企业近的价格区，价格定得较低，但在各个价格区范围内实行统一价格。这种定价策略既能简便而准确地计算费用，又能科学而均衡地分摊运输费用。该定价策略多适用于体积大、交货费用在价格中所占比重大而又不能对所有顾客使用统一价格的产品。

（四）基点定价

基点定价是指企业选定某些城市作为基点，然后按一定的厂价加上从基点城市到顾客所在地的运费来定价，而不管货物实际上是从哪个城市起运的。在基点定价的条件下，商品由卖方负责运输，但其运费则由买方承担，无论卖方从哪个地点起运，买方承担的运费都是从基点城市起算。但是，这一定价策略容易产生虚假运费，加大买方的费用，目前仅在一些基础工业如水泥、钢材行业中使用。

（五）运费津贴定价

运费津贴定价是根据买方与产地所处距离不同而造成的运费负担差别，对路途较远、运费负担多的买主给予一部分或全部运费津贴，以降低买方的进货成本，扩大销售；同时可使卖方加深市场渗透，使之在日益激烈的国际市场竞争中，保持一定的市场占有率，不断获取利润。

五、产品组合定价策略

产品组合是指企业所生产和经营的全部产品线和产品项目的总和。当产品属于产品组合中的一部分时，定价策略就应进行调整，并以整个产品组合的利润最大化为目标。

（一）产品线定价

产品线定价是指企业就同一系列产品的不同规格、型号和质量，按照相近的原则把产品划分为若干档次，对不同档次采取不同价格的策略。如松下公司设计出五种不同的彩色立体声摄像机，简单型的只有2000多克，复杂型的有5000多克，其功能差别包括自动聚焦、明暗控制、双速移动目标镜头等。在决定各种摄像机的价格差距时，考虑了摄像机之间的成本差距、顾客对不同功能的评价以及竞争者的价格。

（二）相关品定价

很多企业在销售其主体产品时，也会提供相关产品。相关品即相互补充品，它必须与主体产品相搭配才能使主体产品的功能得以发挥，例如剃须刀片是剃须刀的互补品。相关品定价主要有两种方法：一是为主体产品制定较低的价格，而为互补产品制定较高的价格以弥补低价出售主体产品所减少的收益。如爱普生生产了几款低价位的打印机，吸引大量消费者购买，但墨盒的价格却较高，成为利润的主要来源。二是把主体产品价格定得较高，而相关品价格定得偏低，这主要是为了满足售后服务和安装维修质量的需求，一方面可以抵制各种假冒零件和服务，另一方面也可消除顾客购买主体产品的后顾之忧。

（三）选择品定价

很多企业在提供主要产品的同时，还会附带一些可供选择的产品。选择品是指那些与主要产品密切关联的可任意选择的产品。例如，星巴克的咖啡是其主要产品，而其提供的小甜点就是选择产品。企业为选择产品定价有两种策略可供选择：一种是为选择品定高价，靠它来盈利，如某些饭店的酒水定价较高，而饭菜却比较平价；二是主要产品定高价，而选择品定低价，把选择品作为招徕顾客的品种，如某些汽车企业向用户提供的除雾器、减光器等配件价格较低。

(四)分部定价

服务性公司常常收取固定费用,另加一笔可变的使用费,这种策略叫分部定价。

(五)副产品定价

在生产石油产品、其他化工产品及加工肉类的过程中,经常会有副产品产生。如果副产品价值低廉而处理费用高,则会影响到主产品的定价。制造商确定的副产品价格必须能够弥补其处理费用,而且应积极发掘副产品的市场,只要价格高于储存与运输成本就可以出售。如果副产品能带来收入,将有助于提高企业主产品的价格应变能力。

(六)产品系列定价

企业经常会为其出售的一组产品定价,如化妆品套装、旅游公司旅行套餐等。一组产品的价格通常低于单独购买其中每一产品的费用总和,有助于吸引本来不打算购买产品组合中所有产品的消费者,同时能增加每次交易的成交量,减少交易时间。合理的产品组合定价也是企业减少库存积压的有效手段。采用这种定价策略要注意产品组合的货真价实,组合产品的销售一定要有单件产品的销售相配合,让消费者有直观的比较。

六、国际转移定价策略

国际转移价格是指大企业集团,尤其是跨国公司从其全球经营战略出发,为谋求公司整体利益最优化,在母公司与子公司、子公司与子公司之间购销商品和提供劳务时所采用的内部价格。举例来说,一家在华外商直接投资企业从其国外的母公司购买原材料,加工成最终产品后返销其母公司,这一交易过程中产生的价格就是转移定价。

在实践中,有很多外商直接投资企业以较低的价格把成品销售给其母公司,从而使自身的账面表现为亏损,而其母公司则可以高价把产品销售出去,赚取丰厚的利润。假设一家美国企业来华投资设厂后,以 10 美元的价格从其母公司进口原材料,在中国又追加投资 2 美元,则其成本应为 12 美元。但是在华子公司仅以 11.5 美元的价格把产品返销给其母公司,从账面看这家美商在华投资企业就是亏损的,而其母公司很可能以 14 美元的价格把产品转手销售给其他消费者,这样利润就被截留在中国之外了。国际转移价格的目的主要是调节利润,调拨资金,规避关税,规避所得税,降低风险,逃避管制,等等。

第四节 国际市场产品价格调整策略

公司在制定了相应的价格策略之后会发现,由于市场竞争的动态性,企业不得不时时做出价格的调整与应对。这样的调整有可能是主动的价格调整,也可能是因竞争者价格的变动而做的被动调整。就价格的调整方向,可以分为降价策略和提价策略。

一、降价与提价策略

(一)降价策略

1. 企业降价的原因

企业降价的原因很多,有外部需求及竞争等因素的变化,也有内部的战略转变、成本变化等,还有国家政策、法令的制约和干预等。这些原因具体表现在以下几个方面:

(1) 企业急需回笼大量现金。此时,企业可以通过对某些需求价格弹性大的产品予以大幅度削价,从而增加销售额,获取现金。

(2) 通过降价来开拓新市场。一种产品的潜在顾客往往由于消费水平的限制而阻碍了其转为现实顾客。在降价不会对原顾客产生影响的前提下,企业可以通过降价来增加新顾客。

(3) 企业生产能力过剩,产品供过于求,但是企业又无法通过产品改进和加强促销等工作来扩大销售。在这种情况下,企业只有考虑降价。

(4) 随着科学技术的进步和企业经营管理水平的提高,单位产品成本降低,企业费用减少,这使降价成为可能。

(5) 企业面临价格竞争并且市场占有率下降。例如,在国际市场上,美国的汽车、电子产品、照相机、钟表行业由于日本竞争者的产品质量较高、价格较低,而逐渐失去一部分市场。因此,为了增强竞争能力,维持和提高市场占有率,企业必须降价。

(6) 政治、法律环境及经济形势的变化迫使企业降价。政府为了实现物价总水平的下调,鼓励消费,增加需求,或遏制垄断利润,往往通过政策和法令,采用规定毛利率和最高价格、限制价格变化等方式使企业的价格水平下调。在通货紧缩的经济形势下,或者在市场疲软、经济萧条时期,由于币值上升,价格总水平下降,企业产品价格也应随之降低,以适应消费者的购买水平。

2. 企业降价的方式

企业降价多采用各种折扣形式实现,如上一节提到的数量折扣、现金折扣、津贴等形式。此外,变相的降价形式有:赠送样品和优惠券,实行有奖销售;给中间商提取推销奖金;允许顾客分期付款、赊销;免费送货上门、技术培训、维修咨询;提高产品质量,改进产品性能,增加产品用途;等等。由于这些方式具有较强的灵活性,在市场环境变化的时候,即使取消也不会引起消费者太大的反感,同时它又是一种促销策略,因此在国际市场营销中运用越来越广泛。

(二) 提价策略

1. 企业提价的原因

提价能增加企业的利润,但也可能引起竞争力下降、消费者不满、经销商抱怨,甚至可能受到政府的干预和同行的指责,从而对企业产生不利影响。尽管如此,实践中企业提价还是时有发生,其主要动因在于以下几点:

(1) 产品成本增加的压力。这是产品价格上涨的主要原因。由于原材料价格上涨,或生产管理费用提高导致成本上涨,企业为了保持一定的利润率,通常采取提价策略。

(2) 适应通货膨胀。在通货膨胀条件下,物价上涨,企业成本费用提高,企业若维持原价,其利润的实际价值就会呈下降趋势。这时,企业往往通过提价将通货膨胀的压力转嫁给中间商和消费者。

(3) 产品供不应求,抑制过度消费。在某些产品的需求膨胀而供给又不能及时扩大,出现供不应求的情况下,企业可以通过提价来遏制需求。这样可以缓解市场压力,使供求趋于平衡,同时又可以取得高额利润,为扩大生产提供条件。

2. 企业提价的方式

在方式的选择上,企业应尽可能多地采用间接提价方式,把提价的不利因素减到最低限度,使提价不影响销量和利润。同时,企业提价时应采取各种渠道向顾客说明提价的原因,帮助顾客寻找节约途径,减少顾客不满,维护企业形象。

二、消费者对价格调整的反应

企业所确定的价格能否被消费者接受是衡量价格调整成功与否的重要标志。不同市场的消费者对价格变动的反应是不同的,即使处在同一市场的消费者对价格变动的反应也可能不同。

消费者对某种产品降价的可能反应包括:产品将马上因式样陈旧、质量低劣而被淘汰;企业遇到财务困难,很快将会停产或转产;价格还要进一步下降;产品成本降低了。而对于某种产品的提价则可能产生如下几种理解:很多人购买这种产品,需赶紧购买以免价格继续上涨;产品质量有了改进;企业将高价作为一种策略,以树立名牌形象;企业想取得更多利润;通货膨胀,所有产品提价很正常。

正因为如此,企业必须重视顾客对调价的反应,并据此制定相应的策略。而要研究消费者对调价的反应,应注重分析消费者的价格意识。价格意识是指消费者对商品价格高低强弱的感觉程度,直接表现为顾客对价格敏感性的强弱。研究表明,价格意识和收入呈负相关关系,即收入越低,价格意识越强,价格的变动直接影响需求量;收入越高,价格意识越弱,价格的一般调整不会对需求产生较大的影响。价格意识决定了消费者可接受的产品价格的界限,这一界限规定了企业可以调价的上下限度。在这一限度内的价格变动是可以被消费者接受的;而一旦提价幅度超过上限,则会引起消费者不满,产生抵触情绪;降价幅度若低于下限,会导致消费者的种种疑虑,也对实际购买行为产生抑制作用。

三、竞争者对价格调整的反应

在竞争市场上,企业调价的效果还取决于竞争者的反应。通常,在某个行业或部门中,企业越少,产品的同质性越强,购买者对产品的辨别水平越高,了解竞争者反应的重要性就越大。

竞争者对调价的反应包括以下几种类型。

(一)相向式反应

相向式反应即"你提价他提价,你降价他也降价"。这样一致的行为,对企业影响不太大,不会导致严重后果。只要坚持合理营销策略,企业不会失掉市场或减少市场份额。

(二)逆向式反应

逆向式反应即"你提价,他降价或维持原价不变;你降价,他提价或维持原价不变"。这种相互冲突的行为,影响很严重,竞争者的目的也十分清楚,就是乘机争夺市场。对此,企业要进行调查分析,摸清竞争者的具体目的,估计其实力,了解市场的竞争格局。

(三)交叉式反应

众多竞争者对企业调价反应不一,有相向的,有逆向的,有不变的,情况错综复杂。企业在不得不进行价格调整时应注意提高产品质量,加强广告宣传,保持分销渠道畅通等。

总的来说,如果所有的竞争者行为相似,只要对一个典型竞争者做出分析就可以了。如果竞争者在规模、市场份额及经营风格方面有重大差异,则应该分别对各个竞争者予以分析。

企业要了解竞争者对调价的反应,必须调查竞争对手目前的财务状况、近来的销售和生产能力情况、客户忠诚情况等,其中最关键的是要弄清楚竞争者的营销目标。如果竞争对手的目标是实现企业的长期最大利润,那么它往往不会对本企业降价做多大反应,而会利用非价格因素,如加强广告宣传、提高产品质量和服务水平等;如果竞争者的目标是提高市场占有率,它就可能跟随本企业的价格变动相应调整价格。

四、企业对竞争者调价的反应

在市场竞争条件下,企业必须具备对竞争对手的价格调整做出及时正确反应的能力。竞争对手在实施价格调整策略之前,一般都要仔细权衡利弊,并大多采取保密措施,以保证发动价格竞争的突然性。在这种情况下,企业贸然跟进或无动于衷都是不对的,正确的做法是尽快对以下问题进行调查研究:①竞争者调价的目的是什么?②竞争者调价是长期的还是短期的?③竞争者调价将对本企业的市场占有率、销售量、利润、声誉等方面有何影响?④同行业的其他企业对竞争者调价行动有何反应?⑤企业有几种反应方案?⑥竞争者对企业每一个可能的反应又会有何反应?在回答这些问题的基础上,还需结合企业自身产品的特性来确定对策。

一般而言,在同质产品市场上,如果竞争者降价,企业必须随之削价,否则顾客将转向价格较低的竞争者;如果竞争者提价,本企业既可以跟进也可以暂且观望,因为提价不是行业的集体行为,多数会失败。在异质产品市场上,由于每个企业的产品在质量、品牌、包装等方面有着明显的不同,所以面对竞争者的调价策略,企业有较大的选择余地。它包括如下几种情况:第一,价格不变,任其自然。以不变应万变,寻找机会谋求更大的突破。一般实力较强的企业为巩固和稳定本企业产品高质、优价的地位都会使用这一策略。另外对需求价格弹性小的产品,企业也可维持价格不变。第二,价格不变,运用非价格竞争手段。比如加强广告攻势,强化售后服务,提高产品质量,或者对产品进行改进。第三,部分或完全跟随竞争者的价格变动,维持原来的市场格局,巩固已有的市场地位。第四,以优于竞争者的价格跟进,即以比竞争者更大的幅度削价或以更小的幅度提价,并强化非价格竞争,形成产品差异,利用较强的经济实力或优越的市场地位,给竞争者以致命打击。

第五节 国际定价遭遇的问题

一、倾销与反倾销

依据世贸组织协议规定,倾销(dumping)是指一国商品以低于其国内贸易正常价值的价格进入进口国市场。倾销有三个必要条件:产品以低于正常价值或公平价值的价格销售,这种低价销售的行为对进口国相关产业造成实质性损害或损害威胁,损害与低价之间存在因果关系。只有同时具备了上述三个条件的低价销售行为,才能依据反倾销法采取反倾销措施,征收反倾销税。

二、平行进口

平行进口(parallel imports)是指未经相关知识产权权利人授权的进口商,将由权利人自己或经其同意在其他国家或地区投放市场的产品,向知识产权人或独占被许可人所在国或地区的进口。平行进口发生于采用差异化定价策略的跨国企业中,也可能发生于存在进口配额限制或者实施高关税政策的国家或地区市场。当企业的产品在两个不同的市场中,价格存在差异,且差异大于产品在两个市场之间转移所发生的关税、运输成本和国际中间商利润等全部费用的总和时,平行进口就会发生。

本章小结

1. 国际企业在定价之前必须先确定定价目标,常见的定价目标主要有维持生存、当期利润最大化、合理的长期利润、市场占有率、树立或维护企业品牌形象。
2. 在为产品定价时,企业必须注意定价目标、成本、市场、政府对价格调控政策等影响因素。
3. 在国际市场上常用的定价方法有三种,即成本导向定价法、需求导向定价法和竞争导向定价法。
4. 国际市场产品价格的制定策略主要有新产品定价策略、心理定价策略、折扣定价策略、地理定价策略、产品组合定价策略和国际转移定价策略。
5. 基础价格确定后,在具体的国际市场营销实践中,还要根据通货膨胀、供求关系、市场竞争等因素进行提价或降价。在调价中,要密切关注顾客和竞争对手的反应,以及时采取对策。

思维导图

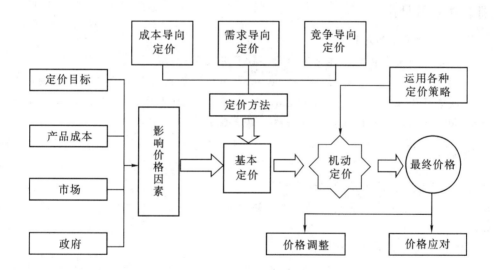

 案例分析

优衣库承认提价策略失败:将下调价格

优衣库母公司迅销公布的 2016 财政年度报告显示,集团从 2015 年 9 月 1 日至 2016 年 8 月 31 日的全年营业收入为 1.7846 万亿日元,同比增长 6.2%。综合经营溢利较 2015 年下滑了 22.6%,减至 1272 亿日元。母公司所有人占年内溢利盈利 480 亿日元,同比下降 56.3%。对此,迅销集团 CEO 柳井正承认,采取价格上调策略是错误的,同时表示会在全球范围内陆续进行价格调整以提振业绩。

2014—2015 年,由于受汇率影响,日元贬值导致了原材料成本增加以及代工工厂的劳动力生产成本攀升,迅销集团进行了两次不同程度的提价。2014 年 7 月,优衣库秋冬产品平均涨价 5%，2015 年优衣库产品平均涨价幅度达到 10%。

优衣库涨价虽然弥补了日元贬值与原料成本增加的缺失，但客流量却明显减少。截至 2016 年 2 月底的上半财年，优衣库日本本土的顾客人数减少了 6.3%，门店销售下滑 1.9%。值得一提的是，大中华区经营利润虽然下滑幅度远低于其他市场，但仍然达到了 5.5%。

据报道，优衣库涨价导致客流量的下降，使得优衣库母公司迅销集团不得不进行重新调价，降价措施将覆盖全球范围，最大降幅达 30%。

柳井正在 2016 年 3 月接受媒体采访时表示，过去几年，优衣库在整个市场所采取的价格上调策略是错误的，并会对产品采取价格下调策略。

派尚服饰搭配学院总经理康兰馨表示，优衣库的大幅度价格调整对品牌有很强的杀伤力，这主要是受优衣库消费群体的影响。优衣库的优势是高性价比，受众群体对价格敏感性较强，产品的可替代性也较强。两次涨价后，产品价格超越了优衣库原有的受众人群消费的心理价位，因而这部分消费者逐渐转向其他品牌，这种客户的流失是优衣库再次降价不能百分之百挽回的。

资料来源：刘一博，白杨.优衣库承认提价策略失败[N].北京商报，2016-10-17(4).

讨论和在线学习问题

1. 优衣库采取提价策略的原因是什么？
2. 为什么说"客户的流失是优衣库再次降价不能百分之百挽回的"？
3. 登录优衣库官方旗舰店（https://www.uniqlo.cn），了解目前优衣库在中国市场的定价现状，并上网查找优衣库主要竞争对手 Zara、H&M 和 GAP 在中国的定价策略，讨论优衣库定价需要考虑哪些因素，以及如何在价格策略上取胜。

思考与问答

1. 影响国际市场营销产品定价的因素有哪些？
2. 什么是需求导向定价法？它包括哪些具体的方法？
3. 什么是国际转移价格？
4. 企业进行价格调整应该注意哪些问题？
5. 为当地一国际营销企业，针对某一目标市场国的营销产品做出合适的定价策划，包括分析产品定价的影响因素、选择合适的定价方法、设计适当的定价策略，撰写国际营销定价策划方案。

第十五章 国际市场分销策略

> **学习目标**
> 1. 了解国际分销渠道的含义和结构
> 2. 掌握国际中间商的类型及选择标准
> 3. 理解影响企业国际分销渠道选择的因素
> 4. 了解国际分销渠道管理的相关环节
> 5. 理解国际物质分销的含义

 导入案例

TECNO 国际营销渠道

TECNO 在中国默默无闻,2011 年肯尼亚首都内罗毕举行非洲电信联盟大会,华为和传音受邀参会,华为的人经介绍才知道传音也来自深圳。原来,TECNO 是一个手机品牌,由总部位于深圳科技园的中国手机公司传音控股控制。但是,在非洲 TECNO 却与三星齐名。尤其是在俗称"黑非洲"的撒哈拉沙漠以南地区,TECNO 是一个家喻户晓的品牌。在独立非营利机构"品牌非洲(Brand Africa)"调研统计的"2014 年最受欢迎品牌"榜单中,传音最早推出的品牌 TECNO 名列第 15,紧随苹果之后;传音的另一品牌 itel 排在第 72 位,紧挨着肯德基。

2014 年,传音控股在非洲的手机出货量高达 4500 万台。同年全球第三大手机商华为的智能机出货量是 7360 万台。在深圳《手机报》的国产手机出货量榜单中,传音在 2016 年 1 月以 700 万台高居第二,仅次于华为(830 万台)。

传音控股进军非洲最早始于 2007 年。传音团队第一次踏上非洲开发渠道,就采用"农村包围城市"战略,从贫穷落后的地方做起。"这些地方,三星和诺基亚都没怎么当回事。"为传音贴牌的手机厂商老板说。初到非洲,传音只做双卡机,主攻中低端市场。一位到过东非商品大市场卡里亚库(Kariakoo)的行业内人士这样形容自己看到的情景——这里也是中国山寨手机扎堆的地方。"我看到了铺天盖地、从近到远、密密麻麻、让我永远不会忘记的 TECNO。这里放眼看过去都是 TECNO——每个店面的 poster(海报),每个 billboard(公告牌),每块玻璃,每个店门都是 TECNO 的广告。"在这个市场,TECNO 设有专门的办公室,随叫随到,负责销售及售后维修。

传音是个特别重视营销的公司,内部常用"黑手党提案"(Mafia Offer)来形容竞争对手难以模仿或超越的品牌营销策略。传音的售后服务中心在内罗毕开张时,曾在当地的 Luthuli 大街邀来了当时的内罗毕市长奥姆维拉(George Aladwa)站台剪彩,盛况空前甚至引发封路。

"要么做第一,要么做唯一,要么第一个做",这是传音营销人员挂在嘴边的一句话。

面对三星、诺基亚等强大的先行者,传音采取的是"全球化+本土化"策略。综合多位业内人士分析,竺兆江常提及"Glocal",意即将国内经营经验复制到非洲,实施价格战略,再有针对性地提供更多功能。

这些专为非洲生产的中国手机,共同特点是:开机时音乐似乎永远不结束,来电时铃声大到恨不得让全世界听到——非洲人民热爱音乐。

依托本土化战略,传音把自己的渠道渗透到了非洲大大小小村落。在初步的成功后,它也像所有品牌一样遇到假冒伪劣问题——各种渠道、环节都可能出问题。甚至是渠道商自己也可能掺假。TECNO曾和肯尼亚通信协会联手发起行动,打击当地市场的假手机。

2010年,传音出货量为650万台,短短三年后就达到3700万台,2014年蹿升至4500万台,涨势惊人。按照《手机报》的统计,2016年1月份,传音出货量高达700万台,其中功能机490万台,高居功能机排行榜榜首;智能机出货210万台,位列智能机榜单第十位。

传音主做功能机也是顺应非洲市场的大势。2014年非洲市场整体的智能机和功能机比例大概是二八分,功能机市场还将活跃一段时间,"未来智能机的发展速度,取决于经济发展水平、政府政策、运营商环境,终端商要把握大势"。

传音曾出现供应商缺货的情况,需要自建工厂满足不时之需。传音在国内设有四家工厂,在埃塞俄比亚等非洲国家也设有组装工厂。传音在非洲的营销方式非常传统,就是广告投放加发展传统经销商。相比其他山寨厂商,它的高明之处在于做得比较早,工作比较细致,而且帮它做贴牌的都是优秀企业。

传音主要采取"国包—省包—地包"的传统销售模式,在非洲人口第一大国尼日利亚,传音的"国包商"可能有十多家。当地主流媒体,例如肯尼亚发行量最大的《民族日报》,经常可见到TECNO刊登的整版广告。

传音首先是一家营销型公司,贵在认真。传音从创立之日起就明确"不能赊账"的原则,并坚持"先收款再发货"。传音注重品牌,致力于研究本地用户使用习惯,培养用户和渠道商的忠诚度。相对三星这样的大企业,传音更接地气。例如,传音的功能机可以做到和智能机一样下载游戏等多种应用,这种玩法三星就不会。另外,传音所植根的土壤也是一个重要的基础,这源于深圳华强北在手机研发、设计、生产上形成的一整套完备、高效的供应链体系。正是依托于这个巨大的生产制造基地,以及非洲日益壮大的手机市场,传音得以迅速成长。

资料来源:www.a.com.cn/info/domestic/2016/0225/287545.html.

国际市场分销是国际市场营销策略的重要组成部分。与国内市场分销相比,国际分销是跨越国界的营销活动,而国内的分销活动则仅限于国内。企业不仅要考虑产品在国家之间的渠道,而且还要考虑产品销售国的国内分销渠道。由于各国的市场环境和市场体系千差万别,因此,国际市场分销渠道的管理远远比国内市场复杂得多。国际分销渠道决策对企业具有十分重要的意义。

第一节 国际分销系统

一、国际分销系统的含义及结构

(一)国际分销系统的含义

分销渠道(distribution channel),又称销售渠道,是指将产品或服务从生产者向消费者转移的过程中,取得这种产品和服务的所有权或帮助所有权转移的所有企业和个人。分销渠道包括中间商(取得所有权)和代理中间商(帮助转移所有权)。此外,还包括处于渠道起点和终点的生产者和最终消费者或用户,但不包括供应商和辅助商。

企业把自己的产品或服务通过某种途径或方式转移到国际市场消费者手中的过程及因素构成国际分销系统。其中转移的途径或方式被称为国际分销渠道,即通过交易将产品或服务从一个国家的制造商手中转移到目标国的消费者手中所经过的途径以及与此有关的一系列机构和个人。

(二)国际分销系统的结构

在国际分销系统中,一般具有制造商、中间商和最终消费者三个基本因素。

制造商和消费者分别是分销系统的起点和终点。当企业采取不同的分销策略进入国际市场时,产品或服务从生产者向消费者的转移就会经过不同的营销中介机构,从而形成不同类型的国际分销结构。出口企业管理分销渠道主要有两个目标:一是将产品有效地从生产国转移到产品销售国市场;二是参加销售国的市场竞争,实现产品的销售和获取利润。一次分销过程要经过三个环节:第一个环节是本国的国内分销渠道;第二个环节是由本国进入进口国的分销渠道;第三个环节是进口国的分销渠道。

国际市场分销渠道结构指参与完成商品由生产者向消费者转移过程的组织或个人的构成方式。总结长期的国际营销活动,国际分销渠道系统可以简化为一定的模式,其结构如图15-1所示。

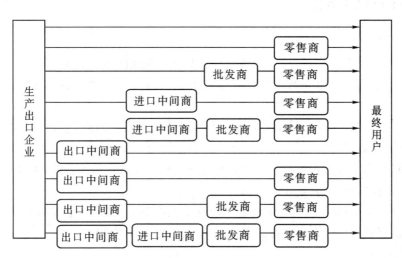

图15-1 国际分销渠道系统模式图

从图中可以看出,从事国际市场营销的企业有多种分销模式可供选择。前五种模式企业直接向外出口,称为直接渠道,其中第一种模式为企业把产品直接卖给国外最终用户,层次最少,分销渠道最短;后四种模式是企业通过国内中间商向国外出口,称为间接渠道。其中最后一种模式为企业产品依次经过四个层次,才卖给最终用户,销售渠道最长。

(三)不同国家分销渠道比较

进行国际营销的企业,可以建立自己的分销渠道来销售产品,也可以利用目标市场国现有的分销渠道。由于各国的销售渠道是长期历史演变并且随着经济发展逐步形成的,具有各自的特点,所以企业必须对目标市场国现有的分销渠道进行分析,决定是否利用这些渠道或采取其他可行的方案,以便有效地进入国际目标市场。

1. 欧美的分销渠道

美国是市场经济高度发达的国家,基本上形成了有秩序的市场。进入美国的产品一般要经过本国进口商,再转卖给批发商,有的还要经过代理商,由批发商或代理商转卖给零售商,零售商再将产品卖给最终消费者。

2. 西欧的分销渠道

西欧国家进口商的业务通常限定一定的产品类别,代理商规模通常也比较小,但西欧国家的零售商主体,如百货公司、连锁商店、超级市场的规模都很大,且经常从国外直接进口。大型零售商的销售网络遍布全国,我国企业若把产品销往西欧各国,可直接将产品出售给这些大型零售商,节省许多中间商费用,并利用它们的销售网络扩大市场占有率。

3. 日本的分销渠道

日本也是高度发达的市场经济国家,但它的渠道结构却不同于欧美。日本的销售渠道被称为是世界上最长、最复杂的销售渠道。其基本模式是:生产者+总批发商+行业批发商+专业批发商+区域性批发商+地方批发商+零售商+最终消费者。日本的分销系统一直被看作是阻止外国商品进入日本市场的最有效的非关税壁垒。任何想要进入日本市场的企业都必须仔细研究其市场分销渠道。

二、国际中间商的类型

(一)国内中间商

国内中间商指与制造商居于同一国家内,以本国为基地面向境内企业提供国际营销服务的组织或个人。根据国内中间商是否拥有商品的所有权可以分为出口商和出口代理商。

1. 出口商

出口商指以自己名义在本国购买商品再卖给国外买主的中间商,主要分为进出口公司和出口行。

(1)进出口公司。多数进出口公司与某些生产厂商存在长期分销关系,通过取得国外商人的购货合同后安排生产,然后组织出口销售。

(2)出口行。出口行经营不同企业生产的竞争性产品,一般不与供应商建立长期合作关系,依据盈利高低选择所经营的产品。

2. 出口代理商

出口代理商指不获得产品所有权,只在合同规定条件下代理本国委托人向国外市场销售商品,收取佣金的中间商。常见的出口代理商有综合出口经理商、出口经营公司和出口经纪人等。

(1)综合出口经理商。综合出口经理商为企业提供全面出口管理服务,比如海外广告、接洽客户、拟订销售计划等,一般负责资金融通和单证处理。如果企业海外销售额占企业总销售额比重不大,或者企业不愿设立外销部门处理国外市场业务时,选择综合出口经理商是一种理想的渠道。

(2)出口经营公司。出口经营公司提供服务范围包括寻找客户、促销、市场调研和货物运输等,还可为制造商讨债,不过其最主要的职能是和国外客户保持接触,并进行信贷磋商。

选择该渠道优点是可以以最小的投资将产品投入国际市场,并检验商品被国外消费者接受的程度;缺点是该种渠道极不稳固,出口经营公司为了自己的利益不会为销售产品做长期努力。

(3)出口经纪人。出口经纪人负责为买卖双方牵线搭桥,既不拥有商品所有权,也不实际持有商品和代办货物运输工作,只是在双方达成交易后收取佣金。

出口经纪人与买卖双方没有长期固定关系,一般专营一种或几种产品,如大宗农产品、矿产、机械等。

(二)国外中间商

国外中间商是处于东道国的中间商,根据其是否拥有商品所有权可以将其区分为进口经销商与进口代理商两类。凡是对商品拥有所有权的,称为进口经销商;凡接受委托、不拥有商品所有权,以佣金形式获取报酬的,称为进口代理商。

1. 进口经销商

进口经销商主要类型有进口商、经销商、批发商和零售商等。

(1)进口商。凡从国外进口商品,然后再转售给国内批发商、零售商和消费者的,都可以称为进口商。进口商熟悉所经营的产品和目标国市场,并掌握专门的商品挑选、分级、包装等技术和销售技巧。进口商一般没有商品独家经营权。

(2)经销商。这是一种与出口国的供应商建立长期合作关系,并享有一定价格优惠和货源保证的从事进口业务的企业。它们从国外购买商品,再转售给批发商、零售商等中间商,或直接出售给最终消费者。经销商是在特定的地区或市场上,在购买及转售产品方面获得独家权或优先权的进口商。通过经销合同与出口国生产企业、出口商建立经常性的合作关系,并拥有独家销售特权。出口企业可以同经销商建立密切的伙伴关系,对价格、促销、存货、服务等进行适当的控制。还有一类经销商,专门从事工业品或耐用消费品的独家经销,他们所经营的商品主要来自单独的供应商或出口企业。

(3)批发商。进口国国内的批发商是专门或主要从事批发活动的中间商,是在进口国内销售进口产品的重要渠道成员。批发商经营的商品主要由本国进口商或其他中间商供应,也有一些大批发商直接从国外购进商品,它们的商品主要批发给小批发商和零售商。批发商的种类很多,可以分为商人批发商、代理商和经纪人等。国际市场中的批发模式也多种多样,反映了各自所处的文化、经济和社会背景。一般来说,在国际市场营销中应尽量选择较大的批发商,因为批发业主要是从规模经济中获取收益的,与小型的批发商打交道对生产企业来说意味着享受到的服务少而负担却重。当企业不得不与小型批发商打交道时,营销人员必须对以下的问题做好准备:①批发商不能向下游渠道成员提供融资支持,而且常常要求生产企业向其提供融资服务;②小型批发商要求的花色品种较少,从而可能迫使生产企业去掉产品线中的某些品目,或者寻找其他批发商经销这些产品;③小型批发商覆盖的地理区域小;④小型批发商的服务效率低,服务范围有限。

(4)零售商。零售是将商品或服务出售给最终消费者的一种商业活动。零售商从进口商、进口代理商、批发商、国外出口商等处购买商品,然后卖给本国的最终消费者。零售商按其经营方式可区分为多种业态,如百货商店、超级市场、专卖店、方便店、折扣商店、购物中心、仓储商店、自动售货机等。这些零售业态大多可以通过连锁经营实现规模经济。不同的产品在国际营销中可能需要选择不同的业态。例如,中高档服装一般需要通过百货商店和专卖店进行分销。可以说,零售商是消费品国际营销中不可缺少的一种渠道成员。

2.进口代理商

进口代理商是接受出口国卖主的委托,代办进口,收取佣金的贸易服务企业。它们一般不承担信用、汇兑和市场风险,不拥有进口商品的所有权。进口代理商主要有以下几种类型:

(1)经纪人。经纪人是对提供低价代理服务的各种中间商的统称。他们主要经营大宗商品和粮食制品的交易。在大多数国家,经纪人为数不多。但由于其主要经营大宗商品,再加上在某些国家,经纪人组建了联营公司,他们熟悉当地市场,往往与客户建立良好持久的关系,常常是初级产品市场上最重要的中间商。

(2)融资经纪商。这是近年来迅速发展的一种代理中间商。这种代理中间商除具有一般经纪商的全部职能外,还可以为销售、制造商生产的各个阶段提供融资,为买主或卖主分担风险。

(3)制造商代理人。制造商代理人是指凡接受出口国制造商的委托,签订代理合同,为制造商推销产品收取佣金的进口国的中间商。制造商代理人有很多不同的名称,如销售代理人(sales agent)、国外常驻销售代理人(resident sale's agent)、独家代理人(exclusive agent)、佣金代理人(commission agent)、订购代理人(indent agent)等。制造商代理人可以对一个城市、一个地区、一个国家或是相邻几个国家出口企业的产品负责。他们不承担信用、汇兑和市场风险,也不负责安排运输、装卸,不实际占有货物。他们忠实履行销售代理人的责任,为委托人提供市场信息及出口企业开拓市场提供良好的服务。当出口企业无力向进口国派驻自己的销售机构,但希望对出口业务予以控制时,利用适当的制造商代理人是一种明智的选择。

(4)经营代理商。经营代理商在亚洲及非洲国家较为普遍,在某些地区也称作买办。它们根据同产品制造国的供应商签订的独家代理合同,在某一国境内开展业务。有时也对业务进行投资,其报酬通常是所用成本加母公司利润的一定百分比。

三、国际零售渠道的组织结构

(一)国际零售渠道的组织分类

零售商处于分销系统的终端,与消费者的联系最为密切。随着经济的发展,新型的零售机构层出不穷。通常把零售商划分成下述五大类:

(1)按经销商品类型划分,有专业商店、百货商店、超级市场、方便商店、超级商店、巨型超级商店和服务性商业。

(2)按相对价格的重要性划分,有折扣商店、仓库商店和商品目录陈列室。

(3)按营业场所划分,有邮购和电话订货零售、自动售货、采购服务和上门推销零售。

(4)按所有权拥有方式划分,有公司连锁、自愿连锁、零售商合作商店、消费者合作社、特约代营组织和商业联合企业。

(5)按商店组合类型划分,有区域购物中心、街区购物中心和邻里购物中心。世界各国零售组织的差异十分显著。在发达国家,零售业态结构比较合理,专卖店、超级市场、购物中心和方便店比较齐全,零售业集中化程度较高。在发展中国家,零售商的规模较小,业态相对单一,新兴的业态发展迟缓并且很不成熟,传统的零售组织如杂货店、百货店等在零售业中仍居主导地位。即使在发达国家中,零售组织也有着十分显著的差异。在希腊,大型商场中杂货店的比例占 1.5%,在意大利和摩洛哥等国家,零售业主要由经营范围狭窄的专业店构成。日本的零售业通常被认为是传统、过时的。同时日本的零售业是建立在大量分布广泛的小零售店基础上的。家庭经营的民间小商店具有顽强的生命力,"夫妻店"约占全部商店总数的 80%。1985 年,日本拥有 160 万个零售店,每个零售店平均服务顾客为 74 人,而同期美国却只有约 100 万个零售店,每个零售店服务顾客 228 人。

(二)国际零售业发展特征

从国际零售业的发展特征来看,零售业的组织结构在不断变化过程中,总的来说以提高效率、降低成本并提供不同层次服务为主要特征,主要表现如下:

1. 自助销售逐渐畅行

这种零售方式起源于美国,首先在发达国家中流传开来,并已传播到中等收入和低收入国家。韩国 1971 年才建立第一家超级市场,在政府的优惠政策扶持下,仅 10 年就迅速发展到 1500 家,其中最大的有 300 多家分店。日本的超级市场在 20 世纪 60 年代兴起,很快在日本消费品的零售中占据了重要的地位。

2. 规模化、连锁化经营

连锁经营的基本原理是将进货与销售两种功能区分开来,由总部进行大量集中进货,由众多分散的店铺实现大量销售,并以此克服零售店小规模分散性的缺点。

3. 折扣商店逐渐普及

许多零售企业为了建立自己的品牌,吸引顾客,促成了折扣商店的兴起。同时,发达国家反对维持零售价格等反托拉斯规定,都促使折扣商店的迅速发展。

4. 直接销售发展势头迅猛

直接销售的形式多种多样,如邮购、电话销售、上门推销、网络销售等。特别是随着互联网的普及,电子商务发展十分迅猛,将对零售业产生深远的影响。

第二节 国际分销渠道的选择

一、国际分销渠道的长度

分销渠道长度是指渠道层次的数量,即产品在渠道的流通过程中,经过多少中间环节,经过多少层的中间商参与其销售的全过程。中间环节是指同一产品的买卖方和实现转移商品所有权的机构和个人。商品在分销过程中所经过的环节越多,分销渠道就越长;反之,分销渠道就越短。分销渠道主要分为直接渠道和间接渠道,如图 15-2 和图 15-3 所示。

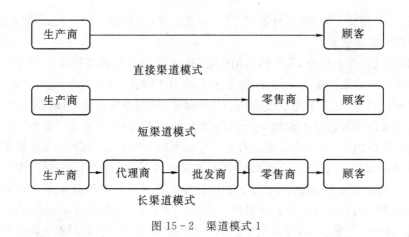

图 15-2 渠道模式 1

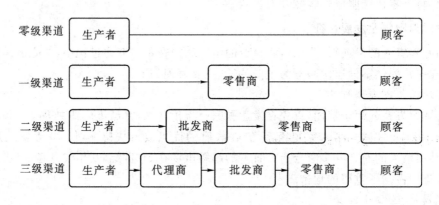

图 15-3 渠道模式 2

直接渠道指企业在其分销活动中不通过任何中间商,而直接把产品销售给消费者的分销渠道。常见的直接渠道包括电视购物、网络销售和生产商自有门店。

间接渠道指企业通过一个以上的中间商向消费者销售产品的分销渠道。

渠道长度是指中间商层次的多少。最短的渠道可由生产者直接将商品出售给最终用户,称为直接分销。最长的渠道要经过出口商、进口商、批发商、零售商等诸多层次才能使产品抵达最终用户,称为间接分销。对于企业来说,究竟选择什么样的分销模式,取决于多种因素,主要有:

(一)产品特点

一般来说,技术性强、价格高的商品,需要较多的售前售后服务的商品,如机械设备、汽车和家电等,采用较短的渠道,以避免层层转手,维修、服务等无人负责。保鲜要求高的产品,应尽快送达顾客手中,也应采用较短渠道。而单价低、标准化的产品如日用品等,一般适宜较长渠道。

(二)市场状况

顾客数量少而购买力集中、购买量大时,宜用短渠道;反之,则宜用长渠道。此外,目标市场国的渠道结构也应考虑到多数发展中国家渠道较发达国家要长。当然,有些发达国家的渠道也较长。

(三)企业条件

企业规模大,拥有较强的推销力量,可以少使用或不使用中间商,渠道较短;企业规模小,推销力量有限,有必要使用较多中间商,渠道较长。

此外,渠道的长短还取决于企业的经营目标、业务人员素质、国家法规的限制等因素。

二、国际分销渠道的宽度

分销渠道宽度是指在任一渠道层次上的竞争程度以及在市场领域中的竞争密度。渠道的宽窄通常以渠道同一层次中的中间商数量、竞争程度及市场覆盖密度来划分。如果一种产品通过尽可能多的销售点供应给尽可能宽阔的市场,就是宽渠道,否则就是窄渠道。

(一)密集分销策略

密集分销策略,即通过尽可能多的中间商或分销点来销售商品。消费品中的日常用品和工业品中的一般原材料通常采用这种分销方式,比如牙膏、肥皂。密集分销策略的优点是产品覆盖面广,企业对某个经销商的依赖性较小;缺点是企业难以控制市场,经销商之间相互竞争。

(二)独家分销策略

独家分销渠道指生产者在某一地区仅选择一家中间商推销产品。一些技术性强,需要一系列售后服务和特殊推销措施相配套的产品会使用这一策略,比如汽车、家用电器、照相器材等。独家分销策略的优点是容易控制市场,经销商促销的积极性较大;缺点是企业对中间商依赖性增强,产品覆盖面较小。

(三)选择分销策略

选择分销策略是指制造商在某一地区仅仅通过少数精心挑选的、最合适的中间商来销售公司的产品。这种分销策略适用于耐用消费品、高档消费品、工业生产资料等。该策略的优点为企业对渠道控制力较强,能获得适当的市场覆盖面;缺点为企业难以在营销环境宽松的条件下实现多种经营目标。

国际分销模式的目标是提高效率,获得更多的利润。但要合理地进行分销模式选择与实施,还需要考虑:开发渠道和维持渠道的费用高低,建立渠道的预期资金规模,企业对整个分销渠道的控制程度,产品市场覆盖面,分销模式的适应性及连续性,等等。

三、影响企业选择国际分销渠道的因素

企业在选择国际分销渠道时一般要考虑六个因素:成本(cost)、资金(capital)、控制(control)、覆盖(coverage)、特性(character)和连续性(continuity)。这六个因素被称为分销渠道的六个"C"。

(一)成本

成本包括开拓渠道的投资成本和保持渠道的维持成本。在这两种成本中维持成本是主要的、经常性的成本。它包括企业自身销售队伍的直接开支、支付给中间商的佣金等。

渠道成本是企业销售成本的重要组成部分,会严重影响企业开拓国际营销渠道的能力和效益。衡量渠道成本的基本原则是能否用最小的成本达到预期的销售目标。

(二)资金

如果制造商要建立自己的国际市场分销渠道,使用自己的销售队伍,通常需要大量的投资;如果使用独立中间商,虽然可以减少投资,但有时也需要对其提供一定的信贷支持。因此,除了财力雄厚的企业有能力建立自己的营销渠道外,一般中小企业主要是通过各种形式的中间商来销售自己的商品。

(三)控制

企业自己投资建立国际分销渠道最有利于渠道的控制,但增加分销渠道成本。如果使用中间商,企业对渠道的控制能力会受中间商愿意接受控制程度的影响。一般来说渠道越长、越宽,企业对渠道的控制能力就越弱。

对渠道控制能力与产品性质有关,工业品制造商对渠道的控制能力较强,消费品制造商对渠道的控制能力较弱。

(四)覆盖

渠道市场覆盖面指企业通过一定的分销渠道所能达到或影响的市场。市场覆盖面的选择应以最大经济效益为前提,并非越大越好。考虑覆盖面要注意四点:

(1)渠道覆盖的每一个市场能否获得最大可能的销售额;
(2)这一市场覆盖能否确保合理的市场占有率;
(3)这一市场覆盖能否取得满意的市场渗透率;
(4)各种类型中间商市场覆盖能力。

(五)特性

营销者在进行国际市场分销渠道设计时必须考虑自身的企业特性、产品特性、东道国市场特性等因素。

1. 企业特性

企业特性包括企业规模、财务状况、产品组合、营销政策等方面。如果企业财务状况好,资金实力强,就可以自设销售机构;反之就要借助中间商。产品组合种类多、差异大,需要使用较多中间商;如果产品线少而深,使用独家分销较合适;产品组合关联性较强,可考虑性质相同或相似的分销渠道。

2. 产品特性

对鲜活产品、易腐产品和产品生命周期短的产品应尽量使用较短分销渠道。技术要求高,需要提供较多客户服务的产品,比如汽车、机电产品等,适宜采用直销的方式或选择少数适合的中间商进行销售。

3. 市场特性

市场特性是指市场集中与分散的程度。市场较为集中,适合用短渠道;市场较为分散,适合用长渠道。

(六)连续性

分销渠道连续性会受到三方面冲击:中间商中止,变更经营范围或倒闭;激烈的市场竞争导致中间商退出;新的分销渠道模式出现使传统渠道模式失去竞争力。

近年来跨境电子商务迅猛发展,平台类电子商务企业以其线上交易具备众多优势而不断挤压和取代传统线下业务,比如 Amazon、eBay、中国的 BATJ 等。图 15-4 显示了全球 75 家最大的平台公司按地区划分的集中度,圆圈越大代表公司市值越大。

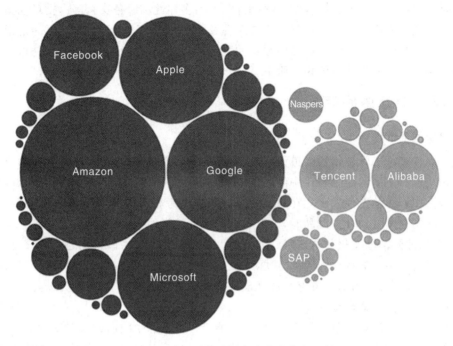

图 15-4　大型平台公司集中在北美和亚洲

因此,企业需要慎重选择中间商,并与它们建立长期的良好关系,同时关注市场环境的变化,随时调整自己的渠道策略。

第三节　国际分销渠道管理

国际市场分销渠道管理包括了对渠道成员的选择、激励与评估,以及对分销渠道的调整等内容。由于各国的分销体系以及政治、经济、文化差异较大,因此进行国际营销的企业需要针对东道国的具体情况进行因地制宜的分销渠道管理。

一、制定国际分销目标

国际分销渠道管理的首要任务就是制定国际分销目标。国际分销目标可能是多种多样的,既有长期目标,又有短期目标;既有总目标,又有若干中间目标;等等。一般地说,企业进行国际分销管理的总目标是取得较高的利润率或一定的市场占有率等。这些总目标又可分为达到预期的顾客服务水平,与中间商良好的关系,保持对渠道的控制力,获取国际市场营销的经验和信息等具体目标或中间目标。各个层次的目标应该是统一和协调的,但有时它们之间也存在着冲突。

企业国际分销的目标也可能随着营销过程和企业规模的扩大而予以适时调整。如制造商在进入国际市场的初期,由于缺乏国际市场营销的经验,并不要求对分销渠道取得大的控制权,只是逐步积累经验。随着出口规模的不断扩大,制造商要树立自己的品牌和企业形象,这时对分销渠道的控制就会变得越来越重要。

在制定分销目标时,还要考虑目标市场顾客对分销服务的要求。顾客的分销服务可分为五大类,即批量规模、市场分散程度、等候时间、产品多样性和服务支持等。批量规模反映了顾客一次购买数量方面的要求。市场分散程度涉及购物地点的方便性。等候时间是指产品的交付速度。产品多样性是指竞争产品的数量和顾客选择范围的大小。服务支持是指分销渠道成员能够提供给用户或消费者的售后服务。

二、选择国内外中间商

(一)中间商的选择

生产商在进行国际分销渠道设计时,只有准确选择了理想的国际中间商,才能为今后的渠道建设工作打下坚实的基础。中间商选择是否合适直接关系着生产企业在国际市场的经营效果。国际中间商的选择应建立在对国外市场的详细考察和充分了解的基础上。例如,某公司在向国外销售其自动计量产品时,采取直接到国外销售的方式,鼓励公司的销售人员积极到海外考察,以达到消除文化和语言障碍的目的。该公司在进入中国市场之前,其总裁曾多次到中国考察了解中国人的特点和经商方式,以及对于计量产品的一般要求等,为其产品顺利地进入中国市场,采用合适的销售渠道和选择理想的国际中间商提供了充足的依据。

1. 确定选择中间商的标准

选择国际中间商要着眼于长远的规划,不能简单地考虑中间商的知名度、经营实力等常用和静态的指标。国际中间商的选择标准一般包括目标市场的状况、所处的地理位置、经营条件、业务能力、信誉、合作态度等。

(1)目标市场的状况。企业选择中间商的目的就是要把自己的产品打入国外目标市场,让那些需要企业产品的国外最终用户或消费者能够就近、方便地购买或消费产品。因此,企业在选择销售渠道时,应当注意所选择的中间商是否在目标市场拥有自己需要的销售通路,如是否有分店、子公司、会员单位或忠诚的二级分销商;是否在那里拥有销售场所,如店铺、营业机构。国际中间商应对自己的实力和特长有清醒的了解,有固定的服务对象,应与目标市场的顾客建立起良好的关系。国际中间商的销售对象应该与企业的目标市场一致,这样生产企业才能够利用国际中间商的这一优势,建立高效率的营销服务网络。

(2)地理位置。国际中间商要有地理区位优势,所处的地理位置应该与生产商的产品、服务和覆盖地区一致。具体地说,如果是批发商,其所处的地理位置要交通便利,便于产品的仓储、运输;如果是零售商则应该具有较大的客流量,消费者比较集中,道路交通网络完备,交通工具快捷等特点。

(3)经营条件。国际中间商应具备良好的经营条件,包括营业场所、营业设备等。例如,零售商营业场所的灯光、柜台等设施应齐全,才能有效地支持零售商的业务经营。

(4)业务能力。国际中间商的业务能力是决定销售成功与否的关键因素。需要对中间商的经营特点及能够承担的销售能力进行全面考察。一般来说,专业性的连锁销售公司对于那些价值高、技术性强、品牌吸引力大、售后服务较多的商品具有较强的分销能力。各种中小百货商店、杂货商店在经营便利品、中低档次的选购品方面力量很强。只有那些在经营方向和专业能力方面符合所建分销渠道要求的中间商,才能承担相应的分销功能,组成一条完整的销售渠道通路。在考察中间商的业务能力时,有以下几个方面的具体目标:①经营历史。国际中间商应有较长的经营历史,在顾客中树立了良好的形象。②员工素质。国际中间商的员工应具备较高的素质,具有较高的运用各种促销方式和促销手段的能力,并愿意积极地直接促进产品的销售。员工要具备丰富的产品知识,对相关产品的销售有丰富的经验和技巧;要具备较高的服务技能,随时解答顾客的疑问,并为顾客提供诸如安装、维修等服务。③经营业绩。国际中间商要有良好的经营业绩,在经营收入、回款速度、利润水平等方面都有完善的规章制度和良好的效果。

(5)信誉。国际中间商还应该具有较高的声望和良好的信誉,能够赢得顾客的信任,能与顾客建立长期稳定的业务关系。具有较高声望和信誉的中间商,往往是目标消费者或二级分销商愿意光顾甚至愿意在那里出较高价格购买商品的中间商,这样的中间商不但在消费者的心目中具有较好的形象,还能够烘托并帮助生产商树立品牌形象。

(6)合作态度。生产企业在选择中间商时,要注意分析有关分销商分销合作的意愿、与其他渠道成员的合作关系,以便选择到良好的合作者。分销渠道作为不可分割的一部分,每个成员的利益来自成员之间的彼此合作和共同的利益创造活动。从这个角度上讲,共同承担分销商品的任务,通过分销把彼此之间的利益"捆绑"在一起。只有所有成员具有共同愿望、共同抱负,具有合作精神,才有可能真正建立一个有效运转的销售渠道。因此,生产商所选择的中间商应当在经营方向和专业能力方面符合所建立的销售渠道功能的要求,愿意与生产商合作,共同担负一些营销职能,如共同促销等。生产商与中间商良好的合作关系,不单是对生产厂家、对消费者有利,对中间商也有利。

2. 筛选中间商的程序

筛选中间商时应遵循如下程序:
(1)给每一个潜在的中间商发一封用当地语言写的包括产品信息和对分销商要求的建议书;
(2)在回信者中择优进行下一步的联系,获得有关正在经营的产品系列、销售区域、公司规模、销售人员数目以及其他的更具体的背景信息;
(3)通过其他客户和潜在中间商的顾客,考察潜在的中间商的信用;
(4)如果有可能,实地考察公司。

(二)中间商的激励

许多国际企业对中间商采取"胡萝卜加大棒"的赏罚策略来不断激励它们。一方面,企业给予中间商丰厚的报酬和提供各种服务与信息支持,与中间商加强沟通与联系;另一方面,也要建立惩罚措施,避免中间商之间的恶性竞争和加强对中间商的管理。

分销商(代理人)只有得到恰当的激励,才会为生产企业(委托人)的利益服务。因此,生产企业在东道国的销售业绩在很大程度上取决于对分销商进行业绩评估和奖励。完善的激励机制并不存在,理想的激励机制应使分销商能为其决策、行动带来的所有结果负责,而不可以因其无法控制的因素(如委托人自身问题)而受指责。然而,有时很难分析出生产企业在东道国的绩效下降是因为哪一方面的问题,或许双方都有不当之处。因此,激励机制应是定制的,以保证双方按约定执行。激励机制可以采用固定的补偿方案和结果导向方案(即销售业绩与分红挂钩)。后者往往被国际分销商所看重。这种行为模式与管家理论相冲突,但与代理理论相一致。代理理论认为代理人的激励是外生的,而管家理论则强调代理人的激励是内生的。精心设计的、经过充分沟通的激励机制可以预防机会主义行为,在代理理论中是一种重要的控制机制。根据代理理论,按业绩付酬或结果导向激励机制将会大大提高代理人按照委托人利益行事的可能性(Eisenhardt)。

(三)中间商的评估

绩效评估的目的是反映分销商对生产企业在目标市场业绩的真实贡献。生产企业必须对分销商的工作情况有一个系统的、及时的了解。绩效评估对于国际分销渠道管理尤其关键。评估标准主要有销售量或销售额、市场份额、存货控制、货款回收、促销、服务。

根据代理理论,使代理人按照委托人利益最大化行事的最好办法就是将其报酬和经营业绩挂钩,因此设计有效激励机制的前提是对代理人的业绩进行客观真实的评价。现实中激励机制设计面临的一个非常棘手的问题是如何建立合适的评估标准。委托人总是希望评估尽可能客观一些,因为评估标准越客观,对代理人的努力水平的推断越准确,激励机制越强。

支持性信息系统和沟通机制对绩效评估也至关重要。生产企业可以通过一个高效的渠道信息系统,将企业的主要部门与分销商建立联系,掌握实时性销售、库存和生产数据,及时掌握产品的销售情况和追踪消费者需求的变化,快速收集新产品销售信息。

关于企业在国外市场的销售业绩评估标准,实践中采用比较多的是企业在国外市场的销售额占公司总销售额的比重和国外市场销售额增长幅度。有的学者建议采用销售利润率比较法,比较企业在国外不同市场的销售利润率与该企业总部在母国的销售利润率;还有的则主张从市场覆盖范围和销售额两方面衡量。

尽管企业在当地市场的销售业绩与分销商高度相关,但是它同时还受到许多其他因素的影响,比如外部环境、企业的内部资源状况等。在不同竞争环境下,分销商付出同样程度的努力所取得的销售业绩可能会有明显差异;当企业内部资源和能力水平发生变化时,分销商付出同样的努力也会产生不同的销售业绩。因此,用企业产品在当地市场的销售业绩来评价分销商业绩的传统评价方法并不符合分销商对企业绩效贡献的客观事实。同时,外部环境、企业内部资源状况等因素超出了分销商的控制范围,用企业销售业绩替代分销商的业绩来确定其报酬增加了分销商的风险承担,不符合经济学中的"最优风险分担"原理。

因此,委托人(生产企业)不能仅仅测量销售额、销售增长这样的定量指标,还需辅之以非量化指标,比如网络贡献(contribution to networking gains)。多兹和哈默尔(Doz & Hamel)提出用平衡计分卡来评估联盟的绩效。平衡计分卡平衡了关于股东和客户的外部指标和关于关键业务流程、创新、学习与成长的内部指标,平衡了反映过去工作绩效的指标和驱动未来业绩的指标,平衡了对客观的、容易量化的成果指标和对这些成果的主观的、带有一定判断性的业绩驱动因素指标。运用平衡计分卡可以减少联盟伙伴因过分关注局部和短期利益从而错失价值创造商机而造成的危害。

三、国际分销渠道控制

(一)国际分销渠道控制的含义

国际市场营销控制是指在营销计划的执行过程中,为了保证营销目标的顺利实现而进行的监督、组织、调整和纠正偏差等管理活动。它是国际市场营销管理过程的重要环节。国际分销渠道的控制包括对中间商的业绩评估、激励、约束及各分销商之间关系的协调过程。

将产品委托给中间商后,出口企业应当进行适当的控制。中间商作为独立的商业机构,往往同时销售很多家企业的商品,他们关心的是高利润,快周转。他们完全可能不重视某个企业产品的销售,从而可能使该企业丧失市场机会。所以,加强对中间商的控制,对企业来说是很重要的。另外,企业还应从渠道成本、覆盖率以及持续性三个方面对国际分销渠道进行控制。

1. 成本

国际分销渠道的成本包括渠道开发成本和维持成本。前者是一种一次性支出,后者是连续的产品营销成本。近年来,分销成本普遍具有增长趋势,这对企业开辟新市场极为不利,如何降低分销成本成为众多企业关注的中心。一般认为,企业可以通过缩短分销渠道来降低分销成本,而实际情况并非全都如此。有些企业确实通过缩短分销渠道降低了成本,但也有的企业是通过较长的渠道才使分销成本得以控制。另外,不同的渠道方式成本不同。当企业的产品要开拓一个新市场时,使用代理商或经销商来推销产品,一般比使用企业自己的推销人员成本低。但随着销量的增长,使用代理商的成本增长加快,比企业自己推销的成本增长要快,使得企业利用自己的推销人员销售产品更合适。

2. 渠道覆盖率

分销渠道覆盖程度决定了出口企业产品的竞争力、市场份额和销售量。较高的渠道覆盖率并不意味着单纯地理上的高覆盖率,因为这往往伴随着很高的分销成本。在进口国人口稠密地区,在细分市场上提高渠道覆盖率是控制渠道覆盖率的有效措施。

3. 持续性

企业建立产品的国际分销渠道,支付了各种成本,总是希望各个渠道成员能够长期、高效地为企业服务。企业不断地激励渠道成员,与之加强各方面的合作,也是希望能够比较长期地与中间商保持良好关系,控制分销体系的持续性。影响分销体系持续性的因素有中间商本身的原因和市场竞争的因素。经营不具备长期性、经营品种经常变化、规模较小的中间商因市场变化或经营不善而倒闭也是常有的。这使得分销渠道的连续性得不到保证。另外,激烈的市场竞争常使中间商转向竞争对手一边。竞争对手利用优惠的条件,甚至使用其他压迫手段使中间商中止与原企业的合作关系,使原企业遭受损失。所以,企业一定要选择合适的国外中间商,并与之加强合作,同时要为他们提供较好的条件,使之能长期为企业服务,从而保持企业国外分销渠道的持续性。

(二)国际分销渠道控制的作用

国际分销渠道控制的作用主要体现在以下方面:

(1)控制是实现国际分销目标的保证,能有效地使计划更符合环境现实。

(2)控制是发现问题、提高组织效率的重要手段,有利于企业少走弯路,降低失误对企业目标的影响。

(3)控制是一种动态的、适时的信息反馈过程。通过沟通发现问题、解决问题,解决问题的过程其实就是创新的过程,所以它是渠道创新的推动力。

(三)国际分销渠道控制的程序

对国际分销渠道的控制主要包括专门管理、健全档案、适当鼓励、定期评估、有效监督和及时调整等几项工作。

1. 专门管理

出口企业,尤其是经常开展国际营销活动的大型企业,一般应设立管理国际市场分销渠道的专门机构,至少要有专人负责这项工作,以加强对分销渠道的专业化、系统化管理。

2. 健全档案

与国内外的企业、银行、咨询机构及政府等保持经常性的联系,不断收集、分析、整理有关中间商(重点是本企业客户)的资信材料。

3. 适当鼓励

中间商需要激励以尽其职。如何调动渠道成员的积极性、加强其责任心,是渠道成员管理的一个重要方面。常见的措施包括以下五个方面。

(1)开展促销活动。生产者利用广告宣传推广产品,一般很受中间商的欢迎,广告宣传费用可由生产者负担,亦可要求中间商合理分担。生产者还应经常派人前往一些主要的中间商那里,协助安排商品陈列,举办产品展览和操作表演,训练推销人员,或根据中间商的推销业绩给予相应奖励。

(2)资金支助。中间商一般期望生产企业给予他们资金支助,这可促使他们放手进货,积极推销产品,一般可采取售后付款或先付部分货款待产品出售后再全部付清的方式,以解决中间商资金不足的困难。

(3)协助中间商搞好经营管理,提高营销效果。

(4)提供情报。市场情报是开展市场营销活动的重要依据。企业应将所获得的市场信息及时传递给中间商,使他们心中有数。为此,企业有必要定期或不定期地邀请中间商座谈,共同研究市场动向,制定扩大销售的措施或为中间商合理安排销售提供依据。

(5)授予中间商以独家经营权。即指定某一中间商为独家经销商或独家代理商,这种做法能调动中间商的经营积极性。

对中间商给予适当的鼓励,目的是促使双方友好合作、互利互惠、融洽感情。企业在采用这些方法之前必须进行调查研究,了解中间商的经营能力和经营现状,预测市场潜量,并将采取这些做法的成本与可能带来的收益进行权衡比较,看看是否值得这样做。再者,不同国家的中间商,同一国家中不同的中间商以及同一中间商在不同时期都可能有不同的困难和需求,企业应因人、因地、因时制宜,选择最能解决中间商困难、最能满足中间商需求的方法来调动其积极性,这样才能使激励措施达到预期的效果。

4. 定期评估

国际营销企业应定期对分销渠道进行评估。评估可从两个方面入手:一是对分销渠道系统结构进行评估。可以通过对消费者或用户需要的分销渠道的服务水平、产品在国际市场的覆盖面、促销效果、分销系统费用等方面进行评估,判断分销渠道是否符合市场需求,企业是否达到预期的销售目标,经济效益如何。二是对分销渠道的中间商进行评估。对国际中间商的评估可从中间商的销售额、市场开拓能力、存货管理水平、货款回收状况、向顾客提供的服务水平、与企业的合作态度、对产品的忠诚度等方面做出评估,以便发现分销过程中存在的问题,有利于对中间商进行有效的控制,提高分销渠道的效率。对于中间商的管理和控制,要求生产企业与中间商事先对评估内容和标准达成一致共识,并以协议形式固定下来,以利于生产企业对中间商的评估。通常情况下,在国际营销中获得成功的企业都能够对分销渠道进行较好的评估与控制。

5.解决渠道冲突并协调渠道关系

分销渠道可能发生的冲突主要有生产企业与中间商的冲突,如双方发生促销费用争议、中间商未按时付款、中间商销售竞争者产品、中间商未执行生产企业的销售政策等,以及企业所使用的中间商之间的冲突,如中间商为了争夺市场而进行价格竞争等。生产企业必须对分销渠道的多种矛盾进行及时恰当的解决,否则将影响企业营销目标的实现。第一,中间商必须正确对待渠道冲突。生产企业与中间商经营产品的目的都是获得利润,所以必须客观地照顾到双方利益,从对方的角度考虑问题,才有利于解决矛盾。第二,生产企业与中间商要加强沟通,加深了解。许多矛盾是由于沟通不利造成的,应保证双方信息沟通及时、通畅,可以避免许多不必要的冲突。第三,双方必须协商制订经营活动目标和计划,使双方的营销活动有遵循的依据,便于企业进行渠道评估和控制。

四、改善国际分销渠道

根据对分销渠道成员的评估结果、企业的营销目标、消费者购买模式的变化、市场的逐步扩大等因素,企业需要适时地对分销渠道进行调整。企业对分销渠道的调整方式主要有三种:一是增加或减少个别渠道的中间商。对于某些不能很好地完成既定的销售计划,不积极合作,效率低下的国外中间商应中止与其的业务关系;根据业务发展的需要,通过认真评估,吸收业绩良好、市场形象好的国际中间商加入分销渠道。二是增加或减少某一分销渠道。除了对分销渠道的个别中间商进行调整外,有时企业还必须增加一些分销渠道,或者撤销一些老渠道以适应环境的变化。三是调整整个分销渠道,即建立一个新的分销渠道系统,如汽车生产企业要中止和所有经销商的关系,转而建立能完全被自己控制的自销系统。

知识阅读

企业中止与国外中间商的关系时一定要慎重,这在美国相对容易操作,但在有些国家却非易事。如在洪都拉斯,企业如与当地代理商中止一个代理协议,必须向该代理商支付相当于五年的毛利,并补偿该代理商所进行的一切投资和各种附加开支。可见,更换中间商是一个相当复杂的工作,有时企业必须花费很长时间并付出很高代价。是否需要更换中间商,企业一定要权衡利弊得失,然后再做出决定。在挪威,制造商若要更换代销商必须列举其不称职的真实依据,即使解除了分销关系,也必须支付一大笔钱予以补偿。

第四节 国际物质分销

一、国际物质分销的重要性

物质分销又称实体分销、物质流通、物流等,是指产品实体从生产者手中运送到消费者手中的空间移动过程。其基本功能是通过选择一种可靠的运输方式在方便的时间和地点,以适当的价格向购买者提供所需要的产品。

与国内物质分销一样,国际物质分销主要包括商品的包装(保护性包装)、装卸、储存、运输、加工整理等。其中储存与运输是物质分销的核心。但在国际市场营销中,企业必须面对不同于国内的物质分销机构(如运输公司、仓储公司)、物质分销习惯和繁杂的手续以及相关的社会文化、政治法律、经济和技术环境。国际物质分销中的产品移动距离、所需耗费的时间和费用一般也要多一些。因此,国际物质分销比国内物质分销复杂得多。

物质分销在国际市场营销中的重要性尤为突出。例如,在国内,若给消费者发送货物的过程出现了失误,通常可在几天内纠正。然而,在国际市场营销中,若货物无意错送到另外一个国家,不仅耽误的时间长,而且还可能带来严重的后果,诸如导致装配线停产,或要向客户大量赔款。物质分销的重要性主要体现在以下几个方面。

(一)物质分销是实现整合营销的重要一环

现代市场营销的本质在于以市场为中心,以顾客的需求为出发点,通过产品、价格、分销、促销等营销工具的整合运用来满足消费者的需求。整合营销要求各种营销工具能够实现最佳组合,相互协调和配合,综合性地发挥作用,进而实现企业的战略目标。物质分销作为营销过程中的一个重要环节,它的运行状态会直接影响和制约其他营销工具的效用。例如,在产品符合顾客的需要、制定的价格合理、营销沟通已将有关的产品和销售信息传达给顾客的情况下,如果不能将产品及时、安全、准确地交付给顾客,也将影响企业产品的销售及影响整个营销系统的效率;而对企业而言,它不仅可能失去销售机会,而且还会影响企业的形象和声誉。

(二)物质分销是最后完成销售的保证

交易的达成主要是产品所有权的转移,只有在产品的实体转移后才能最终完成销售。换言之,交易的达成是物质分销的前提,物质分销则是销售的保证。

(三)物质分销的效率与质量关系着顾客的满意度

物质分销在三个方面影响顾客的满意度。一是产品的可获性。物质分销能否将产品及时地运送到顾客方便的购买地点,是顾客评价企业分销服务水平的一个重要指标。二是产品的安全性。产品实体在分销过程中应完整无损地转移到最终用户或消费者手中。三是分销过程的经济性。在保证产品安全的前提下,企业应选择最经济的物质分销方式和路线,以节省成本、降低物质分销的费用。因为物质分销费用的节省有可能降低产品售价,避免增加消费成本。

(四)物质分销的运行状态影响着企业的经济效益

如果企业能够建立高效的物质分销系统,合理安排产品的实体流通,加快流通速度,节约流通费用,在此基础上提高对顾客的供货服务水平,提升顾客的满意感,则必能改善企业的经济效益。

二、国际物质分销目标

企业的国际物质分销目标是以企业战略目标和销售目标为基础的,是为实现企业营销总目标而确定的一个次级目标。同时,它又是企业制定物质分销策略和物质分销管理的依据。归纳起来,国际物质分销目标可分为以下几类。

(一)经济性目标

经济性目标指企业以降低运输、储存、装卸等费用作为国际物质分销的目标。追求物质分销中的规模经济效益就是经济性目标的一种具体体现。要实现这一目标,企业应把实体分配中的各项费用作为一个整体,在不断改善服务的前提下,力求降低总费用的水平。因为各项费用是相关联的,例如以水运代替陆运可以减少费用,但却使资金周转延缓。又如虽节省了包装费,但可能加大运输中的损耗,因此要从整体上考虑其经济性。

(二)安全性目标

安全性目标,即企业把保证按照正确的数量与质量,准确、及时、完整地将产品运送到指定的地点作为国际物质分销的目标。一般来说,安全性越高,代表着服务水平越高,顾客的满意度也就越高。

(三)灵活性目标

灵活性目标,即企业必须保证和提高物质分销系统的灵活性和应变能力。在国际市场营销中,不断地跟踪企业环境的变化,特别是现代通信、交通运输、自动化、集装箱等技术的变化对物质分销系统做出调整和改进。在那些环境变化快的市场中,保持物质分销系统的灵活性往往是企业在国际物质分销决策和管理中的首要目标。

(四)方便性目标

企业在建立国际物质分销系统时,有时可能会选择以尽可能地方便顾客购买作为国际物质分销的目标。如日用消费品的国际分销中就往往以方便性作为企业的物质分销目标。

当然,除了上述几类目标外,企业在国际市场营销中可能还会制定其他物质分销的目标,如扩大市场覆盖面的目标。而且这里列举的几类目标之间,往往是相互矛盾的。例如,要提高顾客购买的方便性通常就需要以牺牲规模经济为代价,因此在同一时期应注意不要同时确立几类相互矛盾的目标,否则,会在物质分销中引起混乱。

三、国际物质分销渠道管理

在国际物质分销中,成本费用上升和决策失误是两个值得注意的问题。一般来说,国际物质分销渠道系统的设计和管理不能以国内的业务经营为准则,也不能仅仅从自己的业务角度出发制定决策,它必须考虑企业市场营销整体活动与企业外部环境的协调,特别是与国际市场文化、政治、法律和经济环境的协调。要做到这一点,企业开展国际物质分销活动时,就必须以市场为出发点,充分考虑目标市场用户的位置、中间商和用户对产品流通的便利性需求以及竞争者的服务水平等,并在此基础上制定出有效的国际分销策略,不断改善对顾客的物质分销服务。国际物质分销管理主要包括订货决策、存货控制、仓库管理及运输方式的选择等。

(一)订货决策与存货控制

企业在制定国际物质分销策略时,需要在服务水平与服务成本间寻求一个平衡点。因为要提高物质分销的服务水平,企业就需要增加存货,采用最迅速、最周到、最安全的方式将产品实体运送到顾客的手中。然而随着服务水平的提高,分销成本会不断增加,而且当服务水平接近100%的顾客满意水平时,分销成本会直线上升。为此,企业必须确定科学的订货量和订货点。首先是订货数量总是在供应较充裕、销售量较均衡的情况下,企业要权衡进货费用和储存费用,求得总费用最少的进货数量,达到经济合理的储存量,即经济批量。进货费用包括订购费用、运输管理费用、行政管理费用和货品检验费用等,这些费用与进货频率(次数)有关。储存费用包括财务费用、保管保养费用、搬运费等,它们与进货数量有关。

其次是订货点问题。当存货随着销售下降到一定数量时,就要求购进下一批商品,这一数量水平称为订货点。其计算公式如下:

$$订货点存储量=(备运天数+误期天数)×平均销售量$$

式中的备运天数包括提出订单、办理采购手续、在途运输和验收入库等时间。误期天数乘以日均销售量实际上是企业根据历史资料和管理水平而确定的保险储备量。

(二)仓库决策

依据企业是否拥有仓库的所有权,仓库可分为自有仓库和公共仓库,而根据仓库的业务性质又可分为贮存仓库和分配仓库。自有仓库的所有权归制造商、批发商、零售商等工商企业拥有,主要用于本企业的商品储存、分配之用。公共仓库则由仓储经营机构所拥有,主要用来向社会出租仓位而获利。公共仓库包括一般商品仓库、特殊商品仓库、冷冻仓库和保税仓库等。使用公共仓库时,租赁企业只要支付仓位租金,就可以享受相应的仓储服务,而不必负担建立自有仓库的投资和增加管理费用。但使用公共仓库的租金相对于使用自有仓库的日常费用一般要高一些。如果储存商品是经常性的、数量大,则使用自有仓库会经济一些。企业在国际市场营销中除了要决定使用公共仓库还是自有仓库之外,还要对仓库位置做出选择。企业在选择仓库位置时要注意以下几点:

(1)用户的地理分布和要求的运输量。由于运费等于运输量、运输里程和单位运价三者的乘积,所以仓库位置应选在运输吨公里最大的用户的位置。

(2)用户要求的服务水平。在运输方式既定的情况下,仓库位置应尽可能放在能够满足主要客户订货要求的位置上。

(3)仓库位置与仓库数量的配合关系。仓库数量多,较容易满足客户的需求,总运输费用也相对较低,但仓储费用会增大。仓库数量少,仓储费用会低些,但运费会增大,运输时间会加长,因此可能会降低顾客服务水平。

(三)货物运输决策

国际物质分销对商品运输的基本要求是使商品按照合理的流向,力求以最短的运输里程、最少的转运环节、最省的运输费用、安全完好地从产地运送到销地。在海外货运与在国内相比情况要复杂得多,不仅耗时长,中间环节多,而且托运人在相当长的时间内失去对自己货物的控制权。运费是国际货物运输的主要因素。降低运输费用可相应降低商品价格,提高商品竞争力。在货物运输过程中也应尽量减少中转环节,避免多次装卸,确保货物安全。货物运输一般应做好以下几个方面工作。

1.要合理选择商品运输方式

主要运输方式有公路、水路、铁路、航空和管道运输等。铁路运输的特点是运量大,运输速度快,费用较低廉,安全可靠,比较准时,适合于长距离运输;缺点是不够灵活机动,调度比较缓慢。公路运输灵活机动,服务面广,速度也较快,但费用较高,一般适合中小数量商品的短距离运输。水路运输可分为远洋运输、沿海运输、内河运输三种形式。它的特点是运量大,运价低,适宜于数量庞大、价值低的商品运输;缺点是速度慢,安全性和准时性较差。航空运输的最大特点是速度快,适宜于运距长、时间性强的商品运输;缺点是运费高,且受航线和机场影响,服务面较窄。管道运输具有运送速度快、运量大、损耗小等优点,适合于液气体商品的运输,但管道运输货物单一,机动性小。在具体组织商品运输时,企业应根据商品的特征、数量、价值、市场需要的缓急情况等,结合各种运输方式的特点进行正确的选择,主要标准应是运费省和运送快。

2. 在条件允许时组织直达运输和"四就直拨"运输

直达运输是指产品自生产企业直接运往销售地和主要用户手中,中间不经过任何转运环节和中转仓库。"四就直拨"是指就站就港直拨和就厂就仓直拨。就站就港直拨是指产品由生产企业运送到目的地车站或港口后,直接送交需用单位,无须经中转仓库分装整理。这样可以减少商品的装卸次数,加速商品运送。就厂就仓直拨是指按销售合同,就厂或就仓将商品验收分装后,直接发送给需用单位,或由需用单位自提。这样也减少了中间环节,可以缩短运送时间。

3. 加强商品运输的计划性

搞好物流计划工作不仅是降低运费、加快商品运送速度、提高运输效率的需要,而且也是实现产、运、销整合的需要。要加强运输的计划工作,应处理好运输计划与生产计划和销售计划或销售合同之间的衔接。销售计划或销售合同是整个计划工作的起点,运输计划是完成销售计划的保证,而生产计划的完成又是保证按计划发货的前提。

本章小结

1. 分销渠道是指将产品或服务从生产者向消费者转移的过程中,取得这种产品和服务的所有权或帮助所有权转移的所有企业和个人。分销渠道包括中间商和代理中间商、生产者、最终消费者或用户。
2. 国际分销渠道的长度是指渠道中所包含中间商的层次的多少。直接渠道是指企业在其分销活动中不通过任何中间商,而直接把产品销售给消费者的分销渠道。常见的直接渠道包括电视购物、网络销售、生产商自有门店。间接渠道是指企业通过一个以上的中间商向消费者销售产品的分销渠道。
3. 企业在选择国际分销渠道时一般要考虑六个因素:成本(cost)、资金(capital)、控制(control)、覆盖(coverage)、特性(character)和连续性(continuity)。这六个因素被称为分销渠道的六个"C"。
4. 企业的国际物质分销目标是以企业战略目标和销售目标为基础的,是为实现企业营销总目标而确定的一个次级目标。同时,它又是企业制定物质分销策略和物质分销管理的依据。
5. 在国际物质分销中,成本费用上升和决策失误是两个值得注意的问题。

思维导图

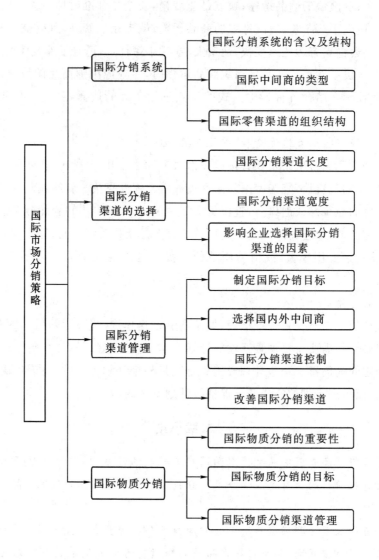

 案例分析

沃尔玛与宝洁合作

一份战略联盟协议让沃尔玛和宝洁化干戈为玉帛,成为供应链中的合作伙伴,从而结束了二者长期敌对的局面。

宝洁是消费型产品的全球领导者,零售巨头沃尔玛是它最大的客户之一。在20世纪80年代中期,这两家巨型企业之间的关系变得剑拔弩张。宝洁的促销力度很大,给零售商很大的折扣优惠。沃尔玛趁机以超出常规的购买量大量吃进并囤积宝洁的产品。

这就给宝洁造成了很多麻烦,它生产太多,伤害了现金流。为了提高现金流,宝洁于是提供更多的推广优惠,而沃尔玛的反应是买得更多,于是这两家公司之间的恶性循环就这样持续下去。凯梅尼和亚诺威茨在《反省》(Reflections)一书中对此的描述是:"两家公司所采取的应对措施都在尽力破坏对方成功的可能性。"

于是,宝洁下决心要化敌为友,向沃尔玛抛出了成立战略联盟的橄榄枝。

"第一个难题是如何组建一支由双方的管理人员所组成的运作团队,"凯梅尼和亚诺威茨说,"他们举行了数天的研讨会,通过运用系统思维工具,在共同的商业活动将会给双方带来的结果方面达成了共识。来自宝洁和沃尔玛的管理者们发现,彼此的举措原来可以是合理的,而不是自利的行为。"

充分理解对方的需要之后,这两家公司在双赢战略的基础上开始合作,而宝洁也无须再向沃尔玛提供折扣。"这个战略实施非常成功,于是被推而广之。宝洁甚至几乎停止了所有的降价推广活动,为此它几乎得罪了整个零售业。但是这样做的结果却是,宝洁的盈利大幅攀升。"

为了使合作可以运转,这两家公司把软件系统连接到一起,很多信息都实现了共享。当沃尔玛的分销中心里宝洁的产品存货量低时,它们的整合信息系统会自动提醒宝洁要补货了。

该系统还允许宝洁通过人造卫星和网络技术远程监控沃尔玛每个分店的宝洁产品专区的销售情况,而网络会把这些信息实时反映给宝洁的工厂。宝洁的产品无论何时在收银台扫描,这些工厂都可以知道。这些实时信息使宝洁能够更准确地安排生产、运输,以及为沃尔玛制订产品推广计划。

资料来源:www.hishop.com.cn/products/efx/show_18854.html。

讨论和学习问题

1. 宝洁和沃尔玛是怎样从制造商和零售商的敌对关系转化为双赢合作关系的?
2. 此案例对中国的企业有何借鉴意义?
3. 通过登录美的官网(https://www.midea.com/cn)和上网搜集资料,对比指出美的集团和攀钢集团的合作与案例中的战略联盟有什么不同。

思考与问答

1. 国际中间商有哪些类型?
2. 简述批发商与零售商之间的联系和区别。
3. 目前,一些制造商热衷于选择直接分销渠道,即越过中间商,自设销售点,批发商感到了困难,请你试析应采取的对策。
4. 影响国际分销渠道选择的因素有哪些?
5. 国际分销渠道管理包括哪些内容?
6. 研究大众汽车品牌的在线销售案例,说明其是如何进行互联网时代下的国际分销渠道管理的?

第十六章　国际促销策略

> **学习目标**
> 1. 掌握国际广告策略
> 2. 掌握国际市场人员推销的特点和类型
> 3. 掌握国际销售推广的类型及具体策略
> 4. 理解国际公共关系的内容和战略战术
> 5. 能灵活运用国际市场营销的促销策略

 导入案例

看宜家如何实行本土化营销另类创意盘点

宜家在全球推行高度本土化的营销政策。在瑞典总部的指导方针下,各地采用新颖奇特、"离经叛道"的非传统营销方式,在全球范围内产生了无数令人大跌眼镜的另类创意,大大激发了人们的灵感。

在中国,宜家选择了北京的20座旧公寓楼,对楼内电梯进行了改造。在电梯内,宜家为电梯操作员准备了小橱柜、茶壶、咖啡杯和凳子,还有产品目录供他们散发。布满整个电梯内壁的大幅海报,以直观逼真的方式展示了宜家产品装饰的样板间,并向人们表明:无须花费太多,宜家就可以为你创造一个富有现代感、舒适怡人的居住空间。

在新加坡,宜家与维亚康姆的尼克少儿频道合作展开了"由尼克接管你的房间"的促销活动。经由宜家进行了重新装饰,四个孩子的卧室看起来就像是电视演播间。在这里,孩子们自己主持的专题节目通过有线网播出。

在德国,宜家还"接管"了火车站,在天花板上悬挂灯罩,并用色彩鲜艳的织物打扮光秃秃的墙壁。这是一种无声的证明:新的照明和色彩能够改善环境。

在英国,宜家以"生活无限"作为宣传主题,具有极强的现代气息和煽动力。

宜家卓越的创意获得了广泛的认可,连戛纳金狮国际广告节都请宜家人担任媒介评委。这也是戛纳首次邀请营销人员担任评委,足见宜家创意的巨大影响力。

资料来源:http://news.jc001.cn/detail/515254_2.html.

第一节　国际广告策略

随着经济全球化和跨国公司的发展,国际广告在国际市场中的地位越来越重要。在国际市场上做广告或进行推销活动,其基本活动规律与国内市场是相同的,有些做法也是通用的。但由于国际市场的环境比较复杂,各个国家的经济发展水平和民族文化习惯不同,它们对广告所持的态度也各不相同。所以,在制订国际广告计划时,就要了解各国的具体情况和对广告的不同态度,采取相应的做法和策略。国际广告策略便是解决如何有效地执行并实施广告信息传播这一问题的策略。

一、国际广告概述

(一)国际广告的含义

国际广告,是指广告主通过国际性媒体、广告代理商和国际营销渠道,对进口国家或地区的特定消费者所进行的有关商品、劳务或观念的信息传播活动。它是以本国的广告发展为母体,再进入世界市场的广告宣传,使出口产品能迅速地进入国际市场,为产品赢得声誉,扩大产品的销售,实现销售目标。

(二)国际广告的特点

同国内广告相比,国际广告由于其诉求对象和目标市场是国际性的,广告代理是世界性的,因而有自身的一些特点。这是因为不同的国家和地区,有不同的社会制度、不同的政策法令、不同的消费水平和结构、不同的传统风俗与习惯、不同的自然环境、不同的宗教信仰以及由此形成的不同的消费观念及市场特点。

1. 国际广告必须考虑进口国的经济环境

进口国的经济环境主要有消费者经济条件、经济形势和市场竞争程度三个因素。国际广告在投放时必须加以考察和衡量。

2. 国际广告必须适应东道国的文化

由于各国文化背景的不同,一个社会或民族的风俗习惯对其消费嗜好和消费方式起着决定性作用,对于图案、动物、花卉和食品等的偏好常常制约着对产品的选择。国际广告要想获得成功就必须进行文化分析,根据各国文化的差异性来设计自己的广告策略。这样才能不触犯当地的文化传统、生活习俗和宗教禁忌等,并且比竞争对手更能满足消费者需求,取得竞争优势。

3. 国际广告应遵守各国对广告的管制

各国法律制度存在差异,政府对于广告业的管制也不尽相同,这些因素必然对外国企业在当地的营销实践产生种种直接或间接影响。在产品进入国外市场之际,便将受到许多法令规章的限制,而广告活动所受到的限制最为严厉。此外,各国政府对一些较敏感的产品往往会限制其广告促销活动。还有许多营销者意想不到的政治法律因素会影响企业在国外市场的成功。

4. 国际广告要注意各国不同的环境

不同的自然环境、收入水平以及文化教育水平和语言文字特点会影响不同国家消费者的消费倾向和消费方式。在国际广告推广前夕,营销者必须对于东道国市场做充分的调研。想要取得成功,国际广告必须注意这些因素。

(三)国际广告发展概况

广告作为一个行业的形成,是以专门的广告公司(advertising agency)出现为标志的,于19世纪初兴起于西方。回顾两百多年来国际广告业的发展历程,可以勾勒出一条十分明显的发展轨迹:媒体附庸→独立中介→专业服务→促销先锋→生活导向。目前,广告行业成为越来越引人注目的热门行业,在当今社会中发挥着越来越重要的作用。

广告业作为市场经济活动的伴生物,是经济活动最灵敏的晴雨表,广告业的发展状况反映了经济活动的冷热,同时非常明显地受到经济活动的影响。当前,国际经济活动的两个特征越来越明显:一是全球化。由于经济运作关联性日益增强,各国之间的经济形成千丝万缕、密不可分的关系,国际贸易数量有增无减。全球大市场的形成,加速了跨国大企业的对外扩张倾向和活动,市场竞争更加激烈。这种经济全球化强烈地影响各种具体产业的发展,比如,与广告业密切相关的世界商品零售业,也趋向全球化,美国、法国等国大型超市和连锁店持续向海外扩张。二是数字化。互联网以惊人的速度在普及,数字卫星电视频道不断开通。数字化使信息沟通的速度和效率都在加强,双向式使信息沟通更为有效。数字化正逐渐改变人们的生活和消费,也在逐渐调整经济的结构和产业的形态。经济活动的这两个倾向自然而然地影响到对新变化无比灵敏的广告活动,广告活动的变动反过来又促进经济活动朝全球化和数字化发展。在这种全球化和数字化的背景下,全球广告业正在发生和即将发生着许多变化。

1. 广告内涵的扩大

广告向来被认为是营销4Ps中促销的重要部分,被界定为通过大众媒体向特定目标受众传递商品或服务信息的付费的传播形式。因此,广告一般被限定在电视等四大媒体以及户外广告上。广告公司的经营除了整体策划外,就是媒介代理。但是,随着消费市场和媒介发生了巨大变化,消费者选择余地更大,这时,仅仅单向性的说服性广告效果逐渐减弱,广告主必须认真了解消费者的需求和反馈,需要双方良好的沟通;再者,可供广告主选择用来传递信息的媒介形式日益增多,传统媒体已经无法满足广告主的需求。于是,人们谈到广告,其所指的内涵已经比原来大大扩大了。主要表现在以下几个方面。

(1)从消费者到生活者。以前,广告业使用消费者这个概念,消费者一般指购买或使用某产品或服务的人。广告要影响的对象是消费者,于是,人们努力研究作为消费者的个体或群体的各种消费行为、消费心理以及媒介接触习惯等,以期找出其消费活动规律,制定相应的策略。生活者概念的提出是一次巨大的观念转变,消费者被还原为实际生活中的人,消费活动仅仅是人们的日常生活中的一个小小组成部分,除此之外,还有娱乐、学习、交友、休息、社区活动等不同的生活方式,以及人们的生活态度、价值观等,这些活动显然与消费活动密不可分。广告要达到良好的信息沟通,就必须深入人们的生活,研究生活者的生活方式、生活态度、行为方式,才能有良好的沟通,才能卖出自己的产品。广告显然已不是传递产品或服务信息那么简单了,而已深深地融入人们的日常生活。

(2)从单向的说服性传播到全方位的信息沟通。广告不再是广而告之一定的商品或服务信息就够了。在当今信息社会里,每位生活者获得信息的渠道越来越多,四大媒体仅仅是其获得信息的一小部分渠道而已。面对越来越多的信息,生活者只能凭主观感觉非常迅速、浅层地进行处理。在这种情况下,作为信息发送者,广告主的信息很容易被生活者所忽略或误解,沟通也就无从谈起。因此,广告主只有根据目标生活者的实际生活形态,采取全方位的信息沟通策略,也就是利用一切可能利用的信息渠道,尽可能地把同一信息传递给生活者。在这个过程中,还必须随时了解生活者的反馈,以便及时做出调整。这样,广告主可以利用的媒体就远不止四大媒体,凡是能够传递信息的载体,如体育、文艺、社会活动、公关宣传等,都成为广告主与生活者沟通的有效媒体。这种理论在广告业中的实际应用,就是整合营销传播(IMC),即综合、协调地使用各种形式的传播方式,传递本质上一致的信息,以达到宣传目的的一种营销手段。近年来日本比较流行的"企业沟通"理论,实际上与此同出一源。

(3)互动广告的出现与发展。与广告内涵的变化紧密相关的是互动广告的出现与发展。互动广告使得生活者能够即时与广告进行深入的双向交流,使其与品牌的对话随心所欲。一方面,生活者有幸减少无用广告的骚扰,而只对他感兴趣的内容深入接触;另一方面,广告主也可以通过互动广告搜集对其产品进行过深度了解的生活者的情况,以便与这些具有购买意向的生活者培养一种更加密切的关系,企业的营销投入才会更具实效。

2. 广告主营销观念及其对代理商选择的变化

在竞争日益激烈的市场,广告是否有效,广告公司固然负有重要责任。不过,广告毕竟只是营销中的一环,任何广告方案也最终由广告主决定。因此,广告主对营销的态度及对广告代理商的选择,是决定性的因素。

(1)重视品牌资产。在产品高度同质化的今天,消费者很难区分不同企业同类产品的差别,或者即使能够区分,这种差别实际上也并不重要。消费者更多地根据品牌来选择产品,因此,品牌成为企业的竞争优势,是企业的资产。这一点虽然早已得到公认,但是由于竞争激烈,为了提高销售额,很多广告主忽略了对品牌的培育,追求短期利益,结果损失更大。在这种情况下,不少广告主开始重新坚定信念:要以长期的一系列策略来保护自己的品牌。只有强大的品牌才能持久。宝洁在一度走过弯路之后,宣布自己的各种品牌正重新获得应有的重视和培育,重新强调品牌经理要以消费者研究专家的身份,与宝洁产品开发和营销人员协同工作。BBDO 的前总裁菲尔·杜森伯里提醒大家:消费者不会放弃品牌,只有品牌放弃消费者。重视品牌使得广告主能够从长远和全局的观点来审视每一个营销计划和广告计划。

(2)尝试联合营销。近年来国际上采用联合营销方式的广告主越来越多。联合营销在日本也称共策广告,是指具有互补性(如产品功能、企业的营销策略)的广告主基于共同的利益,采取互相合作的营销方式,如共同发布广告、联合进行促销等。《荆轲刺秦王》在日本上映期间,就与某品牌方便面共同发布广告,巩俐作为该品牌方便面的代言人,该方便面企业出面购买媒体。联合营销费用一般根据协议来分担。联合营销不但可以节省营销费用,更重要的是能起到 $1+1>2$ 的作用。

3. 互联网广告发展迅速

自 1995 年开始,国际上就出现了提供互联网广告服务的相关机构。发展到 2000 年,国外互联网广告服务已发展成为成熟、正规的行业。有大批的专业公司、专业的技术人员在为广大客户提供全方位的互联网广告服务。根据 PWC 的数据,2012 年全球网络广告市场规模达到 1002 亿美元,同比增长 17%,占全球广告市场规模比重达到 20%。

2015 年,全球互联网广告支出达到 200 亿美元,根据前瞻产业研究院初步统计,2021 年,全球互联网广告规模将超过 4600 亿美元。2018 年英国数字广告规模达到 134.4 亿英镑,增长 15.07%;2020 年英国互联网广告支出达到 164.7 亿英镑。

美国是全球最大的互联网广告市场,2012—2020年,美国互联网广告规模呈现出上升的趋势。其中,美国2013年的网络广告营收超400亿美元,首度超过广播电视;2018年,美国互联网广告市场规模超1000亿美元,同比增长30.89%;2020年美国互联网广告规模超过1400亿美元。

4. 国际广告规模不断扩大

伴随着国际贸易规模的不断扩大,国际广告行业迅速发展,在当今社会中发挥着越来越重要的作用。根据数据统计,2016年全球广告支出总额达到5421亿美元,较上年增长4.4%。就规模分布来讲,尽管新兴市场增长迅猛,但美国仍然是全球新增广告支出的最大贡献者。智研咨询发布的《2022—2028年中国广告行业运营现状及投资潜力研究报告》显示,2021年全球广告行业市场规模受疫情影响开始恢复,市场规模达6825亿美元,同比增长17.05%。预计2022年全球广告支出增长9.16%,广告市场规模达到7450亿美元,比2019年疫情前的支出水平高出1172亿美元。预计2023年全球广告支出将增长4.55%,2024年将增长5.82%。从主要地区看,2021年全球广告支出主要分布在美国、中国、日本、英国和德国等地。其中,美国广告支出最多,占总支出的37.80%,中国占比17.60%,日本占比9.40%,英国占比5.10%,德国占比2.80%。从各渠道广告支出占比看,2021年数字广告支出占比最多,占比为52.9%。电视机、刊登、户外广告、无线电广播和电影院等分别占比28.3%、7.8%、5.4%、5.3%和0.3%。

二、国际广告策略的内容

国际广告策略,是指国际广告的信息传播策略。由于国际广告活动是在国际市场范围内展开的,它必须要解决的一个重要问题就是如何以有效的策略执行并实施广告信息的传播。国际广告策略有一体化策略和本土化策略。

(一) 一体化策略

一体化策略,就是以统一的广告主题和内容、统一的创意和表现,在各目标市场的国家和地区实行一体化的信息传播。它认为尽管各国的文化差异是显著的,但人性是共通的,人人都具有对美、健康、安全等的需要。世界正趋向于一体化,使人们也拥有了更多的共同需要和喜好,国际广告的一体化正顺应了这一历史潮流。

1. 一体化策略的优点

实行一体化的国际广告策略,有利于实现生产与分销的规模经济,将相同主体、相同创意的广告投放于国际各个市场与地区,随着市场的不断扩大,企业将实现规模经济,降低广告的宣传制作成本。

同时,一体化策略可以帮助企业树立清晰的、全球一致的品牌形象,世界各地的消费者通过广告对该品牌拥有一致的品牌印象,加速品牌的国际化推广。

因为广告主题包含了人性的共同点,易于被各地消费者接受,而广告策划不用费心费力地对不同地区进行人文调查,因而广告可以快速投放,有利于产品迅速进入不同市场,为企业在前期争夺市场的竞争中占据先机。

2. 一体化策略的限制条件

国际广告一体化策略虽然有利于建立全球性的产品形象、品牌形象、企业形象,而且便于执行,但实施国际广告一体化策略是有前提条件的,那就是广告产品自身的特点。首先,它必须具备世界性的共同主题,能符合各地消费者较一致的需求和期望。广告的最主要目的在于挖掘消费者的需求,迎合消费者的需求。在国际市场上实行一体化策略,首要条件是广告投放的各市场消费者需求期望一致,这样标准化策略才有实行的基础。如果各市场消费者需求不一致,则无法通过单独一条广告来开阔市场。实行一体化策略的典型案例,如万宝路、可口可乐、麦当劳这些产品本身就符合世界各地的消费者的需求和期望。

其次,广告所要宣传的产品本身的制作可以标准化并能够带来规模经济。企业在制定广告策略时,必须考虑广告的经济效益,只有能够带来规模效应的广告策略,投入其中的经济资源,能够给企业带来更高的经济效益时,企业才会选择在新的市场上投放标准化广告。

最后,各目标市场国对于广告进入的限制和法律法规约束不多,广告的主题和形式要求低,这样一体化国际广告才能相对宽松进入各市场,快速推广。

(二)本土化策略

所谓本土化策略,是指广告主根据目标市场的国家或地区的特点,采用有针对性的广告策略,制作具有不同广告诉求、广告创意和广告表现手法的广告作品。有学者认为,标准化广告策略只适合在文化类似的国家实行,广告活动必须考虑到国与国之间的文化差异。美国的宝洁公司和日本的松下电器,被视为当地化策略实施的佼佼者。

1. 本土化策略的优势

随着全球一体化进程的不断加快,企业也走出国门,走向国际市场。然而面对各国纷繁复杂的市场环境和社会特点,千篇一律的营销手段和广告宣传已经无法吸引消费者的眼球和热情,因此国际营销策略的本土化趋势已经越来越明显。而作为国际营销的重要手段之一的国际广告,在其品牌名称确定、广告语言运用、广告形象树立、广告代言人选择、广告创意设计方面也越来越遵循本土化策略。

各市场国经济发展程度、风俗习惯、法律环境的不同,消费者对于同一产品的需求和态度也不一样,相比于主题、形式统一的一体化策略,本土化策略更能迎合当地消费者的口味,更有助于品牌形象扎根于当地消费者内心。同时,本土化策略可以灵活调整宣传形式与主题,应对当地发生的重大事件和环境改变,更得心应手。最后,本土化策略可以灵活应对不同的法律法规的约束,专门的、有针对性的广告可以有效避免当地政府的管制和调查。

2. 本土化策略的具体实施

(1)品牌名称的本土化。品牌名称是产品的灵魂,是产品性质、文化内涵和特点的体现,也是一个品牌营销理念的缩影,更是一个品牌最直接、最有力、最持久的宣传。品牌名称被消费者的认知度和接受度在很大程度上影响着产品营销的效果和成败。而在品牌的国际广告营销中,不仅要保留原品牌名称的精华,还要兼顾受众国消费者的文化传统和审美心理。

 知识阅读

在品牌名称本土化方面,成功的典范不少。例如德国产的世界名车"奔驰",原文"Mercedes-Benz",进入中国市场,在翻译这一品牌时删除了复杂的 Mercedes,而"奔驰"二字既与"Benz"谐音,仅从名称当中就能让人领略到该车风驰电掣的雄姿,简洁而响亮。宝洁公司更是将旗下品牌命名与中国传统审美观结合得天衣无缝。宝洁公司在对中国充分调查研究之后发现,中国人在名称学上有非常明显的偏好,中国女性名称中,芳、翠、莲、婷、丽等非常多,其中,芳、翠等女性名称多为农村女性名称,而莲、婷等则偏重城市女性用名,凸显清新高雅的气质。而潘婷的目标消费群恰恰是都市的职业女性,因此潘婷这一名称与该洗发水品牌定位十分吻合。而飘柔更是将中国人心中美女的长发飘飘、温柔多姿的典型形象表现得淋漓尽致,使中国消费者非常容易接受这些品牌,并且向往和品牌名称一样的美丽脱俗。

(2)广告语言的本土化。语言是文化的载体,体现了文化。广告语言是语言的一种变体,同样蕴含或反映社会文化。因此,国际广告语言的选择过程中要充分挖掘广告语言的文化内涵,了解不同国家的社会历史背景、思维方式、生活方式、价值观念、社会责任和民族心理等方面,只有这样广告语言才能被受众国消费者接受,才能达到争取顾客,促进销售的作用。

在广告语言的选择上除了要充分考虑到不同国家的社会历史背景、思维方式、生活方式、价值观念、社会责任和民族心理,还要选择容易被消费者理解并记忆的语言,这样才能被受众国消费者理解,使广告具备"记忆价值""注意价值""可读性",快速传递信息并给人留下深刻的印象。

 知识阅读

日本三菱汽车公司进军美国市场时,就巧妙地借鉴了《美国独立宣言》中的一句名言"All men are created equal",创造了广告"Not all cars are created equal"。这则广告用 cars 替代了原句中的 men,将肯定句改为否定句,一下子就突出了该车的与众不同。这则广告由于套用了美国家喻户晓的名句,使人过耳不忘,也使三菱这一汽车品牌犹如《美国独立宣言》一般被全体美国国民铭记。

(3)广告形象的本土化。广告形象是品牌形象的一部分,是品牌形象化、生动化的扮演者,是企业品牌战略中的重要内容。例如:海尔的"海尔兄弟"、娃哈哈的"卡通形象"、米其林的"轮胎人必必登"、麦当劳的"麦当劳叔叔"、肯德基的"肯德基上校",这些广告形象早已成为令消费者能够一眼识别,而其他竞争者无法模仿的国际广告形象,也是品牌多年来全球统一的名片。然而统一并不意味着一成不变,细节之处的微妙变化,使这些广告形象更加本土化,更有受众国特色,也使消费者感到更加亲切。

(4)广告代言人的本土化。为了增加广告的影响力,越来越多的商家聘请各领域知名人物为产品代言,国际广告也不例外。当然一位享誉全球,具有国际知名度的代言人固然是理想的选择,但高昂的代言费无形地增加了产品的成本,而且这样的代言人毕竟屈指可数,所以为了降低营销成本,达到良好的广告效果,在选择代言人的过程中也要实施本土化策略。

 知识阅读

李宁公司为了品牌在国际的推广签约奥尼尔,这一重量级代言人一改"李宁"品牌柔弱的东方人形象,以其高大霸气的形象震撼世界,而李宁公司为 54 码大脚的奥尼尔推出的"SHAQ"系列,尤其是 2008 年的第四款"君临天下",与代言人的气质完美统一,快速打开美国市场。

当然代言人的本土化不是简单地挑选该国的知名人物就可以了,更重要的是代言人与所代言产品的内在联系,否则就会出现罗纳尔多代言金嗓子喉宝,不知这位足球明星,踢球用脑、用脚,与咽喉何干的窘境。

(5) 广告创意的本土化。首先,广告创意的本土化要求广告创意要符合受众国法律法规的要求。每个国家的广告法规都不尽相同,例如欧洲各国禁止播放涉及宗教、烟草烈酒和慈善事业等相关内容的广告,而中国广告中对酒类消费品的宣传是合法行为。在欧美许多国家,广告中借用国家象征图案是时尚的手法,而在以东方文明为核心文化内容的亚洲国家,擅用国旗国徽等指代性符号是违反法律的举动。因此,国际广告创意人员必须熟悉受众国的广告法律法规才能避免禁播封杀的厄运。

其次,广告创意的本土化要求广告创意符合受众国国情和风俗习惯。帮宝适最初进入日本市场时投放的广告大肆宣传超强吸收力,然而却忽视了日本当时的国情是日本妈妈大都不在外面工作,有充足的时间照顾宝宝,而且在日本,不管妈妈给宝宝使用纸尿布的吸收力有多强,妈妈忘了给尿湿的宝宝换尿布都是让人无法忍受的,所以惨遭失败。

最后,广告创意的本土化要求广告创意要尊重受众国的宗教信仰。日本索尼电视广告在泰国遭到排斥。因为广告片中释迦牟尼闭目入定,但一会竟然凡心萌动,睁开双眼,随着音乐不停摇摆……此时广告语亮出"索尼,让佛祖动心"。广告创意新颖奇特,但因为背离受众的宗教信仰,一度引发外交抗议。

总之,要实现国际广告的本土化策略,在品牌名称、广告语言、广告形象、广告代言人、广告创意方面都要充分考虑受众国的文化传统、风俗习惯、宗教信仰、法律法规、偏好禁忌、消费观念等,这样才能有效地传递信息,引起消费者的共鸣,达到促销的目的,成功地推广品牌形象。

无论是一体化策略还是本土化策略,在具体的实施过程中,如果过分强调本土化,则将造成广告信息的分散和损耗,不利于建立统一的品牌形象;而过分强调一体化,广告信息又会难以被各目标市场国所接受。在具体实施过程中,由于各目标市场国实际存在的差异性,国际广告一体化更多的是广告主题和广告基本模式的一体化,就是广告总部统一提出广告信息传播的主题和原则,确定广告的基本模式,由各市场国分部根据当地的具体情况来执行和实施。这实际上是一体化策略和本土化策略的融合与变通。

总之,出口商品首次进入国际市场,必须运用广告来迅速提高商品的知名度,增强当地消费者对商品的认识,才能打开销路。国际广告是出口商品顺利进入国际市场的开路先锋。

三、国际广告媒体及其选择

企业的国际化已成为一个不可避免的趋势。在这一过程中,正确运用国际广告媒介来宣传产品和塑造企业形象成为企业成功的一个关键因素。媒介选择的理论是普遍的,而其具体的实施却因国家的不同而相异。各国中那些能有效触及目标市场的媒介是最合意的。目标市场购买决策的影响者,并不总是和国内市场上的个体或集团相一致。不同家庭成员在消费品购买中扮演的相关角色,或是工业领域中的采购部门、工程师或总裁所拥有的购买决策地位也会因国家的不同而大有差异。那些当地情况的熟知者——广告代理商和该国中本公司的代表,将会大力参与到地方媒介的选择。

(一) 报纸杂志广告

报纸杂志广告是指刊登在报纸杂志上的广告。它的优点是发行频率高、发行量大、信息传递快、信息量大、易保存、可重复。但其缺陷在于通常仅有一种语言版面,并且在任何国家市场上仅有部分的覆盖面,以至于在一定范围内只能满足一种语言的读者阅读浏览。由于国际化杂志的有限覆盖面,它一般不适于刊登大众消费品广告。但是,对于一些工业品以及一些定位于富裕或前卫市场上的消费品和服务来说,国际化杂志可能会恰好满足广告主的需求。

(二)广播广告

广播是通过无线电波或金属导线,用电波向大众传播信息、提供服务和娱乐的大众传播媒体。在电视没有发展普及之前,广播是倍受人们欢迎的。电视的兴起,将大批广播广告客户拉走,曾经有人担忧地说:"广播广告注定要消失。"然而,从多年的发展趋势上看,广播广告的影响力仍然很大。广播广告的主要优点是信息传播具有即时性,传播范围具有广泛性,收听方式具有随意性,受众层次具有多样性。但是,广播广告也有稍纵即逝、传播方式单一、听众分散、宣传效果难以测定、缺乏视觉形象等不足之处。

(三)电视广告

电视广告是一种经由电视传播的广告形式,通常用来宣传商品、服务、组织、概念等。大部分的电视广告是由外面的广告公司制作,并且向电视台购买播放时数。电视广告发展至今天,其长度从数秒至数分钟皆有。各式各样的产品皆能经由电视广告进行宣传,从家用清洁剂、农产品、服务,甚至到政治活动。电视广告的优势有:视听合一,形象生动,感染力强;通俗易懂,覆盖范围和受众面广;播出方式灵活多样,"随意性"强,广告播出效率高;能连续播放,强化广告的记忆效果。但劣势在于:时间短,传播速度快,不易记忆;被动、强制接受,受众卷入度低,容易产生厌烦感。

(四)户外广告

户外广告泛指基于广告或宣传目的,而设置的户外广告物,常出现在交通流量较高的地区。常见的户外广告有企业 LED 户外广告灯箱、高速路上的路边广告牌、霓虹灯广告牌、LED 看板及安装在窗户上的多功能画蓬等,现在还有升空气球、飞艇等先进的户外广告形式。户外广告的优势是到达率高、视觉冲击力强、发布时段长、千人成本低、城市覆盖率高。但劣势在于宣传区域小,不适合承载复杂信息,传递时间短,被称为"眼球经济、三秒钟的竞争",信息更新相对滞后及广告发布不规范等。

(五)网络广告

网络广告是指在网络上做的广告,通过网络广告投放平台,利用网站上的广告横幅、文本链接、多媒体的方法,在互联网刊登或发布广告,通过网络传递到互联网用户的一种高科技广告运作方式。与传统的四大传播媒体(报纸、杂志、电视、广播)广告及近来备受垂青的户外广告相比,网络广告具有得天独厚的优势,即:受众范围广;交互性强;目标群明确;受众数量统计精确;实时、灵活、成本低;作为一种多维广告,能将文字、图像和声音有机地组合在一起,传递多感官的信息,让顾客如身临其境般感受商品或服务。但缺点在于受网络普及的限制,监管滞后,存在无序竞争,网络广告专业人员缺乏。

四、广告的预算和分配

广告预算是企业广告计划对广告活动费用的匡算,是企业投入广告活动的资金费用使用计划。它规定在广告计划期内从事广告活动所需的经费总额、使用范围和使用方法,是企业广告活动得以顺利进行的保证。

广告预算是广告战略策划的一项重要内容,是一项系统性工程。广告所有活动的实施,要以广告预算来支持。多数企业是依据广告预算来制定广告策略的,即有多少广告费用投入,决定进行多大规模的广告活动。广告预算多了,则会造成浪费,广告预算少了势必会影响必要的广告宣传活动,甚至影响整个销售环节,在竞争中处于不利地位。理想的广告预算方案应该是最小的广告投入取得最大的广告效果。

(一)广告预算的编制程序

广告预算由一系列预测、规划、计算、协调等工作组成。广告预算的基本程序大体如下。

1. 确定广告投资的额度

通过分析企业的整体营销计划和企业的产品市场环境,提出广告投资计算方法的理由,以书面报告的形式上报主管人员,由主管人员进行决策。

2. 分析上一年度的销售额

广告预算一般一年进行一次。在对下一年度的广告活动进行预算时,应该先对上一年的销售额进行分析,将上一年度的实际销售额和预测销售额进行比较。由此分析,可以预测下一年度的实际销售情况,以便合理安排广告费用。

3. 分析广告产品的销售周期

大部分产品在一年的销售中,都会呈现出一定的周期变化,即在某月上升,某月下降,某月维持不变等。通过对销售周期的分析,可以为广告总预算提供依据,以确定不同生命周期的广告预算分配。

4. 广告预算的时间分配

根据前三项工作得出的结论,确定年度内广告经费的总的分配方法,按季度、月份将广告费用的固定开支予以分配。

5. 广告的分类预算

在广告总预算的指导下,根据企业的实际情况,再将由时间分配上大致确定的广告费用分配到不同的产品、不同的地区、不同的媒体上。这是广告预算的具体展开环节。

6. 制定控制与评价标准

在完成上述广告费用的分配后,应立刻确定各项广告开支所要达到的效果,以及对每个时期每一项广告开支的记录方法。通过这些标准的制定,再结合广告效果评价工作,就可以对广告费用开支进行控制和评价了。

7. 确定机动经费的投入条件、时机、效果的评价方法

广告预算中除去绝大部分的固定开支外,还需要对一定比例的机动开支做出预算,如在什么情况下方可投入机动开支,机动开支如何与固定开支协调,怎样评价机动开支带来的效果等。

(二)影响广告预算的主要因素

编制广告预算时,除了确定广告费用的范围,明确广告预算的内容外,还必须了解有哪些因素影响广告预算。一般说来,影响广告预算编制的主要因素有以下几项。

1. 产品因素

大多数产品在市场上都要经过引入期、成长期、成熟期和衰退期四个阶段,处于不同阶段的同一产品,其广告预算有很大的差别。企业要在市场上推出一种新产品,广告预算无疑要大一些,以使产品被大众所接受。当产品进入成熟期,广告预算的费用则应稳定在一定的水平上,以保持产品的畅销状态。而一旦产品进入衰退期,广告费用将大幅消减。因此,产品因素往往影响着广告预算。

2. 销售量与利润率因素

企业为了增加销售量,往往会采取增加广告投入的方式。一般情况下,广告费增加了,企业的销售量和利润也相应有所增加和提高。反之,如果增加了广告投入,销售量和利润却上不去,那么肯定要挫伤企业的积极性而减少广告投入,削减广告预算。因此,广告产品的销售量与利润因素也是影响广告预算的一个方面。

3. 竞争对手因素

广告是企业进行市场竞争的一个手段,广告预算也因而受到竞争对手的影响。竞争对手之间进行市场竞争,往往以广告宣传的形式表现出来。在一定程度上,广告的竞争就演变为广告预算的竞争。即使竞争对手增加微弱的广告预算,企业为与其抗衡,也会迅速做出反应。

4. 企业实力因素

广告预算的高低受企业财力状况、技术水平、生产能力和人员素质的影响。企业的规模大、实力强、产量高、资金雄厚,当然可以把广告预算制定得规模宏大。反之,如果企业的资金、产品规模都比较小,则在编制广告预算时,应量力而行,不可盲目求大。

5. 消费者因素

消费者是市场的主体,也是广告宣传的受众,消费者的行为不仅影响市场的走向,也影响广告预算的制定。当消费者对某种商品反应较为冷淡时,企业应该加大广告的宣传力度,刺激消费,使消费者逐渐认识商品;当广告商品已被消费者认同,在消费者心目中有较高的地位时,企业可以适当地控制或减少广告预算规模。

6. 媒体因素

不同的传播媒体有不同的广告受众、不同的广告效果和不同的媒体价格。一般来说,电视广告的费用最高,其次是报纸、广播和杂志,互联网上的广告费用相对较低。而电视和广播节目因其覆盖范围的大小、收视(听)率的高低,报纸杂志的发行量的大小,以及这些媒体的权威性、最佳播出时间和最佳版面等不同,其广告的价格费用也有明显的差别。因此,在制定广告预算时,必然要考虑媒体因素的影响。

影响广告预算的因素还有许多,诸如广告的制作水平、企业的声誉和形象、企业领导者的决策水平以及社会经济发展水平等。

(三)广告预算的分配方法

企业在确定了广告费用总额之后,就要按照广告计划的具体安排将广告费用分摊到各个广告活动项目上,使广告策划工作有序地展开,以实现扩大产品品牌的知名度、提高品牌资产、树立企业形象、增加商品销售的目的。

广告策划者在分配企业的广告费用时,可以按时间分配、按地理区域分配、按商品分配和按广告媒体分配。

1. 按时间分配

按时间分配是指广告策划者根据广告刊播的不同时段,来具体分配广告费用。根据时间来分配广告费用是为了取得理想的广告效果,因为在不同时间里,媒体受众的人数以及生活习惯是不同的。广告费用的时间分配策略包含两层含义:

(1)广告费用的季节性分配。在不同的季节里,市场需求情况的变化,要求广告活动的规模有所侧重。以店面广告为例,在我国每年的12月到次年的2月是零售业的销售旺季,这时的店面广告可以营造一种节日的气氛,调动媒体受众的购买欲望,其广告效果非常好,一份广告投入可能取得数倍的广告收益,这一段时间内广告策划者应该扩大店面广告的规模,提高店面广告的艺术品位,要多投入;6—8月是销售淡季,再多的广告投入也难以改变商品销售不旺的规律,这一段时间内,广告策划者应理智地缩小广告规模,否则就是一种非理性的经营行为。

(2)广告费用在一天内的时段性安排。在一天的时间内,大多数消费者都表现出一个明显的生活规律:白天工作,晚上休息。广告策划者在选用电视媒体进行广告宣传时,应该侧重于18:00—23:00这一时段,因为大多数媒体受众在入睡以前,常常对电视流连忘返。这一时段的电视广告具有较高的注目率,因此广告主的广告费用安排也应侧重于这一时段。

2. 按地理区域分配

按地理分配是指广告策划者根据消费者的某一特征将目标市场分割成若干个地理区域,然后再将广告费用在各个区域市场上进行分配。广告策划者可以根据不同区域市场上的销售额指标,来制定有效的视听众暴露度,最终确定所要投入的广告费用额。

按地理区域分配看起来简便易行,但操作起来很难兼顾各个市场的实际情况,通常的做法是:广告主将几个区域市场的广告费用拨付给某个选定的广告代理商,再由广告代理商根据各个市场的特点进行重新分配,以确保广告投资的效果。

3. 按产品(品牌)分配

按产品分配与按区域市场分配在本质上是相同的,它是指广告策划者根据不同产品在企业经营中的地位,有所侧重地分配广告费用。这种分配策略使产品与广告销售额密切联系在一起,贯彻了重点产品投入的经营方针。分配广告费用的依据可以是产品的销售比例,产品处在不同的生命周期的阶段及产品的潜在购买力等。

4. 按媒体分配

按媒体分配是指根据目标市场的媒体习惯,将广告预算有所侧重地分配在不同媒体上的一种分配方法。在运用这种方法时,首先要考虑产品品牌的特性,其次要考虑目标市场的媒体习惯,使所选用的媒体能够充分展现广告产品的个性,针对这种媒体广告,策划者要进行较多的广告投入。

五、影响国际广告的主要限制性因素

国际广告的目标群体是不同地区的消费者,因为语言、文化习俗、社会环境的不同,国际广告的推广往往受到不同因素的限制。其中,最主要的影响因素有语言的限制、文化因素的限制以及当地政府对于广告的调控政策。

(一)语言的限制

广告是以语言为载体进行表达的,不同的国家和地区使用不同的语言文字,会形成人们彼此沟通的障碍。这就要求在国际广告制作与宣传中,采用当地市场的语言或者国际共通的语言——英语,况且英语也并不能通行天下,这些因素对于广告的宣传产生了限制性因素。同一种语言在不同的文化环境中的使用情况也不相同,从事国际广告宣传的工作人员对于词汇的运用应保持审慎态度。英美两国都使用英语,但有时一词表达不同的意思。

知识阅读

书面语言或口语是跨文化沟通遇到的一个基本障碍,对于那些只会讲阿拉伯语的人来说,用德语写的广告一般都难以理解,这是明摆着的事实。我们已经听到过不少有关字面翻译如何违背原意的故事。例如,当 Sunbeam 公司向德国市场推出 Mist-Stick 搅拌器的时候,公司就遇到了一个非常严重的语言问题,德语的"Mist"一词在拼写和发音上恰好是"粪肥"的意思,而"Stick"一词则大致可以翻译成"棍、棒"的意思,于是,试图推介给德国人做饭用的东西就变成了"搅屎棍"。

(二)文化因素的限制

文化教育程度不同,对广告的欣赏与理解水平也不同。如果不按照广告地区的实际情况设计广告,广告制作再好,也不能引起共鸣。例如,在文化教育程度高的国家可以多用报纸、杂志做广告,而文化水平低的国家则不行。文化教育程度较高的国家,他们对广告的创意要求也高,而对不够水准的广告是不会重视的,当然也会影响购买行为。同时进口国的风俗习惯、宗教信仰、价值观、审美观及心理因素等文化因素影响也很大。如法国人喜欢素洁的白色,认为白色象征纯洁;中国人喜爱红色,认为红色是吉祥之兆;非洲有些国家忌讳黄色。因而,广告在运用色彩时,要特别注意当地人的好恶。

(三)当地政府对于广告的调控政策

这一限制因素主要是指各个国家对外贸易政策和其他相关的政策法令,以及国家政局变化对国际广告的左右和影响。这种影响包括:

1. 对于广告内容的限制

如在德国,与竞争者产品比较的广告是被禁止的;在美国和英国,不能在电视上做香烟广告。广告内容不能损害当地的民族尊严和违反当地的民族习惯。

2. 对于广告媒介的限制

根据韩国现有的法规,电视台不得在节目播放期间插播广告。因此,在韩国,电视台往往在节目开始前和结束后,或者在节目结束后与字幕结束前播放广告。

澳大利亚也有自己的限制规定。比如,全面禁止烟草广告,禁止在播放儿童节目期间插播广告。

法国的私营电视台播放广告平均每小时不得超过 9 分钟。如果播出的节目时长不到 1 小时,可以插播一次广告;如果播出的节目时长超过 1 小时,可以插播两次广告。

在德国,享受政府资助的公立电视台占据主要市场,一天之内只在特定时间播出广告,比如一天不得超过 20 分钟,晚上 8 时之后禁播广告,周日和节假日除外。

在英国,英国广播公司(BBC)享受政府资助,除了推广自己节目的广告外,不得播放广告。至于其他私营电视台,英国通信管制机构规定,每小时广告时间平均 7 分钟,最高不得超过 12 分钟;晚上 6 时至 11 时期间,每小时广告不得超过 8 分钟。

3. 对于广告费支出的限制

例如,印度政府规定企业的广告费用不得超过销售额的 4%。

4. 对于广告支出的课税

意大利政府规定对报纸广告征 4% 的税,对广播和电视广告则要征 15% 的税;在奥地利,对电视和印刷广告征 10% 的税,对广播及影院广告则征 10%~30% 不等的税。

六、国际广告代理制度

(一)国际广告管理体制

几乎所有从事国际营销的大公司都委托广告代理商办理广告事务,但无论是否利用广告代理商,介绍一下公司对广告业务的管理体制都是有必要的。管理体制一般有三种:第一种是由总公司对公司系统的广告方针政策实行集中管理,在各地的广告活动亦由总公司统一实施;第二种是对广告方针政策实行集中管理,但广告业务的实施则由各国当地的机构承担;第三种是广告方针政策的管理和广告业务的实施全由当地公司直接负责。

国际广告公司对于上述几种基本管理体制的各种变形都进行了尝试。广告公司管理体制的实质是实行集中管理还是分散管理。赞成集中管理的主要理由是:集中管理可以发挥总公司高级人才的管理才能,通过集中管理开展的广告活动经济上节省,有助于加强总公司对各地广告业务的控制。这些理由都与管理的效力有关。但是在广告活动中发挥这种效力就可能妨碍市场的开发,影响市场开发的效果。集中管理的这些缺陷也就是主张分散管理的主要依据。主张分散管理的主要理由是认为各地的文化多种多样,需要对各地的情况有专门的了解,还要对语言文字的翻译、各个市场对广告媒介限制条件及可利用性进行专门研究。

(二)国际广告代理机构

按照国际惯例,目前的国际广告代理公司主要有两种:一种是本国的广告代理商,一种是外国的广告代理商。在这两种不同的代理公司中,又有四种不同的情况。

1. *兼营国际业务的本国广告代理公司*

这类公司的主要业务范围是国内,因此,在代理国际广告业务时,往往会遇到较大的困难。本国广告公司兼营国际业务,这本身对本国广告代理商就提出了较高的要求。如果本土公司设有境外分支机构,本国公司必须提供雄厚的财力支持和技术支持。如果本国公司没有境外机构,那该公司就更必须具备高超的国际广告策划水平以及与其相关的创作能力和发布能力,否则很难代理好国际广告业务。

2. *专营国际业务的本国广告代理公司*

这类公司由于专门代理国际广告业务,在运作方式、管理方式一般都能与国际广告公司接轨。它们一般熟悉国际惯例,在与国外的广告主接触时,往往显得较为熟练。另一方面,由于它们是本土的广告公司,对本土的社会状况、文化背景、消费行为一般比较熟悉,因此,在代理国际品牌时一般不会出现"水土不服"的情况。这类国际广告代理方式又可以分为全面代理和部分代理两种。

3. *外国当地广告代理公司*

外国当地广告代理公司也有部分国际广告业务当地代理商和全面国际广告业务当地代理商之分。后者在规模、资金、人员、设备、技术等方面一般都要远远高于前者。

4. *合作式广告代理公司*

合作式广告代理公司的类型多样,合作的范围、合作的时间、合作的方式也不尽相同。总之,在国际广告业务中,企业应该根据自己的实际情况来选择不同的广告公司。

(三)国际广告代理机构的选择

如上所述,国际广告代理商有多种。实施国际广告委托代理业务时,应就如何选择代理商慎重考虑以下问题。

1. 广告主与广告代理商的广告理想是否一致

广告理想是指广告主与广告代理商,在对待广告的原则与态度上是否相同,在创意上是否意气相投,在态度上是否诚恳,在人际关系上是否和谐。这些条件如果具备,就是国际广告踏上成功之路的第一步。要了解这些问题就必须与该广告代理商进行面谈,详细了解对方的观点和态度。

2. 广告公司的作业能力是否具备

作业能力包括设备、人力、创意、制作、实施和调查测定等。广告的作业能力是广告公司的命根子,广告主付出费用所要求的就是这种能力。对广告代理商作业能力的了解,最简便的方法,是通过目前的广告主去了解,也可以通过广告媒体去了解。

3. 广告公司的经验与实绩如何

一个有口皆碑的广告公司总是有其成功的实绩的。但是,对广告公司只从"名气"上了解是不够的,因为广告公司虽能代理一切商品广告,但它也是有其专长的,所以要知道代理商过去的客户是哪些方面的,对哪些行业比较熟悉,所经办的主要是哪些产品,广告公司的经验与业绩是否有利于本公司的广告代理活动。

4. 广告规模的大小

如果广告的项目多、要求高,便需要相当规模的广告代理商方能胜任;如果广告的项目较少、规模不大,那就不一定要找大型代理商。小代理商的重要客户可能会胜于大代理商的一个附加小客户。小商品也不必做大广告。

5. 广告代理商是否具备一定资金能力

广告代理商资金薄弱,可能由于先天投资不足,也可能由于后天的经营失调。不管由于什么原因,代理商的规模很小,资金困难很大,也就难以向广告主提供良好的服务。因此,公司应当寻找那些有资金实力、善于经营的广告代理商做广告。

此外,还要了解代理商的收费标准和收费方式。比如,委托代理商做调查研究或代办某项服务,各企业的收费标准与方式是不相同的,必须事先做出调查和对比,择优选用。

第二节 国际市场人员推销策略

人员推销,又称派员推销和直接推销,是一种古老的但很重要的促销形式。它是指企业派出或委托推销人员、销售服务人员或售货员,亲自向国际市场顾客(包括中间商和用户)介绍、宣传、推销产品。

一、国际市场人员推销的特点

人员推销是一种古老的促销方式,至今仍是一种主要的基本促销方式,在现代企业市场营销和社会经济中仍占有相当重要的地位。据统计,1981年美国企业用于人员推销方面的费用开支约为1500亿美元,而同期用于广告方面的费用开支约为610亿美元,而且有640多万人从事推销工作和与推销有关的工作。从某种程度上讲,人员推销在国际市场上的地位要比国内市场更为重要,这是因为许多国家对广告促销活动进行限制或有效广告媒体的缺乏,另一方面发展中国家劳动力资源相对廉价,企业可以雇用更多的推销人员从事国际市场促销活动。

与广告、公共关系等促销方式比较起来,人员推销的方式具有直接、灵活和针对性强等特点,特别是在争取顾客的爱好、信任及当面促成迅速成交方面,效果比较显著。在外贸推广中,人员推销主要有以下优点。

1. 作业弹性大

推销人员在推销活动中,可以根据国际市场不同的推销环境,对不同国家、不同民族、不同特点的顾客采取相应的推销技巧,引起顾客对产品的兴趣,解答顾客的问题,促成交易。一般来说,顾客对外国公司了解甚少,人员推销可以通过与顾客良好的商业交往,培养顾客与推销人员的感情,帮助顾客建立对公司的信任,从而建立顾客与公司的长期联系。

2. 效果明显

人员推销在大多数情况下,能造成顾客的购买行为,而广告虽然能一时引人注目,激起欲望,但通常无法立刻令顾客采取购买行为。

3. 灵活性强

人员推销可以针对目标重点作战,减少无谓的浪费,而广告播出去的信息,收看者并不一定就是顾客。

4. 便于收集市场信息

人员推销除了推销工作外,还可以收集到较为翔实的商业情报,为营销管理决策提供依据,同时,还可以便于提供售前与售后服务。

但是,人员推销也有其缺点,这主要是:信息传递的范围有限,推销的成本费用高,难觅合适的推销员,同时营销人员的培养和管理也较为复杂和困难。

二、国际市场人员推销的类型

在国际市场上,人员推销通常包括四种类型。

1. 经常性派出外销人员

企业经常性派出的外销人员或跨国公司的销售人员,他们在国外专门从事推销和贸易谈判业务,或定期到国际市场调研、考察和访问时代为推销。这是国际市场人员推销的一般形式。

2. 临时性派出外销人员

企业临时派出的有特殊任务的推销人员和销售服务人员,这种形式一般有三种情况:当国际目标市场出现特殊困难和问题时,其他办法不能解决,必须由企业组织专业推销人员或其他人员前往解决;企业突然发现了一个庞大的值得进入的市场,有必要派出一个专业推销小组,集中推销;企业建立一个后备推销小组和维修服务组织,待命而行,任务一到,出国推销兼做维修工作,或在国际市场维修时,开展推销工作。一些国家的许多公司还特别组织一个专家小组,在国际市场巡回考察、调研、推销,解决与本企业有关的经济、贸易和技术问题。

3. 国外分支机构推销人员

许多大公司特别是贸易公司,都在国外有分支机构(或附属机构),这些机构一般都有自己的推销人员,专门负责本公司产品在有关地区的推销工作。这些推销人员不仅有本国人,往往还有当地人员或熟悉当地市场的第三国人员,比如请第三国某公司在本地分公司的推销人员代为推销。

4. 国际代理商和经销商

在许多情况下,企业不是自己派员推销,而是请国外中间商代为推销。但是,请国外代理推销人员,必须有适当的监督和控制,而不能单听代理推销人的意见和策略,或者完全交给代理推销人去做。在必要的时候,企业应该直接了解目标市场顾客的有关情况,或派出专业人员陪同代理推销人员去推销,或企业派自己的推销人员,对这些做法企业须慎重选择。此外,企业还可以在主要市场派出常驻贸易代表,协助代理推销人员在该市场上开展推销工作。

三、国际市场人员推销的结构

国际市场人员推销结构是指推销人员在国际市场的分布和内部构成。它一般包括四种类型。

1. 地区结构型

每个推销员负责一两个地区内本企业各种产品的推销业务。这种结构常用,也比较简单,因为划定国际市场销售地区,目标明确,容易考核推销人员的工作成绩,发挥推销人员的综合能力,也有利于企业节约推销费用。但是,当产品或市场差异性较大时,推销人员不易了解众多的产品和顾客,会直接影响推销效果。

2. 产品结构型

每个推销人员专门推销一种或几种产品,而不受国家和地区的限制。如果企业的出口产品种类多、分布范围广、差异性大、技术性能和技术结构复杂,采用这种形式效果较好。因为对产品的技术特征具有深刻了解的推销人员,有利于集中推销某种产品,专门服务于有关产品的顾客。但这种结构的最大缺点是,不同产品的推销员可能同时到一个地区(甚至一个单位)推销,这既不利于节约推销费用,也不利于制定国际市场促销策略。

3. 顾客结构型

按不同的顾客类型来组织推销人员结构。由于国际市场顾客类型众多,因而国际市场顾客结构形式也有多种。比如,按服务的产业区分,可以对机电系统、纺织系统、手工业系统等派出不同的推销员;按服务的企业区分,可以让甲推销员负责对A、B、C企业推销的任务,而让乙推销员负责对D、E、F企业销售产品;按销售渠道区分,批发商、零售商、代理商等,由不同的推销人员包干;按客户的经营规模及其与企业关系区分,可以对大客户和小客户、主要客户和次要客户、现有客户和潜在客户等,分配不同比例的推销员。采用这种形式的突出优点是,企业与顾客之间的关系密切而又牢固,因而有着良好的公共关系,但若顾客分布地区较分散或销售路线过长时,往往使推销费用过大。

4. 综合结构型

企业可以综合地采用上述三种结构形式来组织国际市场推销人员。在企业规模大、产品多、市场范围广和顾客分散的条件下,上述三种单一的形式都无法有效地提高推销效率,则可以采取综合结构型。

四、国际市场人员推销的管理

国际市场推销人员的管理主要包括招聘、培训、激励、评估各环节。

1. 推销人员的招聘

国际市场推销人员的招聘多数是在目标市场所在国进行。因为当地人对本国的风俗习惯、消费行为和商业惯例更加了解,并与当地政府及工商界人士,或者与消费者或潜在客户有着各种各样的联系。但是,在海外市场招聘当地推销员会受到当地市场人才结构和推销人员的社会地位的限制,在某些国家或地区要寻找合格的推销人员并非易事。

企业也可以从国内选派人员出国担任推销工作。企业选派的外销人员，最主要的是要能适应海外目标市场的社会文化环境。

2. 推销人员的培训

(1) 培训的地点与培训内容。推销人员的培训既可在目标市场国进行，也可安排在企业所在地或者企业地区培训中心进行。跨国公司的推销人员培训多数是安排在目标市场所在国，培训内容主要包括产品知识、企业情况、市场知识和推销技巧等方面。若在当地招聘推销人员，培训的重点应是产品知识、企业概况与推销技巧。若从企业现有职员中选派推销人员，培训重点应为派驻国市场营销环境和当地商业习惯等。

(2) 对推销高科技产品推销人员的培训。对于高科技产品，可以把推销人员集中起来，在企业培训中心或者地区培训中心进行培训。因为高科技产品市场在各国具有更高的相似性，培训的任务与技术要求也更加复杂，需要聘请有关专家或富有经验的业务人员任教。

(3) 对推销人员的短期培训。对于这类性质的培训，企业既可采取组织巡回培训组到各地现场培训的方法，也可将推销人员集中到地区培训中心进行短期集训。

(4) 对海外经销商推销员的培训。为海外经销商培训推销人员，也是工业用品生产厂家常常要承担的任务。对海外经销商推销人员的培训通常是免费的，因为经销商推销人员素质与技能的提高必然会带来海外市场销量的增加，生产厂家与经销商均可从中受益。

3. 推销人员的激励

对海外推销人员的激励，可分为物质奖励与精神鼓励两个方面。物质奖励通常指薪金、佣金或者奖金等直接报酬形式，精神鼓励可有进修培训、晋级提升或特权授予等多种方式。企业对推销人员的激励，应综合运用物质奖励和精神鼓励等手段，调动海外推销人员的积极性，提高他们的推销业绩。

对海外推销人员的激励，更要考虑到不同社会文化因素的影响。海外推销人员可能来自不同的国家或地区，有着不同的社会文化背景、行为准则与价值观念，因而对同样的激励措施可能会做出不同的反应。

4. 推销人员业绩的评估

对于海外推销人员的激励，建立在对他们推销成绩进行考核与评估的基础上。但是企业对海外推销人员的考核与评估，不仅是为了表彰先进，而且还要发现推销效果不佳的市场与人员，分析原因，找出问题，加以改进。

人员推销效果的考核评估指标可分为两个方面：一是直接的推销效果，比如所推销的产品数量与价值、推销的成本费用、新客户销量比率等；另一种是间接的推销效果，如访问的顾客人数与频率、产品与企业知名度的增加程度、顾客服务与市场调研任务的完成情况等。

企业在对人员推销效果进行考核与评估时，还应考虑到当地市场的特点以及不同社会文化因素的影响。比如，产品在某些地区可能难以销售，企业则要相应地降低推销限额或者提高酬金。若企业同时在多个海外市场上进行推销，可按市场特征进行分组，规定小组考核指标，从而更好地分析比较不同市场条件下推销员的推销成绩。

第三节 国际销售推广

一、国际销售推广概述

(一)国际销售推广的含义

国际销售推广,是国际市场营销的一个重要概念,指除了人员推广、广告和公共关系等手段以外,企业在国际目标市场上,为了刺激需求、扩大销售而采取的能迅速产生激励作用的促销措施。国际销售推广的目的通常有两个:诱发消费者尝试一种新产品或新品牌,尤其是刚进入国际市场的产品;刺激现有产品销量增加或库存减少。

(二)国际销售推广的特点

1. 销售推广促销效果显著

在开展销售推广活动中,可选用的方式多种多样。一般说来,只要能选择合理的销售推广方式,就会很快地收到明显的增销效果,而不像广告和公共关系那样需要一个较长的时期才能见效。因此,销售推广适合于在一定时期、一定任务的短期性的促销活动中使用。

2. 销售推广是一种辅助性促销方式

人员推销、广告和公关都是常规性的促销方式,而多数销售推广方式则是非正规性和非经常性的,只能是它们的补充方式。亦即,使用销售推广方式开展促销活动,虽能在短期内取得明显的效果,但它一般不能单独使用,常常配合其他促销方式使用。销售推广方式的运用能使与其配合的促销方式更好地发挥作用。

3. 销售推广有贬低产品之意

采用销售推广方式促销,似乎迫使顾客产生"机会难得、时不再来"之感,进而能打破消费者需求动机的衰变和购买行为的惰性。不过,销售推广的一些做法也常使顾客认为卖者有急于抛售的意图。若频繁使用或使用不当,往往会引起顾客对产品质量、价格产生怀疑。因此,企业在开展销售推广活动时,要注意选择恰当的方式和时机。

(三)国际销售推广的作用

1. 可以吸引消费者购买

这是销售推广的首要目的,尤其是在推出新产品或吸引新顾客方面,由于销售推广的刺激比较强,较易吸引顾客的注意力,使顾客在了解产品的基础上产生购买行为,也可能使顾客追求某些方面的优惠而使用产品。

2. 可以奖励品牌忠实者

因为销售推广的很多手段,譬如销售奖励、赠券等通常都附带价格上的让步,其直接受惠者大多是经常使用本品牌产品的顾客,从而使他们更乐于购买和使用本企业产品,以巩固企业的市场占有率。

3. 可以实现企业营销目标

这是企业的最终目的。销售推广实际上是企业让利于购买者,它可以使广告宣传的效果得到有力的增强,破坏消费者对其他企业产品的品牌忠实度,从而达到本企业产品销售的目的。

(四)国际销售推广的不足

相比于其他三种促销方式,国际销售推广影响面较小,它只是广告和人员销售的一种辅助的促销方式。虽然刺激强烈,但它的时效较短。它是企业为创造声势获取快速反应的一种短暂促销方式。同时,销售推广容易让顾客产生疑虑。过分渲染或长期频繁使用,容易使顾客对卖者产生疑虑,反而对产品或价格的真实性产生怀疑。

二、国际销售推广的分类

在国际市场上,销售推广一般可分为三类:直接对消费者或用户的销售推广,直接对出口商、进口商和国外中间商的销售推广,面向国际市场推销内部人员的营销推广。

(一)面向消费者的销售推广方式

面向消费者的销售推广目的是鼓励老顾客继续购买,诱导新顾客试用,并努力使之成为习惯购买者,引导其他同类品牌用户改变购买习惯,培养消费者对本企业产品的忠诚度。面向消费者的销售推广方式主要有以下几种。

1. 赠送样品

这是介绍新产品和引导消费者进行初次使用的有效方法之一,尤其适用于生活日用品。样品可以挨家挨户地送,也可以在商店及繁华区域递送,但一般使用这种方法的投入较大。

2. 优惠券或代金卡

企业向目标市场上的消费者发放优惠券,凭该券购买某商品时可享受一定的价格折扣或是代替一定数额的现金。一般的经验认为这种优惠的幅度为15%~20%才会对消费者产生吸引力。

3. 有奖销售

这是利用人们的侥幸心理进行的一种带有诱惑性的销售方式。在消费者购买商品后,向他们提供获得现金、物品等各种奖励的机会。有奖销售的方式很多,大额的可以采取摇奖的办法,小额的可以奖励现金或奖励实物。这种方式在我国十分流行,比如各百货商店会不定期地举办一些购物返还现金、赠送小纪念品的活动,有些生产儿童食品的企业在包装内附带一些小玩具,消费者购买酒或饮料的消费品若在瓶盖内找到某种标志物就可以获得大奖等。

4. 减价或折扣

企业对已经进入成熟期的产品可以采用减价的方式来扩大销售。具体的名目很多,如季节性削价、节日性减价等。折扣是一种变相减价,商品的标价虽然不变,但实际付款时少收一部分款额,或全额收取后再以别的方式退还,如凭会员卡或贵宾卡打折等。

5. 廉价包装

产品的包装应比较讲究是无可厚非的,但是对于某些收入不高的消费者或是对某些产品而言,特别是一些非礼品性的日用耗费品,考究的包装完全是不必要的。若采用既经济又简便的包装不但不会降低商品的品位、档次,反而会使消费者减轻不少的多余负担,这将是比较受欢迎的一种做法。

6. 产品演示

这种方法适用于消费者对产品的各种性能、使用方法不太了解或是尚存在疑问的情况下,通过开展产品的陈列、展示、演示活动,可以增进消费者对产品的认知程度,使消费者尽快接受产品。

(二)面向中间商的销售推广方式

1. 批发回扣

企业为争取批发商或零售商多购进自己的产品,在某一时期内给经销本企业产品的批发商或零售商加大回扣比例。

2. 推广津贴

企业为促使中间商购进企业产品并帮助企业推销产品,可以支付给中间商一定的推广津贴。

3. 销售竞赛

根据各个中间商销售本企业产品的实绩,分别给优胜者以不同的奖励,如现金奖、实物奖、免费旅游和度假奖等,以起到激励的作用。

4. 扶持零售商

生产商对零售商专柜的装潢予以资助,提供 POP 广告,以强化零售网络,促使销售额增加;可派遣厂方信息员或代培销售人员。生产商这样做目的是提高中间商推销本企业产品的积极性和能力。

5. 货位津贴

货位津贴,即生产商为获得新产品占有货架或地面位置的特权而支付的费用,价格不等。

6. 贸易折扣

生产商与中间商之间设定某一幅度的贸易折扣,由生产商向中间商提供短期折扣或资金上的优惠条件。一般来说,生产商必须给自己所有的中间商提供相同的贸易折扣。经销商一般通过短期减价或"特卖"的形式将这部分折扣转让给消费者。

7. 陈列津贴

陈列津贴,即店铺为生产商腾地方和安装陈列品的费用。店内陈列包括柜台陈列、落地陈列、货架陈列和特制架陈列。这些物件都是为促销产品而经专业设计的宣传载体,零售商拿去就能用。

8. 回购津贴

在推出新产品时,生产商有时会向零售商提供回购津贴,购回尚未售出的旧产品。为了促使零售商经销自己的产品,有些生产商甚至回购竞争对手的存货。

9. 广告津贴

生产商常常给零售商补贴广告的全部费用或部分费用作为广告津贴。一般来说,消费用品的广告津贴比工业用品的广告津贴更为常见,主要是大型生产商提供的。不过,有些小企业对经销量大的客户也提供这种优惠。

10. 合作广告

合作广告指全国性生产商向自己的中间商补偿其在经销区域内为厂家的产品或标志做广告所支付的广告费用。生产商一般根据中间商的销售量来决定补贴额。有时,为了推出新产品,宣传某一品种或迎战竞争对手,生产商还会采取特别合作方式。与广告津贴不同的是,合作广告一般要求中间商交验广告发票和广告发布证据。另外,许多生产商会给中间商提供现成的广告用品,如光纸图片、广告样带等。为了保证自己产品的形象,有些广告主坚持要求中间商使用由他们提供的广告物件。

11. 奖励与竞赛

为了使中间商达到特定的销售目标或储备某种产品,生产商会给他们提供奖励或礼品。

12. 中间商聚会

多数生产商会举办中间商聚会来推介新产品,公布销售推广方案,有时还举办销售和服务培训班。中间商聚会完全可以成为生产商有力的销售推广工具。

(三)面对内部员工的销售推广方式

面对内部员工的销售推广方式主要是针对企业内部的销售人员,鼓励他们热情推销产品或处理某些老产品,或促使他们积极开拓新市场。一般可采用的方法有销售竞赛、免费提供人员培训、技术指导等形式,主要以前途、收入或荣誉等作为诱因,激发推销人员努力创造业绩。这种诱导的方法叫作推销奖金,又叫提成。例如,鞋子销售人员可能向顾客推荐某种鞋油或其他利润含量高的产品,每售出一件,他们便可得到一定的提成。

三、国际销售推广策略的制订

企业要制订一套良好的国际市场销售推广策略,不只是选择一种或几种推广方式,还要结合产品、市场等方面的情况,慎重确定销售推广的地区范围、鼓励的规模、参加人的条件、推广的途径、推广的期限、推广的时机、推广的目标和推广的预算。在销售推广实施过程中和实施结束以后,企业还有必要不断地进行销售推广效果评价,以调整企业的销售推广策略。

(一)销售推广策略的前期准备

1. 销售推广鼓励的规模

销售推广面并非越大越好,鼓励的规模必须适当。通常情况下,选择单位推广费用效率最高时的规模,低于这个规模,销售推广不能充分发挥作用;高于这个规模,或许会促使营业额上升,但其效率会递减。

2. 销售推广鼓励对象的条件

在国际市场上,销售推广鼓励对象可以是任何人,也可以是部分人,通常是鼓励商品的购买者或消费者。但企业有时可以有意识地限制那些不可能成为长期顾客的人或购买量太少的人参加。

3. 销售推广的途径

企业在确定了上面两个问题以后,还要研究通过什么途径向国际市场的顾客开展销售推广。销售推广的途径和方式不同,推广费用和效益也不一样,企业必须结合自身内部条件、市场状况、竞争动态、消费者需求动机和购买动机等进行综合分析,选择最有利的销售推广途径和方式。

4. 销售推广的时机和期限

不同的商品,在不同的市场、不同的条件下,销售推广的时机是不同的。市场竞争激烈的产品,质量差异不大的同类产品、老产品,刚进入国际市场的产品,滞销产品等,多在销售淡季或其他特殊条件下运用销售推广策略。至于推广期限,企业应考虑消费的季节性、产品的供求状况及其在国际市场的生命周期、商业习惯等适当确定。

5. 销售推广的目标

推广目标主要是指企业开展销售推广所要达到的目的和期望。推广目标必须依据企业的国际市场营销战略和促销策略来制定。销售推广的目标不同,其推广方式、推广期限等都不一样。

(二)销售推广的具体策略

1. 超前销售推广策略

所谓超前销售推广策略,是指企业在市场变化之前,依据市场预测和商情分析,针对未来市场需求及早运筹,提前采取行动、抢占市场、取得竞争主动权的策略。

 知识阅读

1990年夏季,世界气候反常,一向炎热难耐的日本出现了"冷夏"现象,最高气温一般在27℃左右。一直畅销的电风扇无人问津,使某些国家和地区的企业在日本销售电风扇的生意遭到厄运。而素来凉爽无酷夏的美国和加拿大等北美国家,却出现了奇热难忍的现象,一向备受冷落的电风扇严重供不应求,价格高涨。韩国一些电风扇厂商深知气候对电风扇销售量的影响,早在电风扇销售之前就请有关气象专家对世界气候进行预测分析,专门研究预测各贸易国的气候情况,超前决策,较早调整产品投入方向,将原计划投放日本的电风扇改投北美等地,不仅避免了因气候变化可能给企业带来的损失,而且大大提高了市场占有率和经济效益。

2. 滞后销售推广策略

滞后销售推广策略,是指企业利用市场细分方法,针对市场多样化需求销售老产品、传统产品或滞销产品,使其增值增效的策略。

 知识阅读

20世纪80年代,当企业正着眼生产款式新、功能全、屏幕大的彩色电视机时,有的企业却发现多年遭受冷落的黑白电视机在发达国家峰回路转,又成为家庭购物的选择商品。黑白电视机体积小,适用范围广,厨房、卫生间均可放置;生产技术和工艺水平十分完善,质量可靠,物美价廉;无色彩放射,对儿童视力影响小。由于黑白电视机有上述特点,许多发达国家的家庭争购黑白电视机,而这些国家早已不再生产黑白电视机了,市场需求难以满足。我国江苏外贸部门抓住这一市场机会,积极组织货源,使我国黑白电视机成功地打入发达国家市场,从老产品中创造出新效益。

3. 填缺销售推广策略

填缺销售推广策略,是指企业及时抓住市场空缺机会,以自己的产品有效填补空缺的策略。

 知识阅读

中东地区的一些国家,在竹笋、食用菌罐头营销中,凭借得天独厚的资源优势和先进的加工技术占有较大的市场份额,产品畅销欧美各国,一直保持着强大的竞争优势,令同行业奈何不得。由于近年来中东地区连年战争不断,严重影响经济的发展,传统的竹笋、食用菌罐头销量锐减,出现较大的市场空白。韩国的一些企业及时抓住这一市场机会,调整产品结构,不失时机地把产品投放到国际市场,轻而易举地获得了成功。

4.候鸟销售推广策略

这种策略是指企业根据市场需求变化规律或消费习俗,提早组织货源,应时应需地组织销售推广策略。

5.环境促销策略

环境促销策略是指企业利用商品内外部环境,美化商店、烘托气氛、吸引顾客、刺激购买的策略。

商店的购买环境是商品买卖的空间,它包括商店的外观建筑造型、门面、户外广告橱窗、室内装饰、货架柜台陈设、服装设施、停车场等内容。改善购物环境已成为众多商家吸引顾客,强化竞争实力的重要手段。

四、影响国际市场销售推广的因素

企业在国际市场采用销售推广这一促销手段时,应特别注意不同国家或地区对销售推广活动的限制、经销商等的合作态度以及当地市场的竞争程度等因素的影响。

(一)当地政府的限制

许多国家对销售推广方式在当地市场上的应用加以限制。例如,有的国家规定,企业在当地市场上进行销售推广活动要事先征得政府有关部门的同意;有的国家则限制企业销售推广活动的规模;还有的国家对销售推广的形式进行限制,规定赠送的物品必须与推销的商品有关。

(二)经销商的合作态度

企业国际市场销售推广活动的成功,需要得到当地经销商或者中间商的支持与协助。例如,由经销商代为分发赠品或优惠券,由零售商来负责交易印发处理,进行现场示范或者商店陈列等。对于那些零售商数量多、规模小的国家或地区,企业在当地市场的销售推广活动要想得到零售商的有效支持与合作就要困难得多了,因为零售商数量多,分布散,不容易联系,商场规模小,无法提供必要的营业面积或者示范表演场地,加上销售推广经验缺乏,难以收到满意的促销效果。

(三)市场的竞争程度

目标市场的竞争程度以及竞争对手在促销方面的动向或措施,将会直接影响企业的销售推广活动。比如,竞争对手推出新的促销举措来吸引顾客争夺市场,企业若不采取相应的对策,就有失去顾客而丧失市场的危险。同样的,企业在海外目标市场的销售推广活动,也可能遭到当地竞争者的反对或阻挠,甚至通过当地商会或政府部门利用法律或法规的形式来加以禁止。

第四节 国际营销公共关系

公共关系,是一个企业或组织为了搞好与公众的关系,增进公众对企业的信任和支持,树立企业良好的声誉和形象而采取的各种活动和策略。公共关系也被称为"塑造企业形象的艺术",其实质是一种促销手段,其最终目的是促进和提高企业的产品销售。因为良好的公众关系,可以保证企业经营的稳定性和较强的凝聚力。同时也会受到消费者的青睐,提高企业的销售业绩。

企业在跨国经营中,随时可能出现一些例外情况,和企业的目标或利益产生冲突。遇到这种时候,企业就要善用公共关系,加强与东道国政府官员的联系,了解他们的意图,懂得他们的法律,处理好突发的事件,协调好和东道国以及目标市场消费者的关系,以求得企业经营活动的长期发展。

一、国际公共关系概述

(一)国际公共关系的特点

1. 主体的复合性

公共关系的主体是一定的社会组织,但国际公共关系活动的主体往往具有复合性,即企业为把自己的产品打入国际市场要开展公共关系活动;地方政府或某一行业部门为扩大出口要开展公共关系活动;国家为树立在国际社会中的地位要开展公共关系活动。这几个主体的公共关系活动虽然各自分离,但却相互依托。

2. 客体的复杂性

公共关系的客体是公共关系的活动对象。在国际营销公共关系活动中,其客体是不同种族、不同民族、不同信仰的世界各国的不同层次的群体。

3. 传播媒介的局限性

国际公共关系公众的复杂性,使公共关系传播对象在语言、文化、心理、行为等方面存在着极大的差别,致使国际公共关系在传播媒介和方式上受到很大的限制。

(二)国际公共关系的原则

每个国家、民族甚至地区,均有其独特的社会环境、生活习惯和消费标准,都是一个独特的市场。因此,开展国际公共关系工作,必须坚持以下几项原则。

1. 加强调查研究,增强针对性

承担开展国际公共关系任务的组织,要全面深入地了解自己将要与之交往的外国公众的情况,包括他们的要求,对本国所持的态度,有关影响外国公众心理状态的社会、经济、政治、文化以及风俗习惯等。

2. 善于运用国外公众经常接触的新闻传播媒介

当今世界各国,尤其是发达国家的公众,主要是通过新闻传播媒介获取信息,了解国内外情况的。

(1)要了解目标公众所在国的新闻传播媒介的基本情况,例如主要的报纸、刊物、广播、电视、出版商、知名记者、编辑、政府管理机构、有关法律规定、广告收费标准等。

(2)选择新闻媒介进行广告宣传,提供新闻资料和邀请记者采访等,既要考虑新闻媒介的视听对象、发行范围和信誉程度,也要结合企业本身的形象和产品、服务的范围来加以确定。

(3)不论企业在国外传播何种信息,都要十分注意运用当地的语言,适应当地的风俗和文化背景,尽量能够为他们所接受,绝不能触犯当地约定俗成的政治、风俗、宗教、文化等方面的禁忌,避免引起当地公众的反感,防止弄巧成拙,得不偿失。

(4)加强和所在国的公众代表、社会知名人士和公共关系机构的联系。

(三)国际公共关系的任务

企业在国际营销中开展公共关系活动的主要目的就是树立企业良好的社会形象和声誉。国际营销中公共关系活动的任务主要表现为以下方面。

1. 加强与传播媒体的关系

大众传播媒体对企业的报道在消费者中具有极强的引导作用,因而在很大程度上能够影响企业的公众形象。企业要想利用传播媒体来为其服务,必须与之建立良好的合作关系,主动提供信息,使媒体了解企业;同时,积极创造具有新闻价值的事件,争取媒体主动的、正面的报道。

2. 改善和消费者的关系

与消费者的融洽关系是国际企业的生命线,国际上任何一家有信誉的公司几乎都把改善与消费者的关系列为头等重要的问题。运用公共关系同社会公众沟通思想,增进了解,使消费者对企业的形象及其产品产生良好的感情,这对企业国际经营具有十分重要的意义。

企业还可以建立与公众的联系制度,答复公众对企业提出的各种问题,对来访、来电、来信询问或投诉的消费者,进行迅速、准确、友好的接待和处理,以此来树立企业的形象。如美国一些企业提出并坚持"24小时接待服务"和定期回访制度,在社会公众中产生了良好的影响,效果极佳。

3. 协调与政府的关系

与国内经营的企业不同,国际营销企业要面临来自各个国家和政府的各种不同的要求和限制。企业一方面必须随时调整自己的行为以适应政府政策的变化,另一方面又要左右逢源,以应付可能发生的冲突和利益矛盾。这也是企业公共关系的一项重要任务。因此,公关部门必须加强与东道国政府官员的联系,了解他们的意图,了解所在国的法律和文化习俗,争取相互之间的谅解,以求得企业的生存和发展。为了达到这一目的,企业可以搞些公益活动,如为公益事业捐款,扶持残疾人事业,赞助文化、教育、卫生和环保事业等,树立为目标国家的社会与经济发展积极作贡献的形象。

4. 在不同时期、不同阶段进行不同的公共关系活动

在进入东道国的初期阶段,面临的问题较多,公关任务繁重,这个阶段工作的重点是争取被东道国的政府及公众接纳。进入营运阶段后,就要关注东道国政局与政策的动向,以及公司利润汇回本国的风险问题等,工作的重点将是扩大企业在东道国社会上的影响,确立良好的声誉。在撤出阶段,仍然要注意保持与东道国良好的关系以维护其他方面的利益。

二、国际公共关系的内容和战略战术

在"90年代营销策略"研讨会上,菲力普·科特勒教授以"PENCILS"(铅笔)的比喻,形象地提出了营销公关所涉及的七个领域:P(publication)——出版物,E(event)——事件,N(news)——新闻,C(community relation)——社区关系,I(identify media)——确定媒体,L(lobby)——游说,S(social cause marketing)——社会理念营销。

(一)国际公共关系的内容

1. 出版物

企业出版物是一种由工商企业、公用事业等单位出版的连续出版物或小册子,被称为"商业喉舌"。出版物散发的对象是内部员工、股东和消费者等,其目的是宣传企业的组织、产品和服务项目,是一种促进营销公关的工具。如日本日立公司出版的英文版双月刊《明天的时代》(*Age of Tomorrow*),该出版物经常刊登描绘日本神话、文化和历史的文章,也报道技术研究、新产品开发情况,图文并茂,引人入胜,是一份内容丰富的具有娱乐性的出版物,显示了与员工及消费者交流的长处,公司的声誉也在不知不觉中获得了提高。

2. 事件

对市场营销人员和公关人员来说,特殊事件无疑可以创造新闻。美国自由女神像的修复、揭幕及100岁庆典,对数百个参与此活动的美国企业来说,是一次特殊事件。这些公司巧妙地利用这一场合,将它们的意愿渗透到庆典活动中去,各公司极力吸引各界,使自己的产品和服务引起了广泛的注意。对不同的企业来说,特殊事件是不同的,可以是一次时装表演,也可以是一次个人电脑讲座及演示,或是筹建一幢玩具博物馆。这样,既制造了新闻,又传递了营销信息。

3. 新闻

无论是新产品的新闻发布会,还是在露天场地举行一项工程的揭幕典礼,都提供了引起新闻界注意的极好机会。争取报刊录用新闻稿、参加记者招待会或举行新闻发布会,需要营销技巧和人际交往技巧。与新闻界的交往愈多,企业获得较多好新闻的可能性也就愈大。

4. 确定媒体

媒体的确定是运用科学的方法对不同的媒体进行有计划的选择和优化组合的过程,其基本任务是以较低的投资通过选择的媒体达到预期的目标。媒体选择与确定,必须与企业的营销战略相关,如果企业的营销战略属于进攻性战略,其媒体的选择就应以大众传媒为主。选择适当的媒体与符合媒体性质要求进行宣传极为重要。在收视率高的言情连续剧中插播化妆品及美容知识的广告,其效果远远甚于利用其他媒体进行的宣传。

5. 社区关系

社区既是国家的缩影,也是个体的缩影。社区关系是指企业与所在地政府、社会团体、其他组织以及当地居民之间的睦邻关系。社区关系的好坏,取决于企业的行为和社区居民的意向,这对于企业的生存与发展有着十分重要的影响。

6. 游说

游说是创造产品与企业知名度的另一种手段,指游说者在特定的情景中,借助语言,面对广大的听众发表意见、抒发情感,从而达到感召听众的一种现实的营销公关活动。

7. 社会理念营销

社会理念营销,就是指企业不仅要满足消费者的需要和欲望并以此获得利润,而且要符合消费者自身和整个社会的长远利益,要正确处理好消费者的欲望和利益以及社会长远利益之间的矛盾。例如,刊登公益广告呼吁保护野生动物、减少环境污染、劝诫吸烟等,都是社会理念的推广。除此之外,企业还应采取一些实际行动,这样才能达到社会营销的目标,建立企业长期的良好形象。

(二)国际公共关系的战略战术

营销公共关系的战略目标中,最重要的是增加认知度,提供广泛而准确的信息,培养对企业有利的利害关系者,培养对企业有利的消费倾向倡导者,最终对消费者购买商品提供有利氛围。一般来说,营销公共关系的战略战术有如下几种。

1. 在产品广告实施前构造市场氛围

在信息时代的今天,企业家们都知道新产品的新闻发布会能够有效提供新产品信息的机会,并且深知对于新产品的新闻应在新产品广告发布之前进行才有效果,因为从媒体的立场角度,广告一旦被消费者所接触,则该产品信息就不会成新闻了。

2. 利用广告制造新闻

著名的广告代理公司 BBDO 的前总裁杜森伯里曾主张过,如果通过营销公共关系战术得到自然类型的宣传机会,那么你就会得到自身所不具有的巨大宣传预算,即广告使非广告性的内容更具有价值。而且杜森伯里每次对其广告主提议新的广告候选人时,都会对公共关系管理者提出忠告:摸索并运用比实际的媒体费用带来更大市场效果的战术。杜森伯里为广告主百事可乐以杰克逊、麦当娜等名人做电视广告宣传,创造了数百万美元的投资宣传效果。

3. 为顾客提供新的超值服务计划

美国专门从事火鸡料理的 Butterball 公司从多年前开始就一直以"Butterball Turkey Talkline"商标为手段,对公共关系营销活动给予关注并为顾客提供新的超值服务计划——顾客通过电话从 Butterball 公司的"家庭料理顾问"服务部得到怎么准备和使用料理的信息,这种"Talkline"免费电话主要是靠宣传活动推广流传的。经过 Butterball 公司的公共关系代理公司爱德曼国际公关公司(Edelmen Public Relations Worldwide)的努力,在新闻和播放媒体展开营销公共关系活动,三天之内预订了 25000 罐火鸡料理。可见,在没有创新型的新产品或价格下降等惊人新闻时,营销公共关系战术可以在事前及事后的营销计划中为顾客提供新的超值服务计划来实现。因此,如果营销公共关系战术能够开发并提供以前没有的顾客超值服务计划,实施营销公共关系可以得到让顾客满意和增加销售的"双赢"效果。

4. 构筑产品与顾客之间的有效通道

美国食品行业盛名的琵尔斯贝丽(Pillsbery)公司为了进行料理材料产品公共关系活动,早在 1949 年就首次举行了"Bake-off"料理演讲大会,此后其成了美国关于食品的代表性事件和活动,每年通过印刷及播放媒体等广泛的宣传活动公布有关申请参加的事宜,对过去曾参与相关活动的顾客都会寄去或送去信函,在数万名的申请参与者中,挑选 100 名地区优胜者在料理演讲大会上参加演讲。由于众多媒体的跟踪报道和广泛支持,最终的胜利者在其料理方法中所使用的琵尔斯贝丽产品,在其广告打出之后的数年内一直呈现出销量递增的趋势。

5. 控制消费倾向倡导者意见

以生产"惊奇面包(Wonder Bread)"闻名于世的大陆面包公司(Continental Baking Company),为了改变白面包对身体有害的观念,实行了以美国国内营养专家为对象的特别考察计划——公司展开了以打破面包是发胖食品这一偏见为目的的研究,得出了面包有助于减轻体重的重要结论。该公司在凯维公关公司(Cohn & Wolfe)的支持下,招待了参加美国营养专家协会定期聚会的 40 多位营养学专家,并举行了倡导食用白面包的"白面包节"活动来激起消费者对白面包的兴趣和好感。这项活动成为全国电视和新闻的头版头条,并且得出了"白面包好"的公众观念。由于这一观念是由对美国人的"减肥文化"有重要影响的营养专家们所赞同的,因此公司的销售额快速稳步增长。美国大陆面包公司不把公共关系目标的意图暴露出来,而是通过诱导和控制消费倾向倡导者或有影响力人士的意见,来实现企业产品被广大公众所接受乃至喜爱的营销公共关系战略目标。

  6. 借用公益团体的社会影响力

  当麦当劳把其食品的塑料包装改换成一次性的环保纸包装时,公司总裁里斯说:"因为消费者对塑料包装感觉不好,所以我们决定更换为环保纸包装。"该声明被刊登在全国性大报的主要版面,还通过全国及各方的各种新闻媒体流传开来。由于与主导大众舆论的公益团体巧妙结合,麦当劳产品得到了环保组织的广泛支持,而且还在消费者心里树立起了"环境保护产业先导者"的社会形象。这一营销公共关系战术的成功,就是在于企业借用了公益团体的认知率高和说服力强的特点,通过长期同公益团体协力合作,得到公众舆论的赞同,从而获得利益关系者的好感,最终达到增加销售额和利润的目的。

三、开展国际公共关系活动的程序

  公共关系是一门科学,更是一门艺术。要取得良好的公关效果,需要有计划地开展工作,并通过一定的程序给予保证。企业开展国际公共关系活动,一般按照以下程序进行。

(一)开展公众调查

  收集、了解目标市场公众对本企业的意见和态度,分析企业及其产品在公众心目中的形象和知名度,总结经验教训,发现问题。企业既可以自行设立机构从事收集信息、研究工作,也可以委托公共关系代理机构来完成。

(二)确定公共关系目标,制订公共关系计划

  根据调查分析所得的资料信息和企业的促销目标,确定企业开展国际市场公共关系应达到的目标,其中包括近期、中期和远期目标,按照目标,再制订具体的公共关系活动计划。

知识阅读

  美国加利福尼亚一个酒厂请一家公共关系公司策划在英国宣传产品。这个酒厂提出了三个公共关系目标:一是让人们感到喝葡萄酒是快快乐乐过日子的重要内容;二是使英国人认为,喝该酒厂生产的酒是现代生活的象征;三是提高该企业产品的声誉,并增加市场份额。为了实现这三个公共关系目标,公共关系公司提出了产品宣传目标和宣传方案:第一,编写有关该酒厂葡萄酒的文章,并设法在英国颇有影响的报刊上登载;第二,撰文论述喝该厂葡萄酒对健康的好处,并用医学和营养学理论予以解释;第三,赞助老年人健身协会,捐款给英国食品博物馆;第四,介绍该酒厂已取得的成就和消费者对该厂产品的称颂。此外,还建议该厂对不同的细分市场(如老年人市场、妇女市场、少数民族市场、宗教市场等)实施特殊的宣传方案。

(三)实施计划与沟通信息

  企业应通过多种形式、途径和渠道实施国际市场公共关系计划,并把企业的所作所为告诉给社会公众,沟通企业与社会公众之间的关系。这样既可以扩大企业的国际影响和社会声誉,又便于倾听社会公众的意见,接受社会公众对企业的监督。

知识阅读

20世纪80年代初,索尼公司研制出一种多功能超小型收录机。在新产品投放市场之前,公司就在东京闹市区的一个著名公园举办新产品发布会和新闻记者招待会,给每位记者赠送一部超小型录音机新产品,并在公园里到处悬挂介绍新产品的巨幅宣传标语。当这些记者在世界各国的报刊、电台发表新闻报道以后,新产品声誉鹊起,要求订货的信函和电报雪片似的飞来,索尼公司的公共关系活动一举成功。在实施公共关系计划和策略的过程中,索尼公司还不断收集了解国际公众,特别是消费者、竞争者和消费组织对新产品的反应。

(四)公共关系效果评价

在公共关系活动实施过程中和实施之后,企业必须对公众信息进行反馈,了解国际公众对公共关系策略和企业产品的反应,以及公共关系活动的目标是否实现,任务是否完成。评价和反馈工作,可以由企业公共关系部门完成,也可以聘请目标市场上有关机构和国际性公共关系公司、市场调查研究咨询公司代为进行。此外,当地市场的社会公众的密切配合也是必不可少的。

本章小结

1. 在国际市场中,不同的文化、习俗、法律体系等常常将企业与消费者隔离开来,因此,有效的沟通十分重要。将本企业的信息通过各种方式传递给国际市场的消费者或用户,以达到扩大销售目的的一切手段,构成了国际市场促销。国际促销主要有四种形式,即广告、人员推销、营业推广和公共关系。
2. 广告策略指企业在分析环境、广告目标、目标市场、产品特征、媒体可获性、政府控制及成本收益等因素上,对广告活动的开展方式、媒体选择和宣传劝告重点的总体原则做出的决策。国际广告是最重要的促销手段,其使用最多的媒体是报纸杂志、广播、电视、户外及网络。
3. 人员推销是一种传统的促销方式,也是最流行的促销方式之一。国际营销中的人员推销是指企业派出推销人员或雇用外国推销人员向国外中间商和最终用户介绍和宣传产品,以实现产品价值。国际市场人员推销的组织结构,指推销人员在国际市场的分布和内部结构,一般包括四种结构:地区型结构、产品型结构、顾客型结构、综合型结构。国际市场推销人员的管理主要包括招聘、培训、激励和评估等环节。
4. 国际销售推广是指除人员推销、广告、公共关系以外,企业在国际目标市场上采取的旨在刺激需求、鼓励购买、扩大销售的一系列促销措施。与广告相比,营业推广见效快,可以在短期内刺激市场需求,促使消费者立即购买。国际销售推广的类型一般可分为三种:直接对消费者的销售推广、对中间商的销售推广和对国际市场推销人员的销售推广。企业在制定销售推广策略时,必须结合产品、市场等方面的情况,慎重确定销售推广的规模、对象、时机和目标等。
5. 公共关系和其他促销方式不同,它是一种间接的促销手段。它并不局限于企业与顾客之间的关系,也不局限于买卖交易之间的关系,它主要立足于企业的长远发展及与社会公众建立起良好的关系。国际营销中公共关系活动的任务主要表现为:加强与传播媒体的关系,改善和消费者的关系,协调与政府的关系,以及在不同时期、不同阶段进行不同的公关关系活动。

思维导图

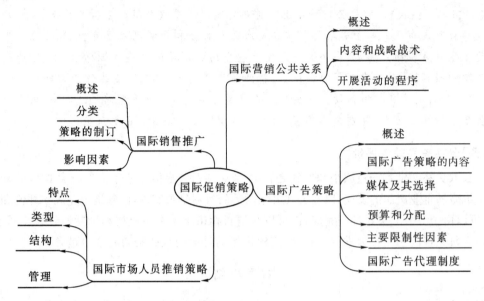

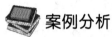 案例分析

星巴克的促销策略——"不花一分钱做广告"

星巴克(Starbucks)是美国一家连锁咖啡公司的名称,1971年成立,为全球最大的咖啡连锁店,其总部坐落在美国华盛顿州西雅图市。星巴克旗下零售产品包括30多款全球顶级的咖啡豆、手工制作的浓缩咖啡和多款咖啡冷热饮料、新鲜美味的各式糕点食品以及丰富多样的咖啡机、咖啡杯等商品。星巴克在全球范围内已经有超过32000家门店。

星巴克成功地创立了一种以创造"星巴克体验"为特点的"咖啡宗教"。就像麦当劳一直倡导销售欢乐一样,星巴克把典型美式文化逐步分解成可以体验的元素:视觉的温馨,听觉的随心所欲,嗅觉的咖啡香味。星巴克很少做广告,或者说,他们很少自己主动去做那种花钱的广告。这是一个很简单的道理,如果有人帮你到处做免费的广告,你又何必去再花一次钱、操一份心呢?

在20世纪80年代之前,世界没有统一的世界性咖啡品牌,而只有速溶咖啡品牌。而从那个时代开始,星巴克是唯一的世界性咖啡品牌。

星巴克自1999年进入北京,2000年登陆上海以后,短短六年时间便风行中国的各大城市,目前在中国已经拥有超过6000家咖啡店。

在这个过程中,星巴克的文化策略进行得特别成功,而核心就是积极运用战略性公关工具,进行品牌传播。星巴克的核心营销策略,就是以在欧美根深蒂固的咖啡文化为基础,针对当时社会主流的快餐文化,结合主流文化或者是消费者根深蒂固的咖啡文化,推出一种高水平、高水准的咖啡价值观,实现根本性的突破。正是这样一种基本的价值理念,或者说立足于改变消费者的价值观念和价值方法,实现了星巴克营销的根本性突破,而在文化营销领域当中,重要的是构建一种文化的体验和文化的氛围,并且把公司所有的其他策略同这一策略相结合。

星巴克一个主要的竞争战略,就是店员在咖啡店同客户进行交流,为此要特别重视对员工与客户沟通能力的培训。一方面,店员通过对基本礼仪、销售技巧、咖啡知识等一系列的服务技能培训,能够预感客户的需求,有能力与顾客进行文化沟通,实现服务技能标准化基础上的人性化体验服务。另一方面,细化咖啡文化,将其分解成可以体验的相关要素,反复训练员工,使大家具有让顾客置身于特定气氛中,与店内设计、暖色灯光、柔和音乐等方面的"体验"相协调,从而实现星巴克顾客至上理念的最高准则。

一个成功品牌的打造,少不了一个长期的过程,更离不开发展之后的维护。利用自己的营销策略,星巴克拥有了自己的品牌,与之相比,我们不但要看出差距,更要虚心学习,通过不断的学习来积累适合自己的经验,这样才是达到成功的最佳方法。

资料来源:www.gjart.cn/htm/viewnews24382.htm.

讨论和在线学习问题

1. 星巴克在国际市场营销市场上取得巨大成功的原因是什么?
2. 星巴克不花一分钱做广告,是通过什么手段推广自己的品牌的?
3. 星巴克在中国的成功推广,离不开公司正确的促销策略,请登录星巴克中国官网(https://www.starbucks.com.cn),并在网上搜索相关资料,了解并讨论星巴克在国外市场所采取的促销策略。

思考与问答

1. 国际促销策略组合包含哪几部分?
2. 简述国际广告一体化策略和本土化策略。
3. 请简要分析国际促销策略四种形式各自的优缺点。
4. 请选择一家全球化企业,分析它是如何推广自己的国际品牌的?
5. 根据联合国教科文组织统计,流失到中国境外的中国文物大约有164万件,分散在全世界47家博物馆,而民间藏中国文物是馆藏数量的10倍之多。访问中国文物网,浏览各期国际博览会信息,谈谈你对流失海外的中国文物的理解。

第十七章　国际服务营销

> **学习目标**
>
> 1. 理解服务营销的含义
> 2. 了解服务营销与商品营销的区别
> 3. 掌握国际服务营销战略
> 4. 掌握国际服务营销组合策略

 导入案例

创维集团的第三营销模式

2001年,根据国家权威部门统计资料显示,创维集团连续八年蝉联国内彩电出口量第一名,并成功进入中国彩电前三强之列。2002年上半年,创维集团彩电的出口量比2001年同期相比增幅高达150%,国内销售额也比2001年同期增长了80%。

创维集团中国区域市场营销总经理兼创维集团执行董事杨东文先生认为,对于创维及至类似的企业来说,不管最终的发展方向是什么,生存之道首先在于选择一个好的市场营销模式,做好市场,并建立一支战无不胜的营销队伍。

创维集团在市场营销活动中贯彻服务营销理念。在产品上,创维集团力争提供技术领先、品质优秀、差异性显著并能领导市场潮流的新产品;价格上,保持产品的中档价格,在降价大战中不领先也不拖后;在渠道上则整合社会资源,利用商业资本的庞大市场营销终端,并同时不断完善自身拥有的终端网络,适当选择一批有实力、高信誉的经销商,进而形成卓越的经销网络;促销方面,注重对促销人员进行推销技巧、产品知识、卖点挖掘、经验介绍、潜能训练和语言训练等方面的培训。通过上述市场营销管理,创维集团力争建立起"制造业理想的市场营销模式":运营成本低、物流速度快、资源效率高、市场控制力强、客户信用高和员工积极性高。

企业的市场营销活动包括生产前的市场调研、产品开发、市场细分、目标市场选择和市场定位以及产品、价格、渠道、促销决策、消费者反馈和售后服务等。近年来,无论是营利机构,还是非营利机构,都对市场营销管理产生了浓厚的兴趣,很多企业已经形成了一套自己的市场营销战略体系。

资料来源:http://www.globrand.com/2010/400222.shtml。

第一节 服务与服务营销

一、服务

(一)服务的含义

对服务的传统定义通常是通过性质定义,即具有下列三种性质的交易品就是服务:非实物性、生产与消费的同时和不可储存性。非实物性被认为是服务的本质特征。关于服务的概念,中外不少管理学者都提出了自己的定义和见解,其中,霍尔(T. P. Hill)提出的服务概念得到大部分学者的认可:"服务是指人或隶属于一定经济单位的物在事先合意的前提下由于其他经济单位的活动所发生的变化。"这种变化包括服务给消费者带来的身体变化和心理变化。霍尔进一步指出,"服务的生产和消费同时进行,即消费者单位的变化和生产者单位的变化同时发生,这种变化是同一的"。美国营销大师科特勒进一步提出,"服务是一方提供给另一方的任何活动或利益,基本上是无形的,也不会牵涉任何实体的所有权,而且不必要附属于实体的产品之上"。美国营销协会(American Marketing Association, AMA)的定义是"服务是通过销售或附属于商品销售过程中所提供的活动、利益或满足"。Gronroo 指出"服务是一个或一连串的活动,在本质上具有或多或少的实体形态,且通常都发生在消费者与提供服务一方的人员、实体资源、物品或系统的互动之间,而服务的目的主要是作为消费者问题解决之道"。Willkiam J. Stanton 定义为:服务是那些可以分割辨认、提供满足需要的无形活动(或行为),而这些行为并不与出售货品或其他服务联系在一起。生产一种服务,可能需要,也可能不需要使用有形的财货,不过,即使使用财货,也不会发生财货所有权转移。

我国学者韦福祥等认为,服务是一个或一组活动过程,它或多或少具有无形的性质。这种过程的目的是使服务接受者获得某种"状态的变化"。服务的生产与消费是在服务提供者与服务接受者之间交互作用中来完成的。高新民等认为,服务的概念可以通过传统服务概念与现代服务概念相结合来界定,服务是一个经济主体被另一个经济主体增加价值,并主要以活动形式表现其使用价值。这一定义有三个要点:其一,服务首先具有实用价值,是一种无形产品;其二,服务是交易对象,应该反映不同经济主体之间的关系;其三,服务是运动形态的客观使用价值,一般不表现为静态的客观对象。

(二)服务的特性

关于服务的特性,不同的学者站在不同的角度,有不同的观点,如 Regan, Bateson, Parasuraman、Zeithaml 和 Berry,科特勒,汪存孝等。其中,科特勒综合了多数学者的观点,给出服务的以下四个普遍被人们接受的特性。

1. 无形性

服务是无形的,无法像实体产品一样能看到、尝到、感觉到、听到或嗅到。

2. 不可分割性

服务和消费必定同时产生,无法分割,即服务提供者在提供服务的同时必须和消费者互动。

3. 变异性

服务提供者可以对服务的流程、操作进行规范,但是服务的提供会因人、因时、因地而发生变化。因此,服务水平要保持稳定并不容易,当服务对象众多的时候,服务品质的控制就更加困难。

4. 易逝性

有形产品可以事先予以储存,消费者亦可以事先购买以备不时之需。然而,服务与有形产品不同,它只有在提供时才存在,无法储存且容易消逝。当服务面临较高需求时,便无法满足顾客的期望,进而影响消费者对服务品质的评估。

二、服务的分类

根据不同的标准,服务可有不同的分类。

(一)按顾客在服务过程中参与程度的高低分类

按顾客参与服务活动的程序可将服务分为三大类,即高接触型服务、中接触型服务和低接触型服务。

1. 高接触型服务

高接触型服务是指销售服务人员在向顾客提供服务时,保持较多的面对面的接触机会的服务模式。相对于低接触服务而言,高接触服务需要更多的人员参与。像电影院、娱乐场所、公共交通、学校等部门所提供的服务都属于高接触型服务。

2. 中接触型服务

中接触型服务是指顾客只是在局部时间内参与其中的活动,如银行、律师、地产经纪人等所提供的服务。

3. 低接触型服务

低接触型服务是指在服务推广中顾客与服务的提供者接触较少的服务,其间的交往主要是通过仪器设备进行的,如提供信息、在线咨询等的服务。

(二)按综合因素法分类

依据提供服务工具的不同,服务可以分为以机器设备为基础的服务(如自动收款机、自动化汽车刷洗等)和以人为基础的服务(如非技术性、技术性和专业性服务——会计审计服务、旅行服务等)。

依据在服务场所出现的必要性的大小,服务分为要求顾客亲临现场的服务(如身体检查、理发美容、按摩等)和不需要顾客亲临现场的服务(如汽车修理、成衣整烫等)。

依据顾客个人需要与企业需要的不同,服务分为面对个人需要的专一化服务和面对个人需要与企业需要混合服务。

依据服务组织的目的不同,服务分为营利性服务、非营利性服务、私人服务、公共服务。

(三)按营销管理分类

依据服务活动的本质不同,服务分为作用于人的有形服务、作用于物的有形服务、作用于人的无形服务、作用于物的无形服务。

依据顾客与服务组织的联系状态,服务分为连续性、会员关系的服务,连续性、非正式会员的服务,间断性会员关系的服务,间断性非会员关系的服务。

依据服务方式及满足程度,服务分为标准化服务(如公共汽车载客服务),易于满足要求但服务方式选择度小的服务(如电话服务),选择余地大而难以满足个性化要求的服务(如教师授课),需求能满足且服务提供者有发挥空间的服务(如美容、建筑)。

依据服务供求关系不同,服务分为需求波动小的服务(如保险、法律),需求波动大而供应基本能跟上的服务(如电力、天然气),需求波动幅度大并会超出供应能力的服务(如交通运输、饭店宾馆)。

三、服务营销

(一)服务营销的含义

服务营销是企业在充分认识满足消费者需求的前提下,为充分满足消费者需要在营销过程中所采取的一系列活动。服务作为一种营销组合要素,真正引起人们重视的是20世纪80年代后期。这时期,由于科学技术的进步和社会生产力的显著提高,产业升级和生产的专业化发展日益加速,一方面使产品的服务含量,即产品的服务密集度日益增大;另一方面,随着劳动生产率的提高,市场转向买方市场,消费者收入水平逐渐提高,他们的消费需求也逐渐发生变化,需求层次也相应提高,并向多样化方向拓展。

服务营销的研究形成了两大领域,即服务产品的营销和客户服务的营销。服务产品营销的本质是研究如何促进作为产品的服务交换,客户服务营销的本质则是研究如何利用服务作为一种营销工具促进有形产品的交换。无论是产品服务营销还是客户服务营销,服务营销的理念都是顾客满意和顾客忠诚,通过顾客满意和忠诚来促进有利的交换,最终实现营销绩效的改进和企业的长期成长。

(二)服务营销与传统营销的不同点

同传统的营销方式相比较,服务营销是一种营销理念,企业营销的是服务;而传统的营销方式只是一种销售手段,企业营销的是具体的产品。在传统的营销方式下,消费者购买了产品意味着一桩买卖的完成,虽然它也有产品的售后服务,但那只是一种解决产品售后维修的职能。

而从服务营销观念理解,消费者购买了产品仅仅意味着销售工作的开始而不是结束,企业关心的不仅是产品的成功售出,更注重的是消费者在享受企业通过产品所提供的服务的全过程中的感受。这一点也可以从马斯洛的需求层次理论上理解:人最高的需求是尊重需求和自我实现需求,服务营销正是为消费者(或者人)提供了这种需求,而传统的营销方式只是提供了简单的满足消费者在生理或安全方面的需求。

1. 服务与商品的差异

了解服务与商品的一般差异,对于区分服务营销与商品营销非常有益。服务与商品存在以下八个方面的差异:

(1)产品的本质不同。贝里把商品描述为"一件物品,一种器械,一样东西",把服务描述为"一个行动,一次表演,一项努力",他很好地抓住了它们之间的差异。把服务看作表演是对服务管理的一个戏剧化的比喻,即把服务传递想象为一个剧本的上演,而服务人员就是演员,顾客就是观众。也就是说,商品是有形的,是一个具体的物质实体或一个实实在在看得见、摸得着的东西;而服务工作本身基本上是无形的。

(2)顾客参与生产过程。实施一项服务工作就是对实物设施、脑力和体力劳动这三者的某种组合的产出结果进行装配和传递。通常顾客在创造这个服务产品的过程中会积极参与,如美容院。

(3)人作为产品的一部分。在高度接触的服务业中,顾客不仅同服务人员发生接触,还可能同其他顾客发生联系。如此顾客就成为产品的一个组成部分。

(4)质量难以控制。生产出来的商品在到达顾客那里之前,可以根据质量标准对它们进行检查。但是服务在生产出来的同时就被消费了,最后的组装就是在产品的实时生产过程中发生的。这样,错误和缺点就很难掩盖,而服务人员和其他顾客的在场又引入了更大的可变性,这些因素使得服务性组织很难控制质量和提供始终如一的产品。

(5)顾客评价更困难。大多数实体商品的识别性品质(search quality)相对较高,如颜色、式样、形状、价格、合适度、感觉、硬度和气味,都是有助于顾客在购买产品前做出决定的因素。相反,其他一些商品和服务可能更强调经验性品质(experience quality),只能在购买后或消费过程中才能识别质量,如口味、处理的容易程度、个人护理。最后,还有可信度品质(credence quality),即那些顾客发现即使在消费之后也很难评价的特性,如外科手术、技术修理等。

(6)服务没有存货。因为服务是一次行动或一次表演,而不是顾客可以保存的一件有形的物品,所以它是"易腐的"和不能被储存的。当然,必要的场地、设备和劳动能够被事先准备好以创造服务,但这些仅仅代表生产能力,而不是产品本身。

(7)时间因素的重要性。许多服务是实时传递的,顾客必须在场接受来自企业的服务。顾客愿意等待的时间也是有限度的,更进一步说,服务必须迅速传递,这样,顾客就不必花费过多的时间接受服务。

(8)分销渠道不同。同需要实体分销渠道把商品从工厂转移到顾客手中的制造商不同,许多服务企业要么利用电子渠道(如广播、电子资金转移),要么把服务工厂、零售商店和消费点合并成一个地方。

2. 服务营销与商品营销的差异

与实物产品比较,服务产品具有不可感知性、不可分离性、差异性、不可储存性和所有权缺位等特征,服务产品的特征决定了企业服务营销具有以下不同于实物产品营销的种种特点:

(1)服务营销以提供无形服务为目标。

(2)服务的不可分离性决定了服务产品的消费与服务产品的提供是同时进行的,也就是服务的消费者要直接参与服务的生产过程,并与服务提供者密切配合。

(3)服务的差异性导致同一服务者提供的同种服务会因其精力和心情状态等不同而有较大的差异,同时消费者对服务本身的要求也参差不齐,这就使得服务营销工作稳定性差。

(4)服务的所有权缺位特征决定了在服务的生产和消费过程中不涉及任何实体的所有权转移。

(三)服务营销的特征

1. 供求分散性

服务营销活动中,服务产品的供求具有分散性。不仅供方覆盖了第三产业的各个部门和行业,企业提供的服务也广泛分散,而且需方更是涉及各类企业、社会团体和千家万户不同类型的消费者。由于服务企业一般占地小、资金少、经营灵活,它们往往分散在社会的各个角落,即使是大型的机械服务公司,也只能在有机械损坏或发生故障的地方提供服务。服务供求的分散性,要求服务网点要广泛而分散,尽可能地接近消费者。

2. 营销方式单一性

有形产品的营销方式有经销、代理和直销多种营销方式。有形产品在市场可以多次转手,经批发、零售多个环节才使产品到达消费者手中。服务营销则由于生产与消费的统一性,只能采取直销方式,中间商的介入是不可能的,储存待售也不可能。服务营销方式的单一性、直接性,在一定程度上限制了服务市场规模的扩大,也限制了服务业在许多市场上出售自己的服务产品,这给服务产品的推销带来了困难。

3. 营销对象复杂多变

服务市场的购买者是多元的、广泛的、复杂的。购买服务的消费者的购买动机和目的各异,某一服务产品的购买者可能牵涉社会各界各业各种不同类型的家庭和不同身份的个人,即使购买同一服务产品,有的用于生活消费,有的却用于生产消费,如信息咨询、邮电通信等。

4. 服务消费者需求弹性大

根据马斯洛需求层次原理,人们的基本物质需求是一种原发性需求,这类需求人们易产生共性,而人们对精神文化消费的需求属继发性需求,需求者会因各自所处的社会环境和各自具备的条件不同而形成较大的需求弹性。同时对服务的需求与对有形产品的需求在一定组织及总金额支出中相互牵制,也是形成需求弹性大的原因之一。同时,服务需求受外界条件影响大,如季节的变化、气候的变化、科技发展的日新月异等对信息服务、环保服务、旅游服务、航运服务的需求造成重大影响。需求的弹性是服务业经营者最棘手的问题。

5. 对服务人员的技术、技能、技艺要求高

服务者的技术、技能、技艺直接关系着服务质量。消费者对各种服务产品的质量要求也就是对服务人员的技术、技能、技艺的要求。服务者的服务质量不可能有唯一的、统一的衡量标准,而只能有相对的标准和凭购买者的感觉体会。

第二节 国际服务营销概述

一、国际服务营销的产生与发展

西方学者从 20 世纪 60 年代就开始研究服务营销问题。直到 20 世纪 70 年代中后期,美国及北欧国家才陆续有市场营销学者正式开展服务市场营销学的研究工作,并逐步创立了较为独立的服务营销学。服务营销学的发展经历了以下几个阶段。

(一)起步阶段(1980 年以前)

此阶段的研究主要是探讨服务与有形产品的异同,并试图界定大多数服务所共有的特征——不可感知性、不可分离性、差异性、不可储存性和缺乏所有权。

1977 年,美国银行副总裁列尼·休斯坦克撰文指出,泛泛而谈营销观念已经不适应于服务营销,服务营销的成功需要新的理论来支撑;如果只把产品营销理论改头换面地应用于服务领域,服务营销的问题仍会无法解决。从 1977 年到 1980 年,营销学者的研究主要是基于服务同有形产品的比较,识别并界定服务的特征。以贝特森、肖斯塔克、贝瑞等为代表,他们较准确地归纳和概括出了服务的特征,包括不可感知性、不可分离性、差异性、不可贮存性和缺乏所有权。

(二)探索阶段(1980—1985 年)

此阶段的研究主要包括两个方面:一是探讨服务的特征如何影响消费者的购买行为,尤其是集中于消费者对服务的特征、优缺点以及潜在的购买风险的评估;二是探讨如何根据服务的

特征将其划分为不同的种类,不同种类的服务需要市场营销人员运用不同的市场营销战略和技巧来进行推广。

从 1981 年开始,营销学者开始将服务营销的研究重点转移到服务的特征对消费者购买行为的影响方面。其中,1981 年泽丝曼尔(Zeithaml)在美国市场营销协会学术会议上发表的《顾客评估服务如何有别于评估有形产品》一文为代表之作。

由于研究中肯定了服务特征对消费者购买行为的影响,营销学者普遍形成了一个共识,即服务营销不同于传统的市场营销,它需要新的市场营销理论的支持。同时,不少营销学者还探讨了服务的分类问题。例如,肖斯塔克(Shostack)根据产品中所包含的有形商品和无形服务的比重的不同,提出了其著名的"从可感知到不可感知的连续谱系理论",并且指出在现实经济生活中纯粹的有形商品或无形服务都是很少见的。蔡斯(Chase)则根据顾客参与服务过程的程度把服务区分为"高卷入服务"和"低卷入服务"。尽管有不同的分类,但营销学者一般认为,针对不同类型的服务,营销人员需要采用不同的营销战略和战术。

(三)挺进阶段(1986 年至今)

此阶段研究的成果,一是探讨服务营销组合应包括哪些因素;二是对服务质量进行了深入的研究;三是提出了有关"服务接触"的理论;四是服务营销的一些特殊领域的专题研究,如服务的出口战略,现代信息技术对服务产生、管理以及市场营销过程的影响等。

20 世纪 80 年代下半期,营销学者更加集中于研究传统的营销组合是否能够有效地用于推广服务,服务营销需要有哪些营销工具。营销学者逐步认识到了"人"在服务的生产和推广过程中所具有的作用,并由此衍生出了两大领域的研究,即关系市场营销和服务系统设计。

杰克逊提出要与不同的顾客建立不同的关系。塞皮尔强调了关系营销是服务营销人员应掌握的技巧。以肖斯塔克等为代表的营销学者则对服务系统设计的研究作出了重要贡献。肖斯塔克于 1984 年、1987 年和 1992 年发表多篇论文,阐述了"蓝图技术"对于分析和设计服务以及服务生产过程的作用。包文和钟斯利用交易费用理论研究了顾客在何种情况下愿意参与服务生产过程的问题。

但是,这一阶段关于"服务质量"和"服务接触"两个方面的研究也许更富成果。感知质量、技术质量、功能质量等概念以及服务质量差距理论的提出,都为后来的服务质量问题研究奠定了重要的基础。

从 80 年代后期开始,营销学者在服务营销组合上达成了较为一致的意见,即在传统的 4P 基础上,又增加了"人员"(people)、"有形展示"(physical evidence)、"服务过程"(process)三个变量,从而形成了服务营销的 7P 组合。

随着 7P 的提出和广泛认同,服务营销理论的研究开始扩展到内部市场营销、服务企业文化、员工满意、顾客满意和顾客忠诚、全面质量管理、服务企业核心能力等领域。这些领域的研究正代表了 20 世纪 90 年代以来服务市场营销理论发展的新趋势。

二、《服务贸易总协定》与国际服务营销

1994 年 4 月 15 日,世界贸易组织签订了具有深远历史意义和现实影响的"乌拉圭回合"谈判的最终协定。《服务贸易总协定》是其中最重要的协定之一,于 1995 年 1 月 1 日正式生效。

《服务贸易总协定》的基本原则包括最惠国待遇原则、透明度原则、国内规定原则、市场准入原则、国民待遇原则、发展中国家的更多参与原则。

《服务贸易总协定》为国际服务营销带来机遇,为各国服务业的发展提供了一个良好的国内与国际环境;有利于各国服务市场逐步扩大对外开放,这既给各国服务企业带来了竞争与挑战,又带来了机会与发展;增加了各国服务企业间的合作机会。

三、我国服务业面临国际市场竞争的挑战

2021年我国服务进出口额达到了5.3万亿元人民币,同比增长16.1%。服务出口世界排名由第四位上升到第三位。尽管服务贸易取得良好发展成绩,但也要看到,当前我国服务贸易的发展还面临着不少挑战和制约。

首先,服务贸易面临外需收缩的风险。世界经济复苏脆弱乏力,近期国际货币基金组织、世界银行等纷纷下调全球经济增长的预期,世贸组织预计2023全球贸易约增长3%,低于2022年4.7%的预期。主要经济体需求低迷,对我国的跨境运输、服务外包等带来不利影响。

其次,企业经营压力加大。一些服务贸易企业面临订单不足、成本上升等挑战,经营预期不稳,特别是中小企业抗风险能力相对较弱,面临较大的生存压力。

尽管面临诸多挑战,但我国每年服务业增量居全球第一,服务领域开放水平不断提升,数字化进程逐步加快。我国服务贸易坚实的发展基础没有改变,长期向好的发展势头没有改变,在对外贸易中重要地位和作用没有改变。

第三节 国际服务营销战略

国际服务营销战略有两种:一种是国际服务营销的定位与服务差异化战略;另一种是国际服务营销的优质服务战略。

一、国际服务营销的定位与服务差异化战略

定位是识别、开发和沟通那些可以使组织的产品和服务被目标顾客感觉到比竞争对手的产品和服务更好、更有特色的过程。定位与差异化有关。针对目标市场,对服务进行定位的目的在于在顾客的心中创造有别于竞争对手的差异化优势。

完成定位需要遵循一定的步骤。定位过程一般可以区分为以下五个步骤。

(一)决定定位层次

定位可以在多个层次上进行:行业定位——把服务行业作为一个整体来定位,组织定位——把一个组织作为整体来定位,产品组合定位——把组织提供的一组相关产品或服务作为一个整体来定位,个别定位——对某一特定产品或服务进行定位。

(二)识别重要属性

定位的第二步是识别那些影响目标市场顾客购买决策的重要因素。顾客基于自身所感受到的不同服务机构之间的差异做出购买选择,但有时这种差异并非行业中最重要服务产品属性之间的差异。因此,应当通过调查,确定决定顾客服务选择的属性,这些属性将构成定位的基础。

(三)绘制定位图

在识别出重要属性之后,就要绘制定位图,并在定位图上标示各服务企业所处的位置,一

一般都使用二维图。如果存在一系列重要属性,则可以通过统计程序将之简化为能代表顾客选择偏好的最主要的二维变量。定位图既可以基于客观属性,也可以基于主观属性。利用定位图我们不仅可以确定竞争企业的位置,而且可以发现顾客的核心需要所在,从而沿着满足核心需要的路径对自己进行重新定位。

(四)评估定位选择

里斯和特劳特曾提出了三种定位选择。一是强化现有位置,避免正面打击冲突。二是寻找市场空隙,获取先占的竞争优势。三是给竞争者重新定位,即当竞争者占据了它不该占有的位置时,让顾客认清对手"不实"或"虚假"的一面,从而使对手为自己让出它现有的位置。无论采取何种选择,一种定位要想获得成功,满足以下三个条件将是关键:定位必须有意义,定位必须可信,定位必须是唯一的。

(五)执行定位

执行定位的营销组合策略必须以与目标细分市场相关的、关键的、突出的属性为基础。确认这些属性并据此分析竞争者的位置以发现其弱点所在。市场营销组合代表着定位的机会,每一组合因素都可以用来支持服务企业的定位。如服务产品本身就能够传递定位,当银行发行某种新卡时可以传递该银行具有创造性的定位。旅馆和零售店较高的价格可以向顾客传递中高档的企业定位;服务人员的表现也直接影响顾客对整个企业服务水平和质量的感知。

二、国际服务营销的优质服务战略

(一)服务质量的含义

要做好服务营销工作,服务企业必须为顾客提供优质服务。服务质量可以被定义为顾客对实际所得到服务的感知与顾客对服务的期望之间的差距。

顾客感知的服务质量包括技术质量和功能质量两个方面。技术质量是指服务过程的产出,即顾客在服务中所得到的实质内容,如商品零售企业的环境服务为顾客提供的安全、舒适、愉快的购物体验,商品服务使顾客获得质优价宜的商品,维修服务使顾客重新获得商品的使用价值。它也包括服务过程中使用的技术性方法、设施、器械、电脑化系统等硬件要素。技术质量可以通过比较直观的方式加以评估,顾客也容易感知,从而成为顾客评价服务好坏的重要依据。功能质量则是指服务的技术性要素是如何传递的,即服务的生产过程,包括服务人员的态度与行为、企业的内部关系、服务人员外貌仪表、员工与顾客的接触等软件要素。有些服务,顾客无法感知其功能质量,如餐馆的采购、加工、烹饪过程,因顾客并不参与这些作业过程,所以就只能感知其结果,即技术质量。

上述顾客服务质量与顾客预期质量和体验质量三者之间的关系,可以用一个函数表示:服务质量分数=实际感受分数-期望分数。该模型涉及顾客评价服务质量的五个标准,即可感知性、可靠性、反应性、保证性和移情性。研究人员可以按照上述五个标准设计问卷调查表。

(二)影响服务质量的四种差距

服务过程是由一系列前后相继、相互制约的行为构成的。在服务过程中,从决策者对顾客期望的认知到服务质量的规范化,再到服务信息向顾客的传递以及服务的实际执行,服务组织内部存在着四个明显的差距。这些差距极大地影响着顾客的感知服务质量,因此,理解这些差距形成的原因及其对服务质量的影响程度是十分必要的。

1. 差距1：顾客对服务的期望与服务提供者认知之间的差距

服务企业的管理人员可能并不确切知道顾客对服务质量的期望，因此管理人员认为的顾客期望可能与顾客的实际期望之间存在差异。这种差异的大小是由三个因素造成的。首先是市场调查；其次是内部纵向沟通，即从服务执行人员一直到企业最高管理当局之间的沟通；最后是管理层次，服务执行中间层次与人员越多，沟通就越困难，沟通效率就越低，其间的信息丧失率和错误率就越高。

2. 差距2：服务提供者对顾客期望的认知与服务质量规范之间的差距

服务企业在制定具体的服务质量规范时，会因为质量管理、目标设定、任务标准化和可行性这几个原因，使管理者对顾客服务期望的认知无法充分体现在所制定的服务质量规范上。首先，服务企业会因为缺乏全面、系统的服务质量管理而使差距加大。其次是目标设置。大量的事实表明，能提供优质服务的公司都有一套明确的目标。顾客服务目标需要完整地反映在企业的服务质量规范之中，并以这些目标作为服务质量控制的依据。再次是任务的标准化。最后是可行性问题，即满足顾客一定的服务期望在经济上和技术上是否合理可行。如果管理人员认为顾客的服务期望在本公司无条件满足，那么对顾客期望的认知与服务质量规范之间的差距就会加大。

3. 差距3：服务质量规范和服务提供者实际行动之间的差距

当服务提供者不能够或不愿意严格按照服务质量规范提供服务时，这种差距就产生了。由于它是在服务表现过程中形成的，因此也被叫作"服务表现差距"。影响服务表现差距的因素包括服务意识、团队协作、员工胜任程度、技术胜任性（公司的技术和设备水平满足一定服务质量要求的程度）、现场控制、跟踪控制、角色冲突和角色模糊等。

4. 差距4：服务提供者的实际行动与服务提供者沟通之间的差距

服务组织在广告和促销中做出的服务承诺与实际提供的顾客服务之间的差距，往往是由于企业与顾客间的沟通发生差错或者过分夸大其承诺、滥许承诺造成的。为了缩小这种差距，一些服务企业采取低"姿态"的营销沟通办法，即适度降低顾客的服务预期，这样就等于相对地提高了顾客的感知质量。

第四节 国际服务营销组合策略

一、国际市场进入策略

对于有形产品来说，常见的国际市场进入策略是把产品出售给国内的出口商或者目标市场国家的进口商或经销商。这种策略显然不能用于无形的服务产品。由于服务的不可感知，以及服务过程中人员和人员间的接触对于服务质量的重要性，特许经营、合资经营以及给予当地管理者一定的所有权成了国际服务营销中的主要进入策略。要使国外的这些风险投资获得成功，进入策略的选择将依赖于合格管理者的可得性。国际服务营销者必须保持最基本的文化敏感性，他们至少应该懂得目标市场国家的语言，并最好拥有在这些具有不同文化的国家生活的经验。

二、服务产品策略

尽管有不少人为在全球推行标准化的服务产品策略进行辩护，但到目前为止，最成功的仍然是那些根据各目标国家市场的需求调整其供给品的服务企业。金融服务便是如此,旅游服务通常也需要实行差异化策略。

三、分销与促销策略

在国际服务营销中,服务的分销与促销策略有时也可能需要调整。据研究,德国人与日本人在对航空公司服务的评价上存在很大的差异;德国乘客对飞机能否准时到达预定地点最感兴趣,而日本乘客认为飞行中的舒适与否最重要。因此航空公司的服务和广告需要反映这种差异。

四、沟通策略

跨文化的沟通无论是发生在办公室,还是在服务的过程或者通过电话、传真的交流中,都充满着风险。研究者发现了沟通中存在的四个层次的潜在难题,即语言、非语言行为、价值观和思维过程的差异。在这四种差异中,因语言的差异产生的难题最显而易见,因而也最容易克服。如果零售店的店员只说汉语,而顾客却说英语,那么难题显然是十分明显的。如果两个人在"时间观"上存在差异,那么当一方迟到时另一方在心理上产生的反应将不会明显地表露出来。

在国际服务营销中,语言技巧有时也会是关键。许多美国跨国公司,如麦肯锡咨询公司专门招募获得过美国工商管理硕士学位(MBA)的外国人在其国家为麦肯锡开拓市场。这些公司这样做并不只是因为派遣美国人去这些国家需要给他们支付较高的报酬,更重要的是为了向外国客户提供更有效的服务。而且,这样做的意义并不仅仅在于克服语言的障碍,还在于这些被招募的外国人接受过两种文化的训练,他们可以在两种文化间架起一座桥梁。

非语言行为会影响服务质量。在跨文化的条件下,非语言行为通常比较难了解且容易被误解。笑、皱眉头、沉默的时间、插话、语气、用双手递名片等,所有这些非语言行为都能预示服务提供者与顾客之间的关系。但是,在不同的文化中,这些线索的含义变化很大。在咨询服务中,当日本的客户变得沉默时,并不意味着顾问人员应该说话,日本人可能正需要一定的"思考空间",而不是更多的信息。

对服务人员理解顾客非语言行为能力的训练是保证服务效率和顾客满意的一个关键。显然,服务人员不可能被训练成顾客非语言行为的"词典",关键是识别出那些重复发生的问题并制定出适当的管理战略和训练方案。

五、价格策略

服务企业制定的定价策略并不限于定价本身,还包括一些隐形价格,比如企业提供的便利、安全、速度、自动化程度等都是顾客满意的指标。每个服务企业都有着自己的营销目标。定价方法是企业营销组合中十分重要的一部分,所以定价目标必须服从企业的营销目标。企业常见的定价目标包括:获得最高利润,争取达到一定的投资收益率,获得较高的市场占有率和应付市场竞争。

服务产品的定价技巧包括新产品的定价策略、差别定价、个别定价法、折扣定价法、偏向定价法、保证定价技巧、高价位维持定价技巧、牺牲定价技巧等。价格技巧是否运用得当,关系到企业的生死存亡。

六、人员管理策略

在国际服务营销中,管理一支全球的员工队伍将不是一件容易的事情。管理者必须考虑文化对雇员行为的影响。不同文化间的相互作用和冲突是无可避免的。由于顾客参与服务过程,服务提供者可能直接与外国的顾客打交道,文化的差异可能导致国际服务营销比有形产品的国际营销困难和复杂得多。正是由于文化的差异,进入国际市场的服务企业在人员管理的政策上有时需要做出一定的调整。如因国际文化的差异,服务人员的激励制度就可能需要做出调整。

知识阅读

在美国,最有效的激励手段是财务刺激。小费、佣金、奖金和工资都可以用来激励员工。但在有的国家,最有效的激励可能并不是金钱。在日本,基于个人的激励手段如小费和佣金并不用来激励员工,相反,强有力的公司文化和与下级人员的经常接触常常被看作是有效的激励方法。因为在日本的社会文化中,集体主义原则是重要的。

七、有形展示策略

由于服务的不可感知性,不能实现自我展示,它必须借助一系列的有形证据才能向顾客传递相关信息,顾客才能据此对服务的效用和质量做出评价和判断。一般来说,服务企业可以利用的有形展示可以区分为三种。

(一)环境要素

空气的质量、噪声、气氛、整洁度等都属于环境要素。这类要素通常不会引起顾客立即注意,也不会使顾客感到格外的兴奋和惊喜,但如果服务企业忽视这些因素,而使环境达不到顾客的期望和要求,则会引起顾客的失望,降低顾客对服务质量的感知和评价。

(二)设计要素

这类要素是顾客最易察觉的刺激因素,包括美学因素(建筑物风格、色彩等)和功能因素(陈设、舒适、标识等)。它们被用来改善服务产品的包装,使服务的功能和效用更为明显和突出,以建立有形的赏心悦目的服务产品形象。

(三)社交要素

社交要素是指参与服务过程的所有人员,包括服务人员和顾客,他们的态度和行为都会影响顾客对服务质量的期望和评价。

服务企业通过环境、设计、社交三类有形展示要素的组合运用,将有助于实现其服务产品的有形化、具体化,从而帮助顾客感知服务产品的利益,增强顾客从服务中得到的满足感。所有这些要素,在国际服务营销中,可能都需要根据目标群体的特殊文化,如审美观、习俗、偏好的差异,做出适当的调整。

本章小结

1. 根据不同的分类标准,服务可以被分为不同的类型。与有形产品相比,服务具有不可感知性、不可分离性、差异性、不可储存性和缺乏所有权的特点。服务的特征决定了服务营销同产品营销具有不同的特征。
2. 国际服务营销战略包括国际服务定位战略和国际优质服务战略。国际服务市场定位过程一般包括以下五个步骤：决定定位层次，识别重要属性，绘制定位图，评估定位选择，执行定位。服务质量包括技术质量和功能质量两个方面。顾客在购买服务过程中，其实际感受和预期值之间往往存在一定的差距，这一差距会严重影响企业的服务营销质量。因此，理解这些差距形成的原因及其对服务质量的影响程度是十分必要的。
3. 由于服务产品具有不同于有形产品的特点，传统的4P组合策略在服务市场营销中具有其局限性，于是形成了服务营销领域的7P组合策略，具体包括产品策略、价格策略、分销与促销策略、沟通策略、人员管理策略、有形展示策略和过程管理策略。

思维导图

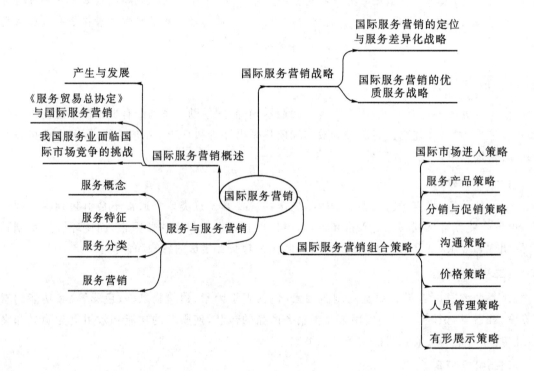

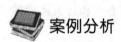 案例分析

卡尔森与北欧航空公司

詹·卡尔森（Jan Carlzon）受聘担任北欧航空公司（Scandinavian Airline Systems，SAS）CEO的时候，SAS的市场正处于节节下滑，每年亏损2000万美元，员工因收入减少而士气低落，对旅客的服务水平每况愈下。为了扭转公司日益下滑的趋势，卡尔森提出要贯彻一条服务理念："做世界上为商务常旅客服务得最好的航空公司。"

卡尔森将航空公司的层次结构翻了个个儿：将直接为旅客服务的人员置于公司的最高层，其他人员，包括中基层管理人员，都为他们提供服务和支持。卡尔森的措施和风格被认为是出格和大胆的，他的这种具有戏剧性的顾客导向的变革思想引起了广泛的注意。卡尔森推出了

SAS 新样式的航机和新制服的航班,邀请商务常旅客乘坐。卡尔森还组织了主题为"爱在空中"的迪斯科音乐演出。

卡尔森始终关心旅客和员工。他首先提出了服务的"真实瞬间"的概念。他坚持地认为,SAS 需要通过每天与旅客之间 50000 次"真实瞬间"的接触才会成功。

员工赞扬卡尔森心胸开阔和善于听取意见的作风,高层管理人员为他的领导才能所吸引。一位高层管理人员这样评价卡尔森:"他有非凡的领导才能,他是一位'传教士'式的人物。他非常热衷于传播他的思想,他不厌其烦地与人交谈。我想,没有他这种努力,我们公司很难从技术生产导向转变到营销服务导向。"

卡尔森的领导优势部分来自他关于人的激励的思想。卡尔森说道:"按我的经验,人生有两大激励:一是担忧,一是热爱。你可以用'让人担忧'的办法激励人,但这样做不利于发挥人的潜能。忧心忡忡的人很难突破他们的能力限制,因为他们不敢再经受风险。"因此,卡尔森赞成用"让人热爱"的办法激励人。

卡尔森的服务理念贯彻一年后,SAS 开始扭亏为盈,还获得多项服务大奖。

资料来源:https://wenku.baidu.com/view/902f545f2f60ddccda38a0ff.html.

讨论和在线学习问题

1. 卡尔森为贯彻其服务理念而采取的组织措施有哪些?
2. 卡尔森为什么要组织主题为"爱在空中"的迪斯科音乐演出?
3. 北欧航空公司通过服务的"真实瞬间"理念,使企业经营扭亏为盈。请登录北欧航空公司官网(www.flysas.com),并在网上搜索相关资料,进一步分析该公司在服务营销方面有哪些创意。

思考与问答

1. 服务与有形产品相比有何特点?
2. 什么是服务定位?如何进行服务定位?
3. 服务企业在国际市场营销中如何进行质量管理?
4. 简述服务有形展示策略。

第十八章　跨界营销

学习目标

1. 掌握跨界营销的含义
2. 了解跨界营销的形式
3. 理解跨界营销的原则
4. 理解跨界营销策略
5. 了解跨界营销的步骤

 导入案例

故宫：跨界玩出"最火爆文创IP"

一提起故宫，大家以往的印象是什么？皇家宫殿、旅游胜地还是高高在上的博物馆？但是，现在不一样了，故宫逐渐摆脱了这种严肃、古板的形象，反而成了年轻人眼中的网红，而实现目标的关键就在于故宫的文创跨界。

2018年，农夫山泉携手故宫文化服务中心，推出9款限量版"农夫山泉故宫瓶"，以农夫山泉瓶身为载体，让大家在古画的现代演绎中获得亲切感和共鸣。2019年世界博物馆日，故宫联合奥利奥趁热推出"宫廷御点·中华六味"限定饼干，用绝美古风插画勾起品牌粉丝兴趣，吸引大批国风爱好者。另一方面玩得还很震撼、很有深度，震撼在于用10600块奥利奥搭建故宫，引爆话题热议；深度在于"一饼融进天下味"H5互动视频，深度还原故宫元素，趣味讲述"奥利奥进宫"的诞生故事。2019年5月31日，"有界之外：卡地亚-故宫博物院工艺与修复特展"在故宫博物院午门展厅前开幕。卡地亚是法国珠宝及腕表业先锋，工艺精湛，得到一代代皇室和名流推崇；故宫作为明清两代皇家宫殿，是中国古代宫廷建筑精华，更是文化的象征。展厅内充满了悠久的历史气息，还能看到匠人们呕心沥血的杰作。既传播了文化，无形中也宣传了品牌。

当然，除了以上提到的3次跨界，故宫还有众多的跨界营销项目，比如故宫彩妆、故宫咖啡、与网易新闻推出"奉旨看球"的活动、与抖音联合推出"第一届文物戏精大会"等，产品、概念、体验各种玩法手到擒来。总之，故宫彻底放下了高高在上的身段，始终与年轻人爱玩的品牌"在一起"，增加了故宫自身在年轻人中的影响力，又顺势推广了故宫藏品。

资料来源：https://www.digitaling.com/projects/35573.html.
https://creative.adquan.com/show/284795.

在国际市场营销中，企业与顾客之间的关系主要是通过其生产出来的各式各样的产品联系的。顾客只有通过产品，才能意识到企业的存在。而企业要把产品卖出去，就必须以顾客为本。以前，企业为了迎合消费者，不断地把消费者的需求进行细分，对自己的产品重新进行定位，重新进行产品设计，这些策略在一开始的确起到了很好的作用。但现在，随着国际市场竞争的日益加剧和移动互联网的发展，如果只是单纯地细分市场，已经无法达到促进销售的目的了。面对这种局面，跨界思维的引入，跨界营销的构建，就成为一种新的营销趋势。

第一节　跨界营销概述

美国当代著名哲学家肯·威尔伯在其著作《没有疆界》中提道："当佛家说'色即是空'时，其含义指'疆界的虚无'，并不是说一切实体完全消失，或者一种无差别的混沌的状态。"无疆界，正是深刻揭示出了跨界的连接和创新的本质。跨界时代是重新整合的时代，产业价值链将被重新构建，产业边界也日渐模糊。

一、跨界营销的含义

随着市场竞争的日益加剧，行业与行业的相互渗透、相互融汇，已经很难对一个企业或者一个品牌清楚地界定它的"属性"。跨界现在已经成为国际最潮流的字眼，从传统到现代，从东方到西方，跨界的风潮愈演愈烈，已代表一种新锐的生活态度和审美方式的融合。

跨界（crossover），原意为不同行业间的合作，艺术家把其称为"混搭"。延伸到营销界，跨界营销就是指依据不同产业、不同产品、不同偏好的消费者之间所拥有的共性和联系，把一些原本没有任何联系的要素融合、延伸，彰显出一种与众不同的生活态度、审美情趣或者价值观念，以赢取目标消费者好感，从而实现跨界联合企业的市场最大化和利润最大化的新型营销模式。如房地产与奢侈品、可乐与音乐、汽车和服装等，这些看似风马牛不相及的产品通过跨界实现营销双赢，获得品牌协同效应。

二、跨界营销产生的原因

跨界营销作为一种新型的营销模式，可以利用各自品牌的特点和优势，将核心元素提炼出来，与合作"伙伴"品牌的核心元素进行契合，从多个侧面诠释一种共同的用户体验。其产生的原因主要有以下几点。

（一）跨界营销是社会大环境的呼唤

在世界一体化和文化大融合的背景下，国家之间的交流逐步增多，行业之间的渗透不断加剧，你死我活的商战逐步被合作共赢代替，特别是国家对创新的重视，给创新者以宽松的环境和适宜的土壤，促成了跨界营销在营销领域的出现和发展。

（二）跨界营销是企业获得竞争优势的有效途径

当今的企业在竞争中面对着更为复杂的环境：竞争者不断减少，品牌数量在急剧增加；渠道越来越多地集中在少数分销商手中；新产品在快速推出，产品的生命周期却大大缩短；市场细分被重复运用，导致市场的极度细分与饱和，作为企业成长关键的新产品很难进入市场；消费者越来越难以被打动。在竞争陷入同质化的情况下，企业家们纷纷寻求营销模式的创新，以突破瓶颈，巩固和提高市场占有率。跨界营销成为很多企业获得竞争优势的有效途径。

（三）跨界营销更加契合新型消费群体复杂的消费动机

在当前物质极度过剩的消费社会里，消费者的消费动机更为复杂，其需求已扩散到多个领域，不仅要求功能上满足他们的需求，而且更重要的是渴望体现一种生活方式、个人价值或自身品位。在消费者看来，商品不再是简单的物，而是一连串的物品、指示符号。当一个文化符号还无法诠释一种生活方式或者再现一种综合体验时，就需要几种文化符号联合起来进行诠释和再现。跨界就是将两种或两种以上的品牌体验带给受众，同时两种品牌所传达的一种整体符号给予这两个品牌更全面和更深刻的品牌印象。

（四）跨界营销体现出企业对消费群体细分的改变

市场竞争的背后是产品的同质化、市场行为的模仿化和竞争的无序化等，迫使企业更多地关注消费者。因而，对于整体市场和消费者的细分方式走出传统的按年龄、收入或地域特征进行划分的营销行为，改变为按照生活方式、学历、教育程度、个人品位、身份等深层次、精准化的指标来定义。

（五）跨界营销改变了过去单一品牌单兵作战的劣势

由于每一个优秀的品牌，都能比较准确地体现目标消费者的某种特征，但因为特征单一，往往受外界因素的影响也比较多，尤其是当出现类似的竞争品牌时，这种外部因素的干扰更为明显。而一旦找到了一个互补性的品牌，那么，通过多个方面对目标群体特征的诠释，就可以形成整体的品牌印象，产生更具张力的品牌联想。品牌间的相互映衬和诠释，实现了品牌从平面到立体，由表层进入纵深，从被动接受转为主动认可，由视觉、听觉的实践体验到联想的转变，使企业整体品牌形象和品牌联想更具张力，对合作双方均有裨益，让各自品牌在目标消费群体中得到认可，从而改变了传统营销模式下品牌单兵作战易受外界竞争品牌影响而削弱品牌穿透力、影响力的弊端。

三、跨界营销的意义

（一）共享资源

传统的市场营销环境下，企业依靠自身实力建立品牌影响，存在着投入资金大、收效时间长、品牌影响力不足等问题，资源的封闭不利于企业的发展。跨界营销的优势在于打破传统的营销思维模式，寻求非业内的合作伙伴，实现客户资源、渠道资源、传播资源、销售平台、品牌号召力等资源的共享。

（二）提升品牌影响力

跨界营销适应了消费社会中消费者不断发展的需求，能够有效地提升品牌影响力，增加对潜在客户的吸引力。通过不同行业原本毫不相干的元素之间相互渗透、相互融汇，让品牌形象更为立体，也有利于合作双方的品牌得到目标消费者的一致认可，从而在品牌竞争中更显优势。

（三）使营销传播模式更加有效

跨界营销覆盖面广，是一个相对成本较低、效应较好、品牌推广较高效、传播较广泛的营销模式。企业只需相对较低的成本就可以实现比单独营销更好的目标,且可以产生超过传统营销模式如广告、公关、销售促进的效果。

(四)降低了费用支出

跨界营销企业是在整合原有资源的基础上合作,降低了各合作双方营销投入,且产生的费用可以双方共担,投入产出比较高。

四、跨界营销的原则

跨界营销遵循以下七大原则。

(一)资源匹配原则

资源匹配原则指的是两个不同品牌的企业在进行跨界营销时,两个企业在品牌、实力、营销思路和能力、企业战略、消费群体、市场地位等方面应该有的共性和对等性,只有具备这种共性和对等性,双方在实现优质用户资源共享后,往往才能够达到双赢的效果。

需要注意的是,在跨界营销合作的过程中,要实现参与双方或者多方的收益,必须有一定的技巧,而且要保证一些基本前提:品牌、渠道或者理念等彼此互补,合作品牌之间"门当户对",各方能够在长期内达成利益的最大化或互补效应,具有相互匹配的商品特征、价值观和目标市场,参与者必须拥有强大的执行力。这些前提都是实现双赢效应的保障。

(二)品牌效应叠加原则

品牌效应叠加是指两个品牌在优劣势上进行相互补充,将各自已经确立的市场人气和品牌内蕴互相转移到对方品牌身上或者传播效应互相累加,从而丰富品牌的内涵和提升品牌整体影响力。不管是商品开发还是品牌联盟,必须要达成两者之间的有效互补,而且不是简单的功能互补,应该是基于体验的互补。因为,从简单卖东西到出售一种生活方式,或者引导一种时尚潮流,后者更容易吸引消费者。

(三)消费群体一致性原则

消费群体一致性原则是指每个品牌都有一定的消费群体,每个品牌都在准确地定位目标消费群体的特征,作为跨界营销的实施品牌或合作企业由于所处行业的不同、品牌的不同、产品的不同,要想使跨界营销得以实施,就要求双方企业或者品牌必须具备一致或者重复的消费群体。如著名汽车品牌东风雪铁龙 C2 与意大利知名时尚运动品牌 Kappa 的合作,就是基于 C2 这个品牌本来象征一种时尚、活跃、前卫的生活方式,而 Kappa 作为一个服装品牌它也有这样的一种诉求,二者具有一致的消费群体。当然消费群体的一致性也可以表现在消费特性、消费理念上的相同。

(四)主体非竞争性原则

主体非竞争性原则是指参与跨界营销的企业或品牌应是互惠互利、互相借势增长的共生关系,而不是此消彼长的竞争关系。非竞争性战略联盟可以有效地避免合作双方之间的相互竞争与内耗。在此基础上,参与双方才能真正为对方考虑,让彼此达成资源共享,以实现资源的效用最大化。而跨界的核心竞争力不止表现在资源交换与共享方面,还在于发展潜伏在资源内的隐性传媒功用。

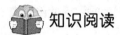 **知识阅读**

发展至今的李宁,早已不再是纯粹的运动品牌,"时尚"和"潮流"成了它的新标签。李宁的蜕变之路,也是一个不断尝试跨界联名的过程,把产品和内容玩得炉火纯青。李宁和德邦物流,因为都是CBA赞助商,这两个风马牛不相及的品牌走到了一起,在2019CBA全明星周末开赛之际开展了跨界营销。李宁为德邦快递设计定制了全明星限量款酷炫的战服,包括外套、T恤、裤子等,"另类"国潮,同样贴合年轻人的审美。李宁和人民日报,这次跨界可以算是2019年最打破次元壁的跨界营销案例。实际上,李宁和人民日报渊源颇深,可以追溯到1984年洛杉矶奥运会,人民日报第一时间向全国人民报道体操王子李宁的奥运之旅。而这次双方的合作,除了李宁推出意义深远的联名服饰外,人民日报新媒体还开了间快闪店"有间国潮馆",吸引众多人前往打卡。

资料来源:https://baijiahao.baidu.com/s?id=1624265753669798581&wfr=spider&for=pc。
https://www.sohu.com/a/315888109_120050952。

(五)非产品功能互补原则

非产品功能互补原则指进行跨界相互合作的企业,在产品属性上两者要具备相对独立性,不因跨界合作而失去自身独特的个性。同时,跨界营销不是商品功能上的优劣互补、此消彼长,而是通过合作,使各自的优势更加凸显,更容易吸引消费者,提高各自的影响力和知名度,实现渠道互补、品牌互补、知名度互补等。

(六)品牌理念一致性原则

一个商品的品牌能够体现消费者的审美观念和个人品位,其所表现出来的文化内涵也反映着消费者的价值观念。品牌理念的一致性指的是进行跨界营销的双方有着相同或相近的价值理念,面向的目标受众具有一致性。只有品牌理念保持一致性,才能在跨界营销的实施过程中产生由A品牌联想到B品牌的作用,实现两个品牌的相关联或者在两个品牌之间画上等号,从而提高商品的销量。

(七)用户体验原则

在市场营销领域,营销理论已由4P理论转向4C理论。从中可以看出,消费者在市场竞争中的地位日益突显,市场由以企业为中心转向以消费者为中心,消费者的需求决定着市场的发展方向。因此,企业需要为消费者提供个性化、定制化的服务,增强消费者的体验,满足消费者的需求。而提升用户体验要围绕目标消费群体的情感、思维、知觉及行为等方面展开。

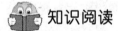 **知识阅读**

惠普、AMD与腾讯游戏三强联手,展开了跨越PC、芯片和游戏三个产业的"精英合作"方式。这次跨界合作开发出了专门为网络游戏用户定制的主题笔记本电脑,名为惠普AMD腾讯游戏笔记本电脑。这款商品意在整合惠普、AMD与腾讯游戏三方的资源优势,为消费者呈现极致的应用体验。

资料来源:www.ce.cn/cysc/newmain/list/IT/。

五、跨界营销的形式

跨界营销包括"跨界"和"营销"两部分。"跨界"主要是观念上的变化、行业间的融合,而

"营销"则主要指经济领域的销售。它们相互组合,将会产生多种不同的变化。从行业发展的角度来看,跨界营销可以分为水平跨界营销、纵向跨界营销和交叉跨界营销三类。

(一)水平跨界营销

水平跨界营销主要是指两个或两个以上的行业为了获得发展而进行合作,实现资源共享。如五粮液联手章光101合力开发名为"千寻"的保健酒;TCL冰箱和农夫山泉饮料跨界渠道开发、跨界传播推广;家电与房产的跨界营销;酒水企业投资酒店开发商,冠名某某大酒店等。水平跨界营销对企业来说,是对迥然不同的事物的搭配或者延伸。其核心是跨界的事物必须拥有同等价值的力量与影响,从而共同创造出集合性的整体优势。

(二)纵向跨界营销

纵向跨界营销是指厂家与商家两个不同的个体连成一线,共同投入市场、共同建设渠道、共同服务消费者,实现利益共享,实现合力打天下,实现厂商之间的战略联盟。如陕西太白酒业集团为了加强与经销商的关系,把区域市场大经销商吸引为公司的股东,甚至成为董事会成员,最终形成战略联盟关系,使双方的资源、利润空间和支持都能得到充分的发挥。

纵向跨界营销的核心在于厂商合作的双方一定是建立在战略目标一致、思想理念一致、行为动作一致的基础上的,双方才能在跨界营销的合作过程中,达成默契与双赢;否则,很容易在合作过程中产生分歧,造成合作的夭折。

(三)交叉跨界营销

交叉跨界营销包含了上述两种跨界营销方式的特点,并增加了与消费者互动的环节,从而可以实现价值增值和粉丝效应。可口可乐可谓是玩转交叉跨界营销的高手,其在体育营销、餐饮营销、游戏营销甚至音乐营销等方面的精湛表现,无不渗透着交叉跨界营销的精髓。可口可乐与加拿大两大音乐公司MyMusic与MuchMusic的交叉跨界营销就是一个经典案例。在合作过程中,可口可乐专门生产一批容量为600毫升的可口可乐、雪碧等,在产品标识下面,藏有价值5美元的代金券。整个活动中,代金券总金额累计达到1.35亿美元。而这些代金券,消费者既可以用来购买MyMusic网站的任何CD,还有机会立即获得包括MuchMusic公司Big Shiny Tunes乐队在内的三场音乐之旅。

交叉跨界营销的主角是消费者,企业、合作对象只是规则的制定者和操作者。但在整个营销过程中,企业、合作对象、消费者之间形成三位一体的联动式关系,共同享受到各自所需的价值与利益。

第二节 跨界营销策略

跨界营销包含多种形式,企业需要根据自身的特点,选择合适的营销策略。大体来说,跨界营销策略主要有以下七种。

一、产品跨界策略

产品跨界策略就是企业推出与传统系列产品有一定差异甚至是完全没有关联性的产品作为市场开拓的新产品。这种跨界非常普遍,而且跟当时的市场大势息息相关。前几年中国家电市场呈现出白强黑弱的趋势时,就有不少白电企业进入黑电领域,反过来也有,诸如做黑电起家的海信,同样进入了空调等白电领域,同样具备了很强的竞争力。当然同属家电领域还只能算小跨界,诸如众多家电大集团甚至跨界出了家电范围,诸如海尔、海信等很早就涉足商业地产,美的集团投资照明领域等。产品的跨界有时候是作为企业发展重心推移的风向标和对未来市场的预判,有时候是作为目前产品的重要补充,拉伸产品线从而提升企业在各条战线的整体竞争力。

 知识阅读

2020年新冠疫情期间,五菱汽车响应国家号召,联合供应商改建生产线生产口罩,还喊出了"国家需要什么,我们就造什么"的霸气口号。紧接着,五菱汽车积极参与地摊经济,第一时间推出了地摊车。五菱最厉害的操作还是最近的跨界,直接卖起了螺蛳粉。限量88份的五菱螺蛳粉外观上高大上,还配备了精美餐具套装,准备打造螺蛳粉中的奢侈品,再配上广告语"品味生活,更懂雅致非凡",吸引力十足。螺蛳粉是广西柳州的特色美食,五菱汽车总部也坐落于此。这次的跨界,五菱汽车正是为了吸引更多年轻消费者的关注。

二、渠道跨界策略

渠道是市场营销中一个非常重要的环节,是帮助企业和商品进入市场和占领市场的重要条件,由此可见"得渠道者得天下"。渠道跨界是指商品或品牌在营销过程中突破常规销售渠道的限制,跨越到不同渠道进行市场营销,抑或是双方相互借助对方的优势渠道开展营销推广活动。渠道跨界广泛适用于日用品、快速消费品、汽车、IT及家用电器等行业。如理肤泉、雅漾等化妆品品牌在营销中就借助了OTC药店渠道,将商品定义为有特殊功能的化妆品,从而在中国的消费者心中树立了一个健康、安全、专业的药妆品牌形象,促进了商品的推广和营销。

渠道跨界的关键在于两两合作能够创造出价值,具体而言就是两个合作的品牌之间相互交换和共享的渠道资源应该是多元化和可整合的,双方的合作在满足自身需求的同时还应该满足对方商品的需求,而且双方在进行渠道合作之后,要确保相同的目标消费群体能够获得精准而全面的商品信息,同时还要有利于提升商品和用户体验。

 知识阅读

由于渠道的不同,每个品牌所能够覆盖的群体都有不同,跨界营销可以让你的品牌借用对方的渠道资源覆盖到更多的目标人群。这个原理其实跟公众号互推差不多,尽管是同一类目标人群,但对方品牌的渠道也许正能达到你的渠道盲区。比如网易云与农夫山泉的跨界中,网易云属于线上渠道,农夫山泉属于传统的线下渠道,跨界营销就能让两个品牌触及以前难以触及的用户。

资料来源:http://www.woshipm.com/marketing/1061534.html.

三、促销跨界策略

促销跨界也是企业在进行跨界营销的过程中采用的一种跨界法则。企业在进行跨界促销的时候既可以选择同行业间的企业,也可以选择不同行业间的企业,甚至两个完全不搭调的企业之间也可以开展跨界促销。当然,首先应该满足的前提条件就是双方必须是非竞争性关系,并且双方要拥有相似的消费群体、消费文化、品牌资源和品牌影响力。

知识阅读

可口可乐在进行跨界促销的过程中就感受到了品牌互动所带来的好处。可口可乐在2005年的时候就已经开始了跨界促销。它先是跟天联世纪合作,为《街头篮球》游戏在全国展开了联合广告和促销活动。随后,可口可乐又跟网络游戏运营商第九城市合作,围绕其代理的《魔兽世界》展开了一系列的跨界促销活动。2010年,可口可乐又将联想商品和腾讯QQ币作为促销奖品开展促销活动。2013年,可口可乐与小米开展合作,双方约定将小米的LOGO印在可口可乐的瓶身上,只要消费者购买可口可乐旗下的汽水、果汁商品都将有机会获得由小米提供的小米手机,而小米则专门为可口可乐定制了限量版的主题手机。

可口可乐在进行跨界促销的过程中不仅扩大了自己的品牌影响力,提高了商品的销量,同时也让合作方收获颇丰,这样的结果可谓是皆大欢喜。

资料来源:http://finance.sina.com.cn/chanjing.

四、技术跨界策略

实际上在产品跨界的同时,很多时候就相应地出现了技术跨界。一些企业为了研发创新产品,会借鉴各种来自其他行业的技术,从而获得了相应的成功。这点在国外表现得尤为明显,国内也不乏优秀案例。例如,谷歌公司与美国著名的时尚眼镜公司Warby Parker共同研发了移动智能化产品——谷歌眼镜。这种眼镜拥有众多的智能功能,包括即时通信、照相、实时搜索等。通过这款眼镜,消费者可以体验实时通信、拍照和查询等服务。在国内,江苏中讯数码科技有限公司也成功进行了技术跨界,将安防技术与健康技术融合,推出神鹰e师智能血压计。这种血压计拥有实时通信功能,可以第一时间向在外的亲人朋友反馈使用者的健康状态(血压值和脉搏值),甚至可以在发生突发状况时报警。

五、传播跨界策略

传播跨界跟渠道跨界息息相关,都受到了网络技术发展的影响。之前的传统媒体,除了电视作为最权威的媒体没有受到太大冲击之外,其他传统媒体如广播、杂志、报纸等都遭遇了前所未有浩劫。在互联网时代,信息传播的速度更快,内容更加透明,人人都是自媒体,人人都是信息的制造者和传播者,网络的发展带来传播的变化,影响着传统媒体的发展。

在信息大爆炸的时代背景下,企业借助互联网传播速度快、受众范围广等特点,迅速展开传播跨界。在企业之间的合作交流中,既运用传统媒体进行专业性报道,又利用网络媒体迅速扩大影响范围,将传统媒体和网络媒体融合在一起。

六、文化跨界策略

在互联网时代,企业注重的是创意和人才。企业跨界的程度越大,越能产生创意的火花。商业与商业之间的跨界毕竟还是一个文化圈里,但是商业与文化、艺术、体育等跨圈子的融合能产生多元化的影响力,并能提升品牌的文化特性,给予品牌更多的精神内涵,带来的创新效果足以大幅度提升品牌价值,同时也能对"跨界"的另一端聚集到更多的人气,推动文化理念深入人心。

七、营销战术跨界策略

在目前消费者选择面越来越广的情况下,单一的营销模式几乎很难打动他们。因此,企业必须进行营销战术的跨界,有效整合营销资源,对消费者进行全方位的营销轰炸。

知识阅读

2013年,广东著名厨电企业华为厨电与浙江的白电企业奇帅达成了战略上的高度同盟体系和资源上的高度整合,共同在重庆举办"2013中国财富分享计划西南站"的活动,向重庆当地区域做奇帅白电产品的经销商以及做其他厨电品牌的经销商,系统介绍奇帅的新产品和华为的智能厨电产品,根据他们本身的意愿和资金规模实力提供联合帮助,帮客户走上最健康的产品发展道路。

奇帅和华为两大品牌精诚合作,吸纳老客户,拉升新客户,提高了品牌的知名度。通过合作,实现了白电行业与厨电行业的跨界融合,并与经销商实现共赢,也促进了自身的发展。

资料来源:http://www.chinairn.com/news/20131014/155249997.html。

第三节 跨界营销的运营

随着互联网技术的不断发展,信息化时代已经到来,越来越激烈的市场竞争使得人们的思维更加活跃,行业与行业之间的壁垒也逐渐减少,于是看上去并不相干的行业加剧了彼此间的渗透与融合,跨界合作俨然成为必然的发展形势。完美的跨界合作,对于参与其中的各方来说绝对获益良多。既然如此,应如何去做才能实现成功的跨界合作呢?企业跨界营销能否成功,首先最重要的就是能否选择一个合适的跨界合作伙伴。

一、寻找跨界营销合作对象

在寻找跨界营销合作对象时,企业必须将双赢作为合作的前提。在现实操作中,并非所有的品牌都适合进行跨界营销。因此,可以采用以下方法去寻找合作对象。

(一)消费习惯法

消费习惯法是从自身品牌的功能、用途出发,按照消费者的消费习惯,来寻找合作对象。如酱油品牌与鸡精的跨界营销,就是根据消费者的消费习惯,在煮菜的时候,消费者往往放了酱油,最后还得加点鸡精。休闲食品品牌可以跨界啤酒品牌、家具品牌可以跨界电器品牌等都是同样的道理。

(二)服务嫁接法

服务嫁接法是根据企业经营特点或者服务特点,将不同产品、服务或者经营者经营模式进行嫁接。比如中秋节期间,月饼生产厂家跨界邮政特快专递。

(三)受众关联法

受众关联法主要用于有上游或下游消耗品的品牌,即根据品牌本身的上游或下游消耗品使用情况来寻找合作品牌。比如,打印机品牌可以跨界打印纸品牌,汽车品牌可以跨界石油或润滑油品牌,洗衣机品牌可以跨界洗衣粉品牌,等等。

(四)认知一致法

认知一致法是指本来毫不相关的两种或几种事物,鉴于它们的消费者在某些方面或者产品印象的雷同性,通过某种方式进行跨界,产生有效的影响力。如顶级跑车品牌凯迪拉克与奢华男装品牌杰尼亚的跨界营销,在一般人认为二者完全毫无关联,但它们都是站在各自行业金字塔顶端的品牌,通过跨界合作,成功引爆了当时的时尚潮流,获得了巨大的协同效应。

二、寻找契合点,明确共同目标

跨界的目的是与跨界对象实现合作互补,达到"1+1>2"的效果,从而为消费者创造更多的价值,有效地吸引和黏住用户。因此,企业实行跨界营销战略时,需要找到不同品牌的契合点,然后才能在此基础上确立双方所要达成的共同目标。具体而言,就是围绕消费者的多元化需求,选择与自身相契合,能够形成互补的商品或服务,而不是那些同质性高、短板相同的对象。

无数企业跨界营销的成功经验表明:跨界营销的品牌契合点越大,共同目标越接近,跨界营销的效果就会越显著。所以,企业绝不可忽视在如何寻找更多契合点、制定更合理的跨界营销目标上努力。

三、制订双赢方案

跨界营销最大的目的是要实现合作品牌间的共赢。而要达到这一目的,必须制订一套高效、务实的双赢方案。在制订双赢方案上,比较理想的方法是:由合作双方各自列出自己在营销中所要达到的目标,并提出各自与对方合作的方式和意向;然后,根据双方所列出的目标和合作方式,找出双方的共同点和可结合点,再据此进行具体的跨界营销方案的策划。

四、强有力地贯彻执行

作为营销活动类型之一,跨界营销在具体执行时,也必须遵循事前测试、事中监督、事后评估三个流程。跨界营销进行的不是单一品牌营销,而是两个或者几个不同背景和文化的品牌的跨界营销,难免会有磕磕碰碰的事情发生。因此,为了保证营销活动的万无一失,跨界营销的双方必须组成总指挥中心,专门负责整个跨界营销的人力、物力和财力的配合与协调,使其得到强有力的贯彻执行。

本章小结

1. 跨界营销就是指依据不同产业、不同产品、不同偏好的消费者之间所拥有的共性和联系,把一些原本没有任何联系的要素融合、延伸,彰显出一种与众不同的生活态度、审美情趣或者价值观念,以赢取目标消费者好感,从而实现跨界联合企业的市场最大化和利润最大化的新型营销模式。跨界营销的主要形式有水平跨界营销、纵向跨界营销和交叉跨界营销。
2. 跨界营销遵循七大原则,即资源匹配原则、品牌效应叠加原则、消费群体一致性原则、主体非竞争性原则、非产品功能互补原则、品牌理念一致性原则和用户体验原则。

3. 跨界营销策略主要有产品跨界策略、渠道跨界策略、促销跨界策略、技术跨界策略、传播跨界策略、文化跨界策略和营销战术跨界策略。
4. 跨界营销的运营包括寻找跨界营销合作对象、明确共同目标、制订双赢方案、强有力地贯彻执行四个环节。

思维导图

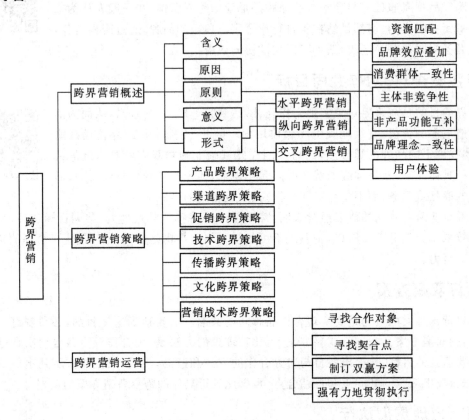

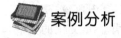案例分析

QQ 联手 KFC 跨界营销 全国上线 QQ 伴伴套餐

QQ 与肯德基携手进行跨界品牌联合营销活动，双方将在品牌、产品、未来科技门店等方面开展深度合作。同时，全国将上线 500 多万份 QQ 伴伴套餐，随套餐附赠"QQfamily 闪卡"，用户可直接兑换 QQ 会员、QQ 空间黄钻、QQ 音乐绿钻及数字专辑等权益。除此之外，双方将在近 5000 家肯德基店合作推出 QQ 主题形象，并将推出 QQfamily 主题形象店。

腾讯社交网络事业群市场部总经理李丹表示，本次合作正是基于 QQ 对"网一代"的深刻洞察，从而确立了"体验式"营销的总体思路。现在的年轻人不喜欢再被贴标签，而是希望通过品牌提供的无障碍的互动、交流机会，去体验不同的生活方式，从而发现自我的更多可能。只有把握了这一点，才能把握未来商业市场的机会。

另据悉，"QQ 伴伴套餐"只是双方合作的开始。李丹透露，之后 QQ 将与 KFC 一起在 QQ 上建立 KFC 全球第一家线上店，并在表情、挂件等装饰上进行合作；在线下，QQ 也会将热聊、部落、QQ吃喝玩乐等社交功能与KFC实体店结合,将KFC店变成未来的"餐饮＋社交"的热点,构建一个融合餐饮、社交、娱乐为一体的生态。

资料来源:http://news.163.com/16/0406/03/BJUHUQB700014Q4P.html.

讨论和在线学习问题

1. QQ与KFC跨界营销的契合点是什么?
2. QQ与KFC合作采用的是哪种跨界营销策略?
3. 登录肯德基官方网站(http://www.kfc.com.cn),了解目前肯德基在中国市场的营销现状,并上网查找肯德基在中国近几年开展过哪些跨界合作,其效果如何,为肯德基跨界营销提供建议。

思考与问答

1. 跨界营销产生的原因是什么?
2. 企业进行跨界营销时应遵循哪些原则?
3. 如何选择一个合适的跨界合作伙伴?
4. 跨界营销有哪些风险?
5. 为当地一家企业做一份跨界营销策划方案。

第十九章　体验营销

> **学习目标**
>
> 1. 掌握体验营销的含义
> 2. 了解体验营销的特点
> 3. 了解体验营销的模式
> 4. 掌握体验媒介与体验矩阵
> 5. 了解体验营销策略

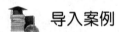 **导入案例**

网易云音乐年度听歌报告——遇见时光里的自己

2018年以来,网易云音乐推出的《用户年度听歌报告》已成为每年一度引爆朋友圈、集体刷屏的互联网现象。

网易云音乐的这份报告,以个性化的数据形式,加之柔和的轻音乐背景,把你的曾经告诉你,保留你的重要时刻,分析你的喜怒哀乐。

"2019年你听了多少歌曲"

"这一年,有多少天,深夜12点后,仍沉浸在音乐的世界"

"谁是你的年度歌手"

"这些是你最爱的歌"

这份报告装着用户的情感和成长,乐由心生,这份报告温暖和感动了许多人。语言的尽头是音乐的开始。

网易云音乐的高明之处在于把品牌营销聚焦在用户体验与情感诉求之上,抓住痛点,引起消费者共鸣,吸引了一大批粉丝的转发。

资料来源:https://www.sohu.com/a/286606709_820457.

2020年上半年新冠肺炎疫情期间,仍然有非常多的企业实现了高速增长。这些企业有一个共同特点:以体验为主要认知模式。从农业社会开始,体验以及基于体验的口碑,就是认知的主要模式。而到了工业社会,体验出现了边缘化的式微危险。得益于自媒体的快速发展,爱彼迎、瑞幸等商业经济体通过体验认知获得巨大成功,体验营销也逐渐成为营销创新的起手式。

第一节 体验营销概述

从经济价值演进的阶段特征来看,生产行为与消费行为发生了翻天覆地的变化:在农业经济时代,生产行为以原料生产为主,消费行为仅以自给自足为原则;在工业经济时代,生产行为以商品制造为主,消费行为强调功能性与效率;在服务经济时代,生产行为强调分工与产品功能,消费行为则以服务为导向;而随着体验经济时代的到来,生产行为开始以提升服务为首,并以商品为道具,消费行为则追求感性与情境的诉求,创造值得消费者回忆的活动,并注重与商品的互动。

一、体验营销的含义

在体验营销时代,企业开发新产品、新活动时的体验导向越发明显,强调与消费者沟通,并触动其内在的情感与情绪。以创造体验吸引消费者,并增加产品的附加价值,成为企业赢得"营销竞争"的重要手段。企业开始通过建立品牌、商标、标语及整体意象塑造等方式,取得消费者的认同感。

体验营销是指企业通过采用让目标顾客观摩、聆听、尝试、试用等方法,使其亲身体验企业提供的产品或服务,让顾客实际感知产品或服务的品质或性能,从而促使顾客认知、喜好并购买的一种营销方式。这种方式以满足消费者体验需求为目标,以服务产品为平台,以有形产品为载体,生产、经营高质量产品,拉近企业和消费者之间的距离。虽然体验营销逐步成为企业获得竞争优势的新武器,但并不是适合于所有行业和所有产品,产品只有具备不可察知性,其品质必须通过使用才能断定的特性,才可以运用这种方式。

二、体验营销的兴起与发展

(一)体验营销的兴起

美国学者阿尔文·托夫勒在20世纪70年代首先提出了体验经济的概念,并大胆预言体验经济将逐渐作为继农业经济、工业经济和服务经济之后的一种经济形态,是最新的发展浪潮。

随着经济的繁荣发展和消费环境的巨变,消费的层次与结构也悄然变化,集中表现为三个方面的内容:一是消费者情感需求增加,消费的个性化与多元化特征日益显现;二是消费者行为呈现出主动参与性与互动性的特征,体验所带来的感觉、感情、认知和关系价值能够给消费者带来更大的效用满足;三是消费者愈加注重生活风格的追求和精神上的归属,对消费者而言消费带来的感觉、内心和思想的触动更为重要。与此同时,科技的发展带来了越来越多的可能性,使得体验消费越来越受到人们的喜欢。

(二)体验营销的发展

早在1959年,社会学家欧文·戈夫曼在《日常生活中自我的呈现》一书中提出将戏剧的原理应用到工作和社会场景中,这可以看作是将体验运用到实践的初探。1970年,世界著名的未来学家阿尔温·托夫勒在其著作《未来的冲击》一书中曾预言:"服务经济的下一步是走向体验经济,人们会创造越来越多的跟体验有关的经济活动,商家将提供体验服务取胜。"

1996年初,约瑟夫·派恩二世发表文章《在英国航空公司航班上的顾客服务》,第一次提出体验是独特经济提供物的概念。1999年,吉尔摩和派恩在《体验经济》中将经济价值演进分为体验、服务、货物和商品四个阶段。他们也给体验经济下了定义:"在生产行为上以提升服务为首,以商品为道具,消费行为上追求感性与情景的诉求,创造出值得消费者回忆的活动,并注重与商品的互动的经济。"

1999年,哥伦比亚大学教授施密特在他的著作《体验式营销》中第一个给体验式营销下了定义:"那是一种为体验所驱动的营销模式,很快将取代传统的营销和经营方法。"马克·戈贝指出:"传统的特色与功效营销将被体验式营销所取代。"斯科特·麦克凯恩在其著作《商业秀:体验经济时代企业经营的感情原则》中也明确提出了一个观点:企业要成功,就要与顾客建立感情上的某种联系,创造一种令客户认为难以抗拒的感情体验。

施密特的《体验式营销》首次系统地从战略角度区分了体验营销与传统营销,指出体验营销适应的领域,认为体验战术工具由交流、信誉、产品、品牌、环境、网络和人组成。同时,阿西姆·安萨利教授提出了战略体验模块,将体验分为感觉体验、情感体验、创造性认知体验、身体体验和全部生活方式体验五个分支。

施密特的《顾客体验管理——实施体验经济的工具》进一步为战略性和创造性地管理顾客体验提供了有力的工具,该书阐述了直接管理顾客体验的5个步骤:获得客户内心深处的想法,发展体验战略的平台,创造独特生动的品牌体验,与客户进行良性互动,不断创新以提高客户的满意度。

如今,体验消费和体验营销的基本理论渐已成熟,虽然不完全统一,但是其营销意义深深吸引着广大企业,体验营销也悄悄在市场竞争里被应用。

三、体验营销的主要模式

(一)情感体验

情感体验,是指通过心理沟通和情感交流,赢得消费者的信赖和偏爱,进而扩大市场份额,取得竞争优势的一种体验营销模式;或指个人和集体通过创造情感产品并利用情感化的促销手段进行交换来满足对方物质和情感需要的一种过程。

知识阅读

在中国,有超过2.4亿名离乡背井在外奋斗的"移动居民",他们每一位,都是"身在他乡,难伴父母左右"的游子。方太替他们向老家的邻居寄出的这封书信,只寥寥几句,便道尽了他们远离至亲的惦念与忧虑,也写出了他们盼望老家近邻"搭把手"的小小心愿与恳求。这封书信通过朋友圈、电视、地铁、机场等各大公众媒介,广泛触达社会各层,向全社会发出"隔壁的家人公约"共创邀请。这场覆盖线上线下全媒体的"隔壁的家人公约"社会共创运动,是方太2019幸福发布会的前奏预热。此次方太发布会主题定为"幸福共比邻",从此也可看出,一直致力于提升中国亿万家庭幸福的方太,对如何提升家庭幸福的思考范畴再次拓展与提升,已从"个人与家庭"延伸至"社区与邻里"。

资料来源:https://www.sohu.com/a/366111872_120051662.

(二)审美体验

审美体验,是指以迎合顾客审美情趣为目标的体验营销,通过知觉刺激让顾客感受到美的愉悦、兴奋和满足,从而有效地实现营销的目的。

 知识阅读

2019年三元通过时尚元素与古典场景的碰撞,赋予了牛奶包装强有力的视觉效果,有效提升了产品的"货架效应",使之成为更醒目的商品之一。同时视觉整体呈现还促进消费者提高对三元品牌的认知,帮助品牌展现一种匠心的坚守,品质的追求,以及传统文化的传承。

首先,它是国内首支长卷轴的国风H5,整个视觉体验像一幅长画一般慢慢展开,层层递进,创造了一种新颖的观感;其次,这支H5还采用了全程一镜到底的互动呈现,没有任何分屏和停顿,创造了非常出色的互动阅读体验;最后,还在于整个H5的故事呈现,创意从文案到视觉设计,都紧扣国潮国风的兴起,点燃了消费群体潜在的民族自信,结合农历新年特殊的时间点,轻松赢得消费者的认可。

资料来源:https://www.sohu.com/a/366111872_120051662.

(三)情景体验

情景体验,又称氛围体验,是指在营销活动中,商家根据消费者的不同心理诉求,通过各种手段为顾客创造一个全新的、心情得以充分释放的情景或氛围,从而获取超值效应的体验营销模式。

 知识阅读

午睡是上班族的奢侈品。阿联酋宜家2019年做了一次互动营销,把卡车货箱改造成了卧室展台,并开上了迪拜街头,重点为顾客提供家一般的午睡体验。这样的一个"移动卧室"提供预约上门服务,中午,你可以好好地在里面小睡一会。"移动午睡车"把原有的样板房,进行空间上的交换。将卡车货箱改装成一个精心装扮的小卧室,为每位消费者提供20分钟的小睡服务;并且每次服务结束,工作人员都会换上一套全新的床单,可以称为负责包接送的移动式"钟点房",无疑透露出了宜家对于消费者无微不至的关爱。

截止到这场营销战结束,共有78000人体验了移动午睡车,在社交媒体平台上收获了超过3.3亿次的关注。而这场成功的营销活动,也为宜家卖场里的卧室家具销售额,提升了10%。

资料来源:https://www.sohu.com/a/297377364_117194.

(四)过程体验

过程体验,是指出于不同的消费心理,越来越多的人对消费过程的体验产生了浓厚的兴趣。他们渴望体验产品的生产、加工、再加工过程;有的甚至想参与产品的设计过程,使产品体现出自身的个性与思想。

 知识阅读

2017年12月6日,星巴克甄选烘焙工坊于上海正式开业,这是星巴克亚洲首家全沉浸式咖啡体验门店。星巴克的咖啡烘焙工厂是一座巨大的圆顶剧院式建筑,并且顾客可以亲身体验由甄选生豆到工业烘焙和艺术冲煮的整个过程。这为星巴克带来了极大的顾客流量。

这是国内第一家大型沉浸式咖啡工坊，它的吸睛之处在于其严苛的工艺制作到前沿的科技置入这种双线的营销体验。这是星巴克首次利用增强现实（AR）技术，来增强现实体验之旅。顾客用手机连接店内 Wi-Fi 或打开手机淘宝 App 扫描二维码，登录上海烘焙工坊的手机版网页——"线上工坊"，通过 AR 扫描功能，便可开启这一沉浸式体验之旅。

资料来源：https://www.digitaling.com/projects/26526.html.

（五）文化认知体验

文化认知体验，是指针对企业的产品特点和顾客的心理诉求，在营销活动中运用文化造势，建立起一种新的"产品-文化"需求联系。

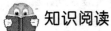知识阅读

要说突显国风气质，能将朱唇皓齿、檀口含羞、如魅如惑融进中国女人骨子里的那一抹"红"，当属故宫出品。2020 年，恰逢紫禁城建成 600 周年。在这个特殊的时间，故宫团队经过 2 年的产品升级，终于推出了第三代限量版故宫牡丹口红。

继 2018 年故宫口红、2019 年荷包口红，2020 年的第三版口红将色彩做到了极致，也是故宫口红系列的绝版。作为故宫 600 年的献礼款，这一次，故宫美妆的设计师们把目光放在了牡丹上，6 支口红设计灵感，均来源于故宫博物院馆藏《牡丹图册》。故宫利用消费者对中国古代文化的高度认同，精心设计的牡丹口红开售当天就遭遇疯抢，一上线瞬间卖出 1 万多只。

资料来源：https://www.sohu.com/a/410066554_100723.

四、体验营销的特点

体验营销呈现四大特点。

（一）参与性

在传统营销中，消费者一般只作为"观众"，没有完全主动地参与到企业的营销活动中。而在体验营销中，消费者摇身一变，成了营销舞台上的"演员"，在完成产品或服务的生产和消费过程中成为"主角"。这样一个主动参与的过程，是体验营销的根本所在，也是获得美好体验、创造顾客满意的关键所在。

（二）互动性

体验营销中，企业与消费者之间在进行信息和情感交流的基础上，达到行为的相互配合、关系的相互促进，在实现双赢的同时形成良性的双向互动关系。体验作为一种属于消费者的内部化的感受，是企业看不见、摸不着的。所以，在进行体验营销时，企业必须努力与消费者进行互动沟通，及时了解消费者的感受、意见，并做出相应调整，这样才能保证消费者达到美好的体验效果。

（三）多元性

一般的营销模式，卖方是凭借自身的产品特色与功效等方面的优势制定销售策略。营销行为实际上往往是以产品优势导向的，体验营销是真正以顾客为中心的营销，营销策略是以消费者需求和喜好为导向的。因此，营销策略的多元化的使用方法不能是适用于所有顾客的标准模式，要力求满足不同消费者的个性需求。

(四)情感性

随着经济的发展,消费者的收入水平也不断提高,消费者渐渐从关注产品的质量到更加重视消费带来的情感的愉悦和满足。而这正是体验营销所要做的,满足消费者的情感需求。消费者情感需求的满足,会直接导致双方交易的实现、交易关系的持续。

第二节　体验营销战略分析工具

企业如何结合自己的情况,选择一种体验模式,进行自己的体验式营销战略呢?施密特提供了一整套的概念、工具及技巧,包括战略体验模块、体验媒介与体验矩阵。

一、战略体验模块

从前面对于体验营销特点的介绍,可以了解到体验存在于每个人的内心,是个人通过主体、情绪、思维完全参加到事件当中获得的,因此每个人所获得的体验都不尽相同。体验的复杂多样性决定其可以被划分为不同的形式,每种形式都有自己特殊的结构以及形成过程。施密特在《体验式营销》一书中揭示了体验在审美、直觉等方面的特征,基于大脑模块提出了战略体验模块。施密特将体验的这些不同形式概括为感官、情感、思考、行动及关联五个战略模块,这些模块一起构建成了体验营销总体框架。下面以网易云音乐 App 为例,对这五个模块进行分析。

(一)感官模块

感官营销主要诉求于创造消费者的知觉体验和消费过程中的舒适感。它通过外形、色彩、声音、气味等手段,刺激消费者的视觉、听觉、嗅觉等感官体验,激励消费者参与到事件中,并因而产生良好的体验感受,进而促进消费。比如,每一个人走进星巴克的咖啡馆里的时候,首先都会被空气中浓郁的咖啡香味所包围,其次是眼前充满浓浓欧式风格的装潢,耳边响起的是舒缓悠扬的爵士乐,仿佛置身一个世外桃源,这种带有小资情调的氛围迅速给消费者留下难忘的有关声色味的记忆。

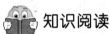
知识阅读

色彩是每个人对于眼前客观存在的第一映像,而且人类对于色彩所做出的反应往往是最快的。在音乐应用的用户交互界面里,用户是否喜欢这个设计往往取决于界面设计的色彩搭配,从这个方面,网易云音乐体验 App 体验界面的设计遵循了三个主要色块以内的原则,采用红黑白色调的主界面,不仅可以突出用户在听音乐的过程中所获得的愉悦感受,也给用户一种颜色上的层次感。黑色与白色的碰撞不失典雅大气;欢快的官方红,给人以视觉上的冲击,给人眼前一亮的感觉。

听觉上,同一首歌,网易云支持免费在线试听及下载体验 320kbps 音质音乐。MP3 体验格式由于经过压缩,音质会变差,MP3 体验的最高码率是 320kbps,标准品质是 128kbps,而当前主流的标准码率是 128kbps,高于这个码率就可以称为高品质音乐。也就是说,网易云音乐的很多歌曲的音质相当于体验 QQ 音乐在开通绿钻才能试听及下载的歌曲的音质。

资料来源:韩婷.网易云音乐的体验营销策略研究[D].哈尔滨:黑龙江大学,2018.

（二）情感模块

情感营销的目的主要是触动消费者的真情实感，以创造出一种良好的情感体验。这种体验可以是一个浪漫温馨的氛围，或是欢快热闹的喜庆场面。通过深入了解什么可以引起消费者情感变化，对症下药，利用有效地刺激消费者情感的方式，在潜移默化中牢牢把握住消费者的内心，促使消费者参与到这种体验的场景中。20世纪孔府家酒的一则广告给一代人留下了深刻的记忆，在春节阖家团圆的喜庆氛围里，一句体验"孔府家酒，叫人想家"道出了每个中华儿女的心声，成功地让全国人民记住了这个品牌。而这则广告的成功正是在于它准确地抓住了亲情与思乡之情。

 知识阅读

网易云音乐的评论功能抓住了广大用户渴望表达自己的情感，分享自己的心情，以此找到知己的情感需求。实际上，很多用户表示自己并不是为了听歌而打开网易云音乐，反而是为了看每首歌曲底下的评论，为了获得或温暖或寂寥的心灵上的共鸣与慰藉。值得一提的，在流行歌手周杰伦的一首歌曲《晴天》下面，用户评论数多达两百多万，是网易云音乐平台上评论数量最多的一首歌曲，这个惊人的数据也令其一举成为业界现象级事件。

2017年7月，时值毕业季，网易云音乐抓住这个社会热点策划了一个线上活动，用户只要点进一个叫作"毕业放映厅"的歌单，点击播放其中任意一首歌，并通过双指下滑歌曲的播放界面，随着黑胶唱片飞速旋转，就可以跳转进入另一个界面，观看网易云音乐特别策划的《毕业三部曲》。影片以竖屏呈现，给人以强烈的沉浸式体验，影片的内容是以体验"毕业·寝室""毕业·散伙饭""毕业·情侣"为主题的三个微电影，不到一天的时间，"毕业放映厅"的播放量已突破百万。

资料来源：韩婷.网易云音乐的体验营销策略研究[D].哈尔滨：黑龙江大学，2018.

（三）思考模块

思考营销的主要目标是让消费者产生一种对问题的认知以及解决问题的体验。它通常会用神秘、惊奇和诱惑等方式吸引消费者的关注，激起他们好奇心，从而推动他们去思考问题。德芙巧克力的广告语"此刻尽丝滑"就给消费者留下了无尽的遐想，"丝滑是怎样的口感？"，进而引起他们的购买欲望。

 知识阅读

在网易云音乐的移动端，歌曲的下载处右侧会显示该歌曲的评论总数，用户点击此处就可以观看用户对这首歌的评论。这些评论里有大量用户在听歌时产生的感悟、思考，生活中的故事，有趣的段子，成千上万人的人生感悟和经历，总有一条会触动此时正在看评论的用户的内心。当它勾起用户的思绪与回忆，并与他们产生共鸣之后，用户就会有强烈的冲动参与到评论的讨论中，回复或给自己喜欢的优质内容点赞。基于对音乐有着共同的理解，给用户带来了一种情感上的归属感。音乐启发用户去思考，激发了他们创作的灵感，随之生成的内容又不断地引发更多人的共鸣并与之产生互动，生产出更多的内容，形成一个良性的循环。

资料来源：韩婷.网易云音乐的体验营销策略研究[D].哈尔滨：黑龙江大学，2018.

(四)行动模块

行动营销以影响营销消费者的行为、生活态度与生活方式为主要诉求,并借助偶像的号召来引导消费者,增加他们来自身体本身的体验,促使消费者的生活形态发生改变。行动营销通过一些营销策略引导消费者去体会整个行动给自身带来的快感,个性也随之得到释放,从而于不自觉中接受品牌。著名体育运动品牌耐克公司就非常重视行动营销,系列广告"Just do it"传达了一种生活理念,无论你是谁,无论身处何种困境,只管去做,你可以做得到。人们的情绪往往容易被振奋人心的口号所激发,这句简短的标语已经成功地激励了很多年轻人。

 知识阅读

在网易云音乐这个平台上,用户可以自主创建歌单,并将歌单分享到朋友页。同时也可分享至绑定的社交账号,比如微信、微博、QQ体验等,这个操作为平台导入了流量,促进了品牌的传播。听众可以自己创建歌单,分享或收藏自己喜欢的歌单。由于乐评和歌单都属于用户生成内容(UGC)体验产品,因此二者都具有情绪性、自发性和个人化的特征。不同的用户在欣赏不同的音乐时产生的情感共鸣,借助一场营销活动来实现用户之间的情感沟通与交流的过程就是乐评的核心价值。与乐评不同的是,歌单的核心价值在于用户能够通过组合好的歌曲找到跟自己的音乐口味相似的其他歌单或者用户,并且在参与平台的营销活动后可以形成一种话题效应。

资料来源:韩婷.网易云音乐的体验营销策略研究[D].哈尔滨:黑龙江大学,2018.

(五)关联模块

关联营销的诉求目标主要是消费者自我改进的追求,具体包括感官、情感、思考以及行动营销等上述几个方面。关联营销通过营销活动联结了消费者个体以及广泛的社会系统,促使消费者产生对品牌的信赖与忠诚,从而让该品牌的消费者形成一个社会群体,他们拥有相似的社会地位和经历,甚至有着一样的追求与信仰。Air Jordan 是耐克旗下的一个品牌,它虽然只是一个体育用品的牌子,但是却代表了一种生活态度,从系列球鞋到服饰,与乔丹有关的产品,都被这个品牌的消费者认为是他们自身识别的一部分。

 知识阅读

2018年1月,网易云音乐的新年策划线上内容正式与用户见面。当用户进入网易云音乐的主页,一个下雪的场景立刻展现在眼前,向下滑动界面,便能打开一个标题为"2018,音乐的力量"的视频,讲述的是一群普通人的故事:一个婴儿在爸爸的吉他弹奏声里破涕为笑,小男孩的嘴巴因为努力练习吹小号而红肿,平面女模特在镜头前自信地展示自己的风采,在餐厅厨房里忙碌的同时沉浸在摇滚乐里的中年大叔,一对在雨中驻足欣赏街角手风琴表演的年轻男女,视频里形形色色的人物都是我们生活中平凡的大多数,尽管他们喜欢的音乐类型不尽相同,但相同的是他们每个人都热爱音乐,也都为音乐的力量所感动着、鼓舞着。视频中的一个个人物形成了一个独立个体的完整生活,并最终落到千千万万的用户身上,每一个用户都能从视频中的人物身上或多或少照见自己的影子,很容易将自己代入这个情境中,并由此产生强烈的情感共鸣。

资料来源:韩婷.网易云音乐的体验营销策略研究[D].哈尔滨:黑龙江大学,2018.

二、体验媒介

体验媒介是体验营销的执行工具,也就是实现战略体验模块的媒介,包括沟通、视觉与语言识别、产品、联合品牌塑造、空间环境、电子媒体与网站、人员(见表 19-1)。其中,沟通包括广告、宣传册、年报、公共关系活动等,视觉与语言识别包括名称、徽标等,产品包括设计、包装、品牌个性与展示等,联合品牌塑造包括活动营销、赞助、产品展露等,空间环境包括建筑、办公场所、工厂、零售地点、公共场所等。

表 19-1 体验媒介

体验媒介	要素
沟通(又称传播或交流)	广告、公司内部和外部交流物品(如定期目录、宣传单和新闻稿、年度报告等)、公共关系宣传
视觉与语言识别(又称标识)	名称、标志符号、徽标
产品	产品设计、包装、产品展示、品牌
联合品牌塑造	活动营销、赞助、联盟与合作、授权、产品摆放、联合营销与合作活动
空间环境	建筑、办公场所、工厂、零售与公共场所、交易摊位
电子媒体与网站	标题广告、聊天室、在线购物或艺术品拍卖
人员	销售人员、公司代表、服务人员、客户服务部及其他与企业或品牌有关的人

三、体验矩阵

要实施一个体验式营销战略,首先要对企业内部和外部情况进行分析,不仅要考虑目标顾客,包括他们的喜好、行为、价值观,以及影响他们的社会文化或社会亚文化,还要考虑产品的质量和功能、品牌的知名度和美誉度、产品的销售情况,更要考虑合作伙伴、竞争对手,以及整个产业的有关情况。施密特认为实施体验营销过程仅仅考虑战略体验模块和体验媒介还是不够的,要想充分实施体验营销就要将战略体验模块与体验媒介结合起来,构建一个体验矩阵。通过对施密特研究的整理,可以总结出下列体验营销的战略搭配表格,如表 19-2 所示。

表 19-2 体验矩阵

项目		体验媒介						
		交流	视觉与语言识别	产品	联合品牌塑造	空间环境	电子媒体与网站	人员
战略体验模块	感觉	√	√					√
	感受	√						√
	思维				√		√	
	行动			√			√	
	关联					√	√	√

第三节 体验营销策略与实施步骤

一、体验营销策略

体验营销包含多种形式,企业需要根据自身的特点,选择合适的营销策略。大体来说,体验营销策略主要有以下四种。

(一)产品体验营销策略

体验经济学认为,一个企业要想在体验经济时代获得竞争优势,就必须关注顾客在使用产品时的体验。产品体验营销的目的就是利用产品塑造体验并传递给顾客使顾客感到满意,同时能吸引顾客参与品牌互动,实现品牌认同和忠诚。

从广义上看,产品应该是核心产品、形式产品和附加产品三部分的总和。根据产品的定义,产品体验策略可以分为以下三种策略:

一是直接提供策略。企业可以根据体验的种类,直接提供体验的营销策略,如企业可以直接提供感官的体验、情感的体验或者特定情境的体验。直接提供体验策略要求企业首先选择一个体验主题,如返古体验、虚拟现实体验、真实参与体验、梦幻未来体验、生存挑战体验等体验主题,然后围绕这一主题开展一系列营销活动。

二是在形式产品中附加体验策略。体验附加到形式产品中,能对产品起到"画龙点睛"的作用,增加产品的灵性,强化产品的特征,提高产品品质的认知度和品牌知名度、美誉度。从形式产品所包含的内容来说,在形式产品中附加体验的策略包括:在产品的功能特征中附加体验,在产品的包装中附加体验,在产品质量中传递体验,在产品的外形设计中传递体验。

三是在附加产品中传递体验策略。附加产品是对产品实施体验营销绝好的工具,其中特别是销售服务。企业以顾客价值视角运用产品体验策略时,需要考虑顾客对价值的体验是按层次逐级上升的。

📖 知识阅读

2016年北京欢乐谷立足传统鬼屋基础上的又一次从内容到形式的勇敢创新正是基于产品体验的直接提供策略。不同于传统的"人扮鬼"模式,在融合虚拟现实(VR)技术的鬼屋里,游客戴上头盔,手持控制器,就可以迅速进入打僵尸、海盗探险等惊悚刺激的奇妙世界。VR鬼屋悬挂的尸体突然在眼前出现,阴森诡异的哀号在耳边萦绕,逼真场景无"恐"不入,让游客瞬间毛骨悚然。这在保留传统主题公园项目的基础上,迎合了年轻人追求激情与刺激的心理诉求,增强了游客对北京欢乐谷与万圣狂欢节品牌的记忆与情感互动。同时,虚拟与现实的完美结合营造超真实的沉浸感,可以真切实现"现实鬼屋"与"虚拟鬼怪"互动的超酷体验,游客能全方位感受北京欢乐谷的万圣魅力,也必将再一次颠覆大众对于视觉感官领域的认知。

资料来源:https://www.sohu.com/a/117368733_221188.

(二)服务体验营销策略

通过服务可以使企业的产品从众多产品中脱颖而出,吸引新的顾客。同时,服务也是顾客价值传递的重要载体。企业具体实施服务体验营销策略时,要注意以下几点:一是体验即是一种服务。从某种程度上来说,体验就是一种服务。二是着眼于顾客需求,注重心灵沟通。三是正确运用体验情境。四是满足个性化服务要求。

 知识阅读

  2019年,被业内人士视为采耳产业的爆发之年。以往,最典型的采耳场景应该在成都人民公园和宽窄巷子的竹节椅上,市民和游客坐下来边喝茶边体验。现在,顾客需要躺在采耳店里的护理床上,接受半小时以上的精心服务。耳道清洁之后,技师会用鸡毛和鹅绒制成的工具在耳道内捻动,这种局部按摩术带来的酥麻感会传递到每一根神经,好的手法会让人达到"颅内高潮"般的体验,欲罢不能。此外,采耳体验馆素雅的装潢、似有似无的古典弦乐和淡淡的香气都使人紧绷的神经松弛下来,用40分钟的采耳体验从喧嚣都市里短暂抽离。
  中国古代理发行业秘籍《净发须知》中有诗云:"耳作蝉鸣似有琴,身无气脉不通风。妙手精玄轻一镊,教人快乐自玲珑。"这生动描绘出采耳带给人的感官愉悦。清洁耳道只是采耳的功能之一,享受放松的感觉才是核心要义。正因如此,采耳别名"小舒服",渐渐成为被年轻人所接受的品质生活方式。

资料来源:https://www.thepaper.cn/newsDetail_forward_8711296。

(三)人员体验营销策略

  实施正确的人员体验营销策略,对体验的成功传递有重要意义。因为顾客在消费过程中或多或少都需要与企业的人员展开互动,而这种互动过程必然也会对顾客的心理产生一定的影响,从而对顾客价值的感知产生影响。
  人员在体验营销的过程中起着以下几点作用:一是传授知识的功能,即通过人员把参与体验事件所需要具备的知识和技能知识都传授给体验顾客。二是危机管理的功能,即设立专门的危机处理人员,降低体验过程大量参与者带来的不可预测性,有利于保证体验过程的顺利进行。三是角色扮演的功能,即人员通过扮演角色成为顾客感受体验活动一部分,而不是简单地提供服务。四是控制进程的功能,即保证体验活动按预先设计的事件过程逐步展开、顺利完成。企业实施人员体验营销策略时,要针对不同的顾客体验层次,分别发挥好人员的功能。

 知识阅读

  海底捞最负盛名的其实就是人员体验营销。通过对顾客无微不至的"超级服务",海底捞在全国范围内成功塑造了专业贴心的品牌形象。进入海底捞的消费者,常因为热情周到的服务和照顾而受宠若惊。
  就餐时,服务员会为长发顾客送上发圈,并提供小发夹夹住前面的刘海,防止头发垂到食物里;戴眼镜的朋友可以得到擦镜布;放在桌上的手机会被小塑料袋装起以防油腻;根据不同的食材,服务员会提醒顾客最佳的食用时间,还会告知顾客如何正确地调料碗。
  海底捞在培训员工时,强调要把顾客当作家人一样,所以每当顾客提出表演才艺、陪聊天等要求时,海底捞的员工都会尽可能地满足。正是出色的人员体验营销,让海底捞成为许多人吃火锅的首选场地。

资料来源:https://www.sohu.com/a/468044163_121119344。

(四)品牌体验营销策略

品牌,并非仅仅是产品间相互区别的标志,更应该是顾客价值的载体,是对人们心理和精神上的表达。品牌体验营销需要注意以下几点:一是企业应在多方面给顾客带来体验,让品牌融入顾客日常生活,认识到品牌名称是最好的体验,品牌的标志和色彩会形成体验的巨大冲击,品牌文化、价值观是品牌体验的核心。二是企业积极为顾客提供参与体验品牌的机会。三是企业将品牌寓于娱乐与时尚之中。

 知识阅读

"国潮"这个词在近几年成为国内外潮流人士一度挂在嘴边的词汇。要说潮流圈里"国潮文化"的兴起,就不得不提到中国李宁! 2019 年,作为首个参展"ComplexCon"的中国运动品牌,李宁在展会第二天就带来了重磅产品——"韦德之道 Remix 套装 1/6"以及"悟道 2 ACE 韦德之道×里克•罗斯联合版",并在现场限时发售。中国李宁四个大字也为"ComplexCon"潮流展会画上了浓墨重彩的一笔。

自从之前中国李宁登上纽约时装周舞台,完全焕然一新的李宁,一下子吸引了国人的目光。前卫的设计贴合目前潮流趋势的品位,让人不禁惊喜称赞。于是"国潮文化"便在中国开始了一段井喷式的发展。买国货,用国货,晒国货,已经成为国潮青年的一种新的日常生活方式。中国李宁正是基于"中国自信"的品牌内涵,打响了国潮响亮的名号。

资料来源:https://baijiahao.baidu.com/s?id=1659327712308066226&wfr=spider&for=pc.

二、体验营销实施步骤

在建立体验营销战略规划工具、选择体验营销具体策略之后,重要的是如何将所选择的营销策略在全面体验营销的具体过程中实施。全面体验营销开展的步骤如表 19-3 所示。

表 19-3 全面体验营销实施步骤

体验营销实施步骤	简要说明
定位市场	选择合适的目标消费者
宣传产品	扩大产品宣传力度,让目标消费者接触品牌
挖掘卖点	将产品对消费者的实际利益挖掘出来,让目标消费者认识产品
定位名称	好的产品名称的确定可以让消费者产生认知和购买的欲望
选取广告语	抓住目标消费者的心理,产生震撼效应
确定营销主题与方式	采用实地表演或免费体验的方式让目标群体参与到行动体验中来

本章小结

1. 体验营销是指企业通过采用让目标顾客观摩、聆听、尝试、试用等方法,使其亲身体验企业提供的产品或服务,让顾客实际感知产品或服务的品质或性能,从而促使顾客认知、喜好并购买的一种营销方式。
2. 体验营销主要有五种模式,即情感体验、审美体验、情景体验、过程体验、文化认知体验。

3. 体验营销主要有四个特点：参与性、互动性、多元性、情感性。
4. 体验营销战略分析工具主要是体验矩阵，由战略体验模块与体验媒介组成。
5. 体验营销策略主要包括产品体验营销策略、服务体验营销策略、人员体验营销策略、品牌体验营销策略。

思维导图

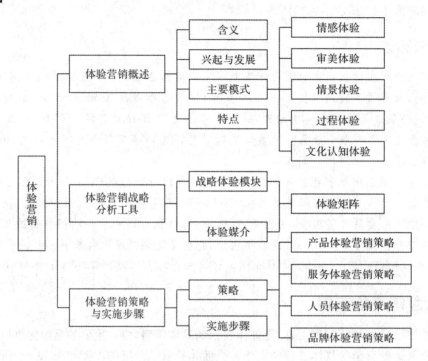

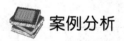

案例分析

西安赛格——将感官营销做到极致

作为西安首个双地铁交汇的商圈，小寨商圈称得上是西安商业最有活力的区域，而赛格国际购物中心毫无疑问是其中的佼佼者。2020年，在实体商业受到了新冠疫情巨大冲击的背景下，赛格以人民币95亿元年营业额占据了西部地区所有商场排名的第一位。原因在于赛格始终以创新思辨的方式，在看似已经发展成熟的营销方式里找寻改变，以消费者为核心，最大程度照顾消费者的体验感，其中最让人称道的就是它出色的感官营销。

视觉上，赛格国际配有亚洲室内第一长扶梯、大型的室内景观瀑布和绿植花卉，从设计风格、店内布局、光线和色彩等方面满足顾客的审美体验，给予其视觉上的冲击。进入赛格，由中科院、上海世博会中国馆水景创作原班人马打造的全球最大室内景观瀑布呈现在眼前，瀑布长度108米，以百余种睡莲造型、超长波浪水道、三级跌水瀑布，营造出完美水景。

为了打破传统商业密闭空间的沉闷气氛，赛格以考究的设计将建筑艺术与人文体验相融合，用圆形艺术穹顶营造出独具魅力的空间体验。同时，在每层都铺设有景观、绿植、花卉区域，用真花真树打造低碳、环保、安全、健康的环境，时刻保持纯净、多氧的购物氛围，天、水、花、树有机结合，使消费者始终处于灵动空间。赛格国际购物中心7层餐饮地处高层，与东西两处穹顶紧密结合,阳光直射,是园林式的美食街区。街区各个角落都分布有流水景观、茂密的植被,还有各式鲜花,顾客如走入花园一般,在人流穿梭的空间中开启一扇让人身心愉悦的窗口。

听觉上,柔和的背景音乐也为顾客营造出一个更好的体验环境。在进行品牌入驻筛选时,赛格严格把控,服务员的良好服务态度也会带来良好的购物体验。

嗅觉味觉上,让赛格声名鹊起的,是其开业之初设在6层的人气爆棚的特色餐饮区。其良好的餐饮环境与众多优质的餐饮品牌借助网络迅速传播,打造了众多"网红"餐厅。为了升级改造,满足更多人的消费需求,赛格又加扩一层招来更具特色和体验感的餐饮品牌延续其创造的餐饮神话,甚至被顾客戏称为"赛格国际美食广场",一时成为西安商业地产界研究的一种现象。

触觉上,顶级的恒温恒湿空调系统,消费者置身于优美、便捷、舒心的场所,使购物变为环境享受,让顾客可以不付出金钱的成本而在商场里就可以呼吸到森林级的空气……

讨论和在线学习问题

1. 西安赛格感官营销的成功之处是什么?
2. 你觉得西安赛格感官营销还有哪些提升空间?
3. 请你根据战略体验模块的知识,为西安赛格设计一个涵盖感官、情感、思考、行动、关联等因素的体验营销一体化方案。

思考与问答

1. 体验营销产生的原因是什么?
2. 体验营销的特点有哪些?
3. 企业开展体验营销的具体实施步骤有哪些?
4. 战略体验模块包含哪些因素?
5. 利用体验营销战略分析工具为当地一家企业做一份体验营销策划方案。

第五篇

国际市场营销管理

第二十章　国际市场营销组织、计划与控制

> **学习目标**
> 1. 理解国际市场营销计划的内涵
> 2. 了解国际市场营销计划制订过程
> 3. 掌握国际市场营销组织的类型
> 4. 掌握国际市场营销控制程序

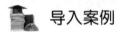 **导入案例**

英荷壳牌石油公司的组织变革

英荷壳牌石油公司（以下简称壳牌公司）是欧洲最大的公司。1994年利润达到创纪录的40亿英镑，比前一年增长了24%。规模如此庞大，经营还算不错的壳牌公司却于1995年3月底宣布将公司的组织结构进行重大调整。壳牌公司荷方董事长赫克斯特罗克的解释是壳牌公司的表现远不如国际上其他竞争对手。公司10.4%的投资收益率在石油行业来说是相当一般的，不能满足公司长期发展的需要。公司现行的组织结构不适应油价低的商业环境，难以面对日益激烈的市场竞争。

作为一家大型国际企业，壳牌公司这次进行重大改组带有浓厚的"精官简兵"的味道。壳牌公司这次首先拿公司总部开刀，决定取消地区总公司和精简后勤服务部门，一些权力很大的地区总公司总管在这次机构改组过程中被"炒鱿鱼"。据透露，壳牌公司决定在伦敦和海牙两总部工作的职员人数由原来的3900名减少到2700名，裁减的幅度高达30%。仅此一项，壳牌公司每年就可节省1亿英镑的开支。

壳牌公司这次改组的主要内容就是打破公司在组织结构上传统的矩阵结构，减少管理层次，按公司的主要业务范围建立相应的商业组织，由过去按地区和部门的多头管理转变为按业务范围进行直接管理。

壳牌公司长期以来主要是按地理位置来安排公司的组织结构。公司不仅建立了4个洲一级的地区总公司，而且还在有关国家或地区建立了分公司，这些分公司通过多层次的管理系统向位于伦敦和海牙的总部报告，人们习惯将壳牌公司这种传统的组织结构称为矩阵结构。从企业管理的角度看，这种矩阵结构是合理的。但在实际工作中，这种矩阵结构却引起了一些问题：每个分公司差不多都要从事勘探开采、炼油、销售等业务，总部的后勤服务部门负责向分公司提供法律、财务、信息及其他各项服务。因此，分公司往往要接受多部门和多层次的领导和管理，这就意味着区域总公司、总部的业务部门及后勤服务部门都可以对分公司发号施令。

改组后的壳牌公司将按其所经营的勘探开采、石油产品(炼油和销售)、化工、天然气及煤炭这五大主要业务建立相应的五个商业组织。这五大商业组织就成了壳牌公司的核心业务部门,壳牌公司在世界各地的分公司都必须按其业务范围直接向相关的商业组织报告。由此可见,壳牌公司这次改革并没有对在各地的分公司进行改组,而是调整了它们与公司总部有关部门的关系。上述五大商业组织负责制定与各自业务有关的重大经营战略和投资决策。各地的分公司则负责具体实施这些战略和决策。这样,各地的分公司仍可保持其地方特色,使各自的经营更符合本地的特点。

壳牌公司这次调整机构的目的之一就是让下属分公司的主管既享有更大的自主权,又必须对本公司的经营状况直接负责。机构调整改变了以往多头管理的状况,从而使分公司主管能集中精力做好第一线的工作和更好地为客户服务。同样,壳牌公司希望借助这种组织结构在确保集团公司的经营战略得以实施和对下属公司实行有效的管理和制约的同时,能最大限度地发挥一线企业的主观能动性。

西方企业界人士认为,壳牌公司这次精简总部和取消矩阵结构的做法,充分表明西方大型国际企业的组织管理机构正在发生深刻的变化。

资料来源:www.boraid.cn/article/html/152/152451.asp。

第一节　国际营销计划

一、国际营销计划的含义

国际市场营销计划是指国际企业对本企业在将来一定时期内所要达到的营销目标以及实现这些营销目标所采用的方法与手段的决策。现代国际企业,特别是大型国际企业要想正常且高效率地运转是离不开营销计划的。也就是说,国际营销计划是保证国际企业的国际营销活动高效运转所必不可少的。

二、国际营销计划的种类

面对不同的国际市场环境,企业会制订不同的国际营销计划。

(一)从规划期限的长短划分——短期计划和长期计划

短期计划一般在一年以内,因此又称为年度计划。相比于长期计划,短期计划更为具体,并能够直接指导企业的各项具体操作,例如短期销售目标、区域营销目标、产品销售目标以及达成上述目标所需要的方法与手段。短期计划的主要制订人一般由企业的中高层管理人员以及相关计划部门组成。

长期计划是指超过一年以上的计划,可分为5年计划、7年计划、10年计划,甚至更长的目标规划。伴随着全球化的发展,同行业企业的市场竞争更加激烈,企业要想在复杂多变的国际营销环境中取得主动地位,就应当设定长远的营销计划。长期营销计划更多涉及企业的长期发展趋势以及今后的战略方向,旨在提升企业的成长能力,如企业的长期经营目标、业务扩展、竞争计划等,以及实现这些目标和计划的方法与手段。长期计划作为企业的战略规划一般由高层管理者制订。

(二)从计划制订及执行主体划分——母公司计划和子公司计划

一般说来,母公司决定了企业的营销目标和战略规划,作为开创性的原则计划,指导着企业具体计划的执行与实施。而子公司则偏重于更加具体的经营计划,在母公司战略规划的指导下,具体将这些目标和战略付诸实施。

三、国际营销计划的制订

国际市场营销计划能够有效地整合企业资源,达到资源优化配置的结果。营销计划涉及两个部分:企业做营销策划想要达到什么样的目的,何种营销策略能够确保企业达成这一营销目标。因此,在进行实际的营销活动之前,企业应当完成营销计划的编撰工作,从而确保企业的营销活动目标明确、高效、切合实际。国际营销计划制订包含以下几个步骤。

(一)现状分析

在营销计划编撰之前,企业应广泛收集相关的信息、资料,对企业所处现状有一个基本、客观的分析,包括评估企业所处的内部、外部环境,企业自身的竞争优势与劣势、企业外部所面对的机会与威胁、市场竞争状况、产品销售渠道建设。通过相应的现状分析,企业才能更有效地凸显自身优势,规避、化解弱势因素,得出可供参考的计划分析。

(二)营销目标设定

市场营销目标是整个营销计划中最重要的要素,是企业通过一系列努力、调研、分析最终希望达到的结果。营销目标一般包括销售额、销售利润率、市场占有率、市场增长率、投资回报率、品牌知名度和美誉度等。通过设定营销目标,可以确定企业自身的基本战略模式,并可根据企业的现有条件如市场占有率、品牌、经销网络确定企业的营销战略目标。同时,应该注意的是企业在制订目标时不能太笼统,目标具体才有利于企业管理和最终目标达成。例如,"本企业在明年达到净利润 5000 万元,与今年相比提高 8%""2023—2025 年,预计将现有门店从 1800 家扩展至 2000 家"。因此,在目标设定时,应该使用易测量的表达方式,如具体的数据、数值。除此之外,应设定相应的目标完成期限,对员工有更清晰、明确的指向。

(三)营销战略制订

营销战略主要包括"市场细分、目标市场选择、市场定位"等主要决策。通过营销战略制订明晰企业为谁服务,目标市场的特点是什么,企业的资源和能力更适合提供哪些产品,从而达到资源优化配置的目标。

(四)营销策略制订

以企业营销目标为基础,完成产品、价格、分销、促销策略的制订。

(五)计划的编制和完成

营销目标、战略、策略都确定好之后,计划主要部分就已完成。接下来,需要征求相关部门的意见,集思广益、不断完善,最终开始实施。

四、母公司与子公司的营销计划

(一)子公司层次的营销计划

子公司营销计划一般来说是短期作业计划,而不涉及长期的战略计划,通常采取自下而上的方法制订,主要考虑特定产品、特定市场所面临的环境。总公司的经营目标在子公司制订经营计划时起着很重要的作用,具体表现在如下几个方面:第一,帮助子公司建立完善的计划作业系统;第二,帮助子公司设立营销目标;第三,为子公司提供有关环境分析的信息;第四,为子公司提供国际营销战略的战术技巧。

从经营计划制订的流程来看,销售是经营的核心,经营计划的制订从回顾以往的销售情况开始,再进一步对未来销售做出预测。当然,预测还要考虑到企业内、外部环境的变化,比如,当地竞争者的情况、企业新产品的开发及技术的改进等。

企业未来的销售目标的实现要靠具体的行动策略、财务预算来支持。行动策略主要指营销组合策略,即产品策略、价格策略、促销策略和渠道策略。财务预算包括营业收入、毛利、销售和管理费用开支等内容。因此,销售预测应该由企业内部的财务部门、生产部门、营销部门、人事部门、调研部门等共同讨论完成。

企业的经营计划经子公司各级审查之后正式形成,再交给总公司审查,总公司要将各子公司的情况通盘考虑,召开年度计划会议。通过会议讨论后,提出一系列修正意见,经总公司批准后,子公司的经营计划就在下一年度贯彻实施。

(二)总公司层次的营销计划

总公司营销计划是在宏观角度制定企业整体发展目标,对市场营销目标、市场营销战略、市场营销行动方案进行指导和控制。

总公司层次营销分析需要企业对其业务组合进行分析,这里的业务组合主要是指产品的组合。"产品"又可以称为"战略业务单位"。企业的每一系列产品都对整体情况有自己独特的贡献。通过对企业整个产品的分析,判断企业是否有足够的强势产品来支持弱势产品,弱势产品是否有发展潜能,或者是否有合适的发展中的新产品来取代正在衰退的产品。对业务组合进行评估,常常会用到波士顿(BCG)矩阵分析法。它以产品市场内的增长率和企业相对市场份额来评估企业业务单元的增长率。通过高低两个等级,把它们分为明星业务、问题业务、金牛业务和瘦狗业务(见图20-1)。

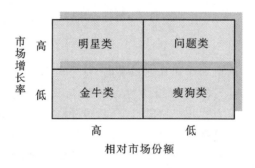

图 20-1 BCG 增长-份额矩阵

企业利用BCG矩阵可以分析企业在国际市场的获利性,与竞争对手比较自身有何优势,以及今后企业在国际市场的发展前景。

公司的任务需要通过总体目标和具体目标共同完成。企业通过总公司层次目标的指导,根据子公司实际情况来确定市场范围、市场占有率、销售总额和增长率、利润总额和盈利增长等。国际企业的战略目标既然是一个目标体系,就应该注意各个子目标的轻重缓急,注意目标的时间先后顺序,在不同的时期应该有不同的目标,不同的目标当中应该有企业的核心目标。

第二节 国际市场营销组织

一、国际市场营销组织的内涵

国际营销组织是企业为实现国际营销目标而设置的相对独立的子系统,包括组织架构、管理制度、人员配备和资源配置等要素,也可简单地理解为从事国际营销活动中人的集合。营销组织是各种营销活动得以开展的能动载体,其内在结构和运行机制对企业整个营销活动会产生至关重要的影响。因此,企业为了适应全新的国际市场,就应当建立与目标市场相匹配的组织结构。

二、国际市场营销组织设计导向

根据本企业自身规模、整体战略目标、行业特点、进入国消费群体特征等要素,国际市场营销组织设计可以划分为母国中心主义、多国中心主义、地区中心主义和全球中心主义(见表20-1)。

表 20-1 国际市场营销组织设计原则的区别

管理导向类型	基本假设	企业类型
母国中心主义	基于母国优越性	中心集权的企业
多国中心主义	基于各国市场营销环境差异性	地区分权的企业
地区中心主义	基于某区域共性	集权与分权相结合的企业
全球中心主义	基于各国的共性与差异性	大型跨国企业

资料来源:李海琼.国际市场营销实务[M].北京:北京高等教育出版社,2015.

(一)母国中心主义

母国中心主义是指以本国市场作为基础和重点,总公司拥有较大的决策权。国际市场仅仅作为延伸市场存在,更倾向于采用标准化方案,忽视国际市场的差异。采用此种理念为导向的企业一般实施集中化的决策方式,对子公司或分公司严格控制,下属公司的高层管理者多数由母公司派人员担任。这种战略强调以总公司的战略规划控制分公司(子公司)的具体业务。这种方式在一定程度上能够统一公司战略思想,并有助于分公司(子公司)对相关政策的贯彻实施。但是,忽视文化差异及细分市场需求可能会丧失国际市场的市场份额。同时,下属公司因缺乏自主权而使本地化营销计划难以贯彻实施,降低工作积极性。

(二)多国中心主义

多国中心主义是同时以多个市场为中心,如美国企业将欧洲市场、日本市场、中国市场与美国国内市场放在同等重要的位置,充分重视各个地区的目标市场差异,对不同细分市场提供不同产品、促销方式,充分适应当地的消费倾向和习惯。采用这种导向的企业一般认为,只有当地的管理者才能更准确地把握地区偏好。所以,国际市场的管理者一般由所在国的人员担任。

(三)地区中心主义

地区中心主义根据市场上存在共性的一些区域,开展相似的营销活动。持有该理念的公司具有集权与分权相结合的特点。

(四)全球中心主义

全球中心主义是在世界范围内寻找最佳的营销战略和最优秀的管理人才,这种理念将全球视为一个"大市场",使公司资源在全球范围内达到最优配置,通过文化、地区差异的整合,将各个区域的优势充分发挥出来。

三、影响国际市场营销组织结构的因素

(一)企业国际业务规模

若企业刚开始涉足国际市场业务,规模较小,企业的营销重点仍然在本国市场,为了强化国际业务的经营管理,更适合采用全球职能型结构。随着企业国际业务的扩展,相应的职能部门增加,企业组织结构会变得较为复杂,企业的经营重点开始转向国际市场。

(二)地区差异

企业目标市场的地区差异直接影响着其子公司的组织结构。不同国家的政治、经济、社会文化存在较大差异,企业应按地区来构建组织结构,采用放权的管理方式,进行本土化管理,运用产品型组织结构针对不同细分市场提供差异化产品。相反,如果一些国家的需求差异较小时,企业就可以运用集中管理的方式。如东南亚一些国家在产品的需求上有明显的共性,企业可向这类市场提供相似产品和统一的营销方式。

(三)产品属性

产品属性不但指它的物理性质与化学性质,还包括产品的通用性、普及性等。产品属性会影响企业的组织结构。比如,麦当劳通过公司的成功运作已成为全球消费者都喜欢的快餐食品,公司采用连锁店的统一管理模式。大部分人喜欢麦当劳,是由它的通用性与普及性决定的。又由于食品在保鲜、运输上的特点只能在本土加工,公司的组织结构不得不考虑地区的特殊性。

(四)外部环境

企业所面临的环境差异对企业组织结构和职权划分的稳定性有很大的影响。外部环境主要指企业在国际市场竞争中所面对的具有不同文化、消费偏好的消费者、供应商、中间商等。国际市场的竞争状况会直接影响企业自身组织结构的选择。例如,企业在国际市场中发现需求共性,可以运用全球区域型组织结构,以区域为单位开展营销活动,达成规模效应;竞争对手不断追逐新产品会迫使企业强化产品研发投入、不断开发新产品,从而选择全球产品型结构形式。

(五)战略目标

企业的战略目标与组织结构是相辅相成的。企业战略目标影响企业所选择的组织结构;同时,企业组织结构辅助企业达成战略目标。

四、国际市场营销组织的类型

(一)产品型组织结构

产品型组织结构是指公司以主要产品及重点服务项目为基础划分组织结构。在产品型组织结构中每个产品部都是一个利润中心,拥有一套完整的职能组织机构和职员。每一类新产品都设立单独的产品经理,负责产品项目在该区域范围内的生产、营销、开发和计划等全部职能活动。一般来说,企业所生产的产品类型差异明显,且产品种类繁多时,适宜运用产品型组织结构(见图20-2)。

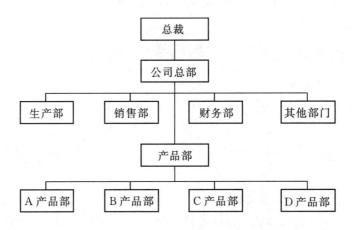

图 20-2 产品型组织结构

产品型组织结构的优点是灵活性较大,企业给产品经理较大的自主权,能够更好地协调营销组合的各个要素,产品经理能更快地掌握市场变化的情况并做出快速的反应。对于一些不知名的产品,可能会由专人管理并慢慢成长起来。但同时产品型组织结构也存在一定缺陷,如若缺乏整体观念,各产品部之间会因为协调问题产生摩擦。因此,需要做大量工作来争取其他部门的配合。同时,企业的组织机构会根据产品数量的增加而增加,从而导致同一地区机构设置重叠和人员的浪费。

 知识阅读

宝洁公司创始于1837年,是世界上最大的日用消费品公司之一。每天,在世界各地,宝洁公司的产品与全球一百六十多个国家和地区消费者发生着三十亿次亲密接触。

香皂是宝洁公司产品类别中的一支,它所推出的第一个品牌是象牙香皂。之后,由于保洁公司开始认识到推出第二个和第三个品牌的价值,因此需要由品牌经理来负责各品牌的上市和管理事宜。如今,单单是清洁剂一个产品类别,宝洁公司便拥有9种品牌和9位品牌经理。事实上,每位品牌经理都至少有两位专职的助手:一位品牌副经理与一位品牌助理经理。也就是说,共有27位品牌人员共同经营着宝洁公司的清洁剂业务。

资料来源:www.wm23.com/wiki/139442.htm。

(二)区域型组织结构

这种组织形式是根据企业在世界范围内的生产、经营活动区域来划分的。企业在其经营区域设立若干部门,每个部门负责本地区全部经营活动与业务管理工作(见图 20-3)。如 ALAI、Lidl 等大型超市使用区域组织结构,运用采购集权化来降低成本,在英国当地占有较高的市场占有率。区域型组织结构适合于那些有成熟的标准化产品,产品的销售渠道有限,产品需求的地区差异性较大的企业。

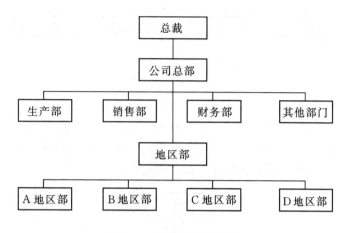

图 20-3 区域型组织结构

区域型组织结构的优点是以区域作为划分标准,有利于地区内部各国子公司间的配合与协调。企业的管理和控制均发挥地方优势,有利于提高管理效率。但该组织形式也存在一定缺陷,如各个子公司分别设立营销、生产、财务等职能部门,造成机构重叠和企业资源浪费;还可能导致各地区各自为政,影响企业整体目标的实现。

 知识阅读

西门子地区组织结构

西门子公司于1874年成立,它在德国电气工业史上发挥着核心作用,并成为德国工业最具声望的品牌。其早期历史与德国工业的发展是密切联系在一起的,西门子公司是多国多分部管理最初的代表之一。西门子公司按其业务需要在全球各个地区设立地区分部,如东亚部、西亚部、欧洲部、非洲部和北美部五个地区分部,几乎涵盖了全球各个地区。

资料来源:www.chinairn.com/news/20140508/112006445.shtml.

(三)职能型组织结构

职能型组织结构是按企业的不同职能部门,将企业划分为研发、生产、营销、财务以及人事管理等部门,即将企业按照相同职能的管理业务及其人员组合在一起,设置相应的部门和职务来组织企业全球范围内的生产经营活动。这种组织形式一般适用于产品种类不多、企业规模适中的国际企业(见图 20-4)。

职能型组织结构的优点是有利于资源优化配置,充分发挥每个职能部门的自身优势;避免机构和人员重叠,节约人力,减少了资源的浪费;使每个职能区域都能取得规模效益;同一职能部门内部的专业人员便于相互交流、相互学习,有利于提高职能部门工作的专业化水平,增强企业竞争力。但这种组织结构可能不利于企业开展多种经营,导致各职能部门间缺乏充分的联系和协调,造成决策失误。

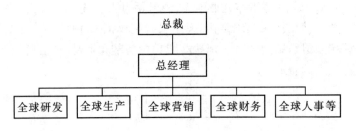

图 20-4　职能型组织结构

（四）矩阵型组织结构

考虑到前三种组织结构的局限性，为了兼顾国际市场的管理需求，企业生产多种产品并向多个市场销售产品时，会同时运用职能、产品、地区这三种组织结构，即矩阵型组织结构。这种结构适合于技术实力、资本实力和管理能力都比较强的企业（见图 20-5）。

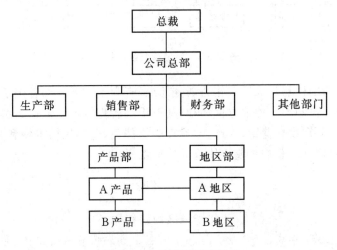

图 20-5　矩阵型组织结构

矩阵式组织结构的优点是：首先，能够将企业中的各个部门更有效地连为一体，灵活、高效，有利于企业内部资源共享。其次，能够增强企业综合分析和处理各种环境的应变能力。再次，可以解放各个职能部门经理间的限制，加强企业内部之间的协作，既集中了各种专业人员的知识技能又不增加编制，适应性强，有利于提高效率。这种组织结构模式的缺点是：组织结构较为复杂，基层部门要同时受地区部和产品部的领导、监督、检查和评估，容易造成双重指挥体系，产生较高运行成本。

五、国际营销组织形式的适应性调整和重新选择

所谓的国际市场营销组织形式，从本质上来说是一种在一定宗旨与系统的指挥下，将国际市场营销活动当中的各种参与要素组织在一起的组织形式。随着国际市场的不断变化，营销理念以及战略目标等也在不断变化，因此国际营销组织形式也需要进行相应的调整与重新选择，使之能够与市场环境保持同步发展。

(一)国际营销组织形式的适应性调整

1. 直线职能制调整为产品制

在国际营销组织形式当中,比较常见的一种便是直线职能制组织形式。其通过立足于直线制,也就是一种自上而下式的,由企业各级行政部门与单位对其下属部门进行层层递进的垂直领导,并在此基础之上通过设置各个与之相对应的职能部门,在由最高部门进行统一组织与指挥的基础之上,由增加的各种参谋机构负责发挥自身专项管理的职能。该种组织形式在对直线制进行发展与完善的同时,使得指挥得到集中统一,各专项业务管理能力也能够得到有效发挥,因此一直以来深受企业的广泛欢迎。但由于部门之间缺乏有效的沟通和交流,其在实践过程中往往存在效率低下的问题。因此,根据营销策略的调整变化,国际营销组织形式开始由直线职能制调整为产品制组织形式,即企业结合自身经营的实际产品类型,采用与之相对应的组织形式,将产品大类与产品部相对应,且全球范围内的各种营销活动均统一交由产品部进行落实和监督管理。

2. 产品制调整为市场管理型

产品制组织形式在有效协调各营销要素的基础之上,能够对现有的市场问题进行迅速反应,但鉴于其对产品经理的依赖性比较强,因此一旦产品经理离职或是负责管理其他品牌,营销计划和建立的产品优势将被迫中断。因此,为了有效解决这一问题,企业又将产品制的国际营销组织形式调整为市场管理型,也就是由市场经理根据具体的市场和客户需求,在对产品类型与发展前景进行科学判断的基础之上,制订出长期以及年度计划,以有效解决产品制组织形式中无法长期建立产品优势的弊端。市场管理型的组织形式不再集中于产品本身以及营销功能等角度,而是真正放眼于整个国际市场营销活动,为客户的实际需求进行有针对性的组织安排,因此该组织形式一经成立便迅速得到各企业的积极响应。

3. 市场管理型调整为网络组织型

随着社会的不断发展与进步,市场环境愈来愈复杂,市场信息也呈现出"爆炸式"的增长态势,加之互联网等现代信息技术的层出不穷,也对企业的营销方式、营销理念、方案等造成一定冲击。受此影响,为了能够更好地适应当前的市场环境,以更加积极主动的姿态开展各种国际市场营销活动,企业开始有意识地将市场管理型的组织形式调整为网络型组织形式,用以进一步增强国际营销组织形式的灵活性和自适应性。在这一组织形式当中,通过充分利用各种现代信息技术,连同产品生产、销售、研发、财务以及其他综合部门,在不断提升信息传递效率的同时,实现各职能部门的优化整合,使得企业内部各单元之间能够实现高效连接与互通,能够更加直接、充分地接触到企业和市场的内部与外部环境信息,为企业营销计划与方案的制订等提供更加全面的参考数据及相关重要信息,以有效保障营销组织形式与营销决策的科学性和有效性。

(二)国际营销组织形式的重新选择

1. 直线职能制的重新选择

直线职能制的国际营销组织形式因其能够使得指挥得到集中统一,各专家业务管理能够得到充分发挥等优势作用,对企业积极开展各项营销活动、实现长久稳定发展具有十分重要的帮助作用。但由于其本身也存在一定不足,因此在重新选择国际营销组织形式的过程当中,需要对其优势作用进行充分保留和尽力发挥,并加大对横向信息沟通的重视力度,通过有机整合各职能单位等方式将其原本各自分离的情况彻底打破。另外,还需要对工作内容和整体营销计划、营销理念等进行统一明确,帮助各职能单位以及相关负责人明确自身的权利、义务与责任,避免出现工作重复、相互推诿责任等情况发生,增加职能部门之间的弹性以有效提升工作效率和工作质量。同时,还需要对企业内部现有管理资源进行全面盘点和清查,并在此基础之上结合各职能单位的实际需求进行合理分配和优化利用,从而有效实现控制管理成本的目的。

2. 区域型形式的重新选择

区域型的国际营销组织形式立足于开展营销活动的具体区域,由地区总经理负责联合下属部门制订和执行全球营销战略计划并承担主要经营责任,考虑到其具备包括能够使得企业的整体效益得到充分发挥,产品销售与生产等能够实现协调发展等众多优势,因此在对其进行保留的同时,需要对区域性组织形式存在的弊端进行优化调整。首先,企业需要在积极培养现有营销管理人才的基础之上,不断从市场上引进大量高素质的专业管理人才,并对各项产品经营活动,尤其是单项产品建立专人专管制,避免造成管理混乱等情况。同时,为了有效避免各地区之间出现彼此独立、各自为政的情况,需要各地区负责人通过内部网络等方式积极组织召开管理会议,相互交换管理经验与技术手段,并共同讨论存在的管理问题等,从而使得企业的全局利益能够得到顾全和保障。

3. 产品型形式的重新选择

产品型的国际营销组织形式因其能够切实考虑产品的实际类别完成营销组织形式的设计与确立,因此其具有其他组织形式无可比拟的灵活性。一旦企业开展新产品研发与生产设计,只需要在现有组织结构上增加一个新产品部即可。加之其较高的市场反应灵敏度和强烈的分权化色彩,使其在企业当中得到有效保留。但鉴于其自身同样存在一定的弊端与不足,因此在对产品型国际营销组织形式进行重新选择的过程当中,可以通过积极在企业当中建立起内部局域网,利用先进技术将各产品部门进行有机联系,在进行整体营销观念明确的基础之上使得产品部之间可以实现自由且高效的交流与沟通,在有效提升信息传输效率,使其能够掌握更多市场以及产品变化需求的同时实现控制管理成本、多条产品线共同发展的重要目的。

总而言之,伴随着全球化和经济一体化程度的不断加深,市场环境以及业务结构正在不断发生变化,通过对国际营销组织形式进行适应性调整和重新选择,不仅能够有效保障组织形式的合理性,同时还能够帮助企业制定出明确的发展目标和构建起合理有效的组织结构及管理程序,对于实现企业自身价值等均具有十分重要的推动作用。因此,企业还需要充分结合自身的实际情况,通过整合与利用现有资源,明确活动中企业各职能的分工及定位等,不断对国际营销组织形式进行调整和选择,使其能够更好地适应当前的市场环境,真正为企业发挥出其应有效用。

第三节 国际市场营销控制

一、国际市场营销控制的含义和内容

国际市场营销环境和企业内部环境都处于不断发展的过程中,任何的环境变化都可能导致企业实施结果偏离预期,甚至失败。国际市场营销控制就是对国际市场营销战略和策略的实施过程进行监督和评价,并据此采取适当的行动,对那些偏离了既定计划的行动进行核实或

纠正,以确保企业目标的实现。国际市场营销控制内容一般包括以下几个方面。

(一)销售额控制

销售额往往能够直观体现出企业在国际市场竞争中所处地位的优劣状况及企业的发展规模。企业销售额的增长在一定程度上成为企业利润提高的基础。因此,企业总公司对各国子公司的销售额控制显得至关重要。企业总部可以将子公司每月、每季度的销售目标与实际销量对比,从而判断出影响子公司在不同目标市场综合销量的因素。同时,不同产品线或产品组合的销售量也会直接影响企业今后的投资方向。例如,企业同时生产 A 产品、B 产品、C 产品,企业可以根据每个产品销售额及营销投入来判断投资回报率最高的产品,并在该产品营销中加大营销投入,优化企业资源配置。企业可以参考不同国家市场的销售数据判断所在国市场占有率比例的变动。除了关注销售额,企业更应该关注其自身的市场份额。即使企业销量额不断增长,但如果所在市场的份额下降了,仍然说明企业的经营业绩不佳。因此,只有市场份额才能真正反映企业在市场竞争中的地位。

(二)产品控制

国际市场营销产品控制主要是为了保证向顾客提供完全符合质量要求的产品。ISO9001标准是世界上许多经济发达国家质量管理实践经验的科学总结,是各国对产品和企业进行质量评价和监督的通行证。凡是通过认证的企业,证明在各项管理系统整合上已达到了国际标准,并且能持续稳定地向顾客提供合格的产品。当然,除了企业统一的产品质量标准外,总公司还需要在各子公司分属地区建立质量检测部门,定期进行产品质量检验和抽查。同时,企业应建立完善的售后服务反馈体系,增强顾客满意度。

(三)价格控制

国际市场价格直接影响企业在不同国家的盈利水平。根据目标国家的收入水平、生产成本、产品需求状况、企业所在国定价目标等因素,企业相同产品在不同子市场的价格会有所差异。过于死板的定价方式会直接影响企业在国际市场中的竞争力。因此,总公司一般会设定浮动的价格范围,给予子公司充分的定价自主权。当然,过高或过低的价格都会对企业造成不利影响,一方面价格过高可能会直接影响产品销量及市场份额;另一方面价格过低又会影响企业的合理利润。因此,总公司可以要求各国子公司严格遵守企业价格体系,并在超出浮动价格范围时事前上报总公司审批,同时确保公司收益和子公司市场竞争中的灵活性。

(四)渠道控制

企业对分销渠道控制力的强弱不仅会影响企业利润,同时还会影响企业在国际市场的形象。因此,企业对国际分销渠道的控制,尤其是对中间商的控制就显得至关重要。客观上,企业和分销渠道之间也存在许多矛盾,因为中间商都是独立的经济个体,他们会优先考虑自身的收益,在无利可图或不满意所得收益时拒绝与生产企业合作。因此,企业需要持续关注中间商订货量的大小、售前售后服务的满意度、转售价格的合理性等因素。

(五)促销控制

国际企业促销控制主要是以提高销售额为目的,通过广告、销售促进、人员推销等方式来吸引、刺激消费者产生购买行为。企业通过促销控制,保证促销策略总体一致的同时提高促销业绩。

二、国际市场营销的控制过程

控制程序是指企业为实现控制目标,控制的实际操作过程。控制目标是指被控制对象应该实现的目标,即在一定时期内企业经营应该达到的目的。一般而言,控制目标就是企业计划的目标,将计划的目标定为控制目标,该目标就应该付诸行动。与计划目标相比,控制目标有如下的特征:具体性、可操作性、详细性、明确性。国际企业,特别是有众多子公司的企业,一般将控制目标制成目标说明书通知具体的业务单位。目标说明书上清楚地阐述企业的总体营销目标和业务目标,以便相关人员明确企业的发展前景,了解任务的详细内容。目标说明书一般包括一些具体的指标,如销售额及利润,市场占有率与市场增长率,产品开发分销网络的建立,企业知名度与品牌知名度的创建等。只有把控制目标说得明白无误,控制才会有的放矢。国际市场营销控制过程一般分为以下四个步骤。

(一)确认目标

企业在控制程序的开始前应明确公司目标,除了宏观的指导目标之外,还应将公司目标分解为具体且容易达到的指标,如企业对目标市场应占有多少市场份额,企业在未来2~3年应实现多少销售额,获得多少利润回报。当然,企业目标也应当包括一些隐性指标,如企业形象的塑造,品牌知名度的提升。

(二)确定控制标准

在企业目标指导的基础上,需要选择出对工作绩效进行评价的关键指标,这是整体控制工作的依据和基础。企业确定控制标准首先要简要明确,对标准的指标、单位、浮动范围等要具体说明,便于员工理解和执行。

(三)评估营销绩效

评估营销绩效即将最终执行结果与企业营销计划目标进行比较。在国际营销中,公司总部对下属相关部门进行评估检查,及时了解各部门的经营业绩之后,评估其在哪些方面达到了企业营销目标,哪些方面仍然存在差距。同时,还应进一步分析未达成目标的客观原因,探究解决方案。

(四)纠正偏差

企业针对未达成目标原因进行分析,并采取相应措施加以纠正。偏差可能由两个方面导致:一是由于目标制定得过高或控制标准设定存在问题导致既定目标无法实现,应该重新修订营销规划;二是对于国际市场营销环境波动没能达到预期目标,如出现全球经济危机、战争等,企业应适当调整或降低目标,适应实际市场情况。

本章小结

1. 企业的国际营销计划将企业的国际战略、目标、国际环境、内在条件等要素整合成一个统一的体系。跨国公司的国际营销计划可分为母公司的营销计划和子公司的营销计划两个层次。子公司的营销计划主要是短期作业计划;母公司负责制订整个公司的战略计划,为子公司营销计划的制订提供信息和帮助,并负责审查和批准其营销计划。
2. 企业在进行国际营销时都必须建立一个与其国际目标市场相适应的组织机构,使之与企业的国际化战略相适应,并应参照市场环境等要素进行适应性调整。企业的国际营销组织结构一般有产品型组织结构、区域型组织结构、职能型组织结构、矩阵型组织结构四种类型。
3. 在国际营销中控制的目的就是使企业的营销活动实现既定的目标和计划。国际营销控制过程分为四个步骤：确认目标，确定控制标准，评估营销绩效，纠正偏差。

思维导图

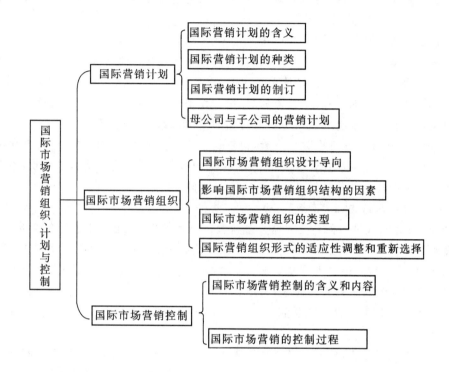

 案例分析

海尔的组织结构演变

海尔集团（以下简称海尔）是一家传统的制造业企业，连续10多年在全球白色家电领域获得市场份额第一的荣誉。它每七年制定一个新的战略方向，现在是第六个战略阶段，即生态品牌战略阶段。经过30多年的发展，海尔从一个濒临倒闭的工厂变成了一个平台型的企业，其中一个重要的动力就是进行了多次组织变革，每次组织变革都为企业的发展提供了强大的原动力。

（一）传统正三角组织结构（1984—1996年）

海尔成立初期，也就是在名牌战略阶段和多元化战略阶段早中期，组织结构形式主要是传统的正三角结构。一般企业成立初期，由于业务和部门构成都比较简单，此时比较有效率的组织形式为正三角结构。

海尔凭借着传统正三角组织结构的优势特点，如下级执行力强、等级明显、管理幅度小等，企业制度逐步得到完善，企业也实现了扭亏为盈，员工的积极性有了明显提高。在此基础上，海尔还提出了"要么不干，要干就要干第一"的理念，在注重产品质量的同时，还要创造出自己的品牌。这些理念提出来以后,通过管理层推动,很快得到了海尔员工的认同。理念能够得到全体员工的认同,同样得益于海尔的正三角组织结构。

(二)事业部制组织结构(1997—2004 年)

海尔进入多元化后期的时候,产品的种类越来越丰富,组织的部门和员工的数量都比之前有了明显的增加,但管理层却感觉到组织的效率越来越低,企业发展跟不上市场速度。海尔管理层决定进行一项特殊的活动:砸组织,即改变原来传统正三角的组织结构形式,使整个组织结构能够适应市场。

(三)倒三角组织结构(2005—2012 年)

在这种组织结构中,用户处于最高层,企业原来的管理层到了组织的最底层,整个组织结构由三级经营体构成:一级经营体最贴近用户,二级经营体次之,三级经营体离用户比较远。各级经营体的职责有明确的分工,各司其职,保证整个倒三角组织能够平稳运行。

海尔在人单合一双赢模式推动下建立的倒三角组织结构,完全颠覆了传统的正三角组织结构,此时的领导者不再是命令的发布者,而变成了资源提供者、员工服务者,角色发生了根本性的变化。而企业员工的积极性也变得更高了,因为他们已经具有一定的自主权,不用再事事都听命于组织的管理者。

(四)平台型组织结构(2013 年至今)

2012 年,海尔正式进入网络化战略发展阶段。张瑞敏提出,企业不触网就会死亡,在互联网快速发展的时代,企业要么拥有平台,要么被平台所拥有。但海尔的目标很明确,要建立起属于自己的平台。因此,海尔进一步变革组织结构形式,从倒三角组织结构向平台型组织结构转变。在平台型组织上只存在四种人:大平台主(也叫领域主,如白色家电领域主、金融地产领域主等)、提供资源和服务的中平台主、组建自己团队的小平台主(也称为小微主)、进行自主创业的创客。

实现平台型组织结构,使整个海尔集团变成了若干个大的平台,每个平台上都存在大量的"小微",在倒三角组织结构中的自主经营体全部升级成为"小微",一个"小微"基本上由 8 个左右的成员构成,实行竞聘上岗、动态合伙人机制,可以满足互联网时代大规模生产到个性化定制的转变要求。而且"小微"进行独立核算,拥有决策权、分配权、用人权。海尔认为,"小微"相比于前面的经营体模式更加灵活,更容易根据市场的变化做出战略调整,可以吸引更多优秀的人才加入。"小微化"将原来封闭的扁平化组织进一步化解为松散的、开放的平台型组织,所有的利益相关者都变成了网络平台上的节点。

海尔的平台型组织结构形式已经完全释放了员工的自主创新力,每个员工都成为自己的CEO。在平台组织上,消除了原来的那种上下级关系,建立了人人平等的企业员工关系,实现了"我的价值我创造、我的增值我分享"的目标。

资料来源:邵天舒.传统制造业企业组织结构演变历程:基于海尔集团的案例研究[J].经营与管理,2021(4):35-38.

讨论和在线学习问题

1. 从理论上来说不同组织结构形式都有哪些优势和不足?你认为这种优劣势在海尔公司组织结构的变革过程中都有哪些体现?
2. 从组织结构变革与创新的角度,谈谈阅读案例材料的感想。

3. 登录海尔官网(https://www.haier.com)并上网查找资料,与同学讨论近几年海尔组织结构有哪些新的变化。

思考与问答

1. 简述国际市场营销组织设计导向。
2. 跨国公司母公司和子公司的国际营销计划的制订有何区别与联系?
3. 跨国公司国际营销组织结构的主要形式有哪些?各有哪些优缺点?
4. 国际营销控制的过程主要包括哪几个步骤?

术语表

A

APEC 亚太经济合作组织 该论坛每年举行,讨论地区经济发展问题。
ASEAN 东南亚国家联盟 指东盟10国,包括文莱、柬埔寨、印度尼西亚、老挝、马来西亚、缅甸、菲律宾、新加坡、泰国、越南。
ASEAN+3 东南亚国家联盟+中、日、韩 指由东盟成员国、中国、日本、韩国部长出席的论坛。
agent middlemen 代理商 指国际商务交易中代表本国制造商或经营者而非代表其自身的中间商;指为赚取佣金、替人安排国外销售且自身并不拥有商品所有权的中间商。

B

BATJ 百度(Baidu)、阿里巴巴(Alibaba)、腾讯(Tencent)、京东(JD)四家公司的缩写。

C

cartel 卡特尔 指生产相近产品或服务的企业签订协议以控制所生产产品或服务的市场。最为著名的卡特尔组织当为石油输出国组织,即OPEC。
code law 大陆法系 指包括全部成文的法律规章或文本的体系,通常分为三个独立的内容:商法、民法和刑法。
common law 英美法系 指依据传统、过往做法以及法院通过解读法令、立法和过去裁决而形成的法律判例的法律体系。在美国,除路易斯安那州之外的各州都采用该法系,即将过去的裁决应用于当前情形。
common market 共同市场 指在签订协议的成员国间,取消有关内部贸易的全部关税及其他限制,对外采用共同的关税。此外,成员国间还取消关于资本和劳动力流动的限制。
conciliation 调解 指签订有非约束性协议的双方所采用的请第三方来调解分歧的一种方法。
confiscation 征用 指不付报酬而强制取得某一公司的资产。
controllable factors 可控因素 指贸易中公司可以控制或施加影响的方面,包括产品、定价、促销、分销、调研和广告等营销决策。
culture 文化 指人为的人文环境,即由知识、信念、艺术、道德、法律、风俗以及任何作为社会成员的人类所习得的能力和习惯所构成的总体。
customs union 关税同盟 作为经济合作的一个阶段,在享受自由贸易利益(内部关税降低或取消)的基础上,成员国对来自同盟外国家或地区的进口品实施共同关税。

D

direct exporting　直接出口　指公司将产品直接销售给他国客户的出口类型。

distribution channel　分销渠道　指经营者必须借此将其产品提供给消费者的各种渠道。分销渠道结构包括常见于许多新兴大市场的不发达的营销基础设施，也包括像日本那种高度复杂、层级繁多的分销系统。在考虑渠道结构时，必须考虑6C，即成本、资本、控制、范围、特征和连续性。

distribution process　分销过程　指处理货物、转移所有权、生产商与中间商以及中间商与顾客间进行的买卖谈判。其中，从营销的角度来看，这种买卖谈判十分重要。

distribution structure　分销结构　指各国市场中都存在的、产品借此从生产商到达消费者的系统，分销结构中包括众多中间商。

domestication　本土化　指东道国将外国投资逐渐转变为被该国所控制及所有的过程，所借用的方法包括要求当地所有的强制性政府法令、要求公司管理层中有更多的东道国参与等。

domestic environment uncontrollables　国内环境不可控因素　指公司无法控制或施加影响的来自本国的因素，包括政治和法律因素、经济环境、技术水平、竞争因素和自然因素等。

dumping　倾销　是一种通常为法律所禁止并且会被惩罚或罚款的出口行为，有时指按低于生产成本的价格在国外市场销售产品，有时指按低于本国相同产品的价格销售产品。

E

economic development　经济发展　通常指会带来人均GDP增加的一国产出的增加。

F

foreign environment uncontrollables　国外环境不可控因素　指在本国经营的公司所无法控制或施加影响的来自他国市场的因素，包括政治和法律因素、经济环境、技术水平、竞争因素和经济因素。

foreign-trade zone(FTZ)　对外贸易区　指在对货物实施配额限制或征收关税之前用于保留该货物的地区或港口。美国有150多个这样的贸易区，允许公司在将商品正式进口到美国或重新出口到他国之前放置进口货物或进行清洗或包装。

franchising　特许专营　属于许可协议的一种形式，其中，许可方公司向被许可方提供产品的标准包装、制度以及管理服务。特许专营在赋予许可方一定控制权的同时，容许被许可方根据当地市场情况进行灵活调整。

free trade area(FTA)　自由贸易区　是区域合作的一种形式，其中，两个或两个以上的成员国之间签订协议来减少或消除成员国间的关税和非关税壁垒，同时各成员国对非成员国维持各自的关税要求。与区域发展与合作协议相比，自由贸易区要求开展更多的合作。

G

GATT　关税与贸易总协定　指美国与其他22个国家在第二次世界大战后不久所签订的贸易协议。最初协议规定要进行关税削减并创建管理国际贸易的机构。该协议及其之后所进行的各轮谈判大大削减了关税税率。

global awareness 全球意识 指有助于经营者成功的参考模式,其中包括要宽容文化差异,也要了解他国的文化、历史、市场潜力,以及全球经济、社会与政治方面的变化趋势。
global marketing 全球市场营销 指为了获取利润而面向一个以上国家就产品或服务进行计划、定价、促销以及分销的商业活动。全球营销与国内营销的最大差异在于全球营销公司针对全球市场展开营销定位与计划。
global marketing concept 全球营销观念 将不管是由一个国内市场、多个国外市场或多个国内市场、一个国际市场所构成的市场看作一个整体,将具有相同需求的潜在购买者群体看作一个全球细分市场并就成本与文化而言有效的市场制订标准化的营销计划的观念。
globalization 全球化 是一个以经济全球化为核心、包含各国各民族各地区在政治、文化、科技、军事、安全、意识形态、生活方式、价值观念等多层次、多领域的相互联系、影响、制约的多元概念。
green marketing 绿色营销 指在产品设计、营销、制造和包装过程中考虑并关注其环境影响。

I

IMF 国际货币基金组织 指与世界银行集团一起为帮助各国实现并维持经济能力而创设的全球性组织。
indirect exporting 间接出口 指公司将产品先卖给国内买家(进口商或分销商),后者转而进行出口的出口类型。
infrastructure 基础设施 指服务于许多行业并提供生产和营销支持的资本设备总体。
innovation 创新 指被某一群体视为具有新意的点子。如果应用于产品,创新可以是全新的或者在特定国家或文化里被看成是新的。
integrated marketing communication(IMC) 整合营销沟通 指对围绕产品或服务所开展的各种活动进行整体考虑。这些活动包括广告、销售促销、展览、人员推销、直复营销和公关。
international marketing 国际市场营销 指为了获取利润而面向一个以上国家就产品或服务进行计划、定价、促销以及分销的商业活动。
international marketing research 国际市场营销研究 为营销调研之一,但需要考虑两个额外的因素:一是要跨境传播信息;二是将现有调研方法应用到具有不同文化背景的市场时所面临的挑战,其中的一些挑战对经营者来说可能是稀奇古怪或难以接受的。

J

joint venture 合资企业 指两家或两家以上的企业合伙建立一家具有独立法人资格的公司。
letters of credit 信用证 作为一种融资工具,由货物的买主开立,容许卖方向开证银行开立汇票,并通过提交合适的运输单据就可获得款项。除了预付款方法之外,信用证给予卖方最大限度的保护。
Litigation 诉讼 指双方间争端按照正式司法程序进行解决的过程,通常诉讼一方会提供相关证据。

N

NAFTA 北美自由贸易协议 作为全面的贸易协议,北美自由贸易协议所要处理及完善的是在北美洲从事经营的各个方面。通过消除加拿大、美国和墨西哥之间的贸易和投资壁垒,北美自由贸易区成为全球最大、最富有的市场之一。
nontariff barriers　非关税壁垒　指国家就进口产品所施加的关税之外的措施,包括质量标准、卫生与健康标准、配额、禁运、抵制、反倾销惩罚等。

P

parallel imports　平行进口　指进口商从一国的分销商处购买产品,然后销售给另一国市场上不属于该制造商分销系统的分销商。
political union　政治联盟　指区域合作完全一体化的合作形式,包括全面的政治和经济一体化,不论是自愿的还是强制的。
price escalation　价格升级　指在国内市场与国外市场不相一致的定价方法。不一致的原因在于出口到他国产生的额外成本和费用。
protectionism　保护主义　指一国政府通过法律壁垒、外汇壁垒及心理壁垒来限制从他国进口货物。
public relation(PR)　公共关系　指公司为与大众新闻和媒体建立积极关系并将公司信息传递给顾客、公众和政府管理人员所做的工作。

Q

quality　质量　指货物或服务的基本属性。质量可从两个方面来定义:市场所感知的质量以及产品的性能质量。消费者关于产品质量的感知多与市场所感知的质量有关,而非产品的性能质量。
quotas　配额　指一国政府对特定类型的商品规定具体的进口数量或金额限制。

R

relationship marketing　关系营销　指通过与顾客建立长期关系来实现产品营销的方法。作为影响 B2B 营销的重要因素,关系营销对于需要通过文化来维系公司与消费者间可靠关系的国际营销尤其重要。

S

sales promotion　销售促销　指激励消费者购买并促进零售商或中间商有效工作和合作的营销措施。
secondary data　二手资料　指由其他机构或个人而非调研者本人所收集的资料。在市场调研中二手资料往往很有用。
self-reference criterion(SRC)　自我参照标准　指人们会潜意识地将自己的文化价值观、经历和理解作为决策的基础。
skimming　撇脂定价法　作为定价方法之一,常被公司用于国外那些对价格不敏感并愿意为所获得的价值支付高价格的细分市场。在竞争对手产生并迫使降价之前,公司可通过这种定价方法来销售新产品或创新产品,从而实现利润最大化。
sovereignty　主权　指一国处理与他国关系以及对国内居住者所能行使的权力。
special drawing right(SDR)　特别提款权　作为货币衡量手段,反映了一组主要货币价值的平均数。作为"纸黄金",被 IMF 当作货币统计单位,而且比采用如美元这样单种货币更为可靠。

stage of economic development 经济发展阶段 指对一国经济发展或成长过程所进行的分类,最著名的分类当属沃尔特·罗斯托模型,从传统社会到大规模消费共分五个阶段。
strategic international alliance(SIA) 国际战略联盟 指两家或两家以上公司间建立的经营关系,就相互间的合作并为实现共同目标而共担风险。

T

tariff 关税 指一国政府对进口商品所征收的税收或费用,旨在保护本国市场免受进口商品的影响。
trading companies 贸易公司 指那些从许多国家取得产品并对产品加以运输和分销的商业实体。
transfer pricing 转移定价 指公司对其产品从一国经营点转移到另一国经营点所确定的价格,转移定价也被称为公司内定价。通过转移定价来调整价格,可以增加公司的整体利润。

U

uncontrollable factors 不可控因素 指经营环境中国际经营者无法控制或施加影响的要素,包括竞争、法律约束、政府控制、气候、消费者偏好与行为、政治事件等。
variable-cost pricing 变动成本定价法 指在国外市场进行产品定价的方法。按照该方法,公司关注的是为生产在这些市场进行销售的产品所发生的边际成本。在采用变动成本定价法的企业看来,国外的销售就是取得额外报酬的销售。
UNESCO 联合国教科文组织,1946年11月6日成立,总部设在法国巴黎。其宗旨是促进教育、科学及文化方面的国际合作,以利于各国人民之间的相互了解,维护世界和平。

W

WTO 世界贸易组织 成立于1994年,不仅包括了GATT的框架体系,而且包含了那些之前未被充分涉及的新领域,也对贸易争端进行裁决,所有成员国享有平等的代表权。

参考文献

[1] 逯宇铎,陈双喜.国际市场营销学:经典案例分析与练习[M].北京:清华大学出版社,2012.
[2] 陈炳祥.跨界营销:"互联网+"时代的营销创新与变革[M].北京:人民邮电出版社,2016.
[3] 当宜.跨界营销[M].北京:中国电力出版社,2014.
[4] 张燕.国际市场营销[M].3版.大连:大连理工大学出版社,2014.
[5] 于雁翎.市场营销理论与实务[M].北京:现代教育出版社,2012.
[6] 甘碧群,曾伏娥.国际市场营销学[M].3版.北京:高等教育出版社,2014.
[7] 林汶奎.跨界时代:从颠覆到融合[M].北京:人民邮电出版社,2016.
[8] 崔新键.国际市场营销[M].2版.北京:高等教育出版社,2011.
[9] 吴宏宇,梁修庆.国际市场营销[M].上海:华东师范大学出版社,2014.
[10] 李威,王大超.国际市场营销学[M].北京:机械工业出版社,2016.
[11] 逯宇峰.国际市场营销学[M].北京:机械工业出版社,2009.
[12] 孙国辉,崔新健.国际市场营销学[M].北京:中国人民大学出版社,2008.
[13] 刘宝成.国际市场营销[M].北京:机械工业出版社,2013.
[14] 闫国庆.国际市场营销学[M].北京:清华大学出版社,2013.
[15] 甘胜军.国际市场营销学教程[M].广州:中山大学出版社,2016.
[16] 冯江.使命、责任、发展[M].北京:北京大学出版社,2009.
[17] 李海琼.国际市场营销实务[M].北京:高等教育出版社,2015.
[18] 景奉杰.经济全球化背景下的服务营销[M].北京:中国财政经济出版社,2005.
[19] 唐德才.现代市场营销学教程[M].北京:清华大学出版社,2005.
[20] 傅云新.服务营销实务[M].广州:广东经济出版社,2002.
[21] 杨伦超.策划与管理[M].重庆:重庆大学出版社,2007.
[22] 涂永式.国际市场营销[M].北京:科学出版社,2010.
[23] 戴万稳.国际市场营销学[M].北京:北京大学出版社,2015.
[24] 王朝辉.国际市场营销案例[M].北京:北京邮电大学出版社,2011.
[25] 姚小远.国际市场营销理论与实务[M].上海:立信会计出版社,2007.
[26] 田玉丽,周岳梅.国际市场营销[M].北京:北京大学出版社,2008.
[27] 韩宗英.国际市场营销[M].北京:化学工业出版社,2008.
[28] 康晓光.市场营销学[M].上海:上海社会科学院出版社,2015.
[29] 林光.营销案例分析[M].北京:科学出版社,2007.
[30] 罗国民,刘沧劲.国际营销学[M].大连:东北财经大学出版社,2001.
[31] 科特勒,阿姆斯特朗.市场营销原理(第13版)[M].楼尊,译.北京:中国人民大学出版社,2010.

[32]科特勒,凯勒.营销管理(第12版)[M].梅清豪,译.欧阳明,校.上海:格致出版社,2006.
[33]泽丝曼尔,比特纳,格兰穆勒.服务营销(原书第5版)[M].张金成,白长虹,等译.北京:机械工业出版社,2012.
[34]翁克维斯特,萧.国际营销学(第5版)[M].邵建红,王凯,译.北京:清华大学出版社,2013.
[35]基根,格林.全球营销(英文版·第6版)[M].傅慧芬,改编.北京:中国人民大学出版社,2012.
[36]贝内特,布莱斯.国际营销(第3版)[M].刘勃,译.北京:华夏出版社,2005.
[37]怀特.国际营销案例:警示篇(第3版)[M].吴文涛,姜欣,译.北京:人民大学出版社,2011.
[38]凯特奥拉,吉利,格雷厄姆.国际市场营销学(原书第15版)[M].赵银德,沈辉,张华,译.北京:机械工业出版社,2012.
[39]郝林森.全球营销精要(第2版)[M].许维扬,唐健,译.北京:清华大学出版社,2015.
[40]钦科陶,龙凯宁.国际市场营销学(第10版)[M].曾伏娥,池韵佳,译.北京:中国人民大学出版社,2015.
[41]贾殷.国际市场营销(第6版)[M].吕一林,雷丽华,主译.北京:中国人民大学出版社,2004.
[42]谢泼德 W G,谢泼德 J M.产业组织经济学(第五版)[M].张志奇,陈叶盛,崔书锋,译.吴汉洪,校.北京:中国人民大学出版社,2007.
[43]科塔比,赫尔森.全球营销管理(第三版)[M].刘宝成,译.北京:中国人民大学出版社,2005.
[44]杰恩.国际营销案例(第6版)[M].宋晓丹,张莉,等译.詹正茂,审校.北京:中国人民大学出版社,2006.
[45]盛树仁,王大珩,刘吉,等.高科技产业:知识经济的第一支柱[J].科技与企业,1998(4):9-13.
[46]赵金龙,牛俊杰.地理环境对国际市场营销决策过程的影响[J].经济地理,1998(2):120-123.
[47]代鹏.知识经济的由来内涵及其特征[J].教学与研究,1998(08):36-40.
[48]周梦君,卢永文,黄新亮.知识经济的内涵、特征及对现代企业的影响[J].湖南大学学报(社会科学版),1998(4):42-46.
[49]华宏鸣,张东莉,吕璐."知识经济"的支柱之一:微电子产业发展战略研究[J].研究与发展管理,1999(1):25-29.
[50]张勇,张宁.从硬产业到软产业:知识经济时代的产业发展变迁:基于软实力理论的解读[J].郑州航空工业管理学院学报,2010(3):43-47.
[51]孙克俭.绿色营销研究:内涵、现状与对策[J].对外经贸,2012(5):111-112.
[52]郭明.微博网络营销对国际贸易的影响及对策[J].对外经贸,2012(12):32-34.
[53]廖卫红.移动互联网环境下互动营销策略对消费者行为影响实证研究[J].企业经济,2013(3):69-73.
[54]李剑.反垄断法中的杠杆作用:以美国法理论和实务为中心的分析[J].环球法律评论,

2007(1):26.
[55] 杨瑞霖.市场经济条件下的营销发展趋势新论[J].中国商贸,2015(17):36-37.
[56] 彭娟.解析客户化营销组织的高绩效工作系统结构:以制造企业E公司为例[J].湖北经济学院学报(人文社会科学版),2016(1):71-73.
[57] 庄贵军.基于渠道组织形式的渠道治理策略选择:渠道治理的一个新视角[J].南开管理评论,2016(6):72-84.
[58] 张俐娟.跨文化环境中的人员促销策略研究[J].科技创业月刊,2011(14):12-14.
[59] 于保月.公共关系在现代企业经营管理中的应用[J].中国金融家,2009(7):35-37.
[60] 王珂.浅谈企业促销策略的运用[J].中国市场,2017(13):32-33.
[61] 苏颖.关于促销策略的整合运用分析[J].经营管理者,2016(17):23-25.
[62] 董海侠.企业运用广告策略的误区探究[J].企业改革与管理,2017(1):15-17.
[63] 陈亮.浅论现代企业的市场营销信息系统[J].情报理论与实践,2002,25(4):285-286.
[64] 甘碧群,欧阳电平.国际市场营销宏观环境信息管理研究[J].商业经济与管理,1996(5):49-52.
[65] 樊松林.国际市场信息引论[J].情报杂志,1992(3):12-16.
[66] 王海忠.企业市场营销信息系统的构建与管理[J].广东财经大学学报,2000(3):42-48.
[67] 央视市场研究股份有限公司.洗发水市场:集中一点,差异求胜[J].销售与市场,2002(3):83-84.
[68] 夏铭翊.新经济背景下企业市场营销战略分析[J].经营管理者,2011(18):170.
[69] 李杨,蔡春林.中国服务贸易发展影响因素的实证分析[J].国际贸易问题,2008(5):75-79.
[70] 秦俭.网络营销:国际营销发展的新趋势[D].北京:中国社会科学院研究生院,2000.
[71] 张岩.知识经济的内涵及测度研究[D].西安:陕西师范大学,2001.
[72] 吴德军.知识经济与人的发展[D].湘潭:湘潭大学,2002.
[73] 何汉艺.企业绿色营销的经济学分析[D].成都:西南财经大学,2006.
[74] 魏和清.知识经济测度方法研究[D].大连:东北财经大学,2007.
[75] 李秀珍.造纸企业绿色营销影响因素及作用效果实证研究[D].济南:山东大学,2008.
[76] 朱丽坤.中国家具品出口的跨文化营销策略分析[D].成都:西南财经大学,2009.
[77] 班阳阳.基于后向投影的SAR成像算法与GPU加速研究[D].南京:南京航空航天大学,2014.
[78] 陶瑞.文化差异对国际营销策略的影响研究[D].沈阳:辽宁大学,2015.
[79] 赏万春.沃尔玛绿色营销策略分析及启示[D].沈阳:辽宁大学,2015.